TABLEAU
DES RÉVOLUTIONS.

TOME II.

contenant la cinquieme période.

TABLEAU
DES RÉVOLUTIONS
DE L'EUROPE
DANS LE MOYEN AGE

Enrichi

de Tablettes chronologiques & généalogiques.

PAR

M. KOCH.

TOME II.

A STRASBOURG

CHEZ J. G. TREUTTEL, LIBRAIRE.

A PARIS

CHEZ ONFROY, LIBRAIRE, RUE S. VICTOR, N°. 11.

1790.

V. PERIODE.

Depuis Rodolphe d'Habsbourg jusqu'à la prise de Constantinople par les Turcs.

1273 — 1453.

V. PERIODE.

Depuis Rodolphe d'Habsbourg jusqu'à la prise de Constantinople par les Turcs.

1273 — 1453.

Etat de la puissance Pontificale.

Au commencement de cette période les Papes se trouvoient au faîte de leur grandeur. Ils prenoient hautement la qualité de maitres du monde entier, & soutenoient que leur pouvoir embrassoit de droit divin & le spirituel & le temporel. Selon Innocent III. *le successeur de S. Pierre a été préposé par Dieu pour gouverner non seulement l'Eglise, mais l'Univers entier* a). Le même Pape employa le premier la fameuse comparaison du Soleil & de la Lune: *Tout comme Dieu, dit-il, a placé deux grandes lumieres dans le firmament, l'une pour présider au jour, l'autre pour éclairer la nuit, il a établi de même deux grandes puissances, la Pontificale & la Royale. . . . Et ainsi que la Lune reçoit sa lumiere du Soleil, la puissance Royale emprunte sa splendeur*

---

a) INNOCENTII III. *Epist.* T. I. p. 472. Le Pape Boniface VIII. tient le même langage dans ses lettres à Philippe le Bel en 1301. PREUVES *du différend de Boniface VIII & de Philippe le Bel* p. 48.

deur de l'autorité Pontificale b). Le Pape Boniface VIII. fut un de ceux qui porterent au plus haut point les prérogatives de la Tiare. Il se servit de cette comparaison d'Innocent III. pour prouver que la puissance séculiere étoit une pure émanation de la puissance ecclésiastique c), & chercha même à appuyer de l'autorité de l'écriture le double pouvoir du Pape. *Dieu, selon lui, a confié à S. Pierre & à ses successeurs deux glaives, l'un spirituel & l'autre temporel. Le premier doit être exercé par l'Eglise même & l'autre par les Princes séculiers pour le service de l'Eglise & suivant la volonté du Pape. Ce dernier est subordonné au premier & l'autorité temporelle dépend indispensablement de la puissance spirituelle qui la juge, pendant que Dieu seul peut juger la puissance spirituelle d).*

Le pouvoir des Papes en matieres spiri-

V PERIODE.

Pouvoir sur le Clergé.

---

b) INNOCENTII III. *Epist.* T. I. p. 235.

c) Voyez le discours, que ce Pape prononça dans le consistoire à Rome en 1301. pour la confirmation de l'Empereur Albert I. Il est rapporté dans les notes d'ETIENNE BALUZE sur le livre de PIERRE DE MARCA *de Concordia Sacerd. & Imperii* p. 110.

d) Voyez la Bulle *Unam Sanctam* EXTRAVAG. COMMUN. L. I. Tit. 8. Cette Décrétale qui est de l'an 1302. finit par ces mots remarquables: *Porro subesse Romano Pontifici omni humanæ creaturæ declaramus, dicimus, definimus & pronunciamus omnino esse de necessitate salutis.*

V PERIODE. tuelles & fur le Clergé s'accrut fur-tout par la voie des *difpenfes* & des *appels*. Innocent III. fut encore le premier qui s'arrogea la faculté de *difpenfer du droit même e*). Les décrétales de Grégoire IX. multiplierent à l'infini les appels en cour de Rome *f*) & les nouveaux principes qu'elles introduifirent dans les écoles & les tribunaux, hâterent prodigieufement les progrès de la puiffance Pontificale. Déjà les Papes difpofoient en maîtres abfolus des dignités & bénéfices eccléfiaftiques *g*) & impofoient des taxes à leur gré fur le Clergé de toute la Chrétienté. Des Collecteurs ou Tréforiers, qu'ils entretenoient par-tout, étoient chargés du recouvrement des deniers qu'ils avoient fçu fe ménager fous des noms différents, tels qu'Emprunt, Impôt, Vacant, Dépouille, Succeffion, Déport, Incompatibilité, Commende, Neuvieme, Décime, Annate *h*),

---

e) BALUZII Epiftolæ Innocentii III. T. I. p. 72.
f) SCHMIDT hiftoire de l'empire T. III. p. 296.
g) Voyez ci deffus p. 120.
h) Le tribut de l'Annate par lequel on entend le revenu de la premiere année des bénéfices, réduit à une certaine taxe, ne fut proprement introduit comme un impôt fixe & général que depuis le grand fchifme d'Occident & en vertu des Bulles des Papes Boniface IX. & Clement VII. V. THEODORICUS A NIEM de *fchifmate* L. II. ch. 7. TRITHEMII Chron. Hirfaug. à l'an 1400. & THOMASSINUS de *veteri & nova Ecclefiæ difciplina* P. III. L. II. ch. 58. n. 6. & 12.

Procuration, Communs ou Menus services, Propine *i*). Ces Collecteurs avoient le pouvoir de procéder par les censures ecclésiastiques contre ceux qui refusoient de payer. Ils étoient soutenus de l'autorité des Légats, qui siégeant dans les provinces ecclésiastiques ne laissoient échapper aucune occasion propre à aggrandir l'autorité du Pape. A l'appui des Légats vint une foule d'Ordres religieux, fondés dans ces siecles d'ignorance *k*) & des légions de Moines, répartis dans tous les états de la Chrétienté. Ces Moines *exemptés* de la jurisdiction des Evêques & des Ordinaires

---

i) Art. XIV. des *libertés de l'Eglise Gallicane* par M. PIERRE PITHOU.

k) Les ordres Monastiques n'ont commencé à se multiplier que depuis Gregoire VII. & l'origine de la nouvelle puissance des Papes. On ne connoissoit avant ce tems-là que le seul ordre des Bénédictins, partagé en différentes familles. Le premier ordre d'une invention toute nouvelle fut celui des *Chartreux* fondé vers 1080. Les *ordres mendians* ne prirent naissance que vers le milieu du douzieme siecle. Leur nombre qui étoit monté à vingt trois fut réduit à quatre par le Concile de Lyon en 1274. sçavoir: les *Guillelmites* ou *Augustins*, les *Carmes*, les *Freres mineurs*, les *Freres Prêcheurs* ou *Dominicains*. V. le can. 23. du Concile de Lyon dans LABBE *Acta Conc.* T. XI. P. I. p. 988. & HOSPINIANUS *de origine & progressu Monachatus* Lib. V. & VI. Les *ordres religieux & militaires* doivent être envisagés comme une production des croisades, voyez ci-dessus p. 137.

V
PERIODE. & comblés de privileges par la cour de Rome, n'eurent rien tant à cœur que de contribuer de toutes leurs forces à l'affermissement d'une puissance, dont ils tenoient tout jusqu'à leur existence.

Pouvoir sur les Princes.
Rien de si frappant que l'influence de cette supériorité que les Pontifes s'arrogeoient sur les Princes. On les voit prendre part à toutes leurs querelles, adresser indifféremment leurs ordres à tous, enjoindre aux uns de mettre bas les armes *l*), recevoir les autres en protection, casser & annuller leurs actes & procédures *m*), évoquer

---

l) Innocent III. enjoignit à Philippe Auguste Roi de France de mettre bas les armes en accommodant ses différends avec le Roi d'Angleterre. Il se servit du prétexte de ce qu'il avoit le droit de connoître du *péché* & d'empêcher l'*effusion du sang Chrétien*; motifs qui quadroient indifféremment à toutes les guerres. V. cap. 13. X. de *judiciis*. Honoré III défendit à tous les souverains d'attaquer le Roi de Danemarc comme étant sous la protection particuliere du S. Siege. V. RAINALDI *Annales Eccl.* T. XIII. à l'an 1220. p. 277.

m) C'est ainsi que le Pape Clement V. annulla la procédure de l'Empereur Henri VII. contre le Roi Robert de Naples. V. cap *Pastoralis de sententia & re judicata in Clementinis*; où le Pape s'énonce entr'autres en ces termes: *Nos tam ex superioritate, quam ad Imperium non est dubium nos habere, quam ex potestate, in qua, vacante imperio, Imperatori succedimus, & nihilominus ex illius plenitudine potestatis; quam*

quer à leur cour & juger tous leurs différends. L'histoire des Papes est celle de l'Europe entiere. Ils s'arrogent la faculté de légitimer les enfans des Rois, à l'effet de les faire succéder *n*); ils défendent aux souverains d'imposer le clergé *o*); ils prétendent la supériorité féodale sur tous *p*); ils conferent la dignité royale à ceux qui desirent d'en être revêtus *q*); ils délient les sujets du serment de fidélité, mettent les royaumes en interdit pour venger leur propre querelle, & détrônent même les

---

Christus Rex Regum & Dominus Dominantium, nobis licet immeritis, in persona B. Petri concessit, sententiam & processus omnes prædictos quidquid ex eis secutum est, declaramus fuisse & esse omnino irritos & inanes, nullumque debere aut debuisse sortiri effectum &c.

n) *Epist.* INNOCENTII III. T. I. p. 67. cap. 13. X. *qui filii sint legitimi.*

o) Voyez la Bulle de Boniface VIII. dans les PREUVES du *différend entre Boniface VIII. & Philippe le Bel* p. 42. & celle du Pape Urbain V. de l'an 1364. dans le BULLARIUM MAGNUM T. I. p. 261.

p) Voyez ci-dessus p. 114. Le Pape Adrien IV. dans la Bulle, par laquelle il donna l'Irlande à Henri II. Roi d'Angleterre, avance hardiment que toutes les isles qui ont embrassé le Christianisme, sont du domaine de S. Pierre: *omnes insulas, quibus sol justiciæ Christus illuxit, ad jus sancti Petri & sacro-sanctæ Romanæ Ecclesiæ non est dubium pertinere.* MATTHÆUS PARIS p. 95.

q) *Gesta* INNOCENTII III. §. 73.

V

V PERIODE.

souverains à leur gré *r*). On les voit difpofer des états des Princes excommuniés, de ceux des hérétiques ou de leurs fauteurs *s*); des Empires nouvellement découverts & des pays des infideles *t*); ils donnoient même les terres de ceux qu'ils regardoient comme mal-dévoués à la cour de Rome *u*).

Décadence de la puiffance pontificale.

Il s'en fuit donc bien clairement que la Cour de Rome avoit alors une prépondérance réelle dans le fifteme politique de

---

r) BELLARMIN in *Tractatu de poteftate Summi Pontificis in rebus temporalibus* compte jufqu'à dix-huit Papes qui ont entrepris de dépofer les Rois.

s) Le can. 3. du *Concile de Latran* en 1215. dans LABBE *Acta Concil.* T. XI. P. I. p. 148. attribue formellement ce pouvoir au Pape.

t) Urbain IV. adjugea en 1264 à Ottocar Roi de Boheme tout ce qu'il pourroit conquérir fur les payens de la Lithuanie & fur les Ruffes fchifmatiques. V. LAMBACHER *Oefterreichifches Interregnum Preuves* n. 33. p. 47. Martin V. Nicolas V. & Calixte III. donnerent aux Portugais toutes les terres qu'ils découvriroient depuis les Canaries jufqu'aux Indes. MAFFEI *Hiftoriarum Indicarum* Lib. I. p. 4. RAYNALDI *Annal. Ecclef.* T. XVIII. p. 423 & 429. Mais il n'y eut point de Pape plus libéral qu'Alexandre VI. qui accorda en 1493. à Ferdinand le Catholique & à la Reine Ifabelle les isles & le continent de l'Amérique & qui imagina la fameufe ligne de démarcation par laquelle il partagea les deux Indes entre les Rois d'Efpagne & de Portugal. V. RAYNALDI *Annal.* Tom. XIX. p. 422.

u) C'eft fur ce fondement que le Pape Adrien IV. difpofa en 1155. de l'Irlande en faveur de Henri II. Roi d'Angleterre. V. MATTHIEU PARIS p. 95.

l'Europe. Mais par l'effet d'une de ces révolutions presque inséparables des choses humaines, cette vaste & formidable puissance commença à décliner vers la fin de ce période. Les Souverains, s'éclairant de plus en plus sur leurs véritables intérêts, apprirent enfin à maintenir leurs droits & la majesté de leurs couronnes contre les entreprises des Papes. Ceux, qui se trouvoient vassaux & tributaires du St. Siege, secouerent le joug & tout l'ordre ecclésiastique, qui gémissoit sous le poids d'un gouvernement arbitraire, se rangea du côté des Princes pour réprimer une puissance qui empiétoit journellement sur leurs droits respectifs. L'unanimité de cet accord facilita la convocation des Conciles de Constance & de Bâle, qui adhérerent à cette fameuse these de la supériorité des Conciles œcuméniques sur le Pape x). Par une suite de toutes ces dispositions la puissance pontificale fut resserrée

---

x) C'est-à-dire en tout ce qui appartient à la foi, à l'*extirpation du schisme* & à la *réformation de l'église dans le chef & les membres*. Voyez SESSION IV. & V. du Concile de Constance dans LABBE *Acta Concilior.* Tom. XII. p. 19. 22. & SESS. II. du Concile de Bâle ibid. p. 477. Cette supériorité est décidée en faveur de *tout Concile universel quelconque* par la Session V. du Concile de Constance. Des ultramontains ont prétendu que le texte du Concile de Constance a été falsifié; mais voyez BOSSUET *Declaratio Cleri Gallicani* Liv. V. chap. 4. & 5. & l'AUTEUR *du Traité de l'autorité du Pape* au Tome IV. p. 117.

PÉRIODE. dans des bornes plus étroites d'un consentement universel & à la satisfaction de toute la Chrétienté.

Causes de cette décadence. Il convient de passer au développement des causes de cette révolution, & d'examiner les circonstances principales qui contribuerent à l'accélérer.

Imprudence de plusieurs Papes. L'excès de la puissance pontificale & l'abus qu'en firent plusieurs Papes, ne pouvoient qu'en entraîner la décadence. A force de multiplier leurs anathemes ils les rendirent impuissants, & traitant sans ménagement les plus grands Rois, ils ne surent ni fléchir dans l'occurrence ni mettre des bornes à leurs exactions. Innocent IV surchargea d'impôts le Royaume d'Angleterre qu'il inonda de prêtres Italiens, & sous le prétexte du lien féodal qu'il s'attribuoit sur les Prélats Anglois, il les somma de lui amener leurs troupes. Les Anglois rébutés de toutes ces prétentions de la Cour de Rome, qui devenoient de plus en plus exorbitantes, envoyerent en 1245 des Ambassadeurs au Concile de Lyon, pour y demander le redressement de leurs griefs. Le Pape choqué de leurs plaintes au Concile, & uniquement occupé de la procédure qu'il avoit entamée contre l'Empereur Frédéric II, les congédia, sans leur donner aucune réponse satisfaisante *y*). Toute la nation, irritée d'u-

---

y) Voyez MATTHÆI PARIS *Hist. Angl.* p. 66. 681. 698. 701. & EDUARDI BROWN *Appendix* ne conduite si hautaine & si peu mesurée, sentit la nécessité de recourrir à des moyens plus efficaces pour arrêter les progrès du pouvoir pontifical. Les Rois d'Angleterre prirent hautement le parti de refuser le tribut qui avoit été accordé par le Roi Jean sans terre z); ils contesterent pareillement au Pape toute supériorité & droit de justice quant au temporel *a*), & reprimerent par leurs édits les provisions & autres exactions de la Cour de Rome *b*).

Le différend le plus funeste aux Papes fut celui qui s'éleva entre Boniface VIII & Philippe le Bel, Roi de France. Non content de s'ériger en juge entre le Roi & le Comte de Flandre, vassal & sujet de la couronne, ce Pontife ordonna même la pro-

---

ad Fasciculum rerum expetendarum & fugiendarum Orthuini Gratii. p 415.

z) Matthieu Paris en parlant à la page 681. du mauvais succès de l'ambassade envoyée au Pape Innocent IV ajoute ce qui suit: *Irati igitur nimis procuratores memorati recesserunt, cum comminatione terribiliter jurantes, se nunquam tributum Romanæ cupiditati, omni sæculo detestabili, soluturos, nec solvere permissuros, vel amplius redituum ecclesiarum proventus extorqueri non passuros.* Voyez aussi la déclaration du Roi Edouard III en 1357. dans Knyghton *de eventibus Angliæ* Twysden *Script. rer. Angl.* p. 2617.

a) Voyez la lettre des Barons d'Angleterre adressée au Pape Boniface VIII en 1301 dans Matthæus Westmonast. *Flores Historiarum* p. 445.

b) Rymer *Acta Angl.* Tom. II. P. IV. p. 149.

longation de la trève entre le Roi & ses ennemis, l'Empereur d'Allemagne & le Roi d'Angleterre. Il avança encore hardiment, dans ses différentes bulles, que le jugement des demêlés de tous les Souverains lui appartenoit, en tant qu'il étoit question du péché. Il prétendoit enfin que le Roi ne pouvoit exiger des subsides du clergé sans la permission du Pape, & que le droit de régale, dont jouissoit la couronne, étoit purement abusif. Traitant ensuite d'*insensée* la défense, que le Roi avoit faite indistinctement d'exporter ni or ni argent hors du Royaume, il envoya ordre à tous les Prélats François de se trouver le 1 Nov. 1301 en personne à Rome, pour y aviser à la réformation du Roi & de l'Etat. Il déclara ce Monarque sujet du Pape tant pour le temporel que pour le spirituel, & soutint qu'il y avoit de la *folie* à se persuader que le Roi n'avoit point de supérieur sur terre & qu'il ne dépendoit point du souverain Pontife *c*). Philippe le Bel de son côté fit brûler la bulle qui contenoit des assertions aussi téméraires *d*), & défendit aux ecclésiastiques de sortir du Royaume. Ayant convoqué à deux reprises *e*) les Etats généraux, ils reclame-

---

c) *Preuves de l'histoire du différend d'entre le Pape Boniface VIII & Philippe le Bel, Roi de France*, p. 13. 15. 27. 44. 48. 53.

d) Elle commence par les mots: *Ausculta fili carissime. Preuves du différend* p. 48.

e) En 1302 & 1303.

rent contre l'entreprife de la Cour de Rome en faveur de la liberté & de l'indépendance de la couronne, particuliérement le tiers état, qui dans fa requête adreffée au Roi s'en explique de la maniere la plus forte & en ces termes: " A vous très-noble Prince, „ noftre Sire Roy de France, fupplie & re- „ quiert le pueuple de voftre Royaume, „ pourceque il li appartient que ce foit faict, „ que vous gardiez la fouveraine franchife „ de votre Royaume, qui eft telle, que „ vous ne recogniffiez de voftre temporel „ Souverain en terre, fors que Dieu, & „ que vous faciez déclairer, fi que tout le „ monde le fçache, que le Pape Boniface „ erra manifeftement en vous mandant par „ lettres buliées que il eftoit voftre Souve- „ rain de voftre temporel & que vous ne „ pouvez prébendes donner, ne les fruits „ des Eglifes cathédrales vacans retenir, & „ que tous ceux qui croient le contraire, „ il tenoit pour hereges *f*)." L'excommunication prononcée contre Philippe le Bel n'ayant été fuivie d'aucun effet, ce Prince interjetta appel au futur Concile des procédures du Pontife, & tous les ordres de l'Etat adhérerent à cet appel *g*).

L'Empereur Louis de Baviere, un des plus grands Princes de fon tems, ayant encouru les cenfures de l'Eglife, pour avoir

---

f) *Preuves du différend* p. 214.
g) Ibidem pag. 100.

Démélés de l'Emp. Louis de Baviere avec les Papes.

V PERIODE. défendu les droits & prérogatives de sa couronne, ne put jamais obtenir l'absolution malgré les démarches les plus humiliantes, & l'offre qu'il fit de vouloir se démettre de la dignité impériale, & se livrer lui, son état & ses biens, à la discrétion du St. Siege. Ce Prince fut accablé de malédictions à la suite de plusieurs procédures intentées contre lui. La bulle du Pape Clément VI *h*) renchérit sur toutes celles de ses prédécesseurs: " Que Dieu, dit-il, en parlant de
„ l'Empereur, le frappe de folie & de rage,
„ que le ciel l'accable de ses foudres, que
„ la colere de Dieu & celle de St. Pierre &
„ de St. Paul tombent sur lui dans ce monde
„ & dans l'autre, que l'univers entier se
„ débatte contre lui, que la terre l'englou-
„ tisse tout vivant, que son nom périsse
„ dans la premiere génération, & que sa
„ mémoire disparoisse de la terre, que tous
„ les élémens lui soient contraires, que
„ ses enfans livrés entre les mains de ses
„ ennemis soient écrasés aux yeux de leur
„ pere. " L'indignité d'un pareil procédé réveilla l'attention des Princes & Etats d'Empire, qui, sur le rapport du College Electoral, jugerent à propos de réprimer les prétentions démésurées des Papes par un décret passé à la diete de Francfort en 1338. Ce décret, qu'on envisage encore aujour-

---

h) On la trouve dans RAYNALDI *Annal. ecclef.* à l'an 1346. n. 7. p. 230.

d'hui comme loi fondamentale de l'Empire, porte en substance, que la dignité Impériale dépend immédiatement de Dieu, que celui qui est élu Empereur à la pluralité des suffrages des Electeurs, est en vertu de cette élection vrai Roi & Empereur, sans avoir besoin ni du consentement, ni de la confirmation non plus que du couronnement du Pape, & que tous ceux qui s'aviseroient de soutenir le contraire, seroient traités comme criminels de leze majesté *i*).

On peut aussi ranger au nombre des évènemens préjudiciables à la grandeur des Papes celui de la translation de leur siege de Rome à Avignon. Après la mort de Bénoit XI les Cardinaux *k*) se réunirent en faveur de Bertrand de Goth, Archevèque de Bordeaux, qui prit le nom de Clément V. Ce Pape, qui étoit parvenu au Pontificat par la protection de Philippe le Bel, se fit couronner à Lyon & établit sa cour sur le bord du Rhone. L'ayant transférée en 1308 à Avignon dans la Provence, cette ville devint la résidence de ses successeurs jusqu'en 1376, que Grégoire XI revint à Rome *l*). Le séjour des Papes à Avignon ne pouvoit qu'affoiblir leur autorité, & diminuer le respect & la vénération qu'on leur avoit portés

Translation de la Cour de Rome à Avignon.

---

i) LEIBNITII *Cod. Juris Gent. Dipl.* P. I. p. 149.

k) En 1305.

l) Voyez STEPHANI BALUZII *vitæ Paparum Avenionensium.*

V PERIODE. jufqu'alors. L'opinion dominante au-delà des monts n'admettoit pour vrai fiege de St. Pierre que la ville de Rome; on y envifageoit donc les Papes d'Avignon comme n'étant pas légitimes. Ils fe trouvoient d'ailleurs entourés de Princes puiffans, aux volontés desquels ils étoient fouvent obligés de condefcendre au préjudice de leurs intérêts les plus chers. Ces confidérations, & le laps de foixante & dix ans que dura le féjour d'Avignon, lui fit donner par les Italiens le nom de *captivité de Babylone*. Il entraîna la perte de l'autorité pontificale dans Rome, ainfi que dans tout l'Etat eccléfiaftique. Les Romains, qui n'étoient plus contenus par la préfence de leurs Souverains, n'obéiffoient qu'à regret à ceux qui les repréfentoient, & le fouvenir de leur ancien état républicain les portant à un efprit de liberté & d'indépendance, la moindre innovation les révoltoit & les faifoit courir aux armes. Nicolas Rienzi, homme éloquent & auffi ambitieux qu'entreprenant, fçut profiter de la difpofition où fe trouvoient les Romains pour s'ériger en 1347 en maître de la ville fous le nom populaire de Tribun. Il répandit même la terreur dans toute l'Italie; mais exerçant fon pouvoir tyranniquement fur fes compatriotes, dont il affectoit de fe dire le libérateur, fa grandeur s'éclipfa dès fa naiffance *m*) &

---

m) Voyez le P. DU CERCEAU *Conjuration*

Rome reprit sa premiere forme de gouvernement. L'autorité des Papes n'y fut cependant pas mieux affermie, non plus que dans les autres villes de l'Etat eccléfiaftique. Après avoir été longtems en proie à différentes factions, elles tomberent enfin au pouvoir des nobles les plus puiffans, qui les fubjuguerent & laifferent à peine au Pape une ombre de la fouveraineté. Il fallut donc toute la politique infidieufe d'Alexandre VI & la vigilante activité de Jules II, pour réparer l'échec que le trop long féjour des Papes à Avignon avoit donné à la puiffance pontificale.

Les fchifmes qui déchirerent enfuite l'Eglife, ne lui occafionnerent pas une moindre fecouffe. Grégoire XI, qui avoit quitté Avignon pour s'établir à Rome, y mourut en 1378, & les Cardinaux fe trouverent partagés fur le choix de fon fucceffeur. Les Italiens élurent un Pape de leur nation, qui prit le nom d'Urbain VI, & établit fon fiege à Rome. Les François de leur côté fe deciderent pour le Cardinal Robert de Geneve, qui fe nomma Clément VII, & fe fixa à Avignon. Toute la Chrétienté fe partagea entre ces deux Papes, qui donnerent lieu au fchifme connu fous le nom de grand fchifme. Il dura depuis 1378 jufqu'en

V PERIODE.

Grand fchifme d'Occident.

---

de Nicolas Gabrini, dit de Rienzi, tyran de Rome.

V
PERIODE. 1417 *n*) fous le Pontificat de Boniface IX, Innocent VII & Grégoire XII, qui succéderent à Urbain VI fur le fiege de Rome; & le Pape d'Avignon eut pour fucceffeur Pierre de Luna, qui prit le nom de Bénoit XIII. Pour faire finir ce fchifme, on chercha à difpofer les deux Papes à abdiquer, mais s'y étant tous deux refufés, plufieurs Cardinaux fe détacherent de leur obédience & convoquerent en 1409 un Concile à Pife. Les deux Papes y furent dépofés & la dignité pontificale déférée à Pierre de Candie, qui prit le nom d'Alexandre V, & qui fut dans la fuite remplacé par le Pape Jean XXIII. Cette élection du Concile ne fit qu'augmenter le fchifme; car quoique le Pape Alexandre V eut fes partifans & qu'il s'empara même de la ville de Rome, les deux autres Papes trouverent auſſi moyen de fe maintenir dans une grande partie de leurs obédiences. L'Eglife fe vit donc partagée entre trois chefs, comme l'Empire l'étoit alors entre trois Empereurs *o*).

Concile de Conſtance.
Le Concile de Conſtance convoqué en 1414 par les foins de l'Empereur Sigismond réuſſit enfin à extirper le fchifme. Grégoire XII y abdiqua la Papauté, & le Concile dépofa les Papes de Pife & d'Avignon.

---

n) Voyez THEODORICUS A NIEM *de Schiſmate*, & HERRMANN VON DER HARDT *Acta Concilii Conſtant.*

o) Voyez LENFANT *Hiſtoire du Concile de Pife.*

On y procéda contre Jean Huſs, réformateur de la Boheme & ſectateur de Wiclef *p*). Sa doctrine *q*) fut réprouvée & lui-même brûlé *r*) à Conſtance, ainſi que Jérome de Prague, un de ſes zélés partiſans. Le Concile fut moins heureux dans ſes projets de réforme relativement au chef & aux membres de l'Egliſe *s*). Comme il étoit principalement queſtion de réformer la Cour de Rome, & de retrancher ou limiter les nouveaux droits qu'elle s'étoit attribués depuis quelques ſiecles, & qui regardoient entr'autres la matiere bénéficiale & les exactions pécuniaires, dont les nations ſe plaignoient, tous ceux qui étoient intéreſſés au maintien du ſiſteme établi, devoient naturellement déſapprouver que le Concile entreprît de le changer. Il fut cependant formé à Conſtance un comité, compoſé de députés de toutes les nations, qui, ſous le nom de *Collége réformatoire*, fut chargé du grand

---

p) Jean Wiclef, Docteur & Profeſſeur d'Oxford, mourut en 1387.

q) On peut conſulter ſur la doctrine de Wiclef & celle de Huſs AENEAS SYLVIUS *Hiſtoria Bohem.* ch. 35. HERMANN VON DER HARDT *Acta Concil. Conſtant.* Tom. IV. p. 153. & 400. & LENFANT *Hiſt. du Concile de Conſtance* Tom. I. p. 208. & 414.

r) En 1415. L'exécution de Jérome de Prague eſt de l'an 1416.

s) *Reformatio eccleſiæ in capite & membris.*

V PERIODE.

ouvrage de la réformation *t*). La queſtion ayant été agitée au Concile, ſi la réformation pouvoit s'effectuer ſans la participation du chef viſible de l'Egliſe, & la négative ayant prévalu, on paſſa préalablement à l'élection d'un nouveau Pontife. Le choix tomba en 1417 *u*) ſur Otton de Colonna, qui prit le nom de Martin V ; mais le projet de réforme rédigé par ce Pape, en conſéquence d'une déciſion antérieure du Concile *x*), n'ayant pas été au gré des nations *y*), cette matière fut renvoyée à un autre Concile, & en attendant, on paſſa des Concordats *z*) avec le Pape ſur les principaux objets en litige.

Concile de Bâle.

Le Concile de Bâle convoqué en 1431 *a*) par le Pape Martin V reprit l'ouvrage de la réformation. En renouvellant les décrets ſur la ſupériorité & l'indiſſolubilité du Concile, il abolit peu-à-peu la plus grande

---

t) Voyez le protocole de ce College dans HERMANN VON DER HARDT au Tom. I. Part. X.

u) Le 11 Novembre.

x) Voyez HERMANN VON DER HARDT au Tom. I. Part. XX. p. 929.

y) Voyez cette réformation dans HERMANN VON DER HARDT Tom I. Part. XXIII.

z) Le concordat arrêté en 1418 entre le Pape Martin V & la nation Germanique, de même que celui de la nation Angloiſe, ſe trouve dans HERMANN VON DER HARDT Tom. I. Part. XXIV. & XXV.

a) La premiere ſeſſion du Concile eut lieu le 14 Déc. 1431.

partie des réserves, les graces expectatives, les annates & autres exactions des Papes *b*). La liberté des appels en Cour de Rome fut pareillement restreinte. Eugene IV, successeur de Martin V, alarmé des atteintes portées à son autorité, prononça deux fois la dissolution du Concile. La premiere est du 17 Décembre 1431 *c*), & fut suivie de près de la convocation d'un autre Concile à Bologne. Elle fut révoquée sur les instances de l'Empereur Sigismond, & le même Pape donna le 15 Décembre 1433 une bulle, par laquelle il reconnut la légitimité du Concile de Bâle, & annulla tout ce qu'il avoit fait lui-même de contraire à son autorité *d*). La seconde dissolution eut lieu le 1 Oct. 1437 *e*). Le Pape transféra alors le

---

b) Voyez Seffio I. & II. 1431. & 1432. Seffio XII. 1433. Seffio XXI. 1435. Seffio XXIII. 1436. Seffio XXXI. 1438.

c) Voyez LABBE *Acta Concilior*. Tom. XII. p. 937.

d) LABBE Tom. XII. p. 529.

e) La désunion entre le Pape & le Concile commença au sujet de la translation du Concile proposée par le Pape dans la Seffion XXV, qui fut célébrée le 7 Mai 1437. Les Légats du Pape prirent alors le parti de se retirer, & le Concile donna sa premiere citation contre le Pape dans la Seffion XXVI. le 31 Juillet 1437. La bulle du Pape, par laquelle il prononça la dissolution du Concile, est datée du 1 Oct. 1473. On la trouve dans LABBE *Acta Concil*. T. XIII. p. 858. Cette bulle fut cassée & annullée par le Concile dans la Seffion XXIX, tenue le 12 Oct. 1437.

V PERIODE. Concile à Ferrare & de-là à Florence sous prétexte de l'union qui se projettoit entre l'Eglise Grecque & la Latine *f*). Les peres qui étoient restés à Bâle, procéderent contre le Pape Eugene IV; le suspendirent comme contumace, & finirent par le déposer en 1439 *g*). Ils élurent ensuite à sa place Amédée VIII, ci-devant Duc de Savoie, qui prit le nom de Félix V. Ce nouveau schisme dura jusqu'en 1449, que le Pape Félix donna sa démission; & le Concile, qui s'étoit retiré à Lausanne, après avoir élu Nicolas V, successeur d'Eugene IV, mit entiérement fin à ses séances *h*).

La nation Françoise adopta plusieurs décrets du Concile de Bâle par la pragmatique sanction rédigée à Bourges en 1438 *i*). Son exemple fut suivi par la nation Germanique, qui accepta solemnellement ces mêmes décrets a la diete de Mayence en 1439 *k*); mais

---

f) Cette union eut lieu à Florence L'original de l'acte d'union, signé par l'Empereur Jean VII le Paléologue & par le Patriarche de Constantinople, se conserve à la bibliotheque du Roi; mais le pauvre Empereur ne fut pas sitôt de retour à Constantinople qu'on le força de renoncer à l'union.

g) Session XXXI. & XXXIV. du Concile.

h) Le 25 Avril 1449. BZOVIUS *Annal. Ecclesiast.* au Tom. XVIII in fine, & MÜLLER *Reichstags-Theatrum* Part. I. ch. 27.

i) DUPUY *Commentaire sur le Traité des libertés de l'Eglise Gallicane* Tome II. p. 6.

k) HORIX *Concord. nationis Germanicæ integra.*

mais ce ne fut que par le Concordat, arrêté en 1448 entre l'Empereur Frédéric III & le Pape Nicolas V, & par celui de Bologne en 1516 entre François I & le Pape Léon X, que la Cour de Rome rentra dans une partie des droits utiles & honorifiques, dont les décrets du Concile de Bâle l'avoient dépouillée *l*).

C'est ainsi que les schismes servirent à limiter le pouvoir démesuré de la Cour de Rome. Les Rois en profiterent pour révendiquer insensiblement leurs droits de souveraineté, & les Papes, sentant leur foiblesse & le besoin qu'ils avoient de la protection des Rois, apprirent à les traiter avec plus de ménagement.

La nouvelle lumiere, qui commença à percer dans le quatorzieme siecle, ne contribua pas moins que les schismes, à affoiblir la grandeur pontificale, en dissipant peu-à-peu les ténebres de l'ignorance & de la superstition, où les peuples de l'Europe se trouvoient généralement plongés. Au milieu des troubles qui agitoient l'Empire & le Sacerdoce, & durant les schismes, on vit paroître des hommes instruits & courageux, qui développant l'origine & l'abus de la nouvelle autorité des Papes, oserent rappeller

---

l) Voyez le Concordat Germanique dans les *Recessus Imp*. Tom. I. p. 179. & le Concordat François dans DUPUY *Commentaire sur le Traité des libertés* Tom. II. p. 57.

X

la doctrine des anciens canons, éclairer les souverains fur leurs véritables droits & rechercher avec foin les limites qui doivent exifter entre les deux puiffances.

L'un des premiers de ces athletes fut JEAN DE PARIS, fameux Dominicain, qui prit la défenfe du Roi Philippe le Bel contre le Pape Boniface VIII *m*). Son exemple fut fuivi du célebre poëte DANTE ALIGHIERI *n*), qui s'érigea en défenfeur de l'Empereur Louis de Baviere contre la Cour de Rome. MARSILE DE PADOUE *o*), JEAN DE GAND *p*), GUILLAUME OCKAM *q*) de l'ordre des Cordeliers, LUPOLD DE BABENBERG *r*) &c. marcherent fur les traces du Poëte Italien; & parmi la foule d'écrivains qui fe fignalerent, lors du grand fchifme, on remarque fur-tout trois François, PIERRE D'AILLY, NICOLAS DE CLÉMANGE & JEAN GERSON, dont les écrits *s*) furent généralement bien accueillis.

───────────────

m) Voyez fon traité intitulé: *de poteftate regia & papali*.

n) *De Monarchia* Libri III.

o) *Defenfor pacis*.

p) *De nullitate proceffuum Papæ Johannis XXII contra Ludovicum Bavarum Imp. pro fuperioritate Imperatoris in temporalibus*.

q) *Octo quæftionum decifiones fuper poteftatem Summi Pontificis*. Item: *Dialogus de poteftate Imperiali & Papali*.

r) *De Jure Regni & Imperii*.

s) On les trouve ainfi que les autres qu'on vient de citer dans le Recueil de SIMON SCHARDIUS *de jurisdictione, autoritate & præeminentia im-*

V PERIODE.
Origine des Universités.

Ces progrès littéraires étoient le fruit des Universités naissantes & des encouragemens qu'elles reçevoient. Avant leur établissement, il n'y avoit gueres d'autres écoles publiques que celles qui se trouvoient attachées aux églises cathédrales, aux collégiales *t*) ou à quelques monasteres. Il est vrai qu'il existoit des especes d'Académies dans quelques villes principales, telles que Rome, Paris, Angers, Oxford, Salamanque; mais les sciences, qu'on y professoit, se réduisoient aux sept arts libéraux, la Grammaire, la Rhétorique, la Dialectique, l'Arithmétique, la Géométrie, la Musique & l'Astronomie *u*). A l'égard de la Théologie, elle

---

periali ac potestate ecclesiastica, dans celui de GOLDAST *Monarchia S. Romani Imperii*, dans les *Acta Concilii Constantiensis* de HERMANN VON DER HARDT, & dans le *Fasciculus rerum expetendarum & fugiendarum* d'ORTHUINUS GRATIUS de l'édition d'EDOUARD BROWN. Un Avocat du Roi au Parlement de Paris, nommé PIERRE DE CUGNIERES, signala aussi son zele pour les droits de la couronne par le fameux réquisitoire qu'il fit en 1329 contre les usurpations des ecclésiastiques. Ce réquisitoire, dont on dérive l'origine des *appels comme d'abus*, n'est connu que par les extraits de Bertrand, Evêque d'Autun, qui le réfuta. Voyez GOLDASTI *Monarchia* Tom. II. p. 1361.

t) Dans chaque chapitre le *scholasticus* instruisoit les jeunes chanoines & dirigeoit l'école du chapitre; d'où il arrive que cette dignité se trouve encore aujourd'hui dans les chapitres, quoique les fonctions du scholasticus aient cessé depuis longtems.

u) La Grammaire, la Rhétorique & la Dialecti-

X 2

V
PERIODE. avoit ses maîtres particuliers. La Jurisprudence ne tenoit encore aucun rang parmi les sciences académiques x), & on ne trouve aucune école publique de Médecine avant celle de Salerne, dont on apperçoit quelques traces sur la fin du onzieme siecle y).

---

que étoient connnues sous le nom de *Trivium*, & les autres sciences, qui font partie des Mathématiques, sous celui de *Quadrivium*. Ces dernieres faisoient l'objet des gens de lettres, qui vouloient s'élever au-dessus du commun. V. *Hist. Littér. de la France* T. IX. p. 143. L'historien de St. Meinwercus, Evêque de Paderborn, dans l'onzieme siecle, en parlant d'Imadius, prédécesseur de Meinwercus, s'explique ainsi : *sub quo* (Imadio) *in Patherbrunnensi ecclesia publica floruerunt studia : quando ibi Musici fuerunt & Dialectici, enituerunt Rhetorici clarique Grammatici, quando Magistri artium exercebant trivium, quibus omne studium erat circa quadrivium. Ubi Mathematici* (*Arithmetici*) *claruerunt & Astronomici, habebantur Physici atque Geometrici.* Voyez LEIBNITII *Script. Rerum Brunsw.* T. I. p. 546. Telle fut la forme de l'école publique de Paris. On n'y enseignoit que ce qu'on appelloit *Arts libéraux*, d'où il vient qu'encore aujourd'hui le Recteur de l'Université de Paris est tiré de la seule faculté des arts, comme ayant été la premiere & la plus ancienne de toutes les facultés.

x) Si l'on en croit les auteurs de l'*Histoire littéraire de la France* au Tome VII la jurisprudence s'enseignoit publiquement dès le onzieme siecle aux écoles d'Angers & 'de Toul.

y) Le fameux livre intitulé : *Schola Salernitana*, parut vers 1100. v. FREIND *Opera* Tom. I. p. 326. Selon les mêmes auteurs de l'*Histoire littéraire de la France* au Tome IX. p. 191. l'école

DES REVOLUTIONS.

V PERIODE

On sent que ces écoles ne pouvoient être comparées à nos Universités, aussi différentes par le plus grand nombre de sciences & de facultés qu'elles embrassent, que par leur formation en corps privilégiés jouissant d'une jurisdiction toute particuliere.

Leur origine paroît remonter à la renaissance du droit Romain dans Bologne & à l'invention des degrés académiques. Le même Irnerius, reconnu généralement pour le restaurateur du droit Romain z), fut vraisemblablement le premier qui s'avisa de conférer avec certaines solemnités les grades de Docteur & de Licencié à ceux qui excelloient dans cette étude *a*). Le Pape Eugene III en introduisant le décret de Gratien dans l'Académie de Bologne permit en 1153 de conférer en droit canon, les degrés usités en droit civil *b*), d'où ils passerent successive-

---

de Médecine de Montpellier remonte au commencement du douzieme siecle.

z) Ci-dessus page 150.

a) On est fondé cependant de croire que déjà avant Irnerius il étoit d'usage en France d'accorder de certains degrés dans la faculté des arts, tels que Maitre és arts, Licencié, Bachelier. Le mot de *Bachelier* paroît être d'origine Françoise, & déjà l'Empereur Otton III donne à son précepteur Gerbert, François de nation, l'épithete de *Tribus Philosophiæ partibus laureatus* V. Ep. 153. GERBERTI dans DUCHESNE *Hist. Franc. Script.* T. II. p. 824.

b) Voyez ci-dessus page 151. & les *Excerpta vetustissimi Calendarii Archigymnasii Bononiensis*, rapportés par ALEXANDRE MACHIAVEL dans

V PERIODE. ment dans les différentes facultés, à mesure qu'elles furent aggrégées aux corps académiques *c*). Ces degrés furent recherchés avec grand empressement à cause des honneurs, des immunités & des prérogatives que les Princes y avoient attachés *d*); mais rien ne donna tant de lustre aux Universités & ne contribua plus efficacement à consolider leur état présent, que la jurisdiction privilégiée que leur attribua l'Empereur Frédéric le Barberousse en 1158 *e*). Son exemple fut suivi par plusieurs autres Souverains, dont elles obtinrent la même grace.

---

ses *notes sur l'histoire de Bologne* de SIGONIUS *operum* editionis Mediolan. Tom. III. p. 128. On voit dès-lors, que le célebre CONRING dans son traité: *de Antiquitatibus Academicis*, & tous ceux qui l'ont suivi, se trompent, en envisageant les degrés académiques comme une invention du treizieme siecle.

c) La premiere Université qui réunit toutes les facultés, fut celle de Paris. Elle fut complette dès l'an 1209, d'après le témoignage de RIGORDUS *vie de Philippe Auguste* dans DUCHESNE au Tome V. p. 50. *Cum in eadem nobilissima civitate non modo de Trivio & Quadrivio, verum & de quæstionibus juris canonici & civilis & de ea Facultate quæ de sanandis corporibus & sanitatibus conservandis scripta est, plena & perfecta invenitur doctrina; ferventiori tamen desiderio sacra pagina & quæstiones theologicæ docebantur.*

d) Voyez ITTER *de Gradibus Academicis.*

e) Par la fameuse *Authentica: habita* COD. *ne filius pro patre.* V. CONRING *de Antiq. Academ.* p. 142.

De-là cette multitude d'univerſités depuis le treizieme ſiecle, dont pluſieurs furent formées ſur le modele de celle de Paris ƒ), qui l'emportoit ſur toutes les autres. PIERRE LOMBARD, nommé le *maitre des ſentences* g) & le pere de la ſcholaſtique, fut le premier auteur de cette célébrité dans le douzieme ſiecle. Tous les Docteurs qui vinrent après lui, tels que ALBERT LE GRAND & ST. THOMAS D'AQUIN, ne firent que marcher ſur ſes traces en l'honorant de leurs commentaires; & tandis qu'on enveloppoit la théologie dans un tas de queſtions frivoles, on puiſoit les préceptes de la philoſophie dans les ſeuls livres d'Ariſtote, traduits en partie de l'Arabe & commentés d'une maniere barbare & inintelligible. Le mauvais goût, qui regnoit dans les études, provenoit d'un défaut de connoiſſances néceſſaires pour éclairer les ſciences & à les expoſer dans leur vrai jour. Comme les belles-lettres n'avoient point encore paru, tous les efforts que l'on faiſoit,

Ve PERIODE.

Naiſſance de la ſcolaſtique.

ƒ) Les Univerſités de Paris, d'Oxford, de Bologne, de Padoue, de Naples, peuvent être enviſagées comme une production du treizieme ſiecle. Le ſiecle ſuivant en fournit un nombre plus conſidérable. Celle de Prague fut fondée en 1347 par l'Empereur Charles IV, celle de Vienne en 1365 par les Ducs d'Autriche, celle de Heidelberg en 1386 par l'Electeur Palatin, celle de Cologne en 1388, celle d'Erford en 1389.

g) Parcequ'il fut l'auteur d'un traité, infiniment eſtimé & intitulé: *Liber ſentantiarum.*

V PERIODE. pour le progrès des sciences, étoient absolument inutiles. Le vrai génie cependant ne laissa pas de prendre essor; il se développa dans quelques hommes extraordinaires, qui, méprisant les vaines subtilités de l'école, chercherent le vrai & le beau dans la nature même ou dans l'étude de la belle antiquité. Tel fut ROGER BACON, moine Franciscain Anglois *h*), qui s'illustra par ses découvertes dans la chymie & dans la méchanique. DANTE ALIGHIERI *i*), nourri de la lecture des anciens, fut le premier qui entreprit de former la langue Italienne pour la poésie, & qui y mit de l'élégance & des graces. Il fut suivi de près par l'incomparable PÉTRARQUE *k*) & par l'énergique BOCCACE *l*).

Ce seroit faire tort à nos anciens que de leur reprocher la lenteur du progrès des lettres. Leur zele mérite au contraire les plus grands éloges. Ils ont surmonté tous les obstacles qu'ils rencontroient dans ces siecles barbares, sans se rebuter par la cherté des codes *m*), ni par la rareté des livres & des

---

h) Mort en 1284.
i) Mort en 1321.
k) Mort en 1374.
l) Mort en 1375. Sur ces trois fondateurs de la littérature Italienne voyez DENINA *Tableau des révolutions de la littérature ancienne & moderne* au chap. IV. p. 120.
m) Des ouvrages que nous payons aujourd'hui quelques centaines de francs, revenoient à des

bibliotheques *n*), avant l'invention du papier & de l'imprimerie.

V PERIODE.

On se servoit alors de parchemin, en tout tems précieux, pour copier les livres, ainsi que pour rédiger les actes publics. Le papier d'Egypte, (*papyrus*) devenu fort rare depuis l'invasion des Arabes dans ce pays, & celui de soie ou de cotton, dont l'usage en Europe remontoit à l'onzieme siecle & même au-delà *o*), n'étoit non plus d'une

Invention du papier de linge.

---

milliers d'écus dans le tems qu'on étoit encore réduit à copier les livres.

n) Une bibliotheque qui passoit les cent volumes, étoit alors une bibliotheque immense & un vrai tresor littéraire. On trouve dans les anciens statuts de la ville de Ferrare de 1286 un article, qui ordonne au Podestat de tenir la main à la conservation d'une Bible, en deux volumes in folio, appartenante à la fabrique de l'Evêché. Voyez MURATORI *Antiquit. medii ævi* au Tome III. p. 840.

o) C'est les Arabes qui paroissent avoir apporté de l'Orient l'usage du papier de cotton. MURATORI dans une dissertation sur la plante, appellée *papyrus*, inférée dans les *Mémoires de l'Académie des Inscriptions & des belles Lettres*, Tome VI. p. 592. rapporte comme étant le plus ancien MS. de papier de cotton à la bibliotheque du Roi, celui qui y est numéroté 2889. & qui fut écrit, comme on le peut prouver, en 1050; mais il remarque en même tems que parmi les manuscrits sans date il y en a qui appartiennent indubitablement au dixieme siecle. Le même MURATORI dans ses *Antiquitates medii ævi* au Tom. III. p. 871. confond le papier de cotton avec le papier de linge. Le passage de Pierre Maurice, Abbé de Clugny, qui fait voir qu'en 1140 on se servoit de *charta ex rasuris veterum pannorum*, semble se rapporter au seul pa-

grande reſſource, à cauſe de la diſette des matieres premieres. L'invention du papier, dont on ſe ſert aujourd'hui & qui ſe fait principalement de vieux linge, ne paroît gueres remonter au-delà du treizieme ſiecle *p*), &

---

pier de cotton. S'il étoit permis d'en croire un auteur Arabe de la Mecque du treizieme ſiecle, cité dans la *Bibliotheca Arabico-Hiſpana* de CASIRI au Tome II. p. 9. le papier, ſans doute celui de cotton, auroit été inventé à la Mecque par un nommé Joſeph Amru vers l'an 88 de l'Hégyre ou 706 de J. C. Selon d'autres auteurs Arabes, cités par CASIRI & nommément ABULFEDA, les Arabes trouverent une belle fabrique de papier à Samarcande en Bucharie, lors de la conquête de ce pays l'an 85 de l'Hégire, 704 de J. C. Ils y puiſerent cet art pour l'introduire depuis dans leurs autres Etats. La fabrication du papier de ſoie étoit connue, à ce qu'on prétend, à la Chine dans les tems les plus reculés. Elle y fut inventée, ſelon la tradition ancienne & conſtante des lettres de la Chine, par Mong-tiene, Général des troupes de l'Empereur Chi-hoang-ti, fondateur des Tſine, lequel commença à regner l'an 180 avant J. C. Voyez une lettre du P. de Mailla au P. Etienne Souciet dans les *Mémoires des inſcriptions & des belles lettres de Paris* au Tome XV. p. 520.

p) Le P. MONTFAUCON, malgré toutes les recherches qu'il fit en France & en Italie, n'a jamais pu découvrir aucun code ni diplôme, écrit ſur du papier ordinaire, & antérieur à l'an 1270, qui eſt l'époque de la mort de St. Louis. *Mém. de l'Académie des belles Lettres* T. VI. p. 607. Le plus ancien papier, compoſé de linge & de cotton, qu'on ait trouvé juſqu'à préſent, eſt celui que Mr. DE SENCKENBERG envoya à M. MEERMANN, & qui porte l'an 1308. M. BREITKOPF dans ſon *Eſſai ſur l'origine des cartes à jeu & du papier*

l'on en ignore encore la véritable époque aussi bien que le nom de l'inventeur *q*). Il

---

de linge, publié en allemand en 1784, p. 96. cite deux titres des archives de l'hôpital de Kaufbeuern, qui selon lui sont écrits sur du papier de linge, portant l'un & l'autre la date de 1318. Le P. MABILLON *de re diplom.* p. 39 prétend avoir eu entre ses mains une lettre que Joinville écrivit vers l'an 1315 au Roi Louis X, dit le Hutin, sur du pareil papier. Il n'a rien résulté de plus satisfaisant des recherches de Mr. DE MEERMANN, qui proposa en 1762 un prix en faveur de celui qui découvriroit un titre du treizieme ou du commencement du quatorzieme siecle, écrit sur du papier de linge. V. GERARDI MEERMANN *& doctorum virorum ad eum epistolæ atque observationes de chartæ vulgaris s. linteæ origine.* Hagæ Comitum 1767. CASIRI dans sa *Bibliotheca Arabico-Hispana* soutient qu'il existe à la bibliotheque de l'Escurial plusieurs codes, tant en papier de cotton, qu'en papier ordinaire, dont l'âge remonte au-delà du treizieme siecle; mais il n'indique point de date sûre & certaine. On trouve dans le *nouveau Magazin d'Hongrie*, imprimé à Presbourg en 1781, au Tome I. p. 133. une lettre d'un Cardinal Légat du Pape, adressée à un Evêque de Transilvanie, laquelle doit avoir été écrite sur du papier de linge en 1309. Mr. LE PRINCE, le jeune, dans une lettre, insérée dans le *Journal des Savans* 1782, p. 182. cite un titre en papier, de l'an 1302, qui contient une clause du testament d'Othon IV, C. de Bourgogne; mais ni Mr. LE PRINCE, qui parle d'après Mr. BULLET, ni l'auteur du *Magazin d'Hongrie*, ne prouvent point leur assertion.

q) D'après un passage de la chronique de Padoue par les freres CORTUSES, écrite dans le quatorzieme siecle & publiée par MURATORI au Tome XII. de ses *Scriptores Rerum Ital.* p. 902. un nommé Pace da Fabiano, habitant de Treviso,

V PÉRIODE. ne paroît cependant pas douteux que la fabrication du papier de foie & de cotton n'ait amené naturellement celle du papier de linge. Pour en fixer l'introduction, il conviendroit d'examiner préalablement en quel tems l'usage du linge a été assez commun en Europe *r*) pour pouvoir en convertir les chiffons en papier *s*).

---

auroit inventé, vers l'an 1340, le papier à Padoue & à Trévise: *cujus laborerii*, dit cette chronique, *chartarum de papyro primus inventor apud Paduam & Tarvisium fuit Pax quidam de Fabiano, qui propter aquarum amœnitatem in Tarvisio sæpius ac longius versatus, vitam exegit;* mais comme on ne trouve aucune trace de papier de linge en Italie avant le milieu du quatorzieme siecle, les fabriques de Padoue & de Trévise, dont il est ici question, ont été sans doute des fabriques en papier de cotton, que Pace établit à l'instar de celle de Fabriano, qui fleurissoit déjà auparavant dans la Marche d'Ancone.

r) C'est ce que M. GATTERER a très-judicieusement observé dans ses *Elementa artis diplom. univers.* p. 33. On trouve des manufactures de toiles en Allemagne dès le douzieme siecle. V. SCHMIDT *Geschichte der Teutschen* T. III. p. 110. L'accroissement du commerce dans le siecle suivant doit en avoir multiplié le nombre.

s) Il est probable que les premiers essais en papier de linge se soient faits, plutôt en Allemagne & dans des pays qui abondent en lin & en chanvre, que dans des contrées méridionales de l'Europe. V. BREITKOPF *Essai sur l'origine des cartes à jeu* p. 104. La plus ancienne fabrique de papier de linge qu'on rencontre en Allemagne, est celle qui fut établie à Nuremberg en 1390. V. M. DE MURR *Journal relatif à l'histoire des arts* T. V. p. 137.

On eſt ſurpris de voir, que des inventions utiles, échappées aux ſiecles les plus lumineux, & les plus propres à hâter les progrès des lettres & des arts, aient paru dans des tems groſſiers & barbares, où l'on connoiſſoit à peine l'avantage qu'on pouvoit en tirer. Nous trouvons pareillement des traces de la peinture à l'huile vers la fin du treizieme ſiecle. Si les anciens ont produit des chefs d'œuvre de peinture, ils n'ont pas eu le talent de les rendre durables. Le tems effaçoit rapidement leurs couleurs, qu'ils ne ſavoient point allier avec l'huile. Ce ſecret, caché à la belle antiquité, étoit réſervé au douzieme ou treizieme ſiecle *t*), où

PERIODE V.
Invention de la peinture à l'huile.

---

t) Le plus ancien tableau, qu'on connoiſſe jusqu'à préſent, peint à l'huile ſur du bois, ſe trouve à la galerie Impériale de Vienne. Il eſt de l'an 1297 & d'un peintre, nommé Thomas de Mutina ou de Muttersdorf en Boheme. Deux autres tableaux, de la même galerie, auſſi peints ſur du bois, portent l'an 1357. L'un eſt de Nicolas Wurmſer de Strasbourg & l'autre de Thierry de Prague. Voyez le *Catalogue de cette galerie* par Mr. DE MECHEL p. 230. On voit par là que la peinture à l'huile a été connue longtems avant l'époque, à laquelle on la fixe communément, & que c'eſt à tort qu'on en attribue l'invention à HUBERT VAN EYCK & à ſon frere & diſciple JEAN VAN EYCK, autrement JEAN DE BRUGES, qui floriſſoient vers la fin du quatorzieme ſiecle, & non au commencement du quinzieme, comme on le dit communément. Feu M. LESSING dans un traité allemand, intitulé *de l'antiquité de la peinture à l'huile*, cite un auteur, nommé THEOPHILUS PRESBYTER, qu'il croit pouvoir rapporter au onzieme ſiecle, pour

croupiſſoient les arts. Outre qu'il donnat un éclat plus vif aux couleurs, il ſervit en-

prouver que la peinture à l'huile étoit déja connue en ce tems là. Le manuſcrit de Théophile eſt conſervé à la bibliotheque de Wolffenbuttel, & a été publié depuis dans un recueil du même littérateur, intitulé: *zur Geſchichte und Litteratur, ſechster Beytrag*, p. 291. ſous le titre ſuivant: THEOPHILI PRESBYTERI *diverſarum artium ſchedula*. Mr. RASPE dans un traité intitulé: *Eſſai critique ſur la peinture à l'huile*, publié en anglois à Londres en 1780, allégue, en faveur de l'antiquité de cette peinture, le même traité de THÉOPHILE, ainſi que celui de ſon contemporain ERACLIUS, conſervés l'un & l'autre à la bibliotheque du college de la Trinité à Cambridge. Ces auteurs parlent de la maniere de peindre les portes en rouge, en mélant le cinabre avec de l'huile de lin, d'après la méthode qu'ils enſeignent. On lit au chap. 23. du traité de THÉOPHILE le paſſage ſuivant: *omnia genera colorum eodem genere olei teri & poni poſſunt in opere ligneo, in his tantum rebus quæ ſole ſiccari poſſunt, quia quotiescunque unum colorem impoſueris, alterum ei ſuperponere non potes, niſi prior exſiccetur, quod in imaginibus diuturnum & tædioſum nimis eſt*. On voit par ce paſſage que la peinture à l'huile étoit déja connue du tems de Théophile; mais qu'on ne s'en ſervoit pas volontiers, à cauſe de la difficulté de ſécher les couleurs alliées de l'huile. Il paroit dès-lors qu'on ignoroit encore le vernis à l'huile, que les peintres emploient aujourd'hui pour ſécher. Les van Eyck ſeroient-ils peut-être les inventeurs de ce vernis qui devoit naturellement donner de la vogue à la peinture à l'huile? Mr. RASPE rapporte, qu'il exiſte en Angleterre des peintures à l'huile faites dans le quatorzieme ſiecle. Il allégue le portrait du R. Richard II, qui ſe trouve dans la belle collection des tableaux de Wilton, apparte-

core à transmettre à la postérité les tableaux des grands maîtres qui parurent à la renaissance des arts dans le quinzieme siecle.

Une invention plus utile encore & plus importante que la peinture à l'huile fut celle de la boussole, qui appartient aussi aux tems dont nous parlons.

Invention de la boussole.

Il n'est pas douteux que les anciens ont connu la propriété de l'aimant d'attirer le fer, mais sa direction vers les poles de la terre, & la maniere de communiquer au fer & à l'acier la vertu magnétique, ont été également ignorées de tous les peuples de l'antiquité qui se sont illustrés par la navigation & le commerce *u*). On n'est pas plus fondé d'attribuer cette découverte aux Normands, anciens pirates du Nord, qui depuis le huitieme siecle coururent les mers,

---

nants au C. de Pembrok. Il paroit avoir été peint en 1377 au sujet de l'inauguration de ce Prince, & cela en huile ou du moins chargé d'un vernis à l'huile.

u) On ne trouve ni dans les auteurs Grecs, ni dans les auteurs Latins aucun passage, qui puisse constater que les anciens ont connu la vertu directrice de l'aimant, quoiqu'ils parlent de sa propriété d'attirer le fer. Voyez GUILIELM. GILBERTUS de *Magnete* L. 1. c. 1. & NICOLAI CABEI *Philosophia magnetica* L. 1. c. 6. ABUNDIUS COLLINA *de acus nauticæ inventore* in COMMENT. BONON. Tom. II. P. III. pag. 372. s'est attaché à prouver que la boussole a été connue des anciens & qu'elle a été pratiquée en Europe, antérieurement au douzieme siecle; mais ses arguments ne sont rien moins que convaincants.

V PERIODE. & porterent la désolation fur toutes les côtes maritimes & dans les contrées les plus éloignées de l'Europe *x*). Les premieres traces qu'on trouve dans nos hiſtoriens de la vertu directrice de l'aimant & de l'aiguille aimantée, ne remontent pas au-delà du douzieme fiecle, & on eſt tenté de croire que les François ou les marins Provençaux ſe font aviſé les premiers d'en tirer parti pour la navigation *y*). Qu'ils aient tiré cette

---

x) GOROPIUS BECANUS in *Hiſpanicis* a cru pouvoir revendiquer aux Normands la gloire de l'invention de la bouſſole, par la raiſon peu concluante, que les points cardinaux du monde ont tiré dans la bouſſole leurs noms de la langue du Nord.

y) Le premier qui parle de l'aiguille aimantée & de ſon uſage dans la navigation, eſt un poëte Provençal, nommé HUGUE DE BERCY, qui vécut au commencement du treizieme ſiecle, où il rédigea un poëme, intitulé: *Bible Guyot*. C'eſt une fatyre, où l'auteur décrit d'une plume hardie les vices de ſon ſiecle. En comparant le Pape à l'étoile polaire, il donne la deſcription de la bouſſole, telle qu'elle paroit avoir été dans ſa naiſſance. Voici ce paſſage:

De notre pere l'apoſtoile (le Pape)
Volſiſſe qu'il ſemblat l'eſtoile
Qui ne ſe muet. Bien la voient
Li mariniers qui ſi avoient,
Par cele eſtoile vont & vienent,
Et lor ſen & lor voie tienent,
Ils l'apelent la tresmointaigne
Icele eſtaiche (attachée) *eſt moult certaine.*
Toutes les autres ſe removent,
Et rechangent lor lieus & tornent;
Mes cele eſtoile (polaire) *ne ſe muet,*

DES REVOLUTIONS. 337

cette connoissance des Arabes z) & ceux-ci des Chinois a), c'est ce qu'on ne sau-

> Un art sont qui mentir ne puet
> Par la vertu de la maniere (magnéte, aimant)
> Une pierre laide & bruniere,
> Ou li fers volentiers se joint
> Ont, les mariniers) si esgardent le droit point,
> Puis d'une aguille ont touchie
> Et en un festu l'ont couchie
> En l'eve (l'eau) le metent sans plus
> Et li festus la tient desus,
> Puis se tourne la pointe toute,
> Contre l'estoile, si sans doute,
> Que ja nus hom n'en doutera,
> Ne ja por rien ne faussera.
> Quant la mer est obscure & brune,
> Quant ne voit estoile ne lune,
> Dont font à l'aguille allumer,
> Puis n'ont ils garde desgarer,
> Contre l'estoile va la pointe.

Il est ici question d'une aiguille, frottée d'aimant & couchée dans l'eau sur quelque *fétu*, comme du liege, qui la tient dessus; cette aiguille tournant toujours tant qu'elle s'arrête au Nord, & guidant les marins, dans les nuits obscures, à l'aide d'une lumiere qu'ils allument. FAUCHET *Recueil de l'origine de la langue & de la poésie Françoise*, ETIENNE PASQUIER *Recherches sur la France* L. 7. c. 3. PIERRE BERGERON *Voyages & Traité de la navigation* ch. 3. ont publié ces vers de la Bible Guyot. M. LE PRINCE le jeune en a donné une édition plus correcte dans le *Supplément aux remarques*, inséré dans le JOURNAL DES SAVANS Oct. 1782. p. 669.

JACQUES DE VITRI, qui fut Evêque de Ptolémaïde, au commencement du treizieme siecle, parle aussi de la boussole, comme étant généralement connue, dans son *Histoire orientale* au L. 1. c. 89. *Acus ferrea*, dit-il, *postquam adamantem contigerit, ad stellam septentrionalem, quæ velut*

roit démontrer, ni indiquer le vrai auteur de la découverte & le tems où elle a été

---

axis firmamenti, aliis vergentibus, non movetur, semper convertitur, unde valde necessaria est navigantibus in mari. C'est par erreur que Jacques de Vitri attribue ici au diamant la vertu de l'aimant. Ce passage n'en sert pas moins à prouver que l'usage de l'aiguille aimantée dans la navigation étoit connu dans ce tems là.

Enfin on trouve dans le livre de BRUNET LATIN de Florence, intitulé *Tréfor*, & composé en France vers le milieu du treizieme siecle, un endroit qui sert à prouver l'existence de la boussole : *Les deux signals*, dit-il au ch. 113. du 1. Livre, *appellés tramontaines, dont l'un est en midi & l'autre en septentrion, ne se remuent point & sont ainsi que les esseux d'une charrete. Pour ce nagent les mariners à l'enseigne de ces deux estoiles que l'on appelle tramontaines, car le gent qui sont en Europe & en ces parties nagent à celles de septentrions & les aultres à celles de midi & que cela soit la vérité prenés une pierre d'aymant, vous trouverés qu'elle a deux faces une qui gist vers l'une tramontaine & l'autre gist vers l'autre & chacune des deux faces alse la pointe de l'aiguille à celle de tramontaine à que ceste face gist & pour ce seroient les mariners deceus se ils ne s'en prenoient garde & pour ce que ces deux estoiles qui sont en tour ont plus petit cercle & les autre greignes.* Voyez le *Catalogue des Mss. de la bibliotheque de Geneve* par SENEBIER, p. 400. 401. 402. & MÉMOIRES DE L'ACAD. DES INSCRIPT. Tom. VII. p. 298. 299.

2) V. FOURNIER. *Hydrograph.* L. XI. c. 1. RICCIOLI *Geograph. & Hydrograph.* L. X. c. 18. CABEUS *de Philosoph. magnet.* L. I. c. 6. p. 22. Les deux premiers citent la Géographie Nubienne, écrite vers le milieu du douzieme siecle, pour

faite. Les Italiens & fur-tout les Napolitains difputent communément aux François l'honneur de cette invention, qu'ils prétendent être dû à un citoyen d'Amalfi, nommé Flave Gioja *b*); mais ne fixant le tems, où

prouver que les Arabes peuvent nous avoir donné les premieres notions de la bouffole.

a) On trouve des traces de la bouffole dans l'ancienne hiftoire de la Chine felon MARTINUS MARTINIUS *Hiftoriæ Sinicæ* Lib. IV. p. 91, le P. SOUCIET *Obfervations mathématiques, aftron. géograph. chronol. & phyfiques, tirées des anciens livres Chinois*, au Tom. III. p. 44. & M. BAILLY *Hift. de l'Aftronomie ancienne* p. 122.

GILBERTUS *de Magnete* L. I. c. 1. eft porté à croire que ce fut Marc Paul de Vénife, qui apprit, vers 1260, dans la Chine l'ufage de la bouffole & qui l'apporta le premier en Europe; mais comme elle y étoit déja connue antérieurement à ce tems là & avant qu'aucun Européen eut fréquenté la Chine, il feroit plus croyable que les Arabes, dont la domination dans l'Afie s'étendoit jufqu'aux frontieres de la Chine, y euffent puifé cette connoiffance, & que ce fut par eux qu'elle eut été communiquée aux nations de l'Europe. Tel eft le fentiment de BERGERON *Traité de la navigation* au chap. 3.

b) On cite communément le vers de PANORMITANUS :
Prima dedit nautis ufum magnetis Amalfis,
& les armes de la ville d'Amalfi, qui fe rapportent à l'invention de la bouffole, dont cette ville fe glorifie. Voyez HENRICUS BRENCMANNUS *de Republica Amalphitana* Differt. I. cap. 22. dans le *Thefaurus Antiq. Ital.* T. IX. P. IV. JO. CHRYSOSTOMUS TROMBELLI *de acus nauticæ inventore in Comment. Bonon.* Tom. II. P. III. p. 365. penche pour l'opinion qui révendique aux Italiens la gloire de l'invention ou de la perfection de la bouffole. Il convient cependant qu'il eft probable,

V PERIODE, il doit avoir vécu, qu'au commencement du quatorzieme siecle, environ l'an 1302 ou 1320, tout ce qu'on peut leur accorder, c'est, que ce Gioja, en cherchant à perfectionner la premiere découverte, aura imaginé de suspendre l'aiguille sur une pointe ou pivot immobile, afin que se balançant librement, elle suivit l'attrait qui la ramene vers le pole c). Outre le grand avantage, que la boussole procuroit à la navigation, en la guidant par des principes fixes & invariables, elle enhardit les navigateurs à entreprendre des voyages de long cours, & engagea les Physiciens & les Mathématiciens à chercher les moyens de rectifier, avec le tems, une si heureuse invention d).

---

qu'ils en aient puisé les premieres notions dans l'Orient, ou dans le Levant; où les Vénitiens surtout ont étendu leur navigation dès le dixieme siecle.

c) RICCIOLI L. X c. 18. croit que Flave Gioja a chargé le premier l'aiguille d'une rose de vent, c'est-à-dire d'un petit cercle de carton fort léger, où il avoit tracé les quatre points cardinaux & les lignes intermédiaires pour mieux observer les rombs des vents.

d) Les Anglois sur-tout ont eu grande part à ces corrections. V. GILBERT. de magnete L. I. IV. & V. On allègue en faveur des Anglois, que toutes les nations ont reçu d'eux les noms que porte l'instrument. On l'appelle compas de mer du mot Anglois *mariner's compaß*, & boussole du mot *boxel*, petite boëte, dans laquelle l'aiguille est enfermée. V. PLUCHE *Spect. de la nature* T. IV. p. 424.

C'est à cette découverte & à sa perfection qu'on doit de nos jours les progrès étonnants de la navigation & du commerce de l'Europe. Ils ne laissèrent cependant pas d'être déja très-considérables dans les treizieme & quatorzieme siecles, quoique pour lors la navigation se trouvât bornée à la mer Méditerranée, à la mer Baltique & aux côtes de l'Océan.

V PERIODE. Progrès du commerce & de la navigation.

Les villes d'Italie, celles de la Baltique & des Pays-Bas faisoient alors le principal commerce de l'Europe. Les Vénitiens, les Génois & les Florentins dominoient dans les mers du Levant. Les Génois affectoient l'empire du Pont Euxin, tandis que les Vénitiens visoient au commerce exclusif de l'Orient & des Indes, dont ils tiroient les productions des ports de l'Egypte & de la Syrie. La rivalité brouilla ces deux républiques & les entraîna dans des guerres longues & sanglantes, dont l'issue fut à l'avantage des Vénitiens qui surent maintenir l'empire de la Méditerranée contre les Génois. Les manufactures de soie, ayant passé dans le douzieme siecle de la Grece en Sicile & de là dans les autres parties de l'Italie, établirent enfin leur principal siege à Venise. Cette ville parvint à fournir la meilleure partie de l'Europe en soieries & en marchandises de l'Arabie & des Indes. Des négocians Italiens, connus vulgairement sous le nom de Lombards, répandirent ces mêmes marchandises dans les différens états de

Villes d'Italie.

V PERIODE.

Villes hanséatiques.

l'Europe. Secondés par les privileges & exemptions que les Souverains leur accordoient, ils devinrent bientôt les maîtres du commerce & de l'argent monnoyé des pays où ils s'établirent. Ils furent vraisemblablement les premiers qui mirent en usage les lettres de change *e*), soit pour acquitter les marchandises qui se transportoient d'un pays à l'autre, soit pour couvrir l'usure qu'ils exerçoient.

La Ligue Hanséatique, qui s'étoit formée pour le maintien du commerce contre les pirates de la Baltique *f*), se trouva dans son état le plus florissant vers l'an 1370. Elle comprenoit alors soixante-quatre villes *g*), divisées en quatre quartiers. Le premier, qui étoit le *Vandale* & qui avoit la ville de Lubeck pour capitale, renfermoit celles situées sur la côte de la mer Baltique depuis Ham-

---

e) On est fondé de croire que les lettres de change étoient connues dès la fin du treizieme siecle. Je ne trouve cependant pas de preuve bien positive de l'usage, qu'on en fit, avant l'an 1307, où Edouard I d'Angleterre accorda la permission au Nonce du Pape de retirer, par banquiers, en lettres de change, l'argent qui revenoit au Pape du Royaume d'Angleterre. V. RYMER *Acta Angl.* Tom. I. P. IV. p 69.

f) Voyez ci-dessus p. 143.

g) Outre les soixante-quatre villes, qui formoient proprement la ligue, il y en avoit quarante-quatre autres, qui, sans jouir des mêmes prérogatives que les autres confédérées, étoient envisagées comme alliées de la ligue. V. WERDENHAGEN de *Rebusp. Hanseaticis* P. IV. cap. 16.

bourg jusqu'à l'extrèmité de la Poméranie.
Le second quartier, celui du *Rhin*, étoit
présidé par la ville de Cologne. Le troisieme, qui étoit le *Saxon*, comprenoit plusieurs villes de la Saxe & de la Westphalie,
& avoit pour chef-lieu Brunsvic. Enfin le
quatrieme quartier, qu'on peut appeller le
Prussien, embrassoit les villes de Prusse &
de Livonie, ayant à sa tète Danzic. Les assemblées générales de la ligue se tenoient,
tous les trois ans, à Lubeck, & chaque
quartier avoit annuellement son assemblée
particuliere dans sa ville capitale. Encouragés par l'accroissement & la puissance de
leur union, les Hanséatiques s'attribuoient
le commerce exclusif de la mer Baltique;
ils équippoient de grandes flottes & faisoient
la guerre aux Souverains du Nord, toutes
les fois qu'ils s'avisoient de troubler leur
commerce ou de limiter leurs exemptions
& leurs privileges. Le Grand-Maître de
l'ordre Teutonique étoit comme le chef &
le protecteur de la ligue, & traitoit souvent
avec les puissances étrangeres au nom de
tous les confédérés.

Le Nord leur fournissoit des chanvres,
du lin & des bois de construction pour la
marine. Ils en tiroient pareillement des
grains & du cuivre, qu'ils échangeoient dans
les parties occidentales & méridionales de
l'Europe contre des fruits, des vins, des
soieries & des drogues, qu'ils reversoient ensuite dans le Nord. Leurs principaux com-

ptoirs & magasins se trouvoient placés, dans Bruges pour la Flandre, à Londres pour l'Angleterre, à Novgorod pour la Russie, & à Bergen pour la Norwege. Les marchandises de l'Italie & de l'Orient leur étoient fournies par les villes d'Augsbourg & de Nuremberg, alors très-florissantes, & qui faisoient de leur côté le principal commerce de la Hongrie, de la Boheme & d'une partie de la Pologne. Quelque étendu que fut celui des Villes Hanséatiques, il n'avoit cependant rien de solide & de durable. Il se trouvoit restraint à un simple négoce économique des productions étrangeres, dans l'impossibilité de se procurer des manufactures, tant par le manque de matieres premieres, que par l'éloignement des lieux d'où il auroit fallu les tirer. L'industrie des autres nations, & de celles en particulier qui exerçoient les arts, devoit donc nécessairement miner, avec le tems, leur commerce, dont la décadence ne pouvoit manquer d'entraîner l'anéantissement total de l'union de ces villes. Les guerres, dans lesquelles elles se trouverent enveloppées avec les Souverains du Nord, & les grandes charges qui s'en suivirent, démembrerent peu à peu la ligue. Les Anglois & les Hollandois, qui possédoient les manufactures, profitant des circonstances envoyerent leurs vaisseaux dans la Baltique & s'approprierent insensiblement la meilleure partie de ce commerce *h*).

---

h) C'est ce qui arriva depuis la fin du quinzieme

DES REVOLUTIONS.

Les villes du Nord n'étoient pas les seules commerçantes dans les quatorzieme & quinzieme siecles. Celles de Gand, Bruges & Anvers, dans les Pays-bas, le faisoient fleurir par leurs manufactures de drap, de cotton, de camelots & de tapisseries, dont elles fournissoient une grande partie de l'Europe. Les Anglois leur livroient leur laine crue qu'ils échangeoient contre le produit de ces manufactures; & les Italiens leurs fournissoient les soieries & les productions du Levant & des Indes. Rien de si suprenant que l'immense population de ces villes *i*), dont l'étendue du commerce & les grandes richesses porterent les Ducs de Bourgogne, leurs Souverains, au niveau des plus puissants Princes de l'Europe. La ville de Bruges étoit comme le centre du commerce & l'entrepôt principal des marchandises du Nord & du Midi *k*). La navigation

V PERIODE. Villes des Pays-bas.

---

siecle. La Ligue Hanséatique se trouve aujourd'hui réduite aux seules villes de Lubeck, de Brême & de Hambourg, qui entretiennent encore des Résidents & Agents dans différentes Cours & des Consuls dans les principales places de commerce. La protection de ces villes est recommandée à l'Empereur par les dernieres Capitulations.

i) Dans la seule ville de Louvain on comptoit au commencement du quatorzieme siecle jusqu'à quatre mille maitres drapiers & au-delà de cent cinquante mille garçons.

k) L'hôtel où s'assembloient les négocians à Bruges s'appelloit la *Bourse*, du nom d'une famille noble qui l'avoit bâti. C'est ce qui a fait donner

V PERIODE. étant alors longue & périlleufe, par le manque de la bouſſole, qui étoit encore dans ſa naiſſance, on avoit regardé comme indiſpenſable, de choiſir un lieu qui fut propre à ſervir de magaſin, & favorable au dépôt ainſi qu'au débit des marchandiſes, qui y arriveroient des deux extrèmités de l'Europe. La Flandre & le Brabant y étoient d'autant plus convenables, qu'ils avoient une communication facile avec les principales nations du continent, & le grand nombre de leurs manufactures, joint à la vaſte étendue de leur pèche, y attiroient quantité de bâtimens étrangers. La ville de Bruges conſerva ſa ſupériorité dans le commerce des Pays-bas jusques vers la fin du quinzieme ſiecle, qu'elle ſe vit obligée de la céder à la ville d'Anvers *l*). Les troubles inteſtins, dont les villes de Flandre ſe trouvoient agitées par les entraves que l'on mettoit à leur commerce *m*), joints aux guerres continuelles,

---

le nom de *Bourſe* aux lieux d'aſſemblée des négocians dans les principales places de commerce.

l) Les ſoulevemens des Brugeois & autres Flamands, arrivés ſous l'adminiſtration de Maximilien I d'Autriche, furent la principale cauſe de la décadence du commerce de cette ville & de l'accroiſſement de celui d'Anvers. Cette derniere ville reſta le principal entrepôt du commerce juſqu'à ſa priſe par le Duc de Parme en 1585, où l'imprudente politique des Eſpagnols obligea la plupart des marchands d'Anvers de ſe retirer à Amſterdam. Voyez les *Mémoires* de JEAN DE WIT Part. I. ch. 8.

m) Ces entraves étoient les examens, les halles & les impôts.

dont elles essuyoient les ravages, engagerent un grand nombre de Flamands à se réfugier en Angleterre. Ils y porterent leur industrie, depuis le regne d'Edouard III, & y établirent des fabriques de draps sous la protection immédiate de la couronne. La révolte des garçons drapiers de Louvain ayant obligé le Duc de Brabant d'en entreprendre le siege en 1382, la prise de cette ville porta un nouveau coup aux manufactures des Pays-bas. Le bannissement, dont il punit les coupables, les força de se retirer les uns en Hollande & les autres en Angleterre. La maniere de saler les harengs, qui fut trouvée vers la fin du quatorzieme siecle *n*), contribua beaucoup à l'accroissement du commerce des Hollandois; & le nouveau passage du Texel, que la mer ouvrit dans le même tems, fut pour la ville d'Amsterdam l'évenement le plus favorable. Il lui fournit le moyen de s'emparer peu à peu de la plus grande partie de la pêche, & son port commença dès-lors à être fréquenté par les bâtimens Hanséatiques. L'abondance de la morue & du hareng salés, qu'ils y trouvoient,

―――――――――――――――――

n) C'est proprement la méthode de les encaquer, dont on se sert aujourd'hui, que Guillaume Beukelszoon, natif de Biervliet en Flandre, doit avoir inventé vers l'an 1400. On connoissoit depuis longtems la maniere de saler les harengs; mais celle de Beukelszoon l'emporta sur toutes celles qui avoient été en usage avant lui. Voyez ANDERSON *Hist. du commerce*, traduite de l'anglois en allemand, au Tome II. p. 256. 332. 426. 555.

leur procuroit de meilleures charges qu'à Anvers, qui ne leur offroit proprement que des objets de luxe o).

Invention de la poudre & du canon.

Une des plus importantes inventions du moyen âge est sans doute celle de la poudre à canon & son usage à la guerre. Les révolutions, que cet art a éprouvées dans les batailles & sur-tout dans la maniere d'attaquer & de défendre les places, la supériorité des Européens en ce genre, & leur domination qui s'est étendue dans presque toutes les parties du globe, peuvent être envisagées comme des suites de cette glorieuse & utile découverte. C'est elle qui a arrêté ces torrents de barbares, que la politique des Romains, toutes les forces de leur Empire & la bravoure de leurs légions n'avoient pu contenir. L'Europe, aujourd'hui centre des sciences & de la civilisation, n'a plus à craindre des révolutions, capables de la replonger dans l'ignorance & dans la barbarie. Les guerres enfin sont devenues moins cruelles & moins meurtrieres, & le sort des nations vaincues beaucoup moins déplorable. Examinons donc, de plus près, une invention, qui nous a procuré tous ces avantages & fourni tant de nouvelles ressources à notre industrie.

Elle a différentes époques. Par une suite de la progression ordinaire dans les connoissances, & par les monuments que nous ont laissés différentes nations, l'histoire de la poudre présente plu-

---

o) Mémoires de JEAN DE WIT Part. I. ch. 8.

DES REVOLUTIONS.

sieurs époques qui doivent être soigneusement distinguées.

1. La découverte du salpetre, ingrédient principal de la poudre *p*), & celle de sa détonnation.

2. Le mêlange du salpetre avec le soufre & le charbon, d'où s'est ensuivie l'invention de la poudre à canon.

3. L'application de la poudre à des feux de joie ou d'épouvante.

4. Son emploi comme agent & puissance motrice pour jetter des pierres, des boulets & autres corps pesants & enflammés.

5. Son emploi pour faire sauter des mines & détruire les ouvrages de fortification *q*).

Les anciens n'ayant pas connu le salpêtre *r*) & ses vertus, ne pouvoient arriver

V PERIODE.

Son usage chez les Indiens & les Chinois.

---

p) La poudre est composée de 75 parties de salpêtre, pendant qu'il n'y a que 15½ de charbon & 9½ de soufre.

q) L'emploi de la poudre aux mines ne remonte pas au-delà de 1487. Les Génois en firent alors usage pour la premiere fois au siege de Seranessa contre les Florentins, & les Espagnols contre les François au siege du château de l'Oeuf en 1503. Voyez le *Dictionn. Encyclopéd.* art. *mine*, & ROBINS *nouveaux principes d'artillerie* p. 11. Le passage de la chronique de CORNERUS, où il parle des mines du Rammelsberg, près de Goslar, qu'on faisoit sauter déja dans le douzieme siecle avec du feu (*apposito igne*), ne doit pas s'entendre de la poudre à canon. ECCARDI *Script.* Tom. II. p. 811.

r) Le *natron, nitron, nitrum* des anciens n'étoit qu'une substance saline simple, telle que l'*alkali minéral* & l'*alkali végétal*. Voyez *Disser-*

V PERIODE. à l'invention de la poudre, dont il eſt le principal ingrédient; ainſi la connoiſſance du ſalpetre a du précéder l'invention de la poudre. Il eſt à préſumer que cette connoiſſance nous eſt venue de l'Orient, puisque c'eſt aux Indes, à la Chine & généralement dans les régions orientales qu'on trouve le ſalpêtre, tout préparé par la nature s). Les Indiens & les Chinois paroiſſant auſſi avoir connu, avant les Européens, l'art de l'extraire de ſes matrices, de le raffiner & épurer t), il eſt très-vraiſemblable, que ces nations auront été les premieres à s'appercevoir de la vertu du ſalpêtre, que nous appellons détonnation, & que pour en augmenter l'effet, elles auront imaginé de le combiner avec du charbon & du ſoufre. On trouve encore des traces preſqu'inconteſtables, que la poudre étoit en uſage chez les Indiens u) & les Chinois, dans des ſiecles fort reculés & bien antérieurs au tems où ces nations ont commencé à être fréquentées par les Européens. Les Chinois, dont

---

tation de M. HAGEN dans le *Magazin de Hambourg* Tom. XXV. p. 115.

s) SAVARY *Dict. de commerce* art. *ſalpêtre*.

t) On fabrique le ſalpêtre commun en combinant l'acide nitreux avec l'alkali fixe végétal jusqu'au point de ſaturation. MACQUER *Dictionn. de Chymie* au Tome III. p. 12.

u) TAVERNIER dans ſes *voyages* au Tome II. Liv. III. ch. 7. prétend que la poudre à tirer a été inventée au Royaume d'Ashem dans les Indes, & qu'elle a paſſé delà au Pegu & à la Chine.

le salpêtre est bien supérieur en qualité à celui d'Europe *x*), en ont de fort bonne heure composé une poudre, qu'ils employoient d'abord à des feux d'artifice. Ils s'en servirent ensuite comme d'un principe actif & pour lancer des pierres & des balles. Leurs essais dans le premier genre paroissent remonter jusqu'au dixieme siecle, & ceux qu'ils ont tenté dans le second, ne remontent qu'au treizieme *y*). Ce qu'il y a de bien certain, c'est que, malgré cette ancienneté, l'artillerie Chinoise est toujours restée

---

x) *Mémoire du P.* INCARVILLE *sur les feux d'artifice des Chinois*, présenté à l'Académie des sciences & inféré au Tome IV. des *Mémoires* de cette Académie.

y) Voyez Mrs. VISDELOU & GALAND *Supplément à la Bibliotheque orientale* p. 118. où l'on trouve des extraits tirés des anciennes annales Chinoises, sur l'origine de la poudre & du canon en Chine. D'après ces extraits il paroit indubitable, que dès l'an 1000 les Chinois se servoient de poudre pour des feux d'artifice, & que depuis 1232 ils employoient le canon, eux aussi bien que les Mongols, leurs ennemis, occupés à la conquête de la Chine. Selon le récit du P. GAUBIL *Hist. de la dynastie des Mongous* p. 70. 71. 93. les machines, dont les deux nations se servirent alors, étoient indubitablement chargées à poudre, & comparables à nos canons & mortiers. Elles lançoient des pierres & aussi des boulets de fer, remplis de poudre, qui mettoient le feu par-tout où ils tomboient. Le bruit que faisoient ces machines, quand on les tiroit, étoit semblable à celui d'un tonnerre & se faisoit entendre à cent lys, c'est-à-dire à dix de nos lieues.

V PERIODE.

Les Arabes apportent la poudre & le canon en Espagne.

dans son enfance primitive z), & n'a été suivie d'aucun progrès marqué, non plus que la plupart de leurs autres arts.

Il paroît par les ouvrages d'un célebre chymiste Arabe, nommé GEBER BEN HAJAN a), que sa nation connoissoit le salpêtre dès le huitieme siecle après J. C. Si elle tenoit cette connoissance des Indiens & des Chinois, avec lesquels les Arabes étoient en relation, il est probable qu'ils en auront pareillement tiré celle de la poudre. En effet on apperçoit chez les Arabes la même progression dans cet art que chez les Chinois. Ils se servirent d'abord de la poudre pour des feux artificiels & ne l'employerent que plus tard comme un agent propre à jetter des masses b). On est tenté de croire que du

---

z) Voyez DU HALDE *Description de la Chine* T. II. p. 47. & KIRCHERI *China illustrata* p. 222.

a) Parmi les ouvrages de GEBER, traduits en latin & publiés par Jean Petrejus à Nuremberg en 1541, il se trouve un traité intitulé : *de inventione veritatis sive perfectionis*, qui donne l'explication de plusieurs expériences chymiques très-curieuses, & entr'autres celle du dissolvant d'argent qui est l'acide nitreux, tiré du salpêtre Voici ce passage au ch. 23. *Sume libram unam de vitriolo de cupro & libram semis salis petræ & unam quartam aluminis Jameni. extrahe aquam cum rubigine alembici, nam dissolutiva est multum ... fit autem multo acutior, si cum ea dissolveris quartam salis ammoniaci, quia solvit solem, sulphur & argentum.*

b) MICHEL CASIRI publia en 1770 à Madrid,

DES REVOLUTIONS. 353

du tems de St. Louis les Arabes firent usage
en Egypte du salpêtre ou de la poudre pour
augmenter la force, la clarté & la vertu explosive du feu Grégeois *c*). C'est ce qu'on
peut conjecturer du fracas que faisoit ce feu
à son explosion & du grand éclat qu'il jettoit *d*). Le salpêtre n'étoit cependant pas

V PERIODE.

---

par ordre du Roi d'Espagne, le catalogue des manuscrits Arabes de l'Escurial, sous le titre : *Bibliotheca Arabico-Hispana Escurialensis*. On y trouve au Tome I. p. 6. plusieurs passages, tirés d'auteurs Arabes & relatifs à l'emploi & à l'antiquité de la poudre & du canon chez cette nation. Un de ces auteurs, qui étoit du conseil de Saleh, avant-dernier Sultan d'Egypte, de la dynastie des Ayoubites, donne dans un ouvrage historique & géographique, intitulé : *notitia & methodus regia*, & écrit vers 1249, la déscription suivante des machines de guerre, usitées alors chez les Arabes : *Serpunt susurrantque scorpiones circumligati ac pulvere nitrato incensi, unde explosi fulgurant ac incendunt. Jam videre erat manganum* (machine de guerre) *excussum veluti nubem per aëra extendi ac, tonitrus instar, horrendum edere fragorem ignemque undequaque vomens, omnia dirumpere, incendere, in cineres redigere.* On voit clairement par ce passage qu'il y est question de feux artificiels, jettés par des machines, & à l'aide de la poudre ou du salpêtre. Le terme *Barud*, employé dans le texte Arabe, est le même, dont les Arabes, les Persans & les Turcs se servent encore aujourd'hui pour exprimer la poudre à canon.

c) Voyez ci-dessus page 85. not *x*).

d) JOINVILLE *Hist. de St. Louis*, de l'édition de DU CANGE p. 39. *Il faisoit tel bruit à venir, qu'il sembloit que ce fust fouldre qui cheust du ciel, & me sembloit d'un grant dragon vollant par l'air : & gettoit si grant clarté qu'il faisoit aussi cler dedans nostre ost comme le jour.*

Z

V
PÉRIODE.

le seul principe de cette explosion, puisque, pour l'effectuer, ces mêmes Arabes, selon le récit de Joinville, eurent encore recours aux anciennes machines de guerre. Nous voyons ensuite cette nation apporter la connoissance de la poudre de l'Orient en Espagne, où elle s'en servit, dès le commencement du quatorzieme siecle, comme d'un puissant agent dans les sieges *e*).

De l'Espagne elle passe en France.

L'usage de la poudre & des armes à feu passa de l'Espagne en France, & se communiqua delà aux autres royaumes de l'Europe, où cependant l'on n'en trouve guères

---

e) Un historien de Grenade, nommé ABU ABDALLA EBN ALKHATHIB, s'en exprime ainsi à l'an 712 de l'hégyre, 1312 de J. C. de son *histoire d'Espagne: Ille* (c'est-à-dire le Roi de Grenade) *castra movens, multo milite hostium urbem Baza obsedit, ubi machinam illam maximam, Naphtha & globo instructam, admoto igne, in munitam arcem cum strepitu explosit.* Deux passages de la *Chronique du Roi Alfonse XI* ne paroissent laisser aucun doute sur l'existence du canon chez les Maures. Le premier se rapporte au siege d'Algezire, entrepris en 1342 par ce Prince. L'auteur s'énonce ainsi au chap. 223. *Multa Mauros ab oppido in exercitum displosisse tonitrua, quibus ferreas pilas, malis Matianis prægrandibus pares, emittebant; idque tam longe, ut alia obsidentium copiarum stationem præterirent, aliæ ipsas offenderent copias.* Et au ch. 337. de cette même chronique à l'an 1344 on lit le passage suivant: *Quorum maxima parte confecta, die vigesima quarta hujus mensis Februarii, quinque (naves) Zabræ & Sagetiæ oppidi portum subiere, farina, melle, butyro, &, quo tonitrus emittebatur, pulvere onustæ.* Voyez CASIRI pag. 7. & 8.

de preuves certaines que vers le milieu du quatorzieme siecle.

Le premier chymiste Européen, qui semble avoir connu la poudre & ses effets, est le célebre ROGER BACON, moine Franciscain Anglois du treizieme siecle *f*), qui en parle assez clairement dans ses ouvrages *g*).

---

f) Voyez ci-dessus p. 328.

g) BACON dans une *lettre sur la nullité de la magie & les opérations sécrettes de l'art & de la nature*, rapportée par MANGETUS *Bibliotheca chemica* T. I. pag. 620. s'énonce ainsi: *nam in omnem distantiam, quam volumus, possumus artificialiter componere ignem, comburentem* EX SALE PETRÆ ET ALIIS. (quelques MST. ajoutent: *videlicet sulphure & carbonum pulvere*) . . . . *Nam soni, velut tonitrus & corruscationes, possunt fieri in aëre; imo majore horrore, quam illa quæ fiunt per naturam. Nam, modica materia adaptata, scilicet ad quantitatem unius pollicis, sonum facit horribilem & corruscationem ostendit vehementem, & hoc fit multis modis, quibus civitas, aut exercitus destruatur, ad modum artificii Gedeonis.* BACON entendroit-il parler ici du feu Grégeois, dont l'effet auroit été augmenté par la poudre ou le salpêtre? Ce qui est certain, c'est qu'il en connoissoit l'emploi pour les feux de réjouissance. Il s'en explique ainsi dans un autre passage: *Et experimentum hujus rei capimus ex hoc ludicro puerili, quod fit in multis mundi partibus, scilicet ut instrumento facto ad quantitatem pollicis humani, ex violentia illius salis, qui salpetræ vocatur, tam horribilis sonus nascitur, tam modica rei, scilicet modici pergameni, quod fortis tonitrui rugitum & corruscationem maximam sui luminis jubar excedit.* V. ROBINS *nouveaux principes d'artillerie* pag. 18. JOANNIS FREIND *histor. medicinæ, operum medicorum*

V PERIODE. Il eſt à préſumer que c'eſt plutôt dans les auteurs Arabes qu'il avoit puiſé cette connoiſſance, que dans les manuſcrits d'un certain Grec, nommé MARCUS, qui détaille la compoſition de la poudre *h*), mais que perſonne ne ſait dans quel tems il a vecu. On cite communément le paſſage, publié par le ſavant DU CANGE, & tiré d'un compte rendu en 1338 par Barthelemi du Drach, tréſorier des guerres, pour prouver que la poudre à canon étoit déja connue & pratiquée en France ſous le regne de Philippe de Valois. Voici ce paſſage *i*): *à Henri de Faumechon pour avoir poudres & autres choſes néceſſaires aux canons qui eſtoient devant Puy Guillaume.* On auroit lieu de douter de la

---

edit. in 4to p. 357. & GEORG. PASCHIUS *de novis inventis* cap. 7. §. 57.

h) CHAUFFEPIED *ſupplément au Dictionnaire de Bayle*, art. *Bacon*, donne l'extrait du livre *ignium* de MARCUS d'après le Mſ. du Docteur MEAD en Angleterre. Nous ajouterons la traduction Françoiſe de ce paſſage: *La ſeconde eſpèce de feu volant ſe prépare de la maniere ſuivante: prenez une livre de ſoufre vif, deux livres de charbon de ſaule & ſix livres de ſalpêtre: pilez le tout enſemble très-fin dans un mortier de marbre & mettez enſuite la poudre dans un tuyau, ſoit pour voler en l'air, ſoit pour éclater par un ſon de tonnerre. Remarquez que ſi vous voulez faire voler le tuyau, il doit être mince & long & rempli de poudre bien preſſée; mais ſi vous voulez qu'il crève avec grand bruit, il doit être court & gros, à demi plein de poudre & lié fortement aux deux bouts.*

i) DU CANGE *Gloſſar*. voce *Bombarda*.

vérité & de l'authenticité de ce paffage, puifqu'on ne trouve, ni dans FROISSART, ni dans aucun autre auteur François du même tems, des traces indubitables de la poudre à canon, employée alors par les François dans leur guerre contre l'Angleterre. Les feuls termes de *poudre k*), de *canons*, de *bombardes*, qu'on rencontre dans les auteurs & les monuments du quatorzieme fiecle, établiffent fi peu l'exiftence des armes à feu, qu'ils peuvent également être appliqués aux anciennes machines & méthodes ufitées à la guerre. L'autorité de JEAN VILLANI *l*), hiftorien Florentin du quatorzieme fiecle *m*), qui attribue la perte de la bataille de Crécy en 1346 à des bombardes,

---

k) On fe fervoit anciennement d'une poudre, faite de chaux vive, qu'on jettoit aux ennemis pour les empècher de voir & pour les rendre aveugles. Voyez AEGIDIUS ROMANUS, dit GILLES DE ROME, inftituteur de Philippe le Bel, dans fon traité, intitulé: *de Regimine Principum*, & adreffé à ce Prince au Liv. III. Part. III. ch. 21. & FROISSART Vol. I. ch. 158.

l) Liv. XII. ch. 65. *E ordinò il Re d'Inghilterra i fuoi arcieri, che n'havea gran quantità fu per le carça, e tali di fotto, e con bombarde, che faettavano pallotole di ferro con fuoco per impaurire, e difertare i cavalli de' Francefchi.* En françois: *Et le Roi d'Angleterre difpofa fes archers dont il avoit une grande quantité fur des chariots & d'autres deffous, & avec des bombardes, qui jetterent des petites balles de fer avec du feu pour intimider & derouter les chevaux des François.*

m) Décédé en 1348.

chargées de balles à feu, dont les Anglois s'étoient servi, est grandement affoiblie par le silence de tous les auteurs François contemporains *n*). Elle l'est également par celui de Jean Schœnfelder, chevalier Allemand, qui s'étant trouvé en personne à cette bataille, où il fut blessé, ne fait aucune mention d'armes à feu, dans la rélation qu'il nous en a laissée *o*). On seroit donc fondé de donner une autre explication au passage de Villani *p*), ou d'y supposer quelque altération *q*), s'il n'étoit pas en même tems bien avéré, par des monuments dignes de foi, que la nouvelle artillerie fut

---

n) Un argument, dont M. Villaret se sert, *Hist. de France* T. V. p. 104. pour revoquer en doute la rélation de Villani, est qu'on ne trouve non plus la moindre trace, dans les historiens, de l'emploi de la nouvelle artillerie à la fameuse bataille de Poitiers, qui se donna dix ans après celle de Crécy.

o) Dans Pezii *Script. Rerum Austriacar.* T. I. p. 967.

p) Les mots: *pallatole con fuoco*, pourroient s'interpréter aussi bien par *petites balles, rougies au feu & lancées à l'aide des anciennes machines de guerre*, que par *petites balles lancées à l'aide du feu ou de la poudre*.

q) On trouve une ample critique du passage de Villani dans la savante dissertation de M. Temler *sur l'antiquité de l'invention de la poudre*, où il s'est attaché à refuter Mr. Gram, & à demontrer qu'on ne peut produire aucun témoignage clair & incontestable de l'emploi de la poudre à canon à la guerre en Europe avant l'an 1354. Cette dissertation est rapportée dans les *nouveaux Mémoires de l'Académie de Coppenhague* au Tome I.

connue en France dès l'an 1345 *r*) qui précéda l'epoque de la bataille de Crécy; & qu'à un intervalle de près de dix ans, elle commença pareillement à s'introduire dans les autres etats de l'Europe.

En 1356 la ville de Nuremberg acheta la premiere poudre & les premiers canons *s*).

Introduction de la ction de la poudre & du canon dans les autres Etats de l'Europe.

---

r) Les auteurs de l'*Histoire générale du Languedoc* au Tome IV. *Preuves* p. 201. produisent une quittance, donnée en 1345 à la thréforerie du domaine de la sénéchaussée de Toulouse, pour des fournitures d'armes, faites par un artilleur du Roi. Parmi ces armes on remarque des canons de fer & de plomb, ainsi que de la poudre pour le service de ces canons. C'est bien là ce qu'on appelle de la *poudre à canon*. Voici cette quittance par extrait: *Noverint &c. quod Ramundus Arquerii, athilator Tolosæ Dn. nostri Franciæ Regis, recognosco habuisse à provido viro Roberto d'Arsini regentis thesaurariam Tolosæ regiam ... pro duobus canonibus ferri, CC plumbatis, VIII libris pulveris pro canonibus, CC cavillis pro eisdem canonibus ... per me emptis de mandato D. Sen. Tol. & Albiensi pro garnisione castri de Suopodio* (forsan Sicopodio, Puy sec) *siti in fronteria inimicorum D. regis Franciæ & defensione ejusdem XXXVI libras IX sol. IV den. Turon. de quibus &c. Datum Tolosæ sub meo sigillo die 29. April. A. D. MCCCXLV.* On peut juger de la rareté de la poudre par la petite provision, dont il est ici question. Ce passage vient à l'appui de celui de 1338, publié par DU CANGE, & l'on n'est pas moins tenté de croire que le canon, dont on se servit au siege d'Eu en 1340, étoit chargé à poudre. V. VILLARET *Hist. de France* T. VI. p. 103.

s) Mr. DE MURR *Déscription de la ville de Nuremberg* p. 675.

V PERIODE. Cette même année la ville de Louvain se servit de trente deux canons à la bataille de Santfliet contre les Flamands *t*). En 1361 il y eut un incendie à Lubeck, causé par la négligence de ceux qui fabriquoient de la poudre à canon *u*). En 1363 les Villes Hanséatiques employerent le canon, pour la premiere fois, dans un combat naval qu'ils livrerent aux Danois *x*). En 1364 Philippe le Hardi, Duc de Bourgogne, assiégeant le château de Preux, fit usage d'une piece de canon de la nouvelle invention *y*). Depuis 1367 on

---

t) On les appelloit *Donder-bussen*. V. HARÆI *Annales Brabant.* T. I. p. 333. & Mr. DES ROCHES *Epitome hist. Belg.* Part. II. p. 221.

u) V. la *Chronique* de HERMANNUS CORNERUS, qui écrivit au commencement du quinzieme siecle, dans le Recueil d'ECCARDUS *Corpus hist. medii ævi*, Tom. II. p 1102.

x) Voyez les *Chronica Danica*, publiés par LUDEWIG *Reliquiæ Manuscript.* Tom. IX. p. 110. Il y est question d'une *bombarda*, *bellicum tormentum nuper inventum*, qui couta la vie au Prince Christoph de Danemarc.

y) PONTUS HEUTERUS *Rerum Burgund.* Lib. II. cap. 1. p. 18. *territi* (*obsessi*) *tormento bombardico, quo, tum temporis primum reperto, mœnia magno cum strepitu ac terrore quatiebantur.* Comment niera-t-on après cela, avec DU CANGE, que le canon employé en 1382 par les Gandois au siege d'Oudenarde ait été chargé à poudre. FROISSART en fait la déscription suivante Vol. II. ch. 102. *Ils firent ouvrer une bombarde, merveilleusement grande, laquelle avoit cinquante piés de long & gettoit pierres grandes, grosses & pesant merveilleusement: &, quand celle bombarde décliquoit, on l'oyoit bien de cinq lieues loing par*

voit l'usage de cette arme s'établir successivement en Italie, où elle fut introduite par
les Allemands z). C'est à la même épo-

---

jour, & de dix par nuict: & menoit si grand'
noise au décliquer, qu'il semblait que tous les dya-
bles d'enfer fussent au chemin.

z) Voyez FELIX FABER, auteur du quinzieme
siecle, *Historia Suevorum* L. 1. ch. 8. dans GOL-
DASTI *Script. Rerum Suev.* Les Vénitiens se servirent pour la premiere fois de canons, chargés à
poudre, dans leur guerre contre le Duc Léopold
d'Autriche en 1376. v. ANDREAS DE REDUSIIS
DE QUERO dans sa *Chronique de Trévise*, écrite
au commencement du quinzieme siecle & insérée
dans MURATORI *Script. rerum Italic.* au Tome
XIX. p. 754. On y trouve une ample déscription
de ces canons & de la maniere dont ils étoient
chargés. L'auteur parle aussi de *bombardelles*, ou
coulevrines à main, dont les Vénitiens firent alors
usage: *bombardella parva, quæ prima fuit visa
& audita in partibus Italiæ.* Il ne faut pas les
confondre avec les mousquets & fusils, qu'on ne
trouve employés à la guerre que depuis le commencement du quinzieme siecle. L'Empereur Sigismond amena en 1432 avec lui en Italie & dans
la Toscane une garde de 500 hommes armés en
mousquets ou fusils. *Habebat Sigismundus*, dit
FRANÇOIS THOMASIUS dans son *Histoire de Siene*
MURATORI T. XX. p. 41. *milites quingentos ad
sui custodiam, scloppos (ita id genus armorum
vocant invisum apud nos antea) deferentes to-
tidemque Hungaros equites arcum gerentes.* On
voit depuis de ces mousquetaires ou fusiliers Allemands paroitre au siege de Sarno en 1459. JEAN
GOBELINUS dans les *Commentaires du Pape Pie II.*
Liv. IV. p. 104. donne la déscription suivante de
cette arme: *Instrumentum est scopplettum, in
Germania primum hac demum ætate nostra re-
pertum, ferreum seu cupreum, ad mensuram*

V
PERIODE. que *a*) que le célebre PÉTRARQUE parle en termes clairs & expreſſifs du canon, qu'il dit être d'une invention toute nouvelle, mais d'un uſage déja fort répandu *b*).

---

hominis longum, pugillaris ſpiſſitudinis, concavum fere totum, in cujus ore plumbea ponitur pila, ad magnitudinem nucis avellanæ, immiſſo prius pulvere, qui ex carbone fici aut Jalicis conficitur, ſulphure & nitro commixto, mox ignis per foramen parvum in poſteriori parte adhibetur, qui, receptus a pulvere, tantam vim concipit, ut pilulam inſtar fulminis jaciat, in ejus exitu quaſi tonitru ſonitus exauditur, quem vulgus ſcoppium appellat, hinc ſcoppeterii copellati. Il n'eſt pas difficile de s'appercevoir que ces fuſils étoient ſans reſſort. Cette derniere invention date de l'an 1517, où les premiers furent exécutés à Nuremberg. WAGENSEIL *de civit. Noriberg.* p. 150. Quant aux bombes & aux mortiers, on en attribue l'invention en Europe à Sigismond Pandolphe Malateſta, Prince de Rimini, mort en 1467. ROBERT VALTURIUS, dans un ouvrage *de re militari,* adreſſé à ce Prince, lui en fait honneur : *Inventum eſt quoque machinæ hujuſce tuum, Sigismunde Pandulphe, quo pilæ æneæ, tormentarii pulveris plenæ, cum fungi aridi fomite urentis emittuntur.* V. *Mémoires de l'Académie des belles Lettres* Tom. XXVII. p. 209. On ne s'en ſervit en France que depuis le regne de Louis XIII.

a) Mr. TEMLER a ſavamment prouvé que l'ouvrage de PLUTARQUE, dont il eſt ici queſtion, fut rédigé par lui vers 1366.

b) PÉTRARQUE parle du canon dans un ouvrage, intitulé : *de remediis utriusque fortunæ,* & adreſſé à Azzon de Correge au Dialogue 99. du Liv. I. On y lit ces paroles : *Habeo machinas & baliſtas innumeras, R. mirum niſi & glandes æneas, quæ, flammis injectis, horriſono ſonitu jaciuntur. Non*

Il n'est pas douteux cependant que cette nouvelle arme ne prit que fort lentement dans plusieurs royaumes de l'Europe, & principalement en France, soit par une suite de l'habitude, qui faisoit préférer les anciennes machines de guerre; soit à cause de la mauvaise construction du canon dans sa naissance c), soit à cause de la rareté ou de la mauvaise qualité de la poudre d), soit enfin qu'on envisageat cette invention comme contraire à l'humanité, & propre à dégrader la bravoure militaire. Les chevaliers surtout, dont la dextérité & toute la science se trouvoient confondues par les armes à

V PERIODE. Causes qui arrêterent les progrès des armes à feu.

---

erat satis de cælo tonantis ira Dei immortalis, homuncio nisi (o crudelitas juncta superbiæ) de terra etiam tonuisset, non imitabile fulmen, ut Maro ait, humana rabies imitata est, & quod e nubibus mitti solet, ligneo quidem, sed tartareo emittitur instrumento. ... Erat hæc pestis nuper rara, ut cum ingenti miraculo cerneretur, nunc, ut rerum pessimarum dociles sunt animi, ita communis est, ut unum quodlibet genus armorum.

c) Les premiers étoient en bois, comme le remarque PÉTRARQUE. On en conservoit encore l'usage au seizieme siecle. V. CRUSIUS *Annal. Suev.* L. X. P. III. p. 613. Le canon des Vénitiens, dont parle André de Redusiis, étoit de fer. Celui du Duc de Brunsvic, employé au siege d'Eimbeck en 1365, étoit de plomb. V. ROHTE *Chron. Thuring.* dans les *Scriptores* de MENCKEN. Tom. II. p. 1805. Gustave Adolph avoit des canons de cuir.

d) Les canons de ce tems là n'auroient pas supporté une poudre, dont la force explosive approchoit de celle de nos jours. V. ROBINS *nouveaux principes d'artillerie* p. 20.

V PERIODE.

Bertold Schwartz n'est pas l'inventeur de la poudre.

Invention de l'imprimerie.

feu, ne devoient pas manquer de s'oppoſer à leur introduction *e*).

On peut donc conclure de ce détail, que l'opinion de ceux qui enviſagent la fameuſe guerre de Chiozza *f*), entre les Vénitiens & les Génois, comme la vraie époque du premier emploi de la poudre & du canon, ne mérite aucune croyance; & qu'on ne doit pas faire plus de cas de la tradition vulgaire, qui attribue à un certain *Bertold Schwartz* l'honneur de cette invention. En effet cette tradition n'eſt fondée que ſur des oui-dire, & l'on ne s'accorde ni ſur le nom, ni ſur la patrie & la condition du prétendu inventeur, ni ſur le lieu & le tems, où il doit l'avoir faite *g*).

La plus utile invention, après celle de la poudre, fut ſans contredit l'art de l'imprimerie. Elle ne contribua pas moins que la premiere à accélérer la grande révolution, qui, depuis le quinzieme ſiecle, fit changer de face à toute l'Europe.

───────────────

e) FAUCHET *origine des dignités & magiſtrats de France* L. 2. p. 122.

f) Cette guerre dura depuis 1378 juſqu'en 1381.

g) Voyez la diſſertation du ſavant & judicieux Mr. GRAM *ſur l'antiquité & l'invention de la poudre* dans les *anciens Mémoires de l'Académie de Coppenhague*. Le plus ancien auteur, qui attribue à Bertold Schwartz, qu'il appelle *Bertoldus Niger*, l'invention de la poudre à canon, eſt FELIX MALLEOLUS, chantre de Zuric, décédé en 1456. Cet auteur recule l'invention juſques dans la premiere moitié du treizieme ſiecle. Voyez la *Diſſertation* de Mr. GRAM.

Les villes de Harlem, de Mayence & de Strasbourg se sont longtems disputé la gloire de cette invention, & ceux qui ont entrepris d'éclairer ce point de critique, n'ont fait que l'embrouiller. Il est à présumer qu'ils manquoient de monuments nécessaires, ou qu'ils n'ont pas distingué les progrès graduels de cet art, dont le principal sécret consistoit dans la mobilité des caracteres. Si les Costers de Harlem *h*) ont réel-

---

h) Mr. MEERMANN, ancien Conseiller pensionnaire de la ville de Roterdam, publia en 1768 un grand ouvrage in 4to, intitulé: *Origines Typographicæ*, dans lequel il s'efforce de prouver que Laurentius Coster de Harlem, qu'il fait descendre de la famille des Brederodes, fut l'inventeur de l'imprimerie vers l'an 1430; mais les preuves qu'il en donne, ne sont rien moins que propres à la conviction; elles se contrarient même entre elles, & dès-lors ne peuvent jamais séduire un esprit dégagé de prévention. Rien n'est plus destitué de vraisemblance, ni plus mal imaginé, que l'histoire des deux freres Gutenberg, dont l'un, proné par l'auteur, a tout l'air d'un être chimérique. Mr. MEERMANN auroit dû prouver que Coster a imprimé, avant Gutenberg, avec des caracteres mobiles, & c'est ce qu'il n'a point fait. Mr. VON HEINECKEN dans son traité intitulé: *Nachrichten von Künstlern und Kunst-Sachen* p. 243. attaque en plein l'ouvrage de Mr. MEERMANN, & demontre par des arguments très-solides que tout ce que ce savant & les auteurs Hollandois ont débité de l'invention de l'imprimerie par Coster est sans fondement, & qu'il est même plus que vraisemblable, que ce fameux personnage n'a jamais produit aucun livre par le moyen de la gravure en bois.

lement imprimé avec des planches fixes & gravées, ils ne peuvent, ainſi que les Chinois, s'attribuer l'honneur de cette invention. Tout ce qu'on pourroit leur accorder, ce ſeroit, que leur eſſai a guidé l'homme de génie, qui le premier s'eſt aviſé d'imprimer avec des caractères mobiles, propres à être fixés dans différentes formes & à multiplier, ſucceſſivement & à beaucoup moins de fraix, des livres que le pauvre comme le riche pourroit ſe procurer. La plupart des auteurs conviennent que Jean Gutenberg eſt l'inventeur de la mobilité des caractères; mais ils ne s'accordent point ſur ſon origine. Les uns le font Strasbourgeois & les autres Mayençois; les uns fixent l'epoque de cette invention à l'an 1440, les autres à l'an 1450. Ces différentes opinions ont été conciliées par feu M. SCHŒPFLIN, qui, après pluſieurs recherches & d'heureuſes découvertes dans les archives de Strasbourg, demontra dans ſes *Vindiciæ Typographicæ i)*, que Jean Gutenberg, iſſu d'une ancienne famille noble de Mayence, devoit être enviſagé comme le principal inventeur de l'imprimerie. Cet habile homme vint s'établir à Strasbourg vers l'an 1430. Il y épouſa une demoiſelle noble *k*) & continua à y demeurer jusqu'en 1445. Dans l'intervalle il s'appliqua à toutes ſortes d'arts utiles, & nommément à celui de l'imprimerie, & comme il

---

i) Publiés à Strasbourg en 1760 in 4to.
k) Elle s'appelloit *Ennelin zu der iſerin thüre*.

ne pouvoit pas fournir feul aux frais qu'exigeoient ces différents établiffements, il entra en fociété avec quelques bourgeois aifés de la ville. Un de ces affociés, nommé *André Drizehn*, étant venu à mourir, fes héritiers intenterent un procès à Gutenberg. Le Grand Sénat, qui en prit connoiffance, ordonna en 1439 une enquête, qui fe trouve inférée dans les régîtres, que M. SCHŒPFLIN découvrit en 1745 dans la vieille tour aux Pfennings, & qui exiftent aujourd'hui dans la bibliotheque publique. Ce document irréprochable prouve, d'une maniere évidente, qu'il exiftoit, dès l'an 1436, une preffe à Strasbourg, fous la direction de Gutenberg & dans la maifon d'André Drizehn, fon affocié. Cette preffe fervoit à imprimer & les planches ou formes, qui s'y trouvoient, étoient compofées de caracteres mobiles, mais gravés ou fculptés *l*). En-

---

l) J'ajouterai ici les propres termes des régîtres, qui me paroiffent les plus propres à conftater la mobilité des caracteres, inventés par Gutenberg. Un des témoins, nommé Conrad Sahfpach, tourneur de profeffion, qui avoit fait la preffe, dépofa, qu'à la mort d'André Drizehn, il fut requis par André Heilmann, l'un des affociés de Gutenberg, de fe transporter où étoit la preffe, *d'en ôter les pieces & de les décompofer, afin que perfonne ne fcuffe de quoi il s'agiffoit* (*nym die ftücke ufz der preffen und zerlege fü von einander, fo weis nyemand was es ift*). Un autre témoin, nommé Lorenz Beldeck, dépofa que Gutenberg l'envoya, dans le même tems, vers Claus Drizehn, frere du défunt, pour lui dire: *qu'il fe rendit à la preffe*,

V PERIODE. suite de ces premiers essais dans Strasbourg, Gutenberg retourna à Mayence, & y contracta

qu'il l'ouvrit par le moyen des deux visses qui y étoient; qu'alors les pieces tomberoient en séparation, qu'il devoit mettre ces pieces dans la presse ou dessus la presse, & qu'alors personne ne pourroit y rien voir ni deviner. (*Er solte gon über die presse und die mit den zweyen wurbelin uffdun; so vielent die stücke von einander, dieselben stücke solt er dann in die presse oder uff die presse lege, so kunde darnach nieman gesehen noch vergemercken*). Ces deux passages prouvent évidemment la mobilité des caracteres, dont s'est servi Gutenberg. Dans le premier il s'agit, non de *séparation de planches fixes*, mais de *décomposition des quatre pieces ou formes* qui étoient dans la presse. D'après le second passage, les quatre pieces, mises dans la presse & serrés par deux visses, *devoient tomber en séparation dès qu'on en auroit relaché les visses*. S'il y avoit été question de planches fixes, elles n'auroient point changé de place par la seule opération des visses. L'un & l'autre passage fait connoître la grande attention de Gutenberg & de ses associés *de cacher leur secret*. Or si les quatre pieces, dont il s'agit, avoient été des planches fixes & gravées, comment, *en les séparant & en les mettant dans la presse ou sur la presse*, ceux qui les auroient vues, n'auroient pas pû *deviner* ce que c'étoit, pendant que l'art de graver en bois étoit déja bien connu dans ce tems là? Ces remarques peuvent faire apprécier le mérite d'un ouvrage que Mr. FOURNIER de Paris, graveur & fondeur de caracteres, opposa à Mr. SCHOEPFLIN, sous le titre suivant: *Observations sur un ouvrage, intitulé Vindiciæ Typographicæ par M.* FOURNIER *le jeune, à Paris* 1760. L'objet de l'auteur est de prouver que Gutenberg n'a pas travaillé à Strasbourg en *caracteres mobiles*,

tracta vers l'an 1449 une nouvelle société avec Jean Fuſt, citoyen de la même ville. Les avances qu'il en reçut succeſſivement, s'étant accumulées, Fuſt lui intenta un procès, & parvint à ſe faire adjuger en 1445 la preſſe, qui lui avoit été hypothéquée *m)*, & dont l'inventeur ſe trouva enfin dépouillé. Fuſt s'aſſocia enſuite Pierre Schœffer de Gernsheim, dont il fit ſon gendre & qui inventa la fonte des caracteres, les poinçons & les matrices, à l'aide desquels cet art admirable fut porté à ſa perfection vers l'an 1452 *n)*. Les premiers livres imprimés, ſoit à Strasbourg, ſoit à Mayence, n'offroient ni le nom de l'imprimeur, ni la date de l'impreſſion, parcequ'on faiſoit encore un myſtere de cette invention; & que les livres imprimés ſe vendoient pour des manuſcrits. Mais le ſecret s'étant enfin éventé & Fuſt ſe

---

mais qu'il a ſeulement imaginé de faire des livres par le moyen de la *gravure en bois*, & que la mobilité des caracteres, de même que la fonte, ont été inventées à Mayence. Ce qui a induit cet artiſte en erreur, c'eſt qu'on lui a mal traduit le mot allemand *zerlegen* par *ſéparer*, au lieu de le rendre par *décompoſer*. Il convient lui-même que ſi les eſſais de Gutenberg avoient eu pour objet des caracteres mobiles, il auroit fallu employer le terme de *décompoſer*. Le traité de Mr. FOURNIER a été réfuté par Mr. BÆER dans ſa *Lettre ſur l'origine de l'imprimerie*, imprimée à Strasbourg en 1761.

m) Voyez KOELER dans un livre intitulé : *Johann Guttenbergs Ehrenrettung*, & SCHWARTZ *Primaria quædam documenta de origine typographiæ*.

n) *Vindic. Typogr.* p. 33.

V PERIODE. voyant seul maître de la presse, il jugea à propos d'imprimer sous son nom, & celui de Pierre Schoeffer, le fameux Pseautier qu'il publia en 1457 o). L'imprimerie sortit de Mayence pour se répandre dans les autres contrées de l'Europe, lors de la prise de cette ville par l'Archevêque Adolphe en 1462.

Invention de la gravure en bois.
Il est probable que l'art de l'imprimerie doit son origine à la gravure en bois, dont il a été précédé, & que la moulure des cartes à jouer a fourni la premiere idée de ce genre de gravure p). L'usage des cartes q)

---

o) A la fin de ce livre, dont on ne connoît jusqu'à présent qu'environ six exemplaires, dans les différentes bibliotheques de l'Europe, se trouve la notice suivante: *Presens Spalmorum Codex, venustate capitalium decoratus rubricationibusque sufficienter distinctus, adinvencione artificiosa imprimendi ac caracterizandi, absque calami ulla exaracione, sic effigiatus, & ad eusebiam Dei industrie est consummatus, per Johannem Fust civem Maguntinum & Petrum Schoffer de Gernszheim Anno Domini Millesimo CCCCLVII. in vigilia Assumptionis.*

p) V. FOURNIER *Dissert. sur l'origine & les progrès de l'art de graver en bois* p. 24. VON HEINECKEN *Nachrichten von Künstlern und Kunst-Sachen* Tom. II. p. 89. DE MURR *Journal de l'hist. des arts* Tome II. p. 100. & BREITKOPF *Essai sur l'origine des cartes à jeu*, publié en allemand en 1784.

q) Les cartes à jouer semblent être d'une origine orientale & une sorte d'imitation du jeu d'échec. Le plus ancien jeu de cartes fut le *Trappola*. On y mit, par la suite du tems, des variations chez les différentes nations. Le jeu de *piquet* devint le jeu national des François, le *tarot* celui des Italiens;

se trouve établi en Allemagne dès le commencement du quatorzieme siecle r), & les cartiers y formoient déja un métier environ quatre-vingt ans avant l'invention de l'imprimerie s). Les Allemands ont donc été les premiers qui aient fait des modeles propres à cette espece d'impression t). L'appât du gain leur fit ensuite naître l'idée de graver pareillement sur bois toutes sortes d'images, tirées de l'histoire sainte, dont ils avoient un grand débit. Les plus anciennes de ces images, faites à la maniere des cartes, ne font aucune mention du tems, du lieu, ni de l'artiste. Il y en a cependant, au bas desquelles se trouvent des caracteres, qui en expliquent le sens; d'autres en ont dans le milieu de l'estampe, & on en voit de même de la bouche desquelles sortent quelques mots ou sentences. La premiere feuille en ce genre, qui porte une date, est

---

les Espagnols inventerent l'*hombre* & la *quadrille*, & les Allemands le *lansquenet*.

r) V. BREITKOPF p. 9. Il est probable que le premier usage des cartes nous vint de l'Italie, où ce jeu fut en vigueur dès l'an 1299. L'Abbé RIVE produit, dans ses *Eclaircissements sur l'invention des cartes à jouer*, un exemple de leur usage en Espagne de l'an 1332, lequel paroît être fort douteux.

s) V. DE MURR *Journal* T. II. p. 89.

t) BULLET *Recherches historiques sur les cartes à jouer*, PAPILLON *Traité de la gravure en bois* T. I. p. 80. Les premieres cartes furent peintes ou dessinées, & ce ne fut qu'au bout de quelque tems, qu'on imagina de les imprimer.

V PÉRIODE. celle qu'on a découverte à la bibliotheque des Chartreux de Buxheim, proche Memmingen. Elle a environ onze pouces de hauteur sur huit de largeur. On y voit l'image de St. Chriſtophe, illuminée à la maniere des cartiers, avec une inſcription qui s'y rapporte & la date de 1423 *u*).

Ces feuilles détachées, qu'on agrandit avec le tems, furent ſuivies de près de collections entieres de ſemblables figures, publiées par forme de livres *x*). Les noms des premiers graveurs en bois ſont inconnus. Luprecht Rüſt, qu'on cite communément comme l'inventeur de cette gravure, eſt un être purement imaginaire *y*). Les premieres productions en ce genre portent l'em-

---

u) Mr. DE MURR a fait graver cette feuille dans ſon *Journal* T. II. p. 104. Selon Mr. DELANDINE de Lyon, il ſe voit, à la bibliotheque de l'Académie de cette ville, une gravure en bois, antérieure de 39 ans à celle qui a été publiée par Mr. DE MURR. Elle repréſente un vieillard, vêtu d'une ſimarre & la tête couverte d'un chaperon. On lit au bas le nom du perſonnage, *Schoting de Nuremberg*, & la date de l'empreinte très-correctement gravée 1384. Voyez les *Remarques* de Mr. DELANDINE, inſérées dans le *Journal encyclopédique* année 1783, T. II. Part. I. p. 124. Les huit eſtampes en bois, repréſentant les exploits d'Alexandre le Grand, que Mr. PAPILLON *Traité hiſtorique & pratique de la gravure en bois* T. I. p. 84. croit pouvoir rapporter à l'an 1285, ſemblent être ſujettes à caution.

x) Tels ſont les *Biblia pauperum*, l'*Apocalypſe*, l'*Ars moriendi* &c.

y) Voyez le *Journal* de Mr. DE MURR T. II. p. 122.

preinte de la groſſiereté & de la rudeſſe du ſiecle où elles parurent, & les premiers graveurs, uniquement occupés de leur gain, ne penſerent à rien moins qu'à ſe donner de la célébrité par la beauté & la fineſſe de leur travail.

L'invention de la gravure ſur cuivre, poſtérieure à la gravure ſur bois, tombe à-peu-près dans le même tems que celle de l'imprimerie. VASARI z) en fait honneur à un orfevre de Florence, nommé MASO FINIGUERRA, qui doit l'avoir trouvée en 1460 en gravant des figures ſur de l'argenterie. Accoutumé à noircir les tailles de ſes gravures, pour les faire mieux paroître, il s'apperçut qu'en y appliquant du papier mouillé, il en ſortoit une empreinte; il réitéra cette opération, & en tira parti pour créer un nouvel art qui fut celui de la gravure ſur cuivre.

Il paroît certain que les premiers eſſais en ce genre de gravure ſont dûs à des orfevres; mais on a lieu de douter que ce ſoit préciſément Finiguerra, à qui la premiere idée en appartienne. Les Italiens n'ont jamais rien produit de cet artiſte, & l'on trouve dans des cabinets d'Allemagne a) des

Invention de la gravure en cuivre.

―――――――――――――――――――――

z) *Vite de' Pittori* T. IV. p. 264.
a) Mr. DE MURR cite onze feuilles d'une Paſſion, de l'an 1440, mentionnées dans le *Catalogue de la collection d'eſtampes* de PAUL BEHAIM le jeune. SANDRART rapporte une gravure, dont la date eſt de 1455. Des pieces, gardées au cabi-

feuilles de gravure en cuivre, qui remontent indubitablement au-delà du tems qu'on lui affigne *b*). Les plus anciennes gravures en cuivre n'ont point de marques, & celles où il y en a, font abfolument indéchiffrables. Les premiers de ces graveurs, dont on connoît les noms & les chiffres, font ISRAEL DE MECHELN, demeurant à Bokholt dans l'Evêché de Münfter, MARTIN SCHŒN, qui travailloit à Colmar en Alface, où il mourut en 1486, & MICHEL WOLGEMUTH de Nuremberg, qui fut le précepteur du fameux ALBERT DURER *c*).

Les différentes inventions, dont nous venons de parler, étoient autant de préliminaires indifpenfables aux grandes revolutions, que les lettres, les arts & les connoiffances humaines éprouverent en Europe dans le feizieme fiecle. Paffons maintenant à chaque Etat en particulier, & examinons-en les viciffitudes pendant le cinquieme période.

ALLE- Guillaume d'Hollande, Richard d'Angle-
MAGNE. terre, Rodolphe de Habsbourg, Adolphe de

---

net Electoral de Dresde, portent l'an 1466. Une autre de 1467, avec le chiffre E S, fe trouve à la bibliotheque publique de Strasbourg.

b) DOMINICO MARIA MANNI dans fes *Remarques fur Notizie de' Profeffori del Difegno* de BALDINUCCI, T. IV. p. 2. prouve par un titre de 1424 que Finiguerra ne vivoit plus cette année là. V. Mr. DE MURR *Defcription de Nuremberg* p. 679.

c) DE MURR *Journal* T. II. p. 218. HEINEKEN T. I. p. 276.

Nassau, Albert I d'Autriche occuperent successivement le trône Impérial d'Allemagne depuis 1254 jusqu'en 1308. Les Princes d'Empire, uniquement occupés d'affermir leur nouvelle puissance, portoient toute leur attention à se choisir des Empereurs foibles, qui étant hors d'état de faire valoir les droits & les prérogatives de la couronne, ne leur donnassent aucun ombrage. Les sept Electeurs sur-tout qui, depuis l'avénement de Rodolphe, s'étoient exclusivement approprié le droit d'élire *d*), avoient grand soin de tirer le plus grand parti de chaque élection, en se faisant adjuger, au préjudice du domaine impérial, tout ce qui pouvoit se trouver à leur bienséance. Il arriva cependant que RODOLPHE Comte de HABSBOURG surpassa, par la supériorité de son génie, l'attente de ceux qui l'avoient choisi *e*). Il eut assez de courage & d'énergie pour réprimer la licence & l'anarchie qui s'étoient emparées de toutes les provinces de l'Empire. Un grand nombre de châteaux forts, qui dominoient les montagnes, furent subjugués ou rasés; les loix & les tribunaux fu-

V PERIODE.

Races des Empereurs.

---

d) L'élection de Rodolphe paroît avoir été la premiere qui se fit exclusivement par les sept Electeurs. Le FRAGMENTUM URSTISIANUM s'en explique, en ces termes, à la page 93: *Gregorius X . . . inito consilio, præcepit Principibus Alemanniæ,* ELECTORIBUS DUNTAXAT, *ut de Romanorum Rege, sicut sua, ab antiqua & approbata consuetudine, intererat, providerent.*

e) Son élection est de l'an 1273.

rent remis en vigueur, & le domaine de l'Empire revendiqué fur des feigneurs puiſſants, qui en étoient les détenteurs. On vit la dignité impériale reprendre un nouvel éclat; & Rodolphe ayant eu le bonheur & l'adreſſe de faire entrer dans ſa maiſon les duchés d'Autriche, jetta les fondements de la grandeur & du luſtre auxquels elle s'éleva à la fin du quinzieme ſiecle.

Les Empereurs qui occuperent le trône depuis 1308 juſqu'en 1437, furent tirés en grande partie de la *Maiſon de Luxembourg*. Henri VII, qui en fut la tige, fixa la couronne de Boheme dans ſa maiſon. Ses ſucceſſeurs, Louis de Baviere & Frédéric d'Autriche, oppoſés l'un à l'autre par la diviſion des Electeurs, s'accorderent, après une guerre longue & ſanglante, ſur la maniere de gouverner l'Empire. Louis, connu par ſes malheurs & par ſes brouilleries avec les Papes, finit par être la victime de la fermeté, avec laquelle il défendit la dignité de l'Empire contre les entrepriſes de la Cour de Rome. Charles IV, qui s'étoit érigé contre lui, ternit la gloire que la rédaction de la Bulle d'or lui avoit acquiſe, par ſa complaiſance outrée pour les Papes, & par les moyens iniques, qu'il mit en œuvre, pour procurer l'aggrandiſſement de ſa famille & l'élévation de ſon fils Wenceslas à la dignité de Roi des Romains. Ce dernier ayant été dépoſé en 1400, Robert le Palatin monta ſur le trône, & fut remplacé en 1411 par

Sigismond, fils de l'Empereur Charles IV, qui s'illustra par son zele à éteindre le schisme & à encourager la réformation de l'Eglise dans les Conciles de Constance & de Bâle. Il fut le dernier Empereur de la Maison de Luxembourg. Albert II d'Autriche, son gendre, lui succéda en 1438, & depuis cette époque la Maison de *Habsbourg-Autriche* a conservé, pendant trois siecles, la dignité Impériale, qui n'en est sortie qu'en 1740, à l'extinction des mâles avec l'Empereur Charles VI.

V PÉRIODE.

La culture des lettres & des arts ayant apporté de grands changements dans les mœurs ainsi que dans la façon de penser des Allemands, l'Empire ne pouvoit manquer de prendre successivement une nouvelle forme. Sa constitution, qui jusqu'alors n'avoit eu pour base que d'anciens us & coutumes, se développa peu à peu, & commença à se consolider par des loix & réglements publiés dans les dietes.

Changements dans le droit public.

Celle qui fut rédigée à la diete de Francfort en 1338, pour le maintien de l'indépendance de l'Empire contre les Papes *f*), fut précédée d'une ligue, signée à Rense par les Electeurs, & connue sous le nom d'*Union générale*. Ils s'y engagerent solidairement à défendre la dignité impériale, ainsi que les droits & privileges électoraux, & à

Union générale des Electeurs.

---

f) Voyez ci-dessus p. 312.

V PERIODE.

Bulle d'or.

donner force à tout ce qui auroit passé à la pluralité des voix dans leur college *g*).

La Bulle d'or, publiée en 1356 par l'Empereur Charles IV, dans les dietes de Nuremberg & de Metz *h*), décrit tout au long l'ordre & la forme de l'élection d'un Empereur, & tout le cérémonial de son couronnement. Elle ordonne que l'élection se fasse à la pluralité des suffrages, & que la voix de l'Electeur, qui viendroit à être élu, soit pareillement comptée. Pour prévenir ensuite les partages d'élection qui, plus d'une fois, avoient suscité des guerres civiles, cette loi établit la succession linéale des agnats dans les Electorats séculiers, & unissant irrévocablement le suffrage électoral aux terres & principautés, auxquelles il se trouve annexé *i*), elle n'en permet la jouissance qu'à titre de droit d'ainesse & en défend à jamais tout partage. Enfin la Bulle d'or détermine

---

g) V. HERWARTI *Ludovicus Bavarus defensus* p. 751. Cette union, renouvellée depuis à plusieurs reprises, est confirmée de nos jours dans toutes les Capitulations.

h) Voyez les *Recès de l'Empire* Tom. I. p. 45. & OLENSCHLAGER *Erläuterung der güldenen Bulle*.

i) Charles IV, par des Bulles particulieres, données en 1355 & 1356, en interprétation de la Bulle d'or, annexa la dignité électorale aux terres de la *branche Palatine*, de la Maison de Wittelspach, de même qu'à celles de la *branche de Wittenberg*, dans la Maison Ascanienne de Saxe. V. GEWOLDUS *de Septemviratu* p. 765. & SCHANNAT *Vindem. Literar.* Part. II. p. 132.

plus amplement les droits & les prérogatives **V PERIODE.**
des Electeurs, & attribue nommément aux
deux Electeurs Palatin & de Saxe le Vicariat
durant l'interregne. A la suite de ces sages
dispositions on est surpris de voir les défis
autorisés par la même loi qui se borne à en
prescrire les formalités, comme de dénoncer
le défi trois jours avant l'attaque, & à la
personne même défiée ou dans le lieu de son
domicile.

Les efforts que fit le Concile de Bâle, pour **Pragmati-**
la réformation de l'Eglise, exciterent l'at- **que san-**
tention des Etats d'Empire. Dans la diette, **ction.**
tenue à Mayence en 1439, ils se déciderent
pour l'acceptation formelle de ses décrets,
& trois Notaires Impériaux en rédigerent
l'acte en présence des Ambassadeurs du Concile *k*). Parmi les décrets acceptés, & non
réformés par le Concordat, on remarque I.
celui qui établit la supériorité des Conciles
sur les Papes; II. celui qui défend les appels *omisso medio*, & qui enjoint au Pape
de vuider les appels par des Commissaires
choisis sur les lieux.

Le Concordat qui fut arrêté en 1448 en- **Concor-**
tre l'Empereur Frédéric III & le Pape Nico- **dat Ger-**
las V par les intrigues d'Aeneas Sylvius, **manique.**

---

*Voyez ci-dessus page 320. On conserve aux
archives de Mayence un original de cet acte d'acceptation, qui fut publié pour la premiere fois par
Mr. HORIX de Mayence dans un traité intitulé:
Concordata nationis Germanicæ integra, & imprimé à Francfort 1764.

V PERIODE.

priva derechef les églises Germaniques d'une partie des libertés, que leur avoit ménagées la Pragmatique dont nous venons de parler. Il rendit au Pape plusieurs des réserves, que cette derniere loi lui avoit retranchées, ainsi que l'alternative des mois, la confirmation des Prélats & les Annates. Il renouvella la liberté des élections en faveur des chapitres, défendit toute réserve ou provision Pontificale, autres que celles nommément accordées, & approuva tous les décrets de la Pragmatique, auxquels le Concordat n'apportoit point de changement *l*).

Révolutions dans les provinces.

L'introduction de la supériorité territoriale, en dispersant les forces de l'Empire Germanique, relâcha l'union des membres de ce vaste corps. L'influence & l'autorité de son chef s'en trouva d'autant plus affoiblie que les plus puissants & les plus éloignés du centre de l'union marcherent à grands pas à l'indépendance, & s'érigerent en vrais souverains. D'autres Etats devinrent la proie des puissances voisines, & sur-tout les anciens Royaumes d'Arles & de Lorraine; car les principales provinces du premier passer nt successivement à la France.

Démembrement du Royaume d'Arles.

Les différends qui s'étoient élevés entre l'Archevêque & les citoyens de la ville de Lyon, engagerent ces derniers à se mettre sous la protection de Philippe le Bel, Roi de France. Il obligea l'Archevêque, Pierre de

---

l) Voyez les *Recès de l'Empire* T. I. p. 179.

Savoie, de lui abandonner la seigneurie de la ville & de ses dépendances, par traité signé à Vienne en 1312 *m*).

Le Pape acquit en 1348 la ville d'Avignon, que lui vendit la Reine Jeanne I de Naples, Comtesse de Provence. Il se fit alors donner des lettres patentes de l'Empereur Charles IV, portant renonciation aux droits de haute souveraineté de l'Empire sur cette ville, ainsi que sur toutes les terres de l'Eglise *n*).

La Franche-Comté entra en 1314, pour la premiere fois, dans la Maison de France, par le mariage de Jeanne, héritiere de ce Comté, avec Philippe, dit le Long, depuis Roi de France. Jeanne de France, issue de ce mariage, ayant épousé en 1318 Eudes IV, Duc de Bourgogne, la Franche-Comté fut réunie au Duché. Lors de l'extinction de ses premiers Ducs de Bourgogne dans la personne de Philippe de Rouvre, petit-fils d'Eudes IV *o*), le nouveau Duc de Bourgogne, Philippe le hardi, fils cadet du Roi Jean de France, obtint en 1363 de l'Empereur Charles IV l'investiture de la Franche-Comté, comme d'un fief vacant de l'Empire *p*). Il y fut maintenu par le mariage qu'il

---

m) MENESTRIER *Histoire civile & consulaire de la ville de Lyon* p. 430.
n) Voyez ci-dessus p. 195. n. *r*) BZOVIUS *Cont. Annal. Eccles.* BARONII T. XIV. p. 1038. 1045. & LUNIG *Cod. It. Dipl.* T. II. p. 782. 773. 791.
o) En 1361.
p) *Recueil de* PERARD p. 504.

V PERIODE.

contracta avec Marguerite de Flandre, petite fille de Philippe le Long & de Jeanne de Franche-Comté *q*).

Le Dauphiné passa en 1349, par donation du dernier Dauphin Humbert II, de la Maison de la Tour du Pin, à Charles, petit-fils de Philippe de Valois & premier Dauphin de France *r*)

Enfin la Provence devint aussi un domaine de cette couronne, lors de l'extinction de la seconde race d'Anjou en 1481 *s*).

Origine de la Confédération Helvetique.

Depuis que la Suisse étoit devenue province immédiate de l'Empire *t*), elle se trouvoit partagée entre plusieurs Etats ecclésiastiques & séculiers, & une nombreuse Noblesse. Les plus puissants des Seigneurs séculiers étoient les Comtes de Habsbourg, qui par la réunion des Comtés de Kibourg, de Bade & de Lenzbourg dominoient dans la Turgovie & dans l'Ergau; les Comtes de Toggenbourg, de Thierstein, de Gruyeres, de Neufchâtel, de Savoie, de Bucheck, de Werdenberg &c. Les villes de Zuric, Soleure, Bâle, Berne, soutenoient le rang de villes impériales. Une partie des habitants

---

q) DUNOD *Hist. du Comté de Bourgogne* T. II. p. 218. & suiv.

r) VALBONAIS *Hist. du Dauphiné* Tome II. p. 594. Ce Charles fut le premier & le dernier des Dauphins de France qui prêta foi & hommage à l'Empereur pour le Dauphiné. V. ALBERTUS ARGENT. à l'an 1349, p 152.

s) HONORÉ BOUCHE *Hist. de Provence*.

t) Voyez ci-dessus p. 49.

d'Uri, de Schwitz & d'Unterwalden étoient immédiats & gouvernés par leurs propres magistrats sous le titre de Cantons *u*). Les Empereurs leur donnoient des Avoyers pour exercer en leur nom le droit de glaive. Telle étoit la situation de la Suisse, lorsqu'Albert I d'Autriche, fils de l'Empereur Rodolphe de Habsbourg, élevé au trône de l'Empire, conçut le projet d'étendre sa domination dans ce pays, dont il desiroit former un corps de principauté en faveur de l'un ou de l'autre de ses fils. Dans ces vues il ne négligea aucune occasion d'acquérir les domaines qui se trouvoient à sa bienséance. Il engagea les Abbés de Mourbach, d'Einsiedel, d'Interlachen, de Disentis & les chanoines de Lucerne à lui vendre leurs droits & possessions dans Glaris, Lucerne, Schwitz & Unterwalden. Tournant ensuite toute sa politique contre les trois Cantons immédiats, il chercha, par des voies indirectes, à leur faire reconnoître la supériorité Autrichienne. Les Avoyers, qu'il leur donna au nom de l'Empire, leur ayant fait toutes sortes d'avanies, & l'Empereur, loin de les réprimer, ayant paru au contraire les autoriser, il arriva que Werner de Stauffach, du Canton de Schwitz, Walter Furst du Canton d'Uri & Arnold de Melchthal du Canton d'Unterwalden, hommes courageux & entreprenants, se liguerent pour délivrer le pays de l'oppression des Avoyers impé-

---

u) En allemand: *Ort.*

V
PERIODE.

Ligue de Brunnen en 1315.

riaux. La conjuration éclata le premier Janvier 1308. Les Avoyers, surpris dans leurs châteaux par les conjurés, furent transportés hors du pays & les châteaux rasés. Les députés des trois Cantons assemblés, arrêtèrent alors une ligue de dix ans pour la conservation de leurs libertés & privileges, en protestant néanmoins de vouloir s'acquitter de tout ce qu'ils devoient à l'Empire & à d'autres seigneurs laïcs ou ecclésiastiques. Telle fut la premiere origine de la confédération Helvétique, qui n'aboutissoit d'abord à rien moins qu'à se soustraire de la part des confédérés à la haute souveraineté de l'Empire *x*).

Sur ces entrefaites l'Empereur Albert I ayant été assassiné, son successeur Henri VII prit les Cantons sous sa protection, & confirma leurs privileges & droits d'immédiateté. Les choses resterent dans cet état jusqu'en 1315, que les Autrichiens attaquerent les trois Cantons qui s'étoient déclarés pour Louis de Baviere; il y eut une action fort vive au défilé de Morgarten, à l'entrée du canton de Schwitz. La victoire se décida en faveur des confédérés, qui renouvellerent alors leur ligue à Brunnen & la rendirent perpétuelle. Cette ligue, confirmée par serment *y*), devint la base du systême

―――――――――

x) TSCHUDI *Chron. Helvet.*
y) Delà vient le nom d'*Eydgenossen* que prirent les Confédérés.

ſtème fédératif des Suiſſes z), qui ne tarda pas à ſe fortifier par l'acceſſion de pluſieurs autres Cantons. La ville de Lucerne en ſecouant le joug des Habsbourgeois entra dans la confédération en 1332. Zuric y fut reçu ainſi que Glaris en 1351, Zug & Berne en 1352; ce qui forma ſucceſſivement les huit anciens Cantons a).

Leur ſituation cependant ne pouvoit être que fort embarraſſante, auſſi longtems que les Autrichiens tiendroient de vaſtes domaines au centre de la Suiſſe. La proſcription, prononcée en 1415 par l'Empereur & le Concile de Conſtance contre Frédéric d'Autriche b), fournit aux confédérés l'occaſion d'en dépouiller ce Prince. Les Bernois éclaterent les premiers, & enleverent au Duc les villes de Zoffingen, d'Arau, de Bruck avec la meilleure partie de l'Ergau, le château de Habsbourg, ancien berceau de la famille, & tout le Comté de Lenzbourg. Les Lucernois s'emparerent de Surſée, tandis que les bailliages libres avec le Comté de Baden & les villes de Mellingen & de Bremgarten furent conquiſes par les forces réunies des ſept Cantons.

Les Ducs de la haute & de la baſſe Lorraine, les Comtes de Hainault & de Valenciennes, enhardis par l'avantage de leur

V PERIODE.

Les Autrichiens dépouillés de leurs poſſeſſions dans la Suiſſe.

Révolutions du Royaume de Lorraine.

---

z) Voyez cette ligue dans TSCHUDI p. 276.
a) En allemand: *die acht alten Ort.*
b) Ce Prince avoit accordé ſa protection au Pape Jean XXIII & ménagé ſa fuite de Conſtance.

V PERIODE.

position & par la foiblesse du corps, dont ils faisoient partie, chercherent à se souftraire insensiblement à la suzeraineté de l'Empire c). Ce qui acheva de ruiner l'autorité des Empereurs sur les provinces, situées dans l'enceinte de la basse Lorraine, ce fut la nouvelle puissance des Ducs de Bourgogne dans le quatorzieme siecle, qui embrassa bientôt la plus grande partie des Pays-bas.

Nouvelle puissance des Ducs de Bourgogne.

Philippe le Hardi, fils puisné du Roi Jean le Bon, qui le créa en 1363 Duc de Bourgogne, épousa d) Marguerite de Flandre, héritiere de la Flandre, de l'Artois, du Comté de Bourgogne, de Nevers, de Rethel, de Malines & d'Anvers. Philippe le Bon, petit-fils de Philippe le Hardi, acheta en 1428 le Comté de Namur du dernier Comte Jean III, qui étoit sans héritiers. Les Duchés de Brabant & de Limbourg tomberent au même Prince à la mort de Philippe de Bourgogne, son cousin germain, arrivée en 1430. Une autre cousine, la fameuse Jaqueline de Baviere, lui abandonna par traité en 1433 les Comtés de Hainault, de Hollande, de Sélande & de Frise. Il acquit enfin en 1443 le Duché de Luxembourg & le Comté de Chiny, par convention passée avec la Princesse Elisabeth de Luxembourg,

---

c) MASCOV. de nexu regni Lotharingiæ cum regno Germaniæ p. 17. 36.
d) En 1369.

propre niece de l'Empereur Sigismond e). Un si prodigieux agrandissement mit les Ducs de Bourgogne en état de se soutenir par leurs propres forces & d'aller de pair avec les premieres Puissances de l'Europe. Les Souverains rechercherent à l'envi leur alliance, & leur élévation ainsi que leurs richesses exciterent la jalousie de leurs voisins.

Passons aux révolutions arrivées dans les principales Maisons, entre lesquelles les autres provinces de l'Empire se trouvoient partagées.

Les Ducs de Boheme, Marggraves de Moravie, de l'ancienne race Esclavonne, décorés de la dignité royale depuis 1198 *f*), s'éteignirent avec le Roi Wenceslas V, assassiné en 1306. L'Empereur Henri VII de Luxembourg saisit cette circonstance, pour transférer dans sa famille le royaume de Boheme, dont il investit son fils Jean, qui épousa la Princesse Elisabeth, sœur du dernier Roi. La puissance des Rois de Boheme s'accrut considérablement sous les Princes de la maison de Luxembourg. Le Roi Jean *g*) fit des ⸺quisitions dans la Silésie, & par

Rois Electeurs de Boheme.

―――――――――

e) PONTI HEUTERI *Res Burgundicæ*.

f) Ce fut l'Empereur Philippe de Suabe, qui érigea la Boheme en royaume en faveur du Duc Prémislas II en 1198. V le diplôme de l'Empereur Frédéric II. dans GOLDAST. *in Appendice de regno Bohemiæ* p. 27.

g) Le même Prince, pour soustraire la Boheme à la métropole de Mayence, fit ériger Prague en archevêché en 1343.

V PERIODE. des traités, conclus en 1335 & 1339 avec le Roi Casimir de Pologne, il obtint la cession des droits de haute souveraineté que cette couronne avoit sur la Silésie *h*). Lui & son fils, l'Empereur Charles IV, engagerent successivement tous les différents Ducs de Silésie, issus d'Uladislas de Pologne *i*), à faire leurs soumissions au Royaume de Boheme. Charles IV incorpora depuis au même Royaume la Silésie & la Lusace, par des Pragmatiques données en 1355 & 1370 *k*). Ce Prince étendit aussi beaucoup le ressort de la cour féodale de Boheme, en engageant indifféremment les seigneurs & nobles des provinces voisines de l'Empire à lui offrir leurs terres en fiefs.

Guerre des Hussites. Sous le regne de Wenceslas, fils & successeur de Charles IV, on vit paroître Jean Huss, Docteur & Professeur de l'Université de Prague, qui s'érigea depuis 1400 contre les indulgences, & qui répandit la doctrine de Wiclef par toute la Boheme. Ce novateur ayant été brûlé à Constance *l*), ses sectateurs prirent les armes sous la conduite du fameux Jean de Trocznova, surnommé Ziska. Il s'ensuivit une guerre sanglante, qui mit, pendant seize ans, la Boheme en

h) Du Mont *Corps dipl.* T. I. P. II. p. 150. GOLDASTI *Adpend. de regno Bohem.* p. 52. BALBINI *Epitome Rerum Bohem.* p. 338. 339.
i) Voyez ci dessus p 227.
k) GOLDASTI *Adp.* p. 83. HOFMANNI *Script. Rerum Lusat.* T IV. pag. 195. & 203.
l) Voyez ci-dessus p. 317.

,,combustion, & qui se communiqua même à tous les pays circonvoisins. L'Empereur Sigismond, frere & successeur de Wenceslas, & les armées de croisés qu'il appella à son secours, essuyerent plusieurs sanglantes défaites de la part des Hussites. Ce ne fut qu'en les divisant, & par l'entremise du Concile de Bâle, qu'il réussit en 1436 à conjurer l'orage & à faire reconnoître son autorité par toute la Boheme *m*). A sa mort, arrivée en 1437, la couronne de Boheme passa à son gendre, l'Empereur Albert II d'Autriche, qui après un regne fort court la transmit en 1439 à Ladislas, son fils posthume.

La Maison de Wittelspach, qui tenoit tout à la fois le Palatinat & la Baviere, se partagea en deux branches principales, issues de deux freres. Rodolphe fut la tige de tous les Electeurs Palatins, & Louis l'Empereur fut celle des Ducs & Electeurs de Baviere. Dans le traité, passé à Pavie en 1329 pour régler ce partage, il fut stipulé une succession réciproque entre les deux branches, dans le cas que l'une ou l'autre vint à manquer d'héritiers féodaux *n*).

Parmi les Electeurs Palatins on remarque l'Empereur Robert, décédé en 1410, qui est la souche de toutes les différentes bran-

———

m) THEOBALDI *Hussiten-Krieg*, COCHLÆI *Historia Hussitica*, LENFANT *Histoire de la guerre des Hussites & du Concile de Bâle.*

n) Voyez ce traité dans AETTENKHOVER *Geschichte von Bayern* p. 221.

V PERIODE.

Ducs de Baviere.

L'Electorat de Saxe paſſe à la Maiſon de Miſnie.

ches Palatines. Son petit‑fils, Frédéric le Victorieux, le héros de ſon ſiecle, porta au plus haut point la gloire de ſa maiſon o).

L'Empereur Louis partagea derechef ſes états entre ſes fils. Etienne I fonda les branches d'Ingolſtatt, de Landshut & de Munic, dont les deux premieres s'éteignirent en 1445 & 1503. Celle de Munic, iſſue de Jean, fils cadet d'Etienne, continua ſeule la lignée des Ducs & Electeurs de Baviere p). La branche de Straubingen, iſſue du Duc Albert, frere puiſné d'Etienne I, ſe termina avec ſon fils, le Duc Jean, décédé en 1425 q).

La ligne directe des Electeurs de Saxe de la maiſon Aſcanienne r), étant venue à manquer avec l'Electeur Albert III s), l'Em‑

---

o) KREMER Geſchichte des Kurfürſten Friederichs des erſten.

p) ADLZREITER Annal. Boicæ gentis.

q) La ſœur de ce Prince, nommée Jeanne, épouſa le Duc Albert IV d'Autriche. C'eſt de ce mariage & de la fameuſe inveſtiture de l'Empereur Sigiſmond, donnée en 1426, que la Maiſon d'Autriche dériva de nos jours ſa prétention à la ſucceſſion de Straubingen.

r) La branche Aſcanienne, qui tenoit la Saxe, s'étoit diviſée en trois autres: 1) la branche directe électorale; 2) celle de Saxe‑Lauenbourg; 3) celle d'Anhalt. Cette derniere, iſſue de Henri le gras, qualifié Comte d'Aſcherſleben & Prince d'Anhalt dans un titre de 1215, eſt la ſeule branche de toute la maiſon Aſcanienne qui s'eſt conſervée juſqu'à nos jours. V. BECMANN Hiſtoria Anhaltina, en allemand.

s) Décédé en 1422.

pereur Sigismond conféra en 1423 *t*) cet Electorat, comme fief vaquant de l'Empire, à Frédéric le Belliqueux, Marggrave de Misnie *u*), afin de le récompenser des services signalés qu'il lui avoit rendus dans la guerre contre les Huissites. Ce Prince fut maintenu dans l'Electorat malgré la réclamation des Ducs de Saxe-Lauenbourg, qui, comme descendans des anciens Electeurs, prétendoient que la succession leur étoit due. Il le transmit à sa postérité; & ses deux petit-fils, Erneste & Albert, fonderent les deux branches principales qui partagent aujourd'hui la Maison de Saxe.

Le Marggraviat de Brandebourg ne prit sa consistance que sous les Princes de la Maison Ascanienne, qui y dominoient déja avant l'époque de leur élévation au Duché de Saxe *x*). Le nom de Marggraviat de Brandebourg n'existoit pas encore au commencement du douzieme siecle, où l'on appelloit *Marggraviat du Nord y*) la vieille Marche, en opposition au Marggraviat oriental qui étoit celui de la Misnie. Albert de Ballen-

Les Electeurs Ascaniens de Brandebourg.

---

t) L'investiture solemnelle n'eut lieu qu'en 1425. V. HORNIUS *vita Friderici Bellicosi*, en allem. p. 867. 906.

u) Ce Frédéric descendoit en ligne directe de Henri l'illustre Marggrave de Misnie, qui acquit la Thuringe en 1264. Voyez ci-dessus page 164.

x) V. ci-dessus p. 158. note *a*).

y) On le trouve aussi sous le nom de *Marggraviat de Soltwedel*, de l'endroit principal où siégeoient les Marggraves.

V PERIODE. ſtett, ſurnommé l'Ours, en fut inveſti par l'EmpereurLothaire en 1134 z). Il conquit en 1157 ſur les Eſclavons la ville de Brandebourg a) & leur enleva ſucceſſivement tout le pays, ſitué entre l'Elbe, le Havel & l'Oder, qui eſt connu ſous le nom de Marche moyenne, de Marche de Priegnitz & d'une partie de celle d'Ucker b). Il y introduiſit des colonies allemandes, repeupla les villes, en bâtit de nouvelles & prit le premier le titre de Marggrave de Brandebourg. La dignité de Grand-Chambellan, dont dériva celle d'Electeur, devint héréditaire dans

---

z) L'*Annaliſta Saxo* à l'an 1134 dans ECCARDI *Script.* T. I. p. 667. *Lotharius Imp. natale Domini Coloniæ celebravit. — Marchiam Conradi,* (de Ploezeke) *videlicet Septentrionalem, Adalberto, pro ſtudioſo ſibi exhibito obſequio in Romano itinere, conceſſit.*

a) ALBERICI *Chronicon* en parle ainſi à l'an 1157. *Brandeburch caſtellum in terra Slavorum trans Albim, per quod pagani Chriſtianos graviter affligebant, Albertus Marchio, Comes in Saxonia, obſedit & cepit poſitisque in eo militibus, Sclavos humiliavit ac per hoc Chriſtianorum fines multum dilatavit.*

b) HELMOLDI *Chron. Slavorum* Lib. I. c. 88. *Adelbertus — omnem terram Brizanorum* (Briegnitz) *Stoderanorum, multarumque gentium, habitantium Havelam & Albiam, miſit ſub jugum. — Ad ultimum deficientibus ſenſim Slavis, miſit Trajectum & ad loca Rheno contigua, inſuper ad eos qui habitabant juxta Oceanum, — videlicet Hollandos, Sëlandos, Flandros & adduxit ex eis populum magnum nimis & habitare eos fecit in urbibus & oppidis Slavorum.*

la maison de Brandebourg depuis le regne d'Otton I, fils & successeur d'Albert l'Ours *c*). Les Marggraves Jean I & Otton III acheverent la réduction de la Marche d'Ucker & étendirent aussi leurs conquêtes au-delà de l'Oder, où ils fonderent la nouvelle Marche *d*). Leur lignée périt dans la deuxieme génération avec les Marggraves Waldemar & Henri le jeune, décédés en 1319 & 1320.

Les Ducs de Saxe & les Princes d'Anhalt, comme descendants d'Albert l'Ours, demanderent alors la succession; mais l'Empereur Louis de Baviere déclara le Marggraviat vacant, & en conféra en 1324 l'investiture à Louis, son fils ainé *e*). La Maison de Wittelspach ne jouit de cette nouvelle grandeur que jusqu'en 1373, où l'Empereur Charles IV, qui ambitionnoit d'ajouter le Brandebourg à ses autres états, obligea le Marggrave Otton, frere & successeur de Louis, de le lui abandonner *f*). Il transféra depuis cet Electorat sur Sigismond, son second fils, qui, après son élévation au trône impérial, voyant ses finances épuisées par des guerres longues & ruineuses, qu'il étoit

Cet Electorat passe à la Maison de Hohenzollern.

---

c) Ce Prince porte le titre de *Chambellan* dans une bulle du Pape Alexandre III, donnée en 1177. GOLDASTI Const. Imp. T. III. p. 355.

d) Dans les années 1250 & 1257.

e) LUDEWIG Reliquiæ Manuscript. Tom. II. p. 270.

f) WENCKERI. Apparat. Archiv. p. 223.

V PERIODE.

obligé de soutenir en Hongrie, prit enfin le parti de céder en 1415 le Marggraviat de Brandebourg à Frédéric, Bourggrave de Nuremberg, de la Maison de Hohenzollern, qui lui avoit avancé successivement des sommes considérables. Il lui en accorda l'investiture solemnelle au Concile de Constance en 1417 *g*). Frédéric fut la tige de tous les Electeurs & Marggraves qui regnerent dans le Brandebourg & dans la Franconie *h*) jusqu'à nos jours.

Les Duchés d'Autriche conférés à la Maison de Habsbourg.

Les anciens Ducs d'Autriche, de la Maison de Bamberg, ayant manqué avec Frédéric le belliqueux, décédé en 1246, la succession fut contestée entre les femmes de cette Maison, qui pouvoient y prétendre en vertu du privilege de l'Empereur Frédéric le Barberousse *i*). Ottokar, fils du Roi de Bohe-

---

g) HERMANNI VON DER HARDT *Acta Concilii Constant.* Tom. IV. p. 123. & Tom. V. p. 183.

h) Les anciens Bourggraves de Nuremberg tenoient de vastes possessions dans la Franconie, que les Electeurs de cette maison assignerent à leurs cadets. Frédéric, petit-fils du premier Electeur, fonda la premiere famille des Marggraves de Brandebourg en Franconie. Ses descendants ayant manqué au commencement du dernier siecle, l'Electeur Jean George donna ces mêmes terres à Chrétien & Joachim Erneste, ses fils puisnés. Le premier fut la tige des Marggraves de Brandebourg-Bayreuth, éteints en 1769, & l'autre celle des Marggraves de Brandebourg-Anspac.

i) Ce privilege, qui est de 1156, a été publié sur l'original par M. DE SENCKENBERG *Gedanken von dem uralten deutschen und bürgerlichen Staats-*

me, profita des troubles dont l'Empire, aussi bien que l'Autriche, étoient agités, pour envahir en 1251 cette province qui se trouvoit à sa bienséance. Il en obtint l'investiture de l'Empereur Richard d'Angleterre en 1262 *k*); mais le successeur de ce Prince le traita d'usurpateur, & l'ayant proscrit, le défit & le tua à la bataille du Marchfeld proche Vienne en 1278. Les duchés d'Autriche, de Stirie, de Carinthie & de Carniole, enlevés alors au royaume de Boheme, furent déclarés vacants & dévolus à l'Empire. L'Empereur en conféra l'investiture à ses deux fils Albert & Rodolphe à Augsbourg en 1282 *l*).

Ce Prince démembra depuis la Carinthie des états d'Autriche en faveur de Mainhard Comte de Tirol, son beau-frere; mais la race mâle de ce dernier s'étant éteinte avec le Duc Henri, son fils, cette province revint en 1335 aux Ducs d'Autriche *m*), qui trouverent aussi moyen de s'approprier

Accroissement de cette Maison.

---

recht p. 123. & par SCHROETTER *Oesterreichisches Staatsrecht* Part. I. p. 139.

k) GOLDASTI *Adpend. de regno Bohemiæ* p. 34.

l) V. ces lettres d'investiture dans SCHROETTER *Oesterreichisches Staatsrecht* Part. I. p. 106. La maison de Habsbourg ne tenoit, avant son avénement au trône imperial, que ses terres patrimoniales de la haute Alsace avec la dignité de Landgrave & les Comtés de Habsbourg & de Kibourg en Suisse.

m) STEYERER *Comment. Alberti II. D. Austriæ Addit.* p. 84.

V
PERIODE.

Observation générale sur les Maisons d'Empire.

en 1363 le Comté de Tirol par traité avec Marguerite à la grande bouche*, fille & héritiere du même Prince *n*). Le Comté de Ferrette leur fut dévolu en 1324 par le mariage qu'Albert le Sage, fils de l'Empereur Albert I, contracta avec Jeanne de Ferrette, héritiere de ce Comté *o*). Ils acquirent pareillement le Brisgau *p*) & se ménagerent plusieurs possessions dans la Suabe, telles que le Marggraviat de Burgau *q*), les Préfectures de la Suabe *r*) &c. La dignité archiducale, fondée déja sur le diplôme de l'Empereur Frédéric I, fut renouvellée à la Maison d'Autriche par l'Empereur Frédéric III en 1453 *s*).

L'usage de partager les Principautés & les Comtés s'étoit généralement répandu en Empire par une suite des changements arrivés dans le droit public depuis le douzieme siecle. De là les nombreuses branches que nous voyons sortir des grandes Maisons d'Em-

---

n) STEYERER *Addit.* p. 358.

o) STEYERER ibid. p. 223.

p) Brisac & Neubourg passerent en 1331 aux Autrichiens à titre d'hypotheque impériale, & les Comtes de Furstemberg leur vendirent en 1367 leurs droits & possessions dans le Brisgau. STEYERER *Addit.* p. 80.

q) Lors du décès des anciens Marggraves de Burgau vers 1301. SCHANNAT *Client. Fuld. benefic. Probat.* p. 197.

r) Ces préfectures entrerent dans la maison d'Autriche par une hypotheque impériale en 1379. SCHROETTER Part. IV. p. 132.

s) SCHROETTER Part. II. p. 57.

pire, & qui, renouvellées de tems à autre, en causerent la décadence & le démembrement de leurs états. Le systeme de grandeur, fondé sur la loi de l'indivisibilité & sur le droit de primogéniture, étoit encore inconnu aux Princes d'Empire, & ils ne commencerent à se familiariser avec ce systeme que depuis l'introduction de la Bulle d'or, qui établit, comme nous l'avons dit, la succession linéale dans les Electorats.

Le nombre de ces Princes fut d'ailleurs considérablement augmenté, tant par le partage d'une seule & même famille en plusieurs principautés distinctes, que par les érections de nouvelles principautés faites par les Empereurs. Henri l'enfant, premier Landgrave de Hesse, quoiqu'il fut né Prince de Brabant, ne possédoit cependant la Hesse que comme une seigneurie purement allodiale. Desirant donc de jouir des droits & prérogatives d'un Prince d'Empire, il se fit investir en 1292 par l'Empereur Adolphe de la ville d'Eschwegue & du château de Boinebourg à titre de principauté *t*). L'Empereur Louis de Baviere érigea le Comté de Juliers en Marggraviat & principauté d'Empire *u*), & le Comté de Gueldre en Duché *x*). Son successeur Charles IV créa les Duchés de

---

t) Estor *Origines juris publ. Hassiaci* Lib. III. c. 18.
u) En 1336.
x) En 1339.

V PERIODE.

Mecklenbourg *y*), de Luxembourg *z*) & de Juliers *a*). Wenceslas érigea celui de Berg *b*), & l'Empereur Sigismond les Duchés de Savoie *c*) & de Cleves *d*).

ITALIE.
* Hiſtoire générale de ce R.

La chûte de l'autorité impériale fut le ſignal de la longue anarchie, dans laquelle l'Italie ſe trouva plongée. Toutes les villes, qui compoſoient l'ancien royaume de Lombardie, en but à des haines privées qui les diviſoient, & agitées par des factions, s'entredéchiroient dans des guerres continuelles tant au-dedans qu'au-dehors. Leurs chefs ambitieux voiloient, ſous les noms de Guelphes & de Gibelins, leur intérêt perſonnel & les animoſités particulieres qui les portoient à ſe détruire. Mais ce qui contribua le plus à augmenter le déſordre & à répandre la confuſion, c'eſt qu'aucun des Empereurs, qui ſuccéderent à ceux de la Maiſon de Hohenſtauffen, ne parut en Italie pendant l'eſpace de ſoixante années. La foibleſſe & l'impuiſſance de ces Princes leur ôterent l'envie & les moyens de renouveller des expéditions très-couteuſes, & dans lesquelles il périſſoit un monde infini, tant par les inconvéniens d'un climat contraire que par les fréquentes mutineries des Ita-

y) En 1349.
z) En 1354.
a) En 1356.
b) En 1380.
c) En 1416.
d) En 1417.

liens. Henri VII, premier Empereur de la maison de Luxembourg, fit de nouveaux efforts pour relever son autorité dans ce royaume. Il rétablit à Milan Matthieu Visconti, chef du parti Gibelin, & obligea les villes de Lombardie de recevoir des Vicaires impériaux, qu'il chargea de travailler à l'extirpation des factions qui les déchiroient. Mais une puissante ligue que le Roi Robert de Naples lui opposa, dérangea de rechef tout ce plan de grandeur; & ce ne fut qu'avec une sorte d'humiliation qu'il réussit à se faire couronner à Rome, dans l'église de Latran, au lieu de celle de St. Pierre qui étoit au pouvoir de la ligue. L'expédition de l'Empereur Louis de Baviere ne fut pas plus glorieuse. Réduit à se faire administrer le couronnement impérial par quatre nobles Romains, au défaut du Pape, il eut la foiblesse de déposer Jean XXII, pour lui substituer Nicolas V, quoiqu'il lui fût aisé de prévoir qu'il ne pourroit le soutenir. Le rôle que les Empereurs, ses successeurs, jouerent en Italie, ne servit qu'à prouver qu'il leur restoit à peine l'ombre de la royauté, & que leur autorité étoit sans la moindre force & vigueur. Charles IV sortit de Rome le jour même qu'il fut couronné, en vertu de la loi que le Pape lui en avoit imposée. Sigismond se vit obligé d'attendre une année entiere à Sienne, avant qu'il plut au Pape de le recevoir à Rome pour l'y couronner.

V PERIODE.
Destruction de la plupart des républiques d'Italie.

L'esprit de liberté & d'indépendance, qui regnoit depuis quelques siecles dans les villes d'Italie, disparut insensiblement. Se dégoutant d'un avantage, qui leur devenoit funeste, elles prirent le parti de se donner des maîtres, ou se trouverent enfin subjuguées par des seigneurs puissants. Un événement assez extraordinaire contribua à accélérer cette révolution. Jean, Roi de Boheme, de la Maison de Luxembourg, voyant l'Italie aussi agitée de troubles depuis l'expédition de l'Empereur Louis de Baviere, qu'elle l'étoit auparavant, conçut le projet de s'en emparer. La fougue de son caractere & son gout pour les aventures romanesques lui persuaderent, qu'il ne trouveroit qu'une foible résistance dans la plupart des villes qui flottoient encore entre l'ancien esprit républicain, & les efforts que faisoient quantité de despotes pour les subjuguer. Ce Prince, revêtu par l'Empereur de la dignité de Vicaire impérial, parut en Italie à la tête d'une armée vers la fin de l'an 1330 *e*). Les villes de Bresse, Bergame, Creme, Crémone, Pavie, Parme, Modene, Reggio, Lucques &c. se jetterent entre ses bras pour se soustraire à leurs tyrans. Le joug de ce nouveau conquérant paroissoit menacer toute l'Italie, lorsque plusieurs Princes & grands Seigneurs, étant revenus de leur premiere frayeur, prirent
le

---

e) MURATORI *Annales d'Italie*.

le parti de s'opposer au torrent. Les Visconti de Milan, les Marquis d'Est, les Gonzagues, les Florentins & le Roi de Naples se liguerent pour chasser le Roi de Boheme, dont ils convinrent de partager entre eux les conquêtes. Ne pouvant résister à tant de forces réunies, il se vit dépouiller successivement de toutes les villes qu'il avoit soumises, & enfin forcé de reprendre en 1333 le chemin de l'Allemagne. Quelque peu important qu'eut d'abord paru cet événement, il ne laissa pas de décider irrévocablement du sort d'une partie considérable de l'Italie, & mit fin au grand nombre de républiques, entre lesquelles elle avoit été jusqu'alors partagée.

Les Marquis d'Est rentrerent alors dans Modene *f*) & longtems après dans Reggio *g*). Ils furent élevés au rang de Ducs par l'Empereur Frédéric III en 1352 *h*). Mantoue resta à la maison de Gonzague, qui obtint

Naissance de plusieurs nouvelles souverainetés.

---

f) En 1336. Ils en avoient été chassés, ainsi que de la ville de Reggio, en 1306. V. MURATORI *Annales d'Italie.*

g) La ville de Reggio, lors de la catastrophe du Roi de Boheme, passa aux Gonzagues, qui la vendirent en 1371 aux Visconti de Milan. A la mort de Jean Galéace, premier Duc de Milan, un usurpateur, nommé Ottoboni de Terzo, s'érigea en 1404 en tyran de Reggio, & s'y maintint jusqu'à sa mort en 1409. Les habitants se donnerent alors volontairement à Nicolas Marquis d'Est, qui joignit cette ville à ses autres états. V. MURATORI *Annales d'Italie.*

h) LUNIG *Cod. Ital. Diplomat.* Tom. I. p. 1639.

V
PERIODE.

de l'Empereur Sigismond la dignité de Marggrave *i*), qu'elle changea pour celle de Duc sous le regne de l'Empereur Charles-quint en 1530 *k*). Plusieurs autres Seigneurs eurent part à la proie *l*); mais ils ne furent pas assez heureux, pour maintenir leurs conquêtes.

Elévation des Visconti à Milan.

Les Visconti furent de tous les confédérés ceux qui tirerent dans la suite le plus

---

i) En 1433. V. LUNIG *Cod. Ital. Dipl.* T. I. p. 1371.

k) SPONDANI *Contin. Annal. Eccles. Baronii* T. II. à l'an 1530. n. 3.

l) Les ESCALES de Vérone soumirent Padoue, Vicence, Trévise, Parme, Brescie, Bergame, Lucques; mais leur domination, ainsi que celle des CARRARES de Padoue, fut anéantie par les Vénitiens vers la fin du quatorzieme & au commencement du quinzieme siecle.

PARME passa successivement des Escales aux Correges, & de ceux-ci aux Est. Ces derniers abandonnerent en 1346 la ville aux Visconti de Milan. Ottoboni de Terzo l'usurpa en 1404 avec Reggio. A sa mort le Marquis d'Est se rendit maître de ces deux villes en 1409, & retrocéda Parme à Philippe Maria Duc de Milan en 1420. MURATORI *Annales d'Italie.*

LUCQUES fut vendu en 1341 aux Florentins par Martin de l'Escale. Dès l'année suivante les Pisans en dépouillerent les Florentins. L'Empereur Charles IV enleva en 1369 cette ville aux Pisans, & en confia le gouvernement au Cardinal Guy de Montfort, à titre de Vicaire. Enfin les Lucquois trouverent moyen de racheter en 1371 leur liberté de ce Cardinal. Ils tomberent depuis sous la tyrannie d'un de leurs citoyens, nommé Cuinigi, jusqu'en 1430, où ils rentrerent dans cette indépendance, dont ils jouissent encore aujourd'hui. MURATORI *Annales d'Italie.*

grand parti du désastre du Roi de Boheme. Cette maison, noble d'origine, mais peu riche, doit sa grandeur à Otton Visconti, qui fut élevé à l'Archevêché de Milan par le Pape Urbain IV *m*). Ce Prélat forcé, par les circonstances, de se mettre à la tête de la faction des Nobles, opposée à celle des Torriani, ayant vaincu Napi ou Napoléon de la Torré, à la bataille de Desio, s'empara en 1277 de la seigneurie de Milan *n*), & employa tous les ressorts de sa politique pour s'y affermir. Il opposa d'abord aux Torriani le Marggrave Guillaume de Montferrat, qu'il fit déclarer Capitaine de Milan *o*). S'appercevant ensuite qu'il s'étoit donné un dangereux rival dans la personne de ce Seigneur, il mit tout en œuvre pour lui faire perdre son crédit. Ayant réussi à s'en débarrasser *p*), il le fit remplacer par son neveu Matthieu Visconti, qu'il revêtit successivement de tout son pouvoir, & le fit reconnoître Capitaine de Milan, de Novarre, de Verceil & de Come. Il réussit enfin à engager l'Empereur Adolphe à décorer ce nouveau Capitaine du titre de Vicaire impérial en Lombardie, qui lui fut conféré en 1294 & confirmé par l'Empereur Albert

---

m) Vers 1263.
n) MURATORI *Annales d'Italie* à l'an 1277.
o) En 1278.
p) Ce Prince, après avoir joué un grand rôle en Italie, fut arrêté en 1290 par les Alexandrins & mourut au bout de deux ans en prison. Voyez ci-dessus p. 176.

V PERIODE. I *q*). Au commencement du quatorzieme siecle Matthieu associa son fils Galéace à la seigneurie & lui fit épouser Béatrix d'Est, d'une des plus illustres maisons d'Italie. Cette alliance & le titre de Vicaire, dont la maison de Visconti continuoit de jouir, paroissoient consolider sa puissance, lorsqu'elle se vit tout à coup presque anéantie par la conjuration du seigneur de Plaisance *r*). Matthieu & Galéace, son fils, chassés *s*) de Milan, éprouverent l'humiliation de s'y voir remplacés par Guy de la Torre, fils de Napoléon, & n'y rentrerent qu'en 1311 après huit années d'exil. Ils durent leur rétablissement à l'Empereur Henri VII, qui rendit à Matthieu le vicariat & chassa les Torriani qu'il soupçonnoit d'avoir fomenté une révolte contre lui-même.

Conquêtes de Matthieu Visconti & de ses successeurs.

A la mort de l'Empereur Henri VII le Pape Jean XXII, guidé par l'exemple de Clément V, s'arrogea le vicariat pendant l'interregne *t*). Il enjoignit à tous les offi-

---

q) V. FRANCISCI PIPINI BONONIENSIS *Chronicon* Liv. IV. ch. 39. & 47 dans MURATORI *scriptores rerum Italicar.* Tom. IX. p. 734. & *Annales d'Italie* l'an 1294.

r) Albert Scotto.

s) En 1302. MURATORI *Annal. d'Italie*.

t) Voyez la Bulle de ce Pape dans les *Extravag. de Jean XXII.* Tit. 5. Grégoire VII avoit déja prétendu le vicariat de l'Empire comme lui étant dévolu de droit à la mort d'un Empereur; v. ci-dessus p. 111. Clément V renouvella cette même prétention à la mort de l'Empereur Henri VII. Voyez ci-dessus page 304. note *m*).

ciers de l'Empire en Italie de réfigner leurs charges entre les mains du Roi de Naples, muni de fes pleinpouvoirs, à titre de Vicaire de l'Empire. Matthieu Vifconti dépofa fa qualité de Vicaire impérial; mais il fe fit déclarer, par la commune de Milan, Seigneur fouverain de la ville & faifit adroitement cette circonftance pour travailler à fon propre agrandiffement. Allié aux Caftruccio de Lucques, aux Bonacoffa de Mantoue, aux Efcales de Vérone, chefs du parti Gibelin, il fubjugua les villes de Pavie, de Plaifance, de Novare, d'Alexandrie, de Tortone, de Come, de Lodi, de Bergame *u*), & fit évanouir tous les projets du Cardinal Bertrand de Pojet, que le Pape avoit envoyé en Italie, à la tête d'une armée, pour faire refpecter les prétendus droits du St. fiege. Matthieu mourut excommunié en 1322. Son fils & fucceffeur Galéace fe vit attaqué vigoureufement par le Pape & fes alliés, le Roi de Naples & les Florentins; mais fecouru par l'Empereur Louis de Baviere, il les força de lever le fiege de Milan, où ils perdirent beaucoup de monde. Ayant encouru depuis la difgrace du même Empereur, il le fit arrêter en 1327 avec fon fils Azzon & confiner au château de Monza. Remis enfuite en liberté, par l'interceffion du célebre Caftruccio de Lucques, il laiffa à fon fils Azzon le foin de reparer l'échec fait à la grandeur de fa maifon. Ce Seigneur, ré-

---

u) MURATORI *Annal. d'Italie* à l'an 1315 & fuiv.

V
PERIODE. tabli par l'Empereur dans tous les droits du vicariat & invefti folemnellement à Pavie en 1329 x), profita du défaftre du Roi de Boheme, dont nous avons parlé, pour arrondir de nouveau fes états. Il y ajouta plufieurs villes & territoires; & comme il eut des fuccefleurs auffi hardis & auffi entreprenants que lui, on vit paffer fucceffivement au pouvoir des Vifconti une quantité de ces républiques que la révolution du douzieme fiecle avoit fait éclorre en Italie. La plus grande partie de la Lombardie, Gènes même & Bologne, avec une partie confidérable de la Tofcane, entr'autres Pife & Siene, furent comptées au nombre de leurs conquêtes. Ces fuccès engagerent le Pape Urbain V à projetter une nouvelle ligue pour l'abaiffement des Vifconti. Il y entraîna l'Empereur Charles IV, le Roi de Naples, le Marquis d'Eft, & les Seigneurs de Carrare & de Gonzague. L'Empereur fe rendit en 1368 en perfonne en Italie, & fit fa jonction avec les confédérés; mais les Vifconti obferverent une fi belle contenance, & l'Empereur, de fon côté, montra fi peu d'envie de fe battre, qu'après quelques fieges de peu d'importance, on jugea à propos d'abandonner toute cette entreprife, pour renouveller en 1369 la paix avec les Vifconti, qui ne perdirent aucune de leurs conquêtes y).

---

x) Voyez les lettres d'inveftiture dans CORIO *Hiftoria di Milano* Part. III. p. 405.
y) MURATORI *Annal. d'Italie.*

V PERIODE.
Erection du Duché de Milan.

Jean Galéace, fils de Galéace, voyant sa puissance bien affermie & son autorité respectée par toute l'Italie, dédaignoit le simple titre de Vicaire & de Comte de Virtu, que lui & ses ancêtres avoient porté jusqu'alors. Désirant d'être revêtu de la dignité ducale, il s'adressa à l'Empereur Wenceslas, qui ne fit aucune difficulté de la lui accorder, moyennant une somme de cent mille florins d'or qu'il lui paya. Le diplôme, qui contient l'érection du Duché en faveur de Jean Galéace & de ses descendants, est du mois de Mai 1395 z). Un commissaire impérial porta ce diplôme à Milan, & le présenta au Duc sur la grande place qui est devant l'église de St. Ambroise, avec le manteau ducal & les autres ornements de sa nouvelle dignité. Quantité d'Evèques & les Ministres de toutes les puissances d'Italie s'y trouverent. L'Empereur, par plusieurs autres diplômes qu'il expédia depuis en faveur de Jean Galéace, le nomma aussi Comte de Pavie & d'Anghiera, & enfin Duc de Lombardie, en lui permettant d'insérer l'aigle impérial dans ses armes a). Ces différentes distinctions se réduisoient à de simples titres,

---

z) LUNIG *Cod. Ital. diplom.* Tom. I. p. 421.

a) Voyez LUNIG *Cod. Ital. Diplom.* T. I. p. 425. T. III p. 381. & p. 435. Le premier de ces diplômes, qui porte le titre de Comte de Pavie, est du 13 Oct. 1396; le second relatif à celui de Comte d'Anghiera est du 25 Janv. 1397, & le troisieme qui accorde le titre de Duc de Lombardie, est daté du 30 Mars 1397.

V PERIODE. sans rien ajouter ni aux états, ni au pouvoir de Jean Galéace. Il jouissoit déja, sous celui de Vicaire impérial, de tous les droits de souveraineté; & par l'érection de ses états en Duché il ne faisoit que mettre à ses conquêtes le sceau d'une autorité, qui depuis longtems étoit vilipendée & foulée par les Italiens. Les Electeurs envisageant cet acte comme une aliénation des droits & revenus de l'Empire, obligerent l'Empereur Robert, successeur de Wenceslas, par la capitulation qu'ils lui prescrivirent, de révendiquer, au nom de l'Empire, les villes & états usurpés par les Visconti. Ce qui est bien certain, c'est qu'ils ne connoissoient pas la difficulté de l'entreprise dans laquelle ils entraînoient Robert, & que, pour détruire une puissance, aussi bien cimentée que celle de Jean Galéace, il auroit fallu des forces infiniment supérieures à celles que cet Empereur pouvoit lui opposer. Il est vrai qu'ils croyoient pouvoir compter sur une puissante diversion de la part des Florentins, des Carrara & autres ennemis de la maison de Visconti; mais ils eurent bientôt lieu de s'appercevoir qu'ils s'étoient trompés dans leur attente. Le Duc prit des précautions si sages & se mit en si bon état de défense, qu'il en imposa à tous ses adversaires. Son armée étoit nombreuse, & il comptoit parmi ses Généraux les plus fameux Capitaines de son tems, tels que le Marquis Thierry de Montferrat, le Comte Alberic de Barbiano, Charles de

Malatesta & Galéace de Gonzague. L'Empereur l'ayant attaqué du côté du Bressan, il se donna, après plusieurs escarmouches, une bataille décisive *b*), qui tourna entièrement à l'avantage du Duc. Elle mit l'Empereur dans la nécessité de renoncer à son dessein, & le Duc, pour tirer parti de ses succès, attaqua dès l'année suivante la ville de Bologne, dont il dépouilla Jean Bentivoglio, qui en avoit envahi la seigneurie *c*).

V PERIODE.

La minorité, qui suivit le regne de Jean Galéace, devint infiniment préjudiciable à la puissance des Visconti. Les troubles & l'anarchie s'emparerent du gouvernement. Plusieurs villes, comme Gênes, Bologne, Sienne profiterent de la circonstance pour secouer le joug. Les Florentins s'emparerent de Pise; Assise & Perouse furent livrées au Pape, & quantité d'autres villes devinrent la proie de nouveaux usurpateurs. Enfin Philippe Marie, fils cadet de Jean Galéace, secondé par un habile Général, nommé Carmagnole, reconquit la plupart des démembrements de ses états. Il fut moins heureux dans ses guerres contre les Vénitiens & les Florentins, & il ne put jamais parvenir à reprendre Pise, Vérone, Padoue & Bologne. Il perdit même le Bressan & le Bergamasque avec une partie du Crémonois, dont il fut dépouillé par les Vénitiens qui avoient trou-

Décadence des Visconti & leur extinction.

---

b) Elle se livra le 21 Oct. 1401.
c) MURATORI *Annal. d'Italie.*

V PERIODE.

vé moyen de lui débaucher Carmagnolé. Ce Prince qui avoit des talens & de la finesse dans l'esprit, étoit d'un caractere dissimulé & méfiant. Livré aux plaisirs & aux plus viles débauches, il aimoit à mettre le trouble par-tout & se jouoit de tous les traités. Il termina en 1447 la suite des Ducs de Milan de la maison de Visconti *d*).

Républiques d'Italie.

La république de Florence tenoit un rang distingué parmi celles qui échapperent à la catastrophe du quatorzieme siecle. Elle s'étoit trouvée longtems, ainsi que les autres villes de la Toscane, sous le gouvernement des Ducs ou Marquis, nommés par les Empereurs, & étoit également parvenue à se former en république vers la fin du douzieme siecle *e*). A l'exemple de la fameuse ligue de Lombardie, toutes ces villes s'unirent entr'elles par une confédération qui porta le nom de ligue ou faction de Toscane. Ayant ensuite contraint les Nobles, les Evèques & les Abbés, de démanteler leurs châteaux & de résigner leurs jurisdictions, elles les obligerent de se fixer dans les cités ou de se ranger sous leur protection.

Origine de celle de Florence.

A la mort de l'Empereur Frédéric II & environ l'an 1250 *f*) les Florentins se choisirent douze magistrats, qu'ils nommerent

───────────────

d) BERNARDIN CORIO *Histoire de Milan*, en italien.

e) MURATORI *Annal. d'Italie* l'an 1198.

f) NICOLAS MACHIAVEL *Hist. de Florence* au Liv. II.

anciens g), & les tirerent des différents quar- PERIODE.
tiers, dans lesquels ils avoient partagé leur
ville. Deux juges furent en même tems
élus, pour adminiſtrer la juſtice, l'un ſous
le nom de *Capitaine du peuple*, & l'autre
ſous celui de *Podeſta*; ils formerent pareillement un corps de milice bourgeoiſe, pour
contenir les entrepriſes factieuſes de la No-
bleſſe. Le pouvoir ſouverain paſſa ſucceſſivement à la bourgeoiſie, & ceux d'entre
les nobles, qui voulurent y participer, ſe
virent contraints de ſe faire inſcrire ſur une
tribu ou corps de métier *h*), & même de
quitter le nom de leur famille pour en prendre un nouveau *i*). Toutes ces précautions
ne tarirent point la ſource des diviſions inteſtines ; l'inégalité de fortune introduiſit
une diſtinction entre la *bourgeoiſie* & la *po-
pulace*, & les différentes factions des *Guelphes* & des *Gibelins*, des *blancs* & des *noirs*,
des *notables* & des *plébéiens*, ne ceſſerent d'e-
xercer dans Florence toute la fureur des
partis.

Ces diſſenſions ne pouvoient qu'entraîner
des révolutions dans le gouvernement. La
premiere ſe manifeſta en 1282 par l'élection
des Prieurs ou Préſidents des corps de métiers, dont le nombre fut porté ſucceſſive-

---

g) Par la ſuite du tems on les nomma *bons
hommes*.

h) Le nombre des corps de métiers varia ; on
le porta enfin à vingt-un.

i) MACHIAVEL au Liv. III.

V PERIODE.

ment de trois jusqu'à douze. On créa en 1287 un nouveau magiſtrat, qui dans la ſuite fut appellé *Gonfalonier de juſtice*. Il avoit le pouvoir de raſſembler le peuple ſous ſon étendart toutes les fois que les voies de conciliation feroient inſuffiſantes pour faire ceſſer les troubles & rétablir la paix.

Les Florentins offrent leur ſouveraineté à des Princes étrangers.

Les Florentins s'étant trouvés plus d'une fois dans la poſition la plus critique, tant par leurs propres diviſions, que par la crainte qu'ils avoient des Empereurs, ils prirent le parti d'offrir leur ſouveraineté à des Princes étrangers. En 1313 ils la déférerent pour cinq ans à Robert, Roi de Naples, & en 1326 pour ſix ans à ſon fils Charles, Duc de Calabre; mais Gautier, Duc titulaire d'Athenes, fut celui qui en 1342 l'exerça avec le plus d'empire. Les diviſions inteſtines ſe trouvant alors parvenues à leur comble, ces frénétiques républicains crurent ce ſeigneur plus en état que tout autre de concilier les eſprits agités, & de ramener le calme & la tranquillité dans l'état. C'étoit un ambitieux, qui ne fut pas plutôt au timon des affaires, qu'il n'oublia rien pour rendre ſon pouvoir arbitraire. Pluſieurs conjurations s'étant formées, en même tems, contre lui, il fut chaſſé de la ville, où il avoit exercé pendant dix mois le gouvernement le plus tyrannique *k*).

---

k) MACHIAVEL. au Liv. II.

Au milieu de tant de troubles & malgré l'inſtabilité de leur gouvernement, les Florentins ne laiſſerent pas de s'enrichir par leur commerce & par leurs manufactures. Ils ſçurent ſe ménager, par différens traités, l'uſage des ports des Piſans & des Siénois, & établirent peu à peu des banques & des comptoirs dans les principales villes commerçantes de l'Europe. L'accroiſſement de leur commerce leur facilita les moyens de s'agrandir par des conquêtes. Ils parvinrent à ſubjuguer, avec le tems, pluſieurs villes libres de la Toſcane, telles que Piſtorie, Arezzo, Volterre, Cortone. Ils furent plus d'une fois ſur le point de ſe rendre maîtres de Lucques; mais leur conquête la plus importante fut celle de la ville & de la république de Piſe.

V PERIODE.

Progrès de leur commerce & de leur puiſſance.

Epuiſée par de longues guerres contre les Génois, cette république avoit enfin été forcée de ſe mettre ſous la protection de Jean Galéace, Duc de Milan. Ce Prince en conféra la ſeigneurie à Gabriel, ſon fils naturel, qui s'y voyant peu conſidéré, prit en 1405 le parti de vendre ſes droits ſur Piſe aux Florentins, & leur en livra la citadelle. Les Piſans coururent alors aux armes & chaſſerent les Florentins. Ceux-ci entreprirent le ſiege de la ville & la réduiſirent par famine en 1406 *l*). Les Piſans recouvrerent leur liberté en 1494 par la protection de

Conquête de Piſe.

---

l) MURATORI *Annal. d'Italie.*

V PERIODE.

Charles VIII, Roi de France ; mais les Florentins ne leur laiſſerent aucun repos jusqu'à ce qu'ils les euſſent reconquis en 1509.

Le gouvernement républicain ſe ſoutint à Florence jusqu'en 1530, époque de la grandeur des Médicis, famille puiſſante qui s'étoit élevée au ſein même de la république, & qui parvint à en uſurper la ſouveraineté par la protection de l'Empereur Charles-quint.

GENES, ſa décadence.

Les mêmes cauſes, qui avoient mis ci-devant les Génois aux priſes avec les Piſans *m*), les animerent depuis contre les Vénitiens. Une vive jalouſie s'empara de ces deux républiques, dont les intérêts ſe croiſoient à chaque inſtant dans les mers du Levant & de la Méditerranée. Elle entraîna des guerres longues & ſanglantes, qui occuperent les forces des deux états & celles de leurs alliés pendant l'eſpace de près de deux ſiecles. Une des dernieres & des plus fameuſes fut la guerre de Chiozza, commencée en 1376 & terminée en 1381. Les Génois, après une victoire ſignalée qu'ils remporterent en 1379 ſur les Vénitiens, près du cap de Pole, réſolurent de pénétrer dans le ſein même des lagunes, en attaquant le port de Chiozza. Pierre Doria s'en rendit maître en deux jours ; il auroit peut-être emporté Veniſe, s'il avoit profité de la premiere conſternation de ces républicains, qui, ſelon quelques hiſtoriens, penchoient

---

m) Voyez ci-deſſus page 170.

DES REVOLUTIONS. 415

à vouloir abandonner leur ville pour se retirer à Candie. La lenteur de l'Amiral Génois leur ménagea le tems de se reconnoître. Poussés alors par un noble désespoir, ils firent des efforts extraordinaires, équiperent une nouvelle flotte, & ayant remporté différents avantages sur les Génois, ils attaquerent Chiozza par terre & par mer, & s'en rendirent maîtres en 1380 *n*). L'échec, que reçurent les Génois en cette occasion, fut si terrible qu'il décida la supériorité de la mer en faveur des Vénitiens. Genes tomba depuis en décadence, & Venise devint la premiere puissance commerçante de l'Europe.

Cette décadence peut encore être envisagée comme une suite des violentes agitations que la république essuya dans son intérieur. Les divisions perpétuelles entre la noblesse & le peuple, celles des deux factions des Guelphes & des Gibelins qui partageoient toute l'Italie, l'inimitié & la haine qui se manifesterent entre plusieurs familles puissantes, telles que les Doria, les Spinola, les Grimaldi, les Fieschi, les Adorno & les Fregoso, occasionnerent, à chaque instant, des troubles & des révolutions qui affoiblirent l'état & en avancerent la chûte. Le peuple, révolté contre la noblesse, procéda en 1339 à l'élection du premier Duc

---

n) Les principaux historiens de cette guerre sont DANIEL CHINAZZO & ANDRÉ DE REDUSIIS. MURATORI *Scriptores* T. XV. & XIX.

V PERIODE. ou Doge, qui fut Simon Boccanegra. Sa dignité fut à vie o), & fa puissance fans bornes p) jusqu'en 1344, qu'elle fut limitée par un Conseil, composé de douze membres, dont six nobles & six du corps du peuple. Les dissensions ne laissèrent pas pour cela de renaître, & les Génois, incapables de se gouverner par eux-mêmes, finirent par se soumettre à des Princes étrangers. Dès l'an 1353 ils se donnerent à Jean Visconti, Archevêque Seigneur de Milan. Ils secouerent en 1361 la domination Milanoise pour revenir à leurs Doges. Replongés derechef dans les factions, & craignant l'ambition du nouveau Duc de Milan, ils se soumirent en 1396 à Charles VI, Roi de France. En 1409 ayant massacré les François, ils se jetterent entre les bras du Marquis de Montferrat; mais dès l'an 1412 ils se révolterent contre ce Seigneur & rétablirent les Doges. Philippe Marie, Duc de Milan, conquit en 1421 l'état de Genes & s'y maintint jusqu'en 1436, où les Génois, ayant recouvré leur liberté, les dissensions domestiques se réveillerent encore parmi eux; & ce peuple fier & turbulent, supportant aussi peu la liberté qu'il enduroit la servitude, déféra

en

---

o) Ce n'est que lors de la révolution de 1528 que le pouvoir du Doge fut fixé à deux ans.

p) Sur la révolution, qui donna naissance au Dogat, on peut consulter UBERTUS FOLIETA *Genuensium histor.* Lib. VII. dans GRÆVII *Thesaurus* Tom. I.

en 1458 fa fouveraineté à Charles VII, Roi de France, dont il défiroit fe ménager la protection contre le Roi d'Aragon, avec lequel il fe trouvoit en guerre. Dégouté de la domination Françoife, il la changea en 1464 pour celle de Milan & fit depuis une appartenance de ce Duché jufqu'à la révolution de 1528, qui rétablit le gouvernement républicain fur le pied actuel *q*).

V PERIODE.

Le commerce & la marine des Vénitiens faifoient journellement de nouveaux progrès, depuis les nombreux établiffements que cette république s'étoit ménagés dans le golfe Adriatique & dans les mers du Levant *r*). Un traité, qu'elle conclut en 1343 avec le Soudan d'Egypte, lui affura une entiere liberté de commerce dans les ports de Syrie & d'Egypte & la permiffion d'avoir des Confuls à Alexandrie & à Damas *s*). Elle s'appropria dès-lors le principal commerce des Indes & s'y maintint contre les Génois, qui le lui avoient difputé avec la fupériorité de la mer *t*).

VENISE. Ses progrès.

Ces fuccès encouragerent la république à profiter des circonftances pour étendre fa domination fur le continent de l'Italie, où elle fe trouvoit encore bornée au feul *Do*-

Conquêtes fur le continent de l'Italie.

---

q) MURATORI *Annales d'Italie.*
r) Voyez ci-deffus p. 167.
s) ANDRÉ DANDOLO *Chronique*, dans MURATORI T. XII. p. 418. SABELLICUS Decad. II. Lib. III. p. 294.
t) Voyez ci-deffus p. 414.

Dd

PERIODE V.

Marche Trévisane.

gar de Venise au commencement du quatorzieme siecle.

Une ligue, dans laquelle entrerent les Vénitiens contre Mastin de l'Escale, Seigneur de Vérone, leur facilita la conquête de Trévise & de toute la Marche Trévisane, qui leur fut cédée par la paix signée à Venise en 1339 *u*). Immédiatement après la guerre de Chiozza, ces républicains se voyant dans l'impuissance de défendre ce pays contre de puissants ennemis, prirent le parti de le céder au Duc d'Autriche, qui, contre la foi des traités, le vendit en 1384 à François Carrare, Seigneur de Padoue *x*). Ils n'y rentrerent qu'en 1388 & lors de la chûte de la maison de Carrara, dont la puissance fut anéantie par les forces réunies de la république, des Visconti, des Gonzagues & des Marquis d'Est *y*).

Le Vicentin, le Véronois & le Padouan.

La révolution arrivée dans l'état de Milan à la mort du premier Duc Jean Galéace, fournit l'occasion à la république de faire de nouvelles conquêtes. François Carrare ayant alors repris Padoue & Guillaume de l'Escale étant rentré dans Vérone, la Duchesse douairiere réquit la république de prendre sous sa garde ses villes éloignées, & lui abandonna même Vicence & Vérone, si

---

u) *Histoire des freres* CORTUSES dans MURATORI *Script.* T. XII. p. 896.
x) ANDRÉ DE REDUSIIS *Chron. Tarvisin.* dans MURATORI T. XIX. p. 775. & 780.
y) MURATORI *Annales d'Italie* 1388.

elle pouvoit en dépouiller les usurpateurs Le Sénat accepta l'offre de la Duchesse, & fit occuper en 1404 par ses troupes Vicence, Bassano, Feltre & Belluno. Il s'empara dès l'année suivante de Vérone & de Padoue, & mit entiérement fin à la domination des Carrares & des Escales. François Carrare fut exécuté avec ses fils dans les prisons de Venise, & la république s'assûra par-là la possession de trois belles provinces, du Vicentin, du Véronois & du Padouan z).

^{V PERIODE.}

Le Roi d'Hongrie, Louis le Grand, avoit enlevé aux Venitiens, dans le siecle précédent a), leurs meilleurs possessions de la Dalmatie; ils y rentrerent en 1420 par une guerre qu'ils firent à son successeur Sigismond. Elle leur facilita en même tems le moyen de s'emparer du Frioul, dont ils dépouillerent b) le Patriarche d'Aquilée, allié du Roi d'Hongrie.

Le Frioul.

Les succès de Philippe Marie, Duc de Milan, qui s'étoit mis en devoir de recouvrer tous les états démembrés de son Duché, entraînerent la république dans plusieurs guerres contre ce Prince, où elle fit de nouvelles conquêtes. Par la paix, signée à Venise en 1427, le Duc lui céda Bresse & le Bressan,

Le Bressan, le Bergamasque & le Cremasque.

---

z) MURATORI *Annales d'Italie.*
a) En 1358.
b) Dans les années 1419 & 1420. Par un traité que la république fit en 1421 avec le Patriarche, elle lui laissa Aquilée & les châteaux de St. Daniel & de St. Vit, avec une pension annuelle.

V PERIODE.

Introduction de l'Aristocratie.

& par celle de Ferrare en 1428 Bergame & le Bergamasque. Elle y ajouta Creme & le Cremasque par des traités qu'elle fit avec François Sforze, successeur de Philippe Marie, dans les années 1448 & 1454 c).

Au milieu de ces guerres du dehors on vit regner le calme & la tranquillité dans l'intérieur de l'état, & pendant que les autres républiques d'Italie étoient agitées par des troubles perpétuels, la Noblesse Vénitienne parvint de bonne heure à tarir la source des divisions intestines, en ôtant au peuple son influence dans le gouvernement, par l'introduction de l'Aristocratie. Les premiers fondements en furent jettés dès l'an 1172, où fut érigé le Grand-Conseil qui s'attribua ensensiblement tout le pouvoir des assemblées générales. Il étoit renouvellé tous les ans par douze Electeurs, qui tiroient indistinctement les Conseillers de toutes les classes des citoyens de la ville, au nombre de 480 personnes. Ces Conseillers étoient des vrais représentants du peuple jusqu'en 1298, où le Doge Pierre Gradenigo réussit à passer un décret qui, en abrogeant l'usage des élections annuelles, fixa irrévocablement dans le Grand-Conseil tous ceux qui s'y trouvoient alors & leurs descendants à perpétuité. Par là on réussit à exclure le peuple du gouvernement, & tout

---

c) MURATORI *Annales d'Italie*; LUNIG *Cod. Dipl. Italiæ* T. III. p. 470. Tom. IV. p. 1685. & 1775.

le pouvoir dans la république fut attribué aux seules familles de ceux dont le Grand-Conseil étoit composé *d*).

V PERIODE.

Un changement de cette nature ne devoit pas manquer de produire une grande fermentation dans les esprits. Il entraîna plusieurs conjurations, dont la plus fameuse fut tramée par Bajamont Thiépolo en 1310 *e*). Les partisants de l'ancien & du nouveau gouvernement se livrerent bataille dans la ville même de Venise. Thiépolo eut le dessous & fut tué dans l'action. On nomma alors dix Commissaires pour informer contre les complices sécrets de la conjuration. Cette commission, qui ne devoit être que momentanée, fut déclarée depuis perpétuelle, & devint, sous le nom *de Conseil des dix*, le principal appui de l'Aristocratie *f*).

Conjuration de Thiépolo.

La maison d'Anjou, issue de Charles d'Anjou, frere de St. Louis *g*), regnoit alors à Naples; mais son élevation fut bientôt suivie de la perte de toute la Sicile par la fameuse révolution des Vêpres Siciliennes, arrivée en 1282.

ROYAUME DES DEUX SICILES.

Cet évenement qu'on regarde presque généralement comme la suite d'un plan de con-

Vêpres Siciliennes.

---

d) Voyez *Examen de la liberté originaire de Venise* au ch. 5. & 6.

e) LAURENT. DE MONACIS *Chron. de rebus Venetis* L. XIV. p. 274. SABELLICUS Decad. II. Lib I. p. 254.

f) AMELOT DE LA HOUSSAYE *Histoire du gouvernement de Venise* p. 183.

g) Voyez ci-dessus page 180.

V
PERIODE. juration, concerté de longue main par un gentilhomme Salernitain, nommé Jean de Procida, paroit n'avoir été que l'effet fubit *h*) de l'averfion des Siciliens pour la domination Françoife. Le trente Mars, jour de la feconde fete de Pâques *i*), & à l'heure de vêpres, les Palermitains avoient coutume de fe rendre par dévotion à l'églife du St. Efprit, fituée à quelque diftance de la ville. Un François *k*) s'étant avifé de prendre publiquement quelques libertés auprès d'une femme Sicilienne, il s'en fuivit de la rumeur parmi le peuple, qui, ayant dégénéré en foulevement général, occafionna le maffacre général de tous les François à Palerme *l*). Le feu de la fédition gagna fucceffi-

---

h) On a d'autant plus lieu de douter de la réalité du plan de Jean de Procida, qu'on y rapporte des circonftances qui n'ont pas la moindre vraifemblance, & qui fe trouvent en contradiction manifefte avec des écrivains qui ont été témoins oculaires de l'évenement. NICOLAUS SPECIALIS *Hiftoria Sicula* Lib. I c. 4. dit pofitivement qu'il n'y avoit point de complot formé: "*A.* 1282, „ dit-il, poftquam Siculis vifum eft, nihil ultra „ fupereffe remedii, *nullo communicato confilio*, „ defperationem amplexati funt, *finguli pro fa-* „ *lute* . . . Panormitanis caufam ex modico ini- „ tiantibus."

i) Quelques-uns mettent le troifieme jour de Pâques, 31 Mars.

k) Son nom fut Drohette ou Drouette.

l) Les Palermitains n'épargnerent qu'un feul gentilhomme Provençal, nommé Guillaume Porcellet, qui s'étoit attaché tous les cœurs par fes

vement les autres villes de la Sicile, & il n'y en eut aucune dont les habitants ne fiſſent main baſſe ſur les François. Meſſine ſe déclara la derniere, & ce ne fut que le 29 Avril qu'elle ſecoua le joug, après s'être choiſi un Capitaine nommé Baudouin. Il paroît donc faux que le maſſacre des François ſoit arrivé, comme on le prétend, à la même heure dans tous les endroits de la Sicile. Il n'eſt pas plus vraiſemblable que la trame de cette conjuration ait été ourdie avec Pierre III, Roi d'Aragon, puiſque les Palermitains arborerent d'abord la banniere de l'Egliſe. Ils ſupplierent enſuite le Pape de les prendre ſous ſa protection, mais en ayant été rébutés & craignant les ſuites de leur révolte, ils ſuivirent les conſeils d'un de leurs citoyens, nommé Hugues Talath, qui leur propoſa d'avoir recours au Roi d'Aragon Les députés, qu'ils envoyerent le 27 Avril à ce Prince, l'ayant joint ſur les côtes d'Afrique, où il avoit entrepris une croiſade, il s'embarqua promptement avec ſes troupes, & étant arrivé le 30 Août à Trapani, il ſe rendit à Palerme, où il fut couronné Roi de Sicile. Charles d'Anjou, qui ſe trouvoit alors devant Meſſine, qu'il aſſiégeoit, ne jugea pas à propos de l'attendre, & en ayant levé le ſiege il repaſſa en Calabre. L'iſle entiere ſe ſoumit au Roi

---

vertus. BARTHOLOMÆUS DE NEOCASTRO *Hiſtoria Sicula* cap. 15.

V PÉRIODE. d'Aragon, qui fit son entrée à Messine le 2 Octobre de la même année 1282 *m*).

---

m) Ce précis des Vêpres Siciliennes est principalement tiré de BARTHÉLÉMI DE NÉOCASTRO, qui en fut témoin oculaire, & qui en fait une déscription fort détaillée dans son *Histoire de Sicile*, publiée par MURATORI *Scriptores rerum Ital.* Tom. XIII. Cet écrivain étoit une personne de considération & d'un mérite éminent, puisque le Roi d'Aragon l'employa en 1286 comme Ambassadeur à la Cour de Rome. Selon lui cette révolution fut l'effet d'un simple hazard. Il ignore parfaitement le vaste plan de conjuration qu'on attribue vulgairement à Jean de Procida. Deux autres auteurs Siciliens, qui écrivirent au commencement du quatorzieme siecle, l'un ANONYME & l'autre NICOLAS SPÉCIALIS, connu par ses ambassades, racontent le fait avec les mêmes circonstances que Barthélémi de Néocastro. Voyez leurs ouvrages au Tome X. de MURATORI. On trouve cependant aussi des écrivains du tems qui font mention du complot de Jean de Procida. De ce nombre sont RICORDANO MALASPINA, GIACHETTO MALASPINA & PTOLÉMÉE DE LUCQUES, dont les écrits ont été publiés par MURATORI aux Tomes VIII. & XI. de ses *Scriptores*. Mais le premier qui rapporte tous les détails de cette trame, est FRANÇOIS PIPINO, écrivain du quatorzieme siecle, au Tome IX. de MURATORI. Son récit a été exactement suivi par THOMAS FAZELLO, historien de Sicile du regne de Charles-quint, que tous les modernes ont copié depuis. FRANCESCO MAUROLICO, auteur judicieux & contemporain de Fazello, expose l'évenement d'après Barthélémi de Néocastro, & ne parle que d'une maniere vague & douteuse du plan de Procida. v. GRÆVII *Thesaur. Antiq. & Histor. Siciliæ* Tom. IV. Il semble qu'on puisse inférer de tout cela, que, si la trame en question n'est pas un être purement ima-

La guerre ne laissa pas de continuer entre ces deux Princes. Charles, vivement piqué, proposa au Roi d'Aragon un duel à Bordeaux, & le fit excommunier par le Pape, qui l'ayant déclaré déchû de tous ses états suscita contre lui le Roi de France. Pierre III n'en conserva pas moins le Royaume de Sicile, qu'il transmit à ses descendants & qui fut dans la suite l'appanage d'une branche particuliere, issue de Frédéric, son fils puisné. Cette branche regna en Sicile depuis 1296 jusqu'en 1409, que faute d'hoirs, ce Royaume retourna à la couronne d'Aragon.

La Sicile passe au R. d'Aragon.

Le Royaume de Naples resta dans la maison d'Anjou, qui donna même des Rois à la Hongrie. Robert, petit-fils de Charles, dont la valeur égaloit la prudence, joua un grand rôle entre les souverains de son tems. Etant parvenu à fixer les Papes à Avignon, ville de sa dépendance, il disposoit de la Cour de Rome, & se trouvant en même tems chef & protecteur de la faction des Guelphes, il se menagea une grande influence dans les affaires d'Italie. Florence, Genes & plusieurs autres villes du parti Guelphe lui déférerent successivement leur souveraineté. Le Pape l'ayant nommé Vi-

Rois de Naples de la maison d'Anjou.

---

ginaire, elle n'a du moins pas été exécutée conformément au plan de celui qui doit l'avoir conduite. Ce qui est bien certain, c'est que Jean de Procida occupa la place de Chancelier de Sicile immédiatement après la révolution. Voyez NICOLAUS SPECIALIS au Liv. I. ch. 25.

V PERIODE.

caire général en Italie pendant la vacance de l'Empire, il y exerça toute l'autorité d'un dictateur, & rendit inutiles les efforts que firent Henri VII & Louis de Baviere, pour relever le parti Gibelin & la puiffance des Empereurs.

Jeanne I. La Reine Jeanne I, qui fuccéda au Roi Robert, fon ayeul, joignoit aux charmes de la figure les qualités de l'efprit & du cœur; mais foupçonnée d'être complice du meutre de fon époux André de Hongrie, elle fut chaffée de fes états par fon beau-frere Louis Roi de Hongrie. Rétablie dans la fuite & fe voyant fans enfants, elle adopta fon parent, Charles de Durazzo, lui fit époufer fa niece & le défigna pour fon fucceffeur. Ce Prince ingrat, dévoré du défir de regner, prit les armes contre fa bienfaitrice, à l'inftigation du Pape Urbain VI, qui avoit excommunié & dépofé Jeanne, parcequ'elle protégeoit fon rival Clément VII. Cette Princeffe prit alors le parti de folliciter les fecours de la France contre Charles Durazzo, & transférant en 1380 fon adoption à Louis I, Duc d'Anjou *n*), frere du Roi, elle le déclara en même tems

---

n) Ce Prince fut la tige de la feconde race d'Anjou. Les Comtés d'Anjou & du Maine avoient paffé en 1290 à Charles de Valois en vertu de fon mariage avec Marguerite, fille de Charles II, Roi de Naples, de la premiere maifon d'Anjou; v. LUNIG *Cod. Dipl. Ital.* Tom. II. p. 1042. Le Roi Jean de France affigna depuis ce domaine à Louis, fon fecond fils, qu'il créa Duc d'Anjou en 1360.

Duc de la Pouille o). Ce nouvel héritier de Jeanne arriva trop tard pour la sauver des mains de son ennemi, qui s'étant emparé de Naples & de sa personne, la fit mourir cruellement en 1382.

Charles se maintint sur le trône malgré le Duc d'Anjou, qui ne recueillit de la succession de la Reine Jeanne I que le seul Comté de Provence, qu'il transmit à ses descendants avec sa prétention au Royaume de Naples.

Jeanne II, fille de Charles de Durazzo & héritiere de ce Royaume par la mort de son frere Ladislas, se voyant attaquée dans ses états par Louis III d'Anjou, qui prétendoit faire valoir les droits d'adoption qu'il tenoit de son ayeul, s'adreſſa à Alphonse V, Roi d'Aragon; & pour l'engager à lui accorder du secours, elle l'adopta en 1421 p), & l'inſtitua son héritier avec promeſſe de lui livrer les châteaux de Naples & la Calabre à titre de Duché. Alfonse, arrivé à Naples, força le Prince Angevin d'en lever le siege & de sortir du Royaume. On vit naître dans la suite entre la Reine Jeanne & le Roi d'Aragon des soupçons & des défiances qui dégénérerent en divisions, & qui engagerent cette Princeſſe à recourir au parti An-

―――――――――――――――――――――――

o) Les diplômes qui s'y rapportent, se trouvent dans LUNIG T. II. p. 1142, 1143. Le Pape Clément VII lui donna l'inveſtiture du Royaume de Naples & le couronna à Avignon en 1382.

p) Cet acte eſt du 8 Juillet 1421.

V PÉRIODE.

ESPAGNE

Rois de Navarre.

gevin. Par un acte dressé en 1423 elle adopta le Duc d'Anjou *q*), révoquant, pour cause d'ingratitude, l'adoption qu'elle avoit faite en faveur du Roi d'Aragon. Celui-ci, dissimulant son ressentiment, attendit la mort de la Reine Jeanne II, arrivée en 1435, pour renouveller ses droits au Royaume de Naples. Il en dépouilla le Roi René, frere & successeur de Louis III, & en 1443 le Pape Eugene IV lui en accorda l'investiture *r*).

L'Espagne, divisée en plusieurs souverainetés Chrétiennes & Mahometanes, avoit l'air d'un continent isolé, dont les intérêts n'avoient presque rien de commun avec ceux du reste de l'Europe. Les Rois de Navarre, de Castille & d'Aragon étoient à la vérité supérieurs en forces aux Mahometans, mais le pouvoir exorbitant des grands les tenoit dans un tel état de foiblesse, qu'ils ne pouvoient que très-difficilement former quelque grande entreprise au-dehors.

La ligne masculine des Rois de Navarre, de la maison des Comtes de Champagne, s'étant éteinte, ce Royaume passa à celle des Capets, par le mariage de Jeanne I de Navarre avec Philippe le Bel. Ce Prince & ses trois fils, Louis le Hutin, Philippe le Long

―――――――――――――――――――

q) Cette seconde adoption est du 1 Juillet 1423. v. GIANONE *Hist. civile du Royaume de Naples* Liv. XXV. ch. 3. & 4.

r) V. LUNIG *Cod. Ital. Dipl.* au Tome II, p. 1239.

& Charles le Bel, occuperent successivement les trônes de France & de Navarre depuis 1274 jusqu'en 1328. Jeanne II, fille de Louis le Hutin, héritiere du Royaume de Navarre, le porta dans la maison d'Evreux par son mariage avec Philippe, Comte d'Evreux, petit-fils de Philippe III, dit le hardi, Roi de France. Parmi les Rois de cette nouvelle dynastie se trouve Charles le mauvais, dont les crimes ont souillé la mémoire; & le dernier fut Charles, dit le noble. Sa fille Blanche II, ayant épousé en 1425 Jean I, Roi d'Aragon, la couronne de Navarre passa pour quelque tems dans cette maison.

Alfonse X, fils de Ferdinand III & Roi de Castille, surnommé un peu gratuitement le *Sage* & l'*Astronome*, eut l'ambition peu réfléchie de rechercher la couronne impériale. Elle lui fut déférée en 1256 par une partie des Electeurs, mais il ne put jamais réussir à s'en mettre en possession malgré les sommes immenses qu'il y avoit prodiguées; il perdit même par son imprudence le trône qu'il tenoit de ses ancêtres. L'Infant Dom Ferdinand, son fils ainé, avoit épousé une fille de St. Louis, Roi de France, & en avoit deux fils, Alfonse & Ferdinand, mais il mourut en 1275. Alfonse X convoqua alors les Etats de son Royaume à Ségovie & y fit assurer sa succession à l'Infant Dom Sanche, son fils cadet, au préjudice de ses petits-fils, appellés les Princes de la Cerda. Cet acte d'autorité fut blamée de tous les principaux feigneurs Caftillans; il indifpofa les Rois d'Aragon & de France, & Alfonfe lui-même eut bientôt lieu de s'en repentir. L'Infant Dom Sanche, pouffé par un défir immodéré de regner, profita du mécontentement des grands pour faire dépofer fon pere dans la tenue des états de Cordoue en 1282, & s'empara du trône à titre de Régent. Ce malheureux pere, réduit à implorer le fecours des Mahometans, revoqua par un acte, dreffé à Séville *s*), la difpofition qu'il avoit faite en faveur de fon fils cadet, & reconnut formellement les droits de l'ainé des Infants de la Cerda. Il s'enfuivit une longue & cruelle guerre entre cet Infant & le Roi Sanche IV, qui ne put la terminer; mais il fe maintint fur le trône & le tranfmit à fes defcendants.

Bataille de Tariffe. Alfonfe XI, fon petit-fils, fe fignala contre les Mahometans. Les Rois de Maroc & de Grénade ayant réuni leurs forces contre les Chrétiens d'Efpagne, vinrent attaquer la ville de Tariffe en Andaloufie. Le Roi de Caftille, affifté de celui de Portugal, marcha au fecours de cette place. Il s'y donna en 1340 une fanglante bataille, dont l'iffue fut des plus favorables aux Caftillans, qui firent alors plufieurs conquêtes

---

s) V. cet acte dans HIERONYMUS ZURITA *Hifpaniæ Illuftr.* Tom. III. p. 119.

sur les Mahometans, & leur enleverent entr'autres Alcala-Réal & Algézire *t*).

Dom Pedre, surnommé le cruel, fils & successeur d'Alfonse XI, se rendit odieux par ses excès & ses débauches. Une passion déréglée pour Donna Marie de Pedilla en fit un monstre. Dom Henri, son frere naturel, secondé par le Chevalier Du Guesclin, le détrona en 1366. Il fut rétabli dès l'année suivante par le fameux Prince de Galles, qui vainquit Du Guesclin & le fit prisonnier à la bataille de Navarette en 1367. La guerre se renouvella dans peu entre les deux freres. Henri, secouru derechef par Du Guesclin & par les François, gagna en 1369 la bataille de Montiel, & tua de sa propre main son frere qui cherchoit à s'évader de Montiel, où il s'étoit retiré après le combat *u*).

Henri IV, dernier descendant mâle de Henri le batard, étoit aussi foible de corps que d'esprit; il se laissa gouverner par Bertrand de Cueva, Duc d'Albuquerque, son favori & son ministre. La Reine étant accouchée d'une fille, le bruit courut qu'elle étoit du favori, & on l'appelloit *Jeanne Bertraneja*. Cela n'empêcha pas Henri de la

Jeanne Bertraneja.

---

t) RODERICI SANTII *Hist. Hisp.* P IV. cap. 12. ALFONSI A CARTAGENA *Regum Hisp. Anacephal.* c. 87. *Hisp. illust.* T. I. & II.

u) RODERICUS SANTIUS Part. IV. c. 18. *Hisp. Illust.* T. I. FROISSART *Chronique* I. Vol. ch. 230. & suiv. *Hist. de Bertrand du Guesclin* Liv. 3. & 4.

reconnoître pour la sienne; il prétendit même la faire hériter de sa couronne. L'indignation des grands, à la tête desquels se trouvoit l'Archevêque de Tolede, fut si grande qu'ils se souleverent contre le Roi, le détrônerent publiquement & lui substituerent l'Infant Dom Alfonse, son frere. La guerre civile, qui s'alluma entre ces deux Princes, dura jusqu'à la mort d'Alfonse, arrivée en 1468. Elle donna lieu à un traité d'accommodement entre le Roi & les grands du Royaume, dont la succession fut assûrée à l'Infante Donna Isabelle, sœur du Roi, qui épousa Ferdinand le Catholique.

Rois d'Aragon. Don Jayme I, Roi d'Aragon, eut l'imprudence de partager ses états entre ses deux fils. Dom Pedre III eut le Royaume d'Aragon, celui de Valence & le Comté de Barcellonne. Les isles Baléares avec les Comtés de Roussillon & de Montpellier échurent à Dom Jayme, qui devint la tige des Rois de Majorque. Elle finit en 1375 avec Dom Jayme III, qui vendit en 1349 le Comté de Montpellier à la France, & qui fut dépouillé du Royaume de Majorque & du Comté de Roussillon, par le Roi d'Aragon.

Dom Pedre III ajouta à ses états la Sicile qu'il avoit enlevée en 1282 à Charles I d'Anjou, frere de St. Louis x); mais cette conquête lui attira une furieuse persécution de la part de la Cour de Rome. Le Pape Martin

---

x) Voyez ci-dessus p. 423.

tin IV, non content de l'excommunier, le déclara déchu du trône & donna ses états à Charles de Valois, fils puîné de Philippe III le hardi Roi de France. Pour parvenir à ses fins, il publia une croisade contre le Roi d'Aragon & fit marcher une armée de croisés sous les ordres du Roi de France & de son fils le Comte de Valois pour le dépouiller de ses états *y*). Cette entreprise qui est de l'an 1285 n'eut aucun succès; Dom Pedre se maintint sur le trône, malgré les efforts du Pape & toute la puissance des Princes croisés *z*).

Dom Jayme II, fils de Dom Pedre III, se reconcilia avec la Cour de Rome. Le Pape Boniface VIII lui conféra en 1297 l'investiture des isles de Sardaigne & de Corse *a*), dont les Genois & les Pisans se disputoient depuis longtems la possession. Dom Jayme enleva en 1326 la Sardaigne à ces républicains & la réunit à la couronne d'Aragon, *b*) mais il échoua dans son entreprise sur la Corse, qui resta au pouvoir des Genois.

---

y) RAINALDI *Annal. ecclesiast.* à l'an 1283 & 1284, p. 344, 356 & 357.

z) *Gesta Comitum Barcinon.* c. 28. HIERONYMUS ZURITA p. 129.

a) Le Pape se reserva les foi & hommage & un tribut annuel de deux mille marcs d'argent. v. LUNIG *Cod. Ital. Dipl.* T. II. p. 1415. RAINALDI *Annal.* à l'an 1297. & HIERONYMUS ZURITA p. 145. Ce lien vassalitique fut anéanti dans le tems du grand schisme d'Occident.

b) Voyez ZURITA p. 167. 169.

V PERIODE.
Extinction de la race de Barcellonne.

Dom Martin, dernier mâle des Rois d'Aragon de la maison de Barcellone, étant décédé en 1410, il se présenta plusieurs prétendants à cette couronne. Les Etats assemblés l'adjugerent en 1412 à Dom Ferdinand de Castille, fils puîné de l'Infante Donna Eléonore, Reine de Castille & sœur du Roi Dom Martin. Alfonse V, fils & successeur de Ferdinand, recueillit la succession du royaume de Naples en vertu de l'adoption de la reine Jeanne II c). Il en disposa en faveur de Dom Ferdinand son fils naturel, qui devint la tige d'une nouvelle race de Rois de Naples. Quant au royaume d'Aragon il passa, après la mort d'Alfonse V, à Dom Jean II son frere, pere de Ferdinand le Catholique.

PORTUGAL.

Henri & Alfonse I, en jettant les fondements du royaume de Portugal, avoient accordé de grands biens au clergé qui jouissoit en outre des droits régaliens & de l'exemtion de la justice séculiere. La politique avoit eu autant de part à ces libéralités que la superstition qui regnoit alors. Elle valut aux Portugais l'importante protection de l'église contre des voisins aussi puissants & aussi dangereux que les Castillans. Les successeurs d'Alfonse I changerent de systême lorsqu'ils se virent bien affermis sur le trône, & montrerent autant d'éloignement pour le clergé que leurs prédécesseurs lui avoient marqué de zele & de dévouement. Ils refuserent au Pape le tribut dont ils lui étoient redevables

---

c) Voyez ci-dessus p. 427.

& ne laisserent échapper aucune occasion d'attaquer les immunités ecclésiastiques, maltraitant les Prélats qui osoient s'opposer à leurs entreprises.

Brouilleries entre les Rois & le clergé.

Cette conduite donna occasion aux brouilleries qui s'éleverent entre les Rois de Portugal & la Cour de Rome à laquelle se joignit le clergé. Elles commencerent sous le regne de Sanche I & continuerent sous celui de plusieurs de ses successeurs. Le Pape Innocent IV déposa en 1245 Sanche II *d*) & lui substitua son frere Alfonse III, qui n'en fut pas moins zélé défenseur des droits & des prérogatives de sa couronne. Outre qu'il imposa de son chef les ecclésiastiques, il s'ingéra dans leur jurisdiction & défendit les appels en Cour de Rome *e*). Denys, son fils & successeur, qui marcha sur ses traces, fut excommunié par le Pape, & contraint en 1289 de signer un traité, qui rétablit le clergé dans ses anciens droits & immunités *f*).

Agnès de Castro.

Dom Pedre I, petit fils de Denys, épousa, du vivant de son pere *g*), & à son insçu, la célebre Agnès de Castro dont il eut plusieurs fils. Le pere ayant improuvé ce mariage, suborna, à ce qu'on prétend, des assassins qui tuerent la pauvre Agnès. Dom Pedre étant parvenu au trône, tira une vengeance cruelle de cet assassinat; & c'est ce qui lui fit

---

d) RAINALDI *Annal. ecclesiast.* T. XIII. p. 547. LOBKOWITZ *Philippus Prudens* p. 196.
e) RAINALDUS Tom. XIV. p. 239.
f) Ibid. p. 409.
g) Alfonse IV.

V PERIODE.

donner les épithetes de *justicier* & de *sévere*. Il eut d'un mariage, contracté antérieurement, un fils, nommé Dom Ferdinand, qui lui succéda & qui fut le dernier de la race mâle & légitime des Rois de Portugal, issus du Comte Henri. Il ternit l'éclat de ses vertus par son alliance criminelle avec Eléonore Tellez de Menéses qu'il enleva à son époux. Elle lui donna une fille, nommée Béatrix, qu'il prétendit faire succéder à l'exclusion de ses freres Jean & Denys, fils d'Agnès de Castro. En exilant ces Princes, il fiança sa fille au Roi de Castille & assura le trône au fils qui proviendroit de cette union.

Avénement de Jean le Batard.

A sa mort, arrivée en 1383, la Reine douairiere se saisit de la régence, & le Roi de Castille fit enfermer les fils d'Agnès de Castro, qui s'étoient refugiés chez lui. Jean surnommé le batard, fils naturel de Dom Pedre & Grand-Maitre de l'ordre d'Avis, profita de la haine qui animoit les Portugais contre les Castillans & leur domination pour enlever la régence à la Reine mere.

Le Roi de Castille vint mettre le siege devant Lisbonne; il y échoua après avoir perdu, par des maladies, la meilleure partie de ses troupes. Dans ces circonstances les états du Portugal assemblés à Coïmbre déférerent la couronne à Jean le batard.

Ce Prince, attaqué de nouveau par les Castillans, qui s'étoient ménagé des secours en France, fut soutenu par les Anglois qui lui amenerent leurs troupes. Il se donna le

14 Août 1385, une fanglante bataille à Alju- PERIODE. barota, où les Caftillans effuyerent une entiere défaite *h*). Cependant la guerre continua encore longtems entre les deux états. Par la paix, qui fe fit en 1411, le Roi de Caftille s'engagea, à ne jamais faire valoir les prétentions de la Reine Béatrix qui étoit fans enfants, & *i*) Jean le Batard, affermi fur le trône, fonda la nouvelle dynaftie des Rois qui regnerent en Portugal jufqu'en 1580.

A l'extinction de la ligne directe des Rois FRANCE. de France, iffus de Hugues Capet *k*), le trône Les Valois. paffa, en 1328, à la branche collatérale de Valois *l*). Elle le poffeda pendant deux cent foixante-un ans, & fournit une fuite de treize Rois.

La guerre qui avoit continué entre la Guerres France & l'Angleterre, pendant une grande Angloifes. partie de la période précédente, fe renouvella plus fortement que jamais dans celle-ci; Edouard III. ayant formé des prétentions à la couronne de France, qu'il conteftoit à Philippe de Valois, premier Roi de cette branche. On oppofa aux Anglois la loi Salique, qui donne l'exclufion aux femmes,

---

h) FROISSART, *Chronique* Vol. III. Chap. 15. NONIUS dans *Hifpania Illuftr.* T. II. p. 1264.

i) LEIBNITZ. *Cod. Jur. Gent. Dipl.* p. 290.

k) Elle finit avec les trois fils de Philippe le Bel, Louis X. dit le Hutin, Philippe V. dit le Long, Charles IV. dit le Bel, décédés l'un après l'autre fans laiffer de poftérité mâle.

l) Cette branche étoit iffue de Charles, fils puifné de Philippe III. dit le Hardi.

V PERIODE. & en vertu de laquelle l'assemblée des Etats, tenus en 1316, après la mort de Louis le Hutin, les avoit déclarées inhabiles à succéder *m*). Edouard ne contestoit point l'exiftence de la loi, mais il prétendoit qu'on ne devoit l'entendre que de l'exclufion perfonnelle des femmes, à caufe de la foibleffe de leur fexe, & non des mâles qui en pouvoient naître. Il convenoit donc que fa mere Ifabelle, fille de Philippe le Bel, ne pouvoit perfonnellement afpirer à la couronne, mais qu'elle lui donnoit le droit de proximité qui, en fa qualité de mâle, le rendoit habile à fuccéder. Il ajoutoit, qu'étant neveu du dernier Roi, Charles le Bel, il avoit la préférence fur Philippe de Valois qui n'en étoit que le coufin germain. Les Etats s'étant cependant décidés en faveur de Philippe, il fut d'abord reconnu par le Roi d'Angleterre, qui lui prêta même foi & hommage pour le duché de Guyenne. Ce ne fut qu'en 1336, qu'Edouard s'avifa de faire valoir fa prétention à la couronne & qu'il prit publiquement, dans les actes, le titre de Roi de France. La guerre, qui s'en fuivit, dura pendant la meilleure partie du regne de Philippe de Valois & fut renouvellée fous plufieurs de fes fucceffeurs. Il fallut un fiecle & au-delà pour vuider entiérement cette grande querelle qui couta beaucoup de fang & qui fervit à augmenter l'animofité & la haine entre les deux nations.

---

m) La *Chronique de Nangis* dans D'ACHERY *Spicileg.* T. III. p. 72.

Les François perdirent, en 1346, la bataille de Crécy, où périt toute la fleur de leur noblesse. Elle fut suivie, en 1347, de la prise de Calais par le Roi d'Angleterre *n*). Un échec, plus terrible encore, fut celui de Maupertuis, en 1356, où le Prince de Galles fit prisonniers le Roi Jean II. & son quatrieme fils, Philippe le Hardi *o*).

V PERIODE.

Le Roi Charles V, dit le sage, fils ainé de Jean II, repara, par sa prudence, les fautes de son prédécesseur. Il réussit à chasser les Anglois de la plupart de leurs possessions en France ; mais sous le regne de Charles VI, tombé en démence dès sa premiere jeunesse, l'état se vit au comble de ses malheurs. Les factions des Ducs de Bourgogne & d'Orléans, oncle & frere du Roi, partageoient la cour & divisoient tout le Royaume. Le Duc de Bourgogne poussa l'animosité jusqu'à faire assassiner, en 1407, le Duc d'Orléans au milieu de Paris *p*), & prétendit justifier cet attentat dans une assemblée des Princes du sang & des principaux seigneurs. Les Anglois profiterent des divisions de l'état pour recommencer la guerre. Ils gagnerent, en 1415, la fameuse bataille d'Azincourt *q*) & reconquirent la Normandie. La Reine Isabelle de Baviere, propre mere du Dauphin, abandonna la faction

Malheureux regne de Charles VI.

---

n) FROISSART *Chronique* Liv. I. ch. 130. & 146.
o) Ibid. ch. 166. p. 196.
p) MONSTRELET ch. 36. p. 31.
q) Idem ch. 146. p. 223. JUVENAL DES URSINS p. 3.2.

d'Orléans & le parti de son fils pour embrasser celui du Duc de Bourgogne. On négocia, en 1419, une entrevue, sur le pont de Montereau, entre le Dauphin & le Duc qui y fut assassiné sous les yeux même du Dauphin r). Philippe le Bon, désirant de venger la mort de son pere, entra alors en traité avec les Anglois, ennemis de l'état. Il entraîna, dans cette négociation, la Reine-mere & le pauvre Roi Charles VI Les principales clauses de la paix, signée à Troyes, en 1420 s), furent le mariage de Cathérine de France avec Henri V, Roi d'Angleterre, & l'assurance de la succession au trône de France en faveur de ce Prince & des enfants qui proviendroient de son mariage. On entama une procédure contre le Dauphin qui fut déclaré complice du meurtre du Duc de Bourgogne, déchu de ses droits à la couronne & exilé du Royaume t).

Charles VII.

Henri VI, fils de Cathérine & de Henri V, proclamé Roi de France & d'Angleterre en 1422, fixa sa résidence à Paris & se vit maitre de la plus grande partie du Royaume. Jamais situation ne fut plus embarrassante que celle, où le Roi Charles VII, appellé vulgairement le Dauphin, se trouva alors réduit. À la veille d'être chassé de tout le

---

r) MONSTRELET ch. 212. p. 277. JEAN LE FEVRE, Chancelier du Duc de Bourg. *Histoire de Charles VI*. ch. 97. p. 138. JUVENAL DES URSINS p 371.
s) MONSTRELET ch. 225. p. 288.
t) *Idem* ch. 239. p. 302.

Royaume, par la prépondérance du parti Anglois & Bourguignon, il ne dut son salut qu'à l'apparition de la fameuse Pucelle. Cette héroïne força, en 1429, les Anglois de lever le siege d'Orléans & conduisit le Roi à Rheims, où il fut sacré *u*). Une circonstance, qui ne contribua pas moins que la Pucelle à ranimer le courage abattu des François & à relever le parti de Charles VII, fut l'accommodement de ce Prince avec le Duc de Bourgogne, signé à Arras en 1435 *x*). Le Duc ayant alors réuni ses forces à celles du Roi, les Anglois furent successivement chassés de toute la France, où ils ne tenoient plus, en 1453, que la seule ville de Calais.

Jusqu'alors le Royaume avoit été partagé entre une foule de vassaux puissants qui relevoient les uns des autres; & la couronne n'étoit proprement que le fief dominant. Les vassaux, à la vérité, devoient foi & hommage au Roi, mais, jouant d'ailleurs le rôle de souverains dans leurs terres, ils exigeoient des tributs de leurs sujets, levoient des troupes & faisoient la guerre à leur gré. Un concours de différentes circonstances servit à accroître l'autorité royale & à y ramener peu-à-peu le pouvoir absolu. Rien cependant ne contribua plus, à accélérer cette révolution, que les fréquentes réunions qui se firent successivement au domaine de la couronne,

V PERIODE.

Révolution dans le gouvernement.

---

u) LENGLET DU FRESNOY *Hist. de la Pucelle* Tom. 1. p. 109.

x) LÉONARD *Traités de paix* T. I. p. 1.

*Ee 3 c

V PERIODE. & qui mirent les Rois à même de commander aux vaſſaux & de bouleverſer enfin tout le ſiſtême féodal. Philippe de Valois fit, en 1336, l'acquiſition des comtés de Champagne & de Brie, par traité avec la Reine Jeanne de Navarre, fille de Louis le Hutin & héritiere de ces comtés *y*). Le même Prince ſe ménagea, en 1349, par différents traités, le Dauphiné & le comté de Montpellier *z*); mais aucun des Rois de France ne fit plus de réunions que Charles VII. qui dépouilla les Anglois de toutes leurs poſſeſſions en France. Ce Prince, qu'on enviſage ordinairement comme un génie borné, indifférent ſur ſa gloire & livré à la molleſſe, montra cependant de la pénétration d'eſprit, de l'étendue dans ſes vues & prit de juſtes meſures pour donner une baſe ſolide à l'autorité royale. Dans le deſſein d'établir une milice perpétuelle, il leva, en 1445, les *compagnies d'ordonnance a*), & pour ſubvenir à leur entretien, il ordonna, de ſa propre autorité, la levée d'un impôt, appellé *la taille des gens d'armes*. Ces différents établiſſements donnerent aux Rois un degré de ſupériorité ſur leurs vaſſaux, dont rien ne fut plus capable de contrebalancer l'aſcendant. Les ſeigneurs les plus puiſſants devinrent foibles

---

y) *Hiſtoire des Comtes de Champagne* Tom. II. p. 142.

z) v. cideſſus p. 382. & 432. *Hiſt. générale du Languedoc* Tom. IV. p. 246. & *Preuves* p. 214.

a) P. DANIEL *Hiſt. de la milice Françoiſe* Tom. I. p. 151.

contre un souverain toujours armé; le service féodal tomba en désuetude, & les Rois, maîtres des impositions, se dispenserent peu-à-peu de la formalité de convoquer les Etats généraux.

Les innovations de la cour de Rome dans les matieres des bénéfices & de la jurisdiction ecclésiastique, ayant excité le cri général de la plupart des nations de la Chrétienté, les François sur-tout signalerent leur zele pour le maintien de l'ancienne discipline. On vit paroître, sous le regne de Charles VI, différentes ordonnances qui annullerent les réserves, les mandats & les graces expectatives, & qui défendirent les annates & autres exactions de la cour de Rome b).

Le concile de Bâle, convoqué, en 1431, pour la réformation de l'Eglise c), ayant entrepris de supprimer ou de limiter plusieurs des nouveaux droits que les Papes s'étoient arrogés, le Roi Charles VII. assembla, en 1438, un concile national à Bourges, où il procéda, de l'avis de son conseil, à l'acceptation solemnelle des décrets du concile, moyennant certaines modifications qu'il y fit. L'acte de cette acceptation, revêtu des formalités ordinaires, porte le nom de Pragmatique sanction. On compte parmi les décrets acceptés:

V PERIODE.

Révolution dans l'Eglise.

Pragmatique sanction.

---

b) *Preuves des libertés de l'Eglise Gallicane*, édit. de 1651. p. 820. 823. 853. 855.

c) v. ci-dessus p. 318.

V
PÉRIODE. 1. celui qui établit la supériorité des conciles généraux sur le Pape *d*).

2. ceux qui anéantissent les réserves & les graces expectatives & qui n'accordent au Pape que l'exercice du droit de prévention, avec la faculté de disposer une ou deux fois, pendant son pontificat, d'un bénéfice, selon que le collateur ordinaire en auroit plus ou moins à conférer *e*).

3. celui qui rétablit la liberté des élections & des confirmations, en conformité de l'ancien droit commun *f*).

4. celui qui supprime les annates & autres exactions de la cour de Rome *g*).

5. celui qui défend les appels en cour de Rome, *omisso medio*, & qui renvoye le jugement des appels ordinaires à des commissaires, nommés sur les lieux *h*).

La

---

d) Tit. I.
e) Tit. III. & IV.
f) Tit. II.
g) Tit. IX. Les annates reprirent vigueur en France depuis le concordat de 1516. PIERRE DE MARCA, dans son savant ouvrage, intitulé : *de Concordia Sacerd. & Imp*. Lib. VI. cap. 11. §. 12. cap. 12. §. 12. 15. observe très-judicieusement que le concordat, loin d'accorder formellement les annates au Pape, n'a fait que lever la défense de les payer, portée par les ordonnances de Charles VI. & les décrets du concile de Bâle. Ces annates d'ailleurs n'étant perçues par le Pape qu'à titre de simple subside & de don gratuit, il croit pouvoir en inférer qu'il est libre à la nation de les supprimer toutes les fois qu'elle le jugera à propos : *si id e republica videatur, cessare possumus a solutione annatarum nulla prorsus a nobis vi facta huic pactioni*.

h) Tit. V. voyez la Pragmatique dans le *Commentaire* de M. DUPUY *sur le traité des libertés de l'Eglise*

DES REVOLUTIONS.

V PERIODE. ANGLETERRE.

La prospérité & la grandeur de l'Angleterre augmenterent de jour en jour sous les Rois de la maison de Plantagenet.

Conquête du pays de Galles.

Edouard I, fils & successeur de Henri III, y réunit la principauté de Galles, gouvernée, depuis plusieurs siecles, par des Princes qui, quoique vassaux & tributaires de la couronne, avoient toujours affecté la souveraineté & l'indépendance. Sous le regne de Henri III, Lewelin, Prince de Galles, embrassa le parti des mécontents & chercha à se soustraire à la vassalité de l'Angleterre. Edouard lui fit la guerre, le vainquit & le tua en 1282. Le sort de David, son frere & son successeur, fut encore plus triste. Ayant été fait prisonnier, il fut jugé à mort & exécuté comme traître. Le pays de Galles fut réuni, en 1283, à la couronne *i*) &

---

de *l'Eglise Gallicane* de M. Pierre Pithou, au Tome II. p. 6. Louis XI, pour complaire au Pape Pie II, fit expédier, en 1461, des lettres patentes portant l'abolition de la Pragmatique. Ses dispositions reprirent vigueur sous les regnes de Charles VIII. & de Louis XII. & furent maintenues jusqu'au regne de François I. qui substitua, en 1516, le Concordat à la Pragmatique, malgré les oppositions du clergé, de l'université & du parlement. v. *Histoire de la Pragmatique & du Concordat*, à la suite du premier volume du *Commentaire* de DUPUY, & FRANCISCI PINSSONII *Histor. Pragmaticæ Sanctionis & Concordatorum.*

i) v. WYKES dans le *Recueil* de THOMAS GALE T. II. p. 128. ANNALES WAVERLEJENSES *ibidem* p. 235, 236. KNYGHTON *de eventibus Angliæ* dans le Recueil de TWYSDEN p. 2463.

V PERIODE.

Edouard III.

Wiclef.

le Roi, ayant déclaré Edouard, fon fils ainé, Prince de Galles, cette province fut depuis, & est encore, le titre des fils ainés des Rois d'Angleterre *k*).

Edouard III, petit fils d'Edouard I, fe diftingua dans la guerre comme dans la paix. Celles qu'il fit à la France, à différentes reprifes, pour faire valoir fes prétentions au trône, lui acquirent la réputation d'un grand & habile général, & la fageffe de fon gouvernement, dans fes propres états, lui mérita les plus grands éloges. C'eft à fa prudente & vigoureufe conduite que l'Angleterre fut redevable de la tranquillité intérieure dont elle jouit pendant la durée de fon regne. Il fçut, mieux qu'aucun de fes fucceffeurs, maintenir les prérogatives de la couronne; & fut le premier qui mit des bornes au pouvoir abufif de la cour de Rome. Il parvint à réprimer les droits de provifions que s'étoient arrogés les Papes, & à anéantir l'hommage & le tribut annuel qui leur avoient été accordés par fes prédéceffeurs *l*).

Ce fut vers la fin de fon regne que le fameux Wiclef s'éleva contre l'églife Romaine, en propofant fes opinions, femblables à celles des Réformateurs du feizieme fiecle. Elles trouverent un grand nombre d'adhérants
parmi

---

k) CAMDENI *Britannia* p. 606.
l) RYMER *Acta Angl*. Tom. II. Part. IV. p. 149. KNYGHTON *de eventibus Angl*. à l'an 1257. p. 2617.

parmi le peuple ainsi que parmi les principaux Seigneurs du Royaume *n*).

Edouard eut le malheur de perdre son fils, le célebre Prince de Galles, qui s'étoit si fort signalé dans les guerres contre la France. Richard II, son petit-fils & successeur, s'étant livré aux plaisirs & aux favoris, le royaume éprouva de nouveaux troubles. Henri Duc de Lancastre, Prince du sang, prit les armes contre son souverain, le fit déposer par un acte du Parlement en 1399 & parvint au trône, malgré les réclamations de la branche d'York.

Avenement de la branche de Lancaster.

Ce Prince, premier Roi de la branche de Lancastre, étoit fils de Jean de Gaunt & petit-fils d'Edouard III. Au lieu de fonder sa prétention au trône sur les droits du sang qu'il tenoit de son pere & de son grand-pere, il allégua ceux que sa mere Blanche de Lancastre croyoit pouvoir dériver de son bisayeul Edmond, surnommé le bossu, Comte de Lancastre. Par une tradition populaire, il passoit

Ses droits à la couronne.

---

n) HARPSFELDII *Historia Wiclef.* cap. 1 sqq. KNYGHTON p. 2644 sqq. WALSINGHAM p. 191. 201. 204. & suiv. On peut juger des progrès de la doctrine de Wicleff par la proposition que la Chambre basse fit au Roi Henri IV. la sixieme année de son regne, de s'emparer de tout le temporel de l'église & de le reserver, comme un fond perpétuel, pour les besoins de l'Etat. WALSINGHAM *Hist. Angliæ* p. 171. D'après un autre projet, formé par la même Chambre en 1410, il s'agissoit de partager les richesses du clergé entre quinze nouveaux Comtes, quinze-cents Chevaliers, six-mille deux-cents écuyers & cent hôpitaux. WALSINGHAM p. 379.

V PERIODE.

pour fils ainé de Henri III, exclu du trône pour cause de difformité, par Edouard I, son frere cadet. Henri IV & ses descendants se prévalurent de cette tradition pour éluder les droits de la branche d'York *o*).

Les droits de la branche d'York.

Cette branche étoit issue d'Edmond de Langley, quatrieme fils d'Edouard III, au lieu que celle de Lancastre descendoit du troisieme fils du même Edouard; mais elle prétendoit la précéder en qualité d'héritiere des droits de Lionel, Duc de Clarence, second fils d'Edouard. Philippine fille de Lionel, ayant épousé Edmond Mortimer, transféra ses droits dans cette maison. Elle eut un fils, nommé Roger, qui fut déclaré héritier présomptif de la couronne par acte de Parlement en 1386. Anne Mortimer, fille de Roger, épousa Richard, Duc d'York, fils d'Edmond de Langley & transmit à ses descendants les droits de Lionel, qui passerent ainsi des Mortimers à la maison d'York *p*).

Ce fut l'époque des factions de la rose rouge & de la rose blanche entre lesquelles l'Angleterre fut longtems partagée. La maison de Lancastre, désignée par la rose rouge, se maintint sur le trône pendant les regnes de Henri IV, de Henri V & de Henri VI, jus-

---

o) V. *Rotulus Parlamenti* anni 1399. in TWYSDEN T. II. p. 2757. WALSINGHAM p. 360. POLYDORUS VERGILIUS *Hist. Angliæ* Lib. XVI. p. 320. Lib. XXI. p. 429.

p) POLYDORUS VERGIL. Lib. XX. p. 411, 412.

qu'en 1461, qu'elle fut enfin détrônée par celle d'York qui portoit la rose blanche.

Henri IV, s'appuyant des droits de sa mere Blanche de Lancastre, traitoit d'usurpateurs les Rois Edouard I, Edouard II, & Edouard III ses ayeux. Venant ensuite à douter lui-même de la légitimité de sa prétention, il crut devoir affermir son droit à la couronne, en portant le Parlement à passer en 1406 un acte, qui excluoit du trône les femmes & leurs descendants & qui déclaroit les mâles seuls habiles à succéder. Cette exclusion, donnée aux femmes, rendoit à la vérité incontestables les droits de ce Prince, en qualité de plus proche héritier mâle de Richard II. Mais cet acte, qui paroît visiblement avoir été extorqué par le Roi, fut révoqué immédiatement après par un autre, qui rétablit les femmes & leurs descendants dans leurs droits naturels *q*).

Henri V, fils & successeur d'Henri IV, figure glorieusement parmi les plus grands Rois d'Angleterre. Il possédoit toutes les qualités, qui caractérisent un grand Prince. Sa justice, sa clémence & son affabilité lui gagnerent tous les cœurs. Aussi grand guerrier qu'habile politique, le succès de ses armes contre la France fixa sur lui les yeux de toute l'Europe. Vainqueur à la bataille d'Azincourt, il subjugua la Normandie entiere, & par son mariage avec Cathérine de France il fit reconnoître ses droits à cette

---

q) V. RYMER *Acta Angl.* T. IV. P. I. p. 106.

V
PERIODE. couronne dans le traité de paix conclu à Troyes en 1420. Il auroit probablement achevé la conquête de ce royaume si une mort prématurée ne l'eût enlevé en 1422.

Henri VI. Son fils Henri VI ne lui ressembla en rien. Aussi foible qu'indolent, il se laissa gouverner par la Reine Marugerite & par ses ministres, ce qui indisposa les grands & irrita contre lui la nation entiere. Chassé successivement de toute la France, il n'eut pas même le talent de se maintenir sur le trône de ses peres

Guerre entre les deux roses. Richard, Duc d'York, héritier des droits de Lionel & de Mortimer, se mit à la tête des mécontents & donna en 1452 le signal d'une guerre civile entre les deux roses, qui dura plus de trente ans. Les deux parties se livrerent successivement douze grandes batailles, quatre-vingt Princes du sang y furent tués, & l'Angleterre entiere devint un théatre d'horreur & de carnage.

Avénement de la branche d'York. En 1461, Edouard IV, fils de Richard, Duc d'York & petit-fils d'Anne Mortimer, monta sur le trône qu'il souilla par le meurtre d'Henri VI, son prédécesseur, & de plusieurs autres Princes de la branche de Lancastre.

Ecosse, ses revolutions. Les Ecossois, qu'on regarde comme originaires Gaulois ou Celtes, habiterent d'abord en Irlande, d'où ils passerent dans la partie septentrionale de la Grande-Bretagne à laquelle ils donnerent leur nom. Ils eurent de très-longues guerres avec les Pictes, & parvinrent enfin à réunir toute l'Ecosse sous le regne de

Kenneth II. qui passe pour avoir fondé cette
monarchie vers l'an 838. C'est dans le douzieme siecle que l'histoire de ce royaume
ainsi que la fameuse contestation sur son indépendance commencent à se trouver liées
avec l'histoire d'Angleterre. Selon les historiens du pays, les anciens Rois d'Ecosse
étoient vassaux de la couronne d'Angleterre
par rapport aux terres qu'ils tenoient au
nord de la Grande - Bretagne, mais ce vasselage ne préjudicioit en rien à la dignité & à
l'indépendance de leur couronne. Henri II,
Roi d'Angleterre, ayant fait prisonnier à
Alnwick Guillaume, Roi d'Ecosse, le força
de lui rendre hommage de tout son royaume *r*); mais Richard I renonça à cette supériorité moyennant une somme d'argent *s*).
Il se contenta de l'hommage de Guillaume
pour les provinces septentrionales, ainsi que
l'avoient prêté ses prédécesseurs. Edouard I
profita dans la suite de la situation critique
des affaires de ce royaume pour faire revivre ses prétentions & réclama la supériorité
sur toute l'Ecosse.

V
PERIODE.

Alexandre III, dernier mâle de l'ancienne
maison d'Ecosse, étant mort en 1289, laissa
pour héritiere Marguerite de Norwege, sa
petite-fille, qui ne lui survécut que fort peu
de tems *t*). La succession au trône fut alors

Contestations entre
les Baliols
& les Bruces.

---

r) En 1175. ROGER HOVEDEN Annal. Part. II.
p. 545.
s) En 1189. ROGER HOVEDEN p. 662.
t) Elle mourut en 1291.

contestée par une foule de prétendants, dont plusieurs dérivoient leur droit de David, Comte de Huntingdon, petit-fils du Roi David I *u*). Les principaux étoient Jean Baliol & Robert Bruce, l'un petit-fils de Marguerite, fille ainée du Comte David, & l'autre fils d'Isabelle, seconde fille du même Comte. Toute la nation se divisa en autant de partis qu'il y avoit de prétendants, & la noblesse n'ayant pu s'accorder, on convint unanimement de s'en rapporter à la décision du monarque Anglois. Edouard I, en se chargeant de l'arbitrage, obligea tous les compétiteurs de reconnoître la supériorité, & le domaine direct de l'Angleterre sur l'Ecosse & de lui prêter le serment de fidélité comme à leur seigneur supérieur *x*). Il adjugea ensuite la couronne à Baliol, qui renouvella ces actes de sujétion & de vasselage. Les mesures que prit depuis Edouard pour affermir sa domination en Ecosse, ayant revolté la nation, elle résolut enfin de faire des efforts pour recouvrer sa liberté & son indépendance. La défaite de Baliol par le Roi d'Angleterre, qui le força d'abdiquer, n'empêcha pas les Ecossois de se donner en 1306 à Robert Bruce, petit-fils de celui qui avoit disputé la couronne à Baliol. Ce Prince repoussa courageusement toutes les attaques des Anglois & se maintint lui & sa postérité sur le trône d'Ecosse, pen-

---

u) BUCHANANI *Rer. Scotic. historia.*
x) En 1291. voy. MATTHÆUS WESTMONAST. p. 415.

dant une guerre qui dura plus de soixante & dix ans, & qui servit à fomenter la haine entre les deux nations, les Anglois ne voulant jamais se désister de leur prétention à la haute souveraineté de l'Ecosse.

V
Periode.

En 1371 la couronne passa de la maison de Bruce dans celle des Stuarts. Robert II, fils de Gautier Stuart & de Margerie de Bruce, succéda à son oncle le Roi David II de la maison de Bruce *y*) & conserva le trône dans sa famille jusqu'à l'époque de la réunion de l'Ecosse avec l'Angleterre.

Avénement des Stuarts.

Indépendamment de ces révolutions le système féodal, dominant alors dans toute l'Europe, étoit spécialement suivi en Ecosse. Le pouvoir excessif des nobles & des vassaux ne pouvoit manquer de resserrer l'autorité souveraine dans des bornes fort étroites. La modicité des revenus du Prince ne lui permettoit pas de tenir sur pied une armée & la jurisdiction ne lui appartenoit pas même en propre. Un pays tel que l'Ecosse, entrecoupé de montagnes & de marais, rend la marche des troupes presque impraticable, &, se trouvant dépourvu de grandes villes, le petit nombre des nobles, qui favorisoient l'aristocratie, devoit être très-préjudiciable au gouvernement. Cette noblesse en effet, plutôt rivale que sujette du Prince, méprisoit ses ordres, l'insultoit dans sa personne & enhardie par les circonstances, poussoit la témérité jusqu'à le-détrôner. Les Rois ne

Etat du Royaume.

---

y) Buchan. au Liv. 8. & 9.

V PERIODE.

pouvant dans la suite supporter une licence, qui traînoit après elle tous les inconvéniens de l'anarchie, chercherent à la réprimer & à rétablir l'ordre, la tranquillité & la justice. Jacques I, Prince fort adroit z), porta les premiers coups au pouvoir abusif des nobles. Il leur enleva une partie des possessions qu'ils avoient usurpées sur la couronne, défendit leurs ligues & associations, & condamnant juridiquement quelques-uns des plus audacieux & des plus puissants, il répandit parmi eux la terreur & augmenta considérablement ses domaines par la confiscation de leurs biens. Jacques II a) ne se montra pas moins empressé que son pere à travailler au rabaissement des nobles. Il étendit son autorité par la ruine de la famille de Douglas qui donnoit depuis longtems de l'ombrage à ses Rois, & fit promulguer, avec le consentement du Parlement, des loix aussi avantageuses à la royauté que destructives des priviléges des grands. Une de ces loix réunissoit à la couronne les vastes possessions du Comte de Douglas & déclaroit nulle toute aliénation du domaine royal b).

DANEMARC. Décadence de ce Royaume.

Les Evêques de Danemarc, ayant à leur tête l'Archevêque de Lunden en Scanie, usurpoient un pouvoir arbitraire & étendoient journellement leur jurisdiction & leurs immunités ecclésiastiques. Non con-

---

z) Il fut couronné en 1424.
a) Il succéda à son pere Jacques I. en 1437.
b) ROBERTSON histoire d'Ecosse Tom. I.

tents d'affecter une entiere indépendance en se refusant à toutes les charges & impositions de l'Etat, ils poussoient même l'audace jusqu'à l'insulte envers le Prince. L'autorité royale se trouvoit alors limitée par les Etats généraux, composés du clergé, de la noblesse, de la bourgeoisie c) & des paysans, dont l'assemblée étoit annuelle. Ce fut le Roi Eric Glipping qui signa la premiere capitulation d), & celle qui fut dressée pour le couronnement de Christophe II e) resserra si étroitement l'autorité royale que se trouvant presque réduite à rien, l'aristocratie prit le dessus & entraîna après elle, avec les vices du système féodal, tous les désordres de l'anarchie. Les loix furent méprisées, le foible opprimé par le fort, le commerce anéanti & le domaine de la couronne presque entiérement dissipé. A la fin du malheureux regne de Christophe II f) les provinces, désolées par les guerres civiles, se trouvoient pour la plupart démembrées par des seigneurs puissants ou par des ennemis étrangers. Les Suédois s'étoient emparés de la Scanie, de la Hallande & de la Bleckingie. La Jutie septentrionale & la Fionie étoient au pouvoir du Comte Gérard de

---

c) La bourgeoisie formoit déjà un ordre particulier sous le Roi Abel.

d) En 1282. WESTPHALEN *monumenta inedita*, Tom IV. p. 1767.

e) WESTPHALEN l. c. p. 1769.

f) Ce Prince décéda en 1333 à la suite d'un regne des plus turbulents.

V
PERIODE. Holſtein. Le Comte Jean de Holſtein &
quelques autres ſeigneurs tenoient la Selan-
de avec les isles de Lalande, Falſter & Fé-
meren, de façon qu'il ne reſtoit au Roi
qu'une partie de la Lalande.

Extin-
ction de
ſes an-
ciens
Rois.
La prudente activité de Waldemar IV g),
fils de Chriſtophe II, repara les malheurs
du regne de ſon pere. En relevant l'autorité
royale, il rendit la vigueur aux loix & aux
tribunaux. Il dégagea les domaines de la
couronne & y réunit les provinces qui en
avoient été démembrées. En 1360 Magnus
Smæk, Roi de Suede, remit volontairement
au Danemarc la Scanie, la Hallande & la
Bléckingie, que le Roi Waldemar lui avoit
cédées par différens traités h). La mort de
Waldemar, arrivée en 1375, termina la
ligne maſculine des Rois, iſſus de Suénon
fils d'Eſtrith. Sa fille cadette Marguerite,
en épouſant Haquin VII, Roi de Norwege,
donna lieu à la réunion du Danemarc & de
la Norwege, & prépara celle des trois Royaumes du Nord.

NORWE-
GE,
ſa réunion
avec le
Dane-
marc.
L'ancienne maiſon royale de Norwege,
qui rapportoit ſon origine à *Harald Haarfager i)*, finit dans ſes deſcendants mâles
avec le Roi Haquin VI, fils cadet de Magnus VII, dit Lagabæter. A la mort de ce
dernier,

---

g) On l'appelle auſſi Waldemar III.
h) En 1341 & 1343. V. HEINZE *diplomatiſche
Geſchichte Waldemari III*. p. 52, 71, 178.
i) Voyez ci-deſſus page 67.

dernier, arrivée en 1319, le Royaume passa à Magnus, dit Smæk, Roi de Suede, de la maison des Folkungiens. Il étoit fils du Duc Eric & de la Princesse Ingeburge de Norwege, fille de Haquin VI. Sous son regne les deux tiers des habitans de la Norwege, du Grœnland & de l'Islande périrent par la peste effroyable qui étendit ses ravages dans tout le Nord pendant les années 1349 & 1350. Il résigna en 1350 le trône de Norwege à son fils Haquin VII, qui eut, de la Princesse Marguerite sa femme, un fils unique, nommé Olof, élu Roi de Danemarc en 1376 à la mort de Waldemar IV, son grand-pere maternel. Ce jeune prince, pour lors âgé de cinq ans, fut mis sous la tutele de la Reine Marguerite sa mere, déclarée régente pendant sa minorité. Il joignit ensuite au royaume de Danemarc celui de Norwege que lui laissa Haquin VII, son pere, décédé en 1380 *k*). Guidé par les conseils de sa mere, il donna, en 1386, aux Comtes de Holstein *l*) l'investiture du duché de Slesvic, qui étoit retourné à la couronne par l'extinction d'une branche royale de Danemarc *m*), qui l'avoit possédé en fief depuis 1259 jusqu'en 1374. Ce jeune prince,

---

k) Torfæi *Hist. Norvagiæ*, Lib. X. c. 7. & 9.
l) *Chron. Holsatiæ* apud Westphalen *monum. inedita* T. III. p. 106. *Anonymus* in Lindebrog p. 210.
m) Cette branche descendoit du Roi Eric I, fils cadet du Roi Abel.

V PERIODE. après avoir donné les plus belles espérances, mourut en 1387 dans la dix-septieme année de son âge, & ces deux couronnes passerent à la Reine Marguerite sa mere, du consentement des états respectifs. Elle trouva aussi moyen d'acquérir la couronne de Suede & de projetter le fameux acte de réunion des trois royaumes du Nord.

SUEDE, Rois Folkungiens. La Suede se trouvoit gouvernée, depuis le milieu du treizieme siecle, par des Rois, appellés *Folkungiens*, de Folke Filbyter, premier fondateur de cette maison. Les maximes, qui s'étoient introduites sous les regnes précédents & l'esprit dominant du siecle, hâterent les progrès de la puissance ecclésiastique en augmentant les richesses & le pouvoir du clergé. Le Roi Magnus Ladulaas se montra surtout zélé partisan des ecclésiastiques. Il leur accorda dans leurs biens les mêmes droits & les mêmes prérogatives dont les Rois jouissoient dans leurs propres domaines. Il laissa, sans restriction, la loi qui autorisoit les dispositions testamentaires faites en faveur des gens d'église, & fit lui-même de si nombreuses fondations qu'il épuisât totalement le domaine de sa couronne. On reprit aussi les croisades qui avoient été en vigueur pendant le période précédent, & ce fut le prétexte dont se servit le Roi Birger pour subjuguer en 1293 la Carélie & la Savolaxie & pour fortifier Wibourg. Il força les habitants de ces provinces d'embrasser le Christianisme & les incorpora à la Finlande *n*).

 La férocité des mœurs, la force & l'anarchie regnerent en Suede pendant tout ce periode. Les funestes divisions, qui avoient embrasé l'état & acceléré la perte des descendans de Suerker & de St. Eric, s'y renouvellerent. La maison des Folkungiens, si puissante & si nombreuse dans ses branches, fut anéantie dans l'espace d'un siecle par l'ambition & la cruauté de ses principaux chefs. De sept Rois de cette dynastie, qui occuperent successivement le trône, cinq furent détronés & moururent ou dans l'exil ou dans les fers. Le trône, affecté à la famille regnante, étoit électif dans cette même famille, & le peuple & les paysans n'avoient plus aucune part dans le gouvernement. Deux factions déchiroient continuellement l'état, celle du Roi qui ne cherchoit qu'à étendre les prérogatives de la royauté & celle des grands qui visoit à affermir l'aristocratie *o*). Cette derniere profita de la minorité du Roi Magnus Smæk pour cimenter son propre pouvoir au détriment de l'autorité du Roi & des droits du peuple. Les résolutions de l'assemblée de Skara en 1322 furent des plus profitables à l'aristocratie *p*).

---

 n) ERICI OLAI *Hist. Succor.* L. III. p. 83. BOTIN *Period.* V. ch. 2.
 o) BOTIN Per. V. ch. 3.
 p) WILD *Succiæ Hist. pragmat.* cap. III. sect. II. §. 24.

V
PERIODE. Les efforts que firent les Rois Magnus Smæk & Albert de Mecklenbourg, pour réparer l'échec fait à leur autorité, entraînerent une longue fuite de troubles & de guerres inteſtines, qui amenerent enfin la dépoſition de ces deux Princes. Au travers de ces tems calamiteux on s'apperçoit cependant de quelque adouciſſement dans les mœurs. Les Rois Waldemar I & Magnus Ladulaas ne négligerent rien pour réprimer, par de ſages loix, les triſtes effets de la vengeance privée, & l'eſclavage fut entiérement aboli par des ordonnances publiées ſous le regne de Magnus Smæk en 1335 *q*).

Réunion des trois royaumes du Nord par la Reine Marguerite.
Le gouvernement tyrannique du Roi Albert de Mecklenbourg, dernier des Folkungiens *r*), ayant excité un mécontentement général, les états de Suede, révoltés contre ce Prince, déférerent leur couronne à la Reine Marguerite, qui venoit de fuccéder au Roi Olof, ſon fils, dans les royaumes de Danemarc & de Norwege. Albert fut vaincu & fait priſonnier à la bataille de Fahlkœping en Weſtrogothie *s*). Toute la Suede reconnut l'autorité de la Reine qui

---

q) DALIN T. II. c. 11. §. 15.

r) Il étoit Folkungien par ſa mere Euphémie, ſœur du Roi Magnus Smæk.

s) Les auteurs ne ſont pas d'accord ſur la date de cette bataille qui arriva le jour de St. Matthieu. Les uns la fixent au 21 Sept. 1388 & les autres au 24 Février 1389. Cette derniere date eſt la véritable. V. LAGERBRING *Swea Rikes Hiſtoria* T. III. p. 716. & 717. dans es notes,

devint ainsi souveraine de tout le Nord, en étendant sa domination depuis les isles Orcades jusqu'au lac Ladoga

V PERIODE.

Cette Princesse, dont la sagacité & la prudence égaloient la douceur & la grandeur d'ame, conçut dès-lors le projet de réunir les trois royaumes dans un seul & même corps politique. En tarissant ainsi la source des divisions & des guerres, qui partageoient les peuples du Nord depuis une longue suite de siecles, elle comptoit jetter les fondements d'une puissance, capable de tenir en respect les villes hanséatiques & de dicter la loi par tout le Nord. Pour préparer les voies à une aussi grande entreprise, la Semiramis du Nord commença par régler la succession au trône & par se faire associer dans les trois royaumes son petit-neveu Eric, fils de Wratislas Duc de Poméranie & de Marie de Mecklenbourg, fille de sa sœur Ingeburge. Ayant convoqué ensuite à Calmar, en 1397, les états des trois royaumes, elle y fit couronner le jeune Eric, & mania si adroitement les esprits qu'elle réussit à faire adopter l'acte qui ordonnoit l'union perpétuelle & irrévocable des trois royaumes *t*). Cet acte porte, que les états unis n'auroient à toute perpétuité qu'un seul & même Roi qui seroit élu, d'un

Union de Calmar.

---

t) Voyez l'acte d'union dans la *Chronique de* Huitfeld, T. I. p. 611. & dans Holberg *Hist. du R. de Danemarc*, T. I. p. 517. Elle fut renouvellée en 1436 & augmentée de quelques clauses. V. Holberg p. 598.

Ff 3

V PERIODE.

commun accord, par les Sénateurs & Députés des trois royaumes, fans s'écarter de la defcendance du Roi Eric, s'il venoit à en avoir; que les trois royaumes s'affifteroient mutuellement de leurs forces contre tous les ennemis du dehors; que chacun conferveroit fa conftitution, fon fénat & fa législation particuliere, & qu'il feroit gouverné par le Roi conformément à fes propres loix.

Jugement fur cette union.

Auffi formidable que fembloit être cette monarchie dans fa naiffance, elle renfermoit cependant plus d'un principe de foibleffe qui ne lui promettoit pas une longue durée. Il étoit fans doute plus que difficile de réunir à jamais, dans un corps d'état, des nations répandues fur un continent immenfe, dont les parties éparfes n'étoient pas affez bien liées entr'elles pour prêter à un arrondiffement. Ces nations d'ailleurs, divifées par une jaloufie & une haine mutuelle & par une diverfité de loix & de coutumes, n'aimoient que la guerre & méprifoient les arts utiles & paifibles, ainfi que les douceurs de l'induftrie. Il auroit fallu une fuite de fouverains, auffi fages & auffi éclairés que l'étoit la Reine Marguerite *u*), pour ferrer les liens d'une union pareille; mais bien loin de marcher fur fes traces, fes fuccef-

―――――――――――――――

u) Les Suédois cependant lui reprochent fa tendreffe pour fes fujets de Danemarc, auxquels elle confia les châteaux de la Suede, en traitant ce royaume comme un pays conquis. ERICI OLAI *Hift. Succor.* L. V. p. 146.

feurs obferverent une conduite qui n'abou- | V PERIODE.
tit à rien moins qu'à détruire derechef l'ouvrage de cette grande Princeffe. La prédilection qu'ils montroient pour les Danois, la préférence qu'ils leur accordoient dans la diftribution des graces & des gouvernemens, jointe au ton de fupériorité que cette nation affectoit envers fes alliés, fervit à nourrir des animofités & des haines, & à révolter principalement les Suédois contre l'union. Au milieu de ces difpofitions, toutes les branches d'induftrie & d'économie politique étoient abfolument négligées. L'agriculture languiffoit fous la loi féodale, les manufactures & le commerce étoient foulés par les villes hanféatiques qui en exerçoient le monopole, & le fervice militaire fe réduifoit à celui des nobles & des payfans qui n'étoient convoqués que pour le befoin. Il en réfulta un état de langueur qui ternit l'éclat des trois couronnes, & qui les rendit plus foibles pendant l'union, qu'elles ne l'avoient été auparavant.

Eric le Poméranien, qui fuccéda à la Reine Marguerite, échoua dans des guerres longues & fanglantes x), qu'il fit aux Comtes de Holftein, pour les dépouiller du duché de Slesvic, dont ils avoient été invefiis par les Rois de Danemarc. Les malheurs de ces guerres, dans lefquelles les villes hanféati- | ROIS DE L'UNION. Eric le Poméranien.

---

x) Ces guerres durerent depuis 1412 jufqu'en 1435. V. MESSENII *Scond.* & KRANTZII *Dania* au Liv. VIII. MEURSII *Hift. Dan.* Lib. VIII.

V PÉRIODE.

ques affisterent les Comtes de Holstein, les efforts ruineux du Roi Eric & sa conduite arbitraire, souleverent enfin les peuples contre lui. Dépouillé des trois couronnes, il se réfugia dans l'isle de Gothland, où, après avoir regné pendant quarante ans sur tout le Nord, il finit par jouer le rôle de pirate de la mer Baltique.

Christoph le Bavarois.

Christoph le Bavarois, neveu du Roi Eric, élu d'abord séparément par les Danois *y*), fut reconnu ensuite par les trois royaumes, & l'union de Calmar reprit vigueur. Il fut le premier des Rois de Danemarc qui abandonna Roschild, pour fixer en 1443 sa résidence à Coppenhague. Les pirateries du Roi Eric, son oncle, dont il ne se soucioit point d'arrêter le cours, le rendirent odieux à ses sujets. Après un regne peu glorieux de dix ans, il mourut sans postérité & laissa le trône vacant en 1448.

Avénement de la maison d'Oldenbourg au trône de Danemarc.

Les Suédois, qui n'avoient jamais été sincérement attachés à l'union, crurent devoir profiter de cette circonstance pour se donner un Roi particulier, qui fut Charles Cnut, son Bonde, connu sous le nom de Charles VIII. Ils justifierent leur démarche, par l'exemple que les Danois leur avoient tracé dans l'élection précédente du Roi Christoph le Bavarois. Le Sénat de Danemarc, révolté contre ce choix qui tendoit à rompre l'union, jetta alors les yeux sur Adolph, Duc

---

y) En 1438. V. la *Chronique de* HUITFELD.

de Slesvic-Holstein z), & lui offrit le trône. Ce Prince s'excusa sur les infirmités de son age, & se borna à recommander aux Danois son neveu Christian ou Chrétien, fils de Thierry, Comte d'Oldenbourg, & de Hedwige, sa sœur. Toutes les voix se réunirent en faveur du jeune Comte, & il obtint la couronne, moyennant une capitulation que le Sénat lui prescrivit & qu'il signa à Hadersleben, dans le duché de Slesvic, le 1 Sept. 1448 a). Telle fut l'époque de l'élévation de la maison d'Oldenbourg au trône de Danemarc. Les Norwegeois se partagerent d'abord entre les deux Rois & les deux nations jusqu'en 1450, qu'ils conclurent leur union avec le Danemarc b). Le Roi Chrétien, maître des deux royaumes, réussit aussi, par la suite du tems, à se faire reconnoître par les Suédois qui chasserent en 1457 le Roi Charles VIII c); & à la mort du Duc Adolph son oncle, arrivée en 1459, le duché de Slesvic & le comté de Holstein lui furent pareillement déférés par le libre choix des états du pays d). Les descendants

---

z) Il descendoit des anciens Rois de Danemarc par Richisse, fille du Roi Eric Glipping.

a) HUITFELD p. 844. MEURSII *Hist. Dan. Contin.*

b) MESSENII *Scond.* T. IV. p. 6.

c) ERICI OLAI *Hist.* L. VI. p. 203. KRANTZII *Succia* L. V, ch. 39. Les Danois perdirent derechef la Suede en 1464, où les Suédois rappellerent le Roi Charles VIII.

d) LUNIG *R. A.* T. X. p. 10.

V PÉRIODE.

RUSSIE, sa dépendance à l'égard des Tatars.

de Chrétien se sont maintenus jusqu'à nos jours dans les royaumes de Danemarc & de Norwege, ainsi que dans les duchés de Slesvic & de Holstein. Ils ont même occupé dans ce siecle les trônes de Suede & de Russie.

La Russie, partagée en plusieurs principautés, ne cessoit d'être en bute aux guerres civiles & exposée aux ravages & à l'oppression des Tatars. Les Grands-Ducs, ainsi que les Princes subalternes, étoient tenus de demander la confirmation de leur dignité au Khan du Kaptschack, qui la leur accordoit ou la refusoit à son gré, & les différends, qui s'élevoient entre eux, étoient soumis à sa décision. Sommés de comparoître dans la horde, ils ne pouvoient se dispenser de s'y rendre e), & ils y trouvoient souvent leur condamnation f). Les redevances qu'ils

---

e) Dans le commencement les Grands-Ducs étoient obligés de faire aussi leurs soumissions au Grand-Khan de la Mongolie. Jaroslav Jaroslawitsch y envoya son fils Constantin Jaroslawitsch. Il y alla depuis en personne & mourut en route. Quand les Princes Russes alloient à l'audience du Khan, l'étiquette vouloit qu'ils marchassent entre deux feux pour se purifier, eux & les présents qu'ils apportoient. On les forçoit même de faire la révérence à une image de soie ou autre figure exposée à l'entrée de la tente du Khan. Michel Wsewolodowitsch s'étant obstinément refusé à cette étiquette, fut maltraité & mis à mort par les Mongols.

f) Le Grand-Duc Michel Jaroslawitsch, accusé dans la horde par le Prince George Danilowitsch de Moscou, fut condamné à mort par une commission & le jugement exécuté en 1320. Dimitry Michalowitsch eut le même sort en 1326.

payoient aux Khans, ressembloient à des especes de dons gratuits qui furent convertis, dans la suite, en tributs ordinaires, dont le clergé étoit exempt. Berkai ou Bereké-Khan, successeur de Batou, fut le premier qui fit faire la levée des tributs par ses propres officiers, à la suite d'un dénombrement de tous les habitants de la Russie *g*). Ses successeurs appesantirent, de tems à autre, le fardeau de ces taxes & essayerent même d'assujettir les Russes à des services militaires *h*), dont le Grand-Duc Alexandre Newsky leur avoit obtenu l'exemption.

La dignité Grand-Ducale, qui n'étoit d'abord affectée qu'aux seuls possesseurs des principautés de Wladimir & de Kiovie, devint commune, vers la fin du quatorzieme siecle, à tous les chefs des principautés particulieres qui partageoient la domination de la Russie. Les Princes de Ræsan, Twer, Smolensk & autres se qualifioient Grands-Ducs, pour se distinguer des Princes appana-

Multiplication de la dignité Grand-Ducale.

───────────────

g) Il nomma alors un receveur général des tailles qui étoit, en même tems, Commandant en chef des troupes Tatares, réparties en Russie. On l'appelloit le *Grand-Baskake*; il siégoit à Wladimir dans le propre palais du Grand-Duc, & tous les Baskakes des autres villes & principautés lui étoient subordonnés.
h) Le Grand-Duc Wasilei Jaroslawitsch & les autres Princes Russes furent obligés d'accompagner en 1275 les Mongols ou Tatars dans une expédition qu'ils entreprirent contre la Pologne.

V PERIODE.

Démembrement du gr. duché de Kiovie par les Lithuaniens.

giés qui se trouvoient établis dans l'enceinte de ces principautés *i*).

La communication entre le Grand-duché de Kiovie & celui de Wladimir, interrompue dès l'origine de la domination des Mongols & Tatars, servit non seulement à affoiblir la Russie, mais entraîna le démembrement & l'entiere destruction du Grand-duché de Kiovie. Gedimin, Grand-Duc de Lithuanie *k*), désirant venger son pays des torts & ravages qu'il avoit essuyés, en différens tems, de la part des Princes Russes, attaqua en 1319 Wladimir dans la Volhinie, où regnoit un Prince Russe du même nom. Les Russes, réunis aux Tatars, livrerent bataille à Gedimin proche cette ville. Il y remporta la victoire, & Wladimir ayant été tué dans l'action, la ville de son nom & toute la Volhinie devinrent la conquête du vainqueur. Les Lithuaniens attaquerent ensuite Lew Danilowitsch, Prince de Luzk, & le dépouillerent de plusieurs de ses villes. Ils tournerent en 1320 leurs armes contre la principauté de Kiovie, dont ils menace-

---

i) *Neues Petersburgisches Journal* 1782. T. III. p. 164.

k) Il parvint au Grand-Duché, selon la tradition commune, par son mariage avec la veuve du Grand-Duc Witen. KOJALOWICZ rejette cette tradition & lui donne Witen pour pere. Plusieurs familles Russes & Polonoises remontent à lui leur origine, telles que les Chowanskoi, Galitzin, Kurakin, Schtschenetew, Korezkoi, Mstislawskoi, Trubezkoi, Tschertorilski, Bielski &c.

rent la capitale. Les Princes de Kiovie, de Luzk, de Pereslawl & de Brænzk réunirent leurs troupes à celles des Tatars pour arrêter les progrès des Lithuaniens. Il se donna une bataille, auprès de la riviere de Perna, dont Gèdimin sortit encore victorieux. Les Princes de Luzk & de Pereslawl furent tués. Kiovie, Pereslawl, Brænzk & toutes les villes, situées à trois cents werstes à l'entour de Kiovie, tomberent au pouvoir du Prince Lithuanien *l*), qui s'affermit dans cette conquête par la douceur avec laquelle il traita ses nouveaux sujets. Le Grand-Duc de Wladimir, les Princes de Twer, de Moscou, de Rostow, de Ræsan, de Nowgorod n'oserent rien entreprendre contre Gedimin, & le même esprit guerrier n'animoit plus les Tatars, ni les descendants de Batou-Khan, qui s'étoient affoiblis par leurs divisions.

Une partie de la Russie méridionale, qui avoit été épargnée par les Lithuaniens, devint la proie des Polonois. Le Roi Casimir III, profitant de la confusion qui y regnoit, s'arrangea en 1340 avec le Grand-Duc Olgerd, fils de Gedimin *m*), pour subjuguer les princlpautés de Léopol, Halitsch, Luzk, Przemisl, Wlodzimirsz *n*). Il les annexa à

---

l) *Annales Ruſſ.* KOJALOWICZ *Hiſt. Lithuan.* P. I. Lib. VII.

m) KOJALOWICZ P. I. L. VIII. p. 304. Ainsi la Pologne acquit ces contrées à-peu-près de la même maniere qu'elle les perdit derechef de nos jours.

n) DLUGOSS *Hiſt. Pol.* L. X. p. 1059.

V PERIODE.

Le grand-duché de Wladimir transféré à Moscou.

Les Grands-Ducs commencent à s'ériger contre les Tatars.

la couronne de Pologne & les maintint contre les efforts du Khan de Crimée, qui vouloit lui en disputer la conquête.

A mesure que le Grand-duché de Kiovie s'anéantissoit, celui de Wladimir reprenoit insensiblement de nouvelles forces. Ce Grand-duché fut conféré en 1328 par le Khan du Kaptschak à Iwan Danilowitsch, Prince de Moscou, après la déposition du Prince Alexandre Michaïlowitsch de Twer, qui en avoit été pourvu peu auparavant. Il resta depuis constamment affecté aux Princes de Moscou, dont la supériorité de puissance & l'autorité en imposa à tous ceux qui tenoient des principautés dans l'étendue de la Russie septentrionale. La ville de Wladimir continua, pendant quelque tems, à être regardée comme le siege du Grand-duché; mais les Grands-Ducs ayant fixé leur principale demeure à Moscou, ainsi que les Métropolites, cette ville s'aggrandit de plus en plus & devint enfin la capitale de toute la Russie.

Les troubles qui s'éleverent dans la grande horde, depuis la mort du Khan Dshanibek en 1358, engagerent les Tatars, qui sentoient leur foiblesse, à semer la division parmi les Russes en favorisant la prétention des Princes de Twer à la dignité Grand-Ducale. Il en résulta une guerre longue & sanglante entre le Grand-Duc Dimitry Iwanowitsch de Moscou c) & le Prince Michel Alexan-

---

c) Les Princes de Susdal, de Nischegorod, de Goredez, de Rostow, de Smolensk, de Jaroslaw,

drowitsch de Twer. Ce dernier y succomba, malgré l'assistance des Tatars & les horreurs & cruautés de toute espece qu'ils exercerent dans plusieurs contrées de la Russie. Le Grand-Duc leur livra bataille en 1378 & les défit complettement proche la riviere de Wosha *p*).

Dans le dessein de venger cet outrage, Temnic-Mamaï *q*), qui dominoit alors chez les Mongols du Kaptschack, fit des préparatifs immenses contre les Russes, & se ligua avec le Prince de Ræsan & le Grand-Duc Jagellon de Lithuanie. Plusieurs Princes Russes, tels que ceux de Belosero, de Kemsk, d'Andom, de Karapol, de Jaroslaw, de Kurbsk, de Rostow, joignirent leurs forces à celles du Grand-Duc Dimitry, qui, voulant encourager ses troupes, jugea à propos de passer le Tanaïs & d'attaquer l'ennemi dans son propre pays. Le 8 Sept. 1380 les deux armées *r*) se rencontrerent aux environs de ce fleuve. La bataille fut sanglante,

Victoire du Tanais par Dimitry Iwanowitsch Donskoi.

---

de Belosero, de Moschaisk, de Brænsk, de Kaschin suivirent le parti du Grand-Duc dans cette guerre.

p) Le 11. Août. V. les *Annales Russ.* & DEGUIGNES *Hist. gén. des Huns*, Tome III. p. 359.

q) M. DEGUIGNES T. III. p. 359. place ce Mamai sous le Khan Toktamisch, & en fait un régent ou premier-ministre jouissant d'une autorité presqu'absolue.

r) Celle des Tatars, si l'on en croit les *Annales Russes*, étoit forte de 800,000 hommes, au lieu que les Russes n'en avoient que 200,000.

V PÉRIODE.

& les Russes, accablés par la grande supériorité de l'ennemi, commençoient à plier, lorsqu'un corps de réserve, que le Grand-Duc avoit mis en embuscade, prit les Tatars en flanc & décida la victoire *s*). Elle valut à Dimitry l'épithete de Donskoy, mais, du propre aveu des annalistes Russes, il y perdit plus de cent cinquante mille hommes & fut obligé de reprendre le chemin de Moscou, sans avoir pu tirer aucun parti de sa victoire. L'on trouve même que les Tatars imposerent immédiatement après de nouveaux tributs aux Russes. Toktamisch-Khan, après avoir vaincu & terrassé Mamai, poussa en 1382 jusqu'à Moscou, saccagea cette ville & égorgea un grand nombre de ses habitants *t*). Dimitry, abandonné des Princes Russes, fut contraint de se réfugier à Kostroma & d'envoyer son fils au Khan en ôtage de sa fidélité.

Invasion de Timour en Russie.

Ce Khan, après avoir fait trembler pendant plusieurs années les Russes, se vit enfin attaqué & vaincu par le fameux Timour *u*), qui parut ensuite en vouloir à la Russie. Il s'avança dans la principauté de Rezan & dirigea sa marche sur Moscou qu'il ravagea, ainsi que plusieurs places voisines *x*).

Les

---

s) *Annales Russ.* DEGUIGNES T. III. p. 359.

t) MULLER *Sammlung Russischer Geschichte*, T. II. p. 93.

u) Dans les années 1391 & 1395. DEGUIGNES T. III. p. 364. & suiv.

x) DEGUIGNES p. 371.

Les nouvelles entreprises de Toktamisch qui **V** s'étoit sauvé dans la Lithuanie, & des con- **PERIODE.** quêtes plus importantes que projettoit Timour, lui firent changer de dessein. Cette derniere invasion, loin d'asservir de nouveau la Russie, ne contribua pas peu à l'affranchir du joug de ses anciens maîtres. S'en trouvant débarrassée par la chûte & le démembrement de la horde du Kaptschak *y*), qui suivit de près l'invasion de Timour, elle reprit un nouveau lustre sous le regne d'Iwan Wasiliewitsch.

La Prusse, pays encore barbare & peu PRUSSE, connu en Europe au commencement du pé- conquise riode précédent, devient dans celui-ci un par l'Ordre Teu état policé & une puissance formidable. tonique.

Ce fut à la suite d'une guerre meurtriere de 53 ans *z*), qu'il tomba au pouvoir de l'Ordre Teutonique qui en acheva la conquête en 1283 par la réduction de la Sudavie *a*), la derniere des onze provinces qui composoient l'ancienne Prusse.

On a peine à concevoir qu'une poignée Causes qui de Chevaliers ait pu soumettre, en si peu de lui en fa tems, des peuples belliqueux & puissants, ciliterent que l'amour de la liberté & l'enthousiasme la con de la religion portoit à la défense la plus quête. courageuse. Mais l'on doit considérer, que les indulgences de la Cour de Rome atti-

---

y) V. ci-dessus p. 296.
z) Ci-dessus p. 223.
a) PETRI DE DUSBURG *Chron. Prussiæ* P. III. ch. 212. 214.

V PERIODE.

roient continuellement en Prusse une multitude de croisés de toutes les provinces de l'Empire, & que les Chevaliers les gagnoient en leur distribuant chaque fois des terres dont ils dépouilloient les peuples vaincus. La sagesse de cette conduite recrutoit sans cesse les armées & attiroit des nouvelles colonies de croisés. Elle encouragea de même la noblesse Germanique à venir en foule chercher des établissemens dans la Prusse *b*). D'ailleurs ce pays, se trouvant anciennement partagé en différentes républiques, le peu d'union, qui regnoit entre elles, en facilita encore la conquête.

Marienbourg chef-lieu de l'Ordre

Entre les villes que les Chevaliers construisirent successivement dans la Prusse, on ne doit pas oublier celle de Marienbourg sur le Nogat, dont la fondation remonte à-peu-près à l'an 1280 *c*). Elle devint dans la suite la capitale de toute la Prusse & le chef-lieu de l'Ordre, qui y transféra son siege en 1309, en quittant Venise, où le Grandmaître & le chapitre de l'Ordre avoient

---

b) *Hist. de l'Ordre Teutonique* Tom. I. p. 262. La plus grande partie des nobles actuels de la Prusse tirent leur origine de l'Allemagne, & déjà du tems de Hartknoch il ne restoit que peu de familles nobles, issues des anciens Prussiens. La tradition met dans ce nombre les familles suivantes, qui fleurissent encore: *Lesgewang*, *Perband*, *Partheyn*, *Malgedein*, *Braxein*, *Kalnein*. V. HARTKNOCH *notæ ad Dusburg* p. 297.

c) DUSBURG P. III, ch. 203.

DES REVOLUTIONS.

habité depuis la déstruction de la ville d'Acre & la perte totale de la Terre-sainte *d*).

Les exploits des Chevaliers ne se bornerent pas à la seule conquête de la Prusse, qui embrassoit alors tout le pays situé entre la Vistule, la Pologne, la Lithuanie, la Samogitie & la mer Baltique. Ils trouverent bientôt moyen de passer ce fleuve & de s'emparer d'une partie de la Poméranie. Plusieurs Princes, qu'on fait descendre d'une seule & même souche *e*), en partageoient la domination sous la suzeraineté des Empereurs d'Allemagne. La partie orientale, située entre la Netze, la Vistule & la mer Baltique, étoit possédée par une branche qui portoit plus particuliérement le titre de Ducs de Poméranie *f*), & qui faisoit sa résidence à Dantzic. Cette branche, à laquelle on rapporte la fondation de la célebre abbaye d'Oliva *g*), étant venue à s'éteindre avec le

V PERIODE

Conquête de la Poméranie de Dantzic.

---

d) En 1291. DUSBURG l. c. ch. 276. & 297. SCHÜTZ *Hist. rerum Pruss.* p. 54.

e) Suantibor ou Sambor I doit avoir eu deux fils, Wratislas, tige des Ducs de la Poméranie occidentale, éteints en 1637, & Bogislas qui fonda la branche des Ducs de la Poméranie orientale ou de Dantzic, qui s'éteignit en 1294 ou 1295. Voyez *Exposé des droits de S. M. le Roi de Prusse sur le duché de Pomérellie*, p. 13.

f) Cette partie de la Poméranie prit dans le seizieme siecle le nom de Pomérellie.

g) Ce fut Sobieslas I, fils de Bogislas, qui fonda en 1170 l'abbaye d'Oliva. BOEHMII *Observ. ad Acta Pac. Oliv.* T. I. p. 254. Le même Prince est envisagé comme le fondateur de la premiere ville

V.
PERIODE. Duc Meſtwyn II vers 1294, ſes états furent conteſtés par pluſieurs Prétendants. De ce nombre étoient les Ducs de Pologne *h*), les Marggraves de Brandebourg *i*) & les Ducs de la Poméranie occidentale *k*). Les Ducs de Pologne ſe trouvant plus à portée, furent les premiers à en prendre poſſeſſion. Ils en furent chaſſés en 1307 par les Marggraves de Brandebourg & ne réuſſirent à y rentrer que par les ſecours de l'Ordre Teutonique. Des conteſtations, ſurvenües entre les Polonois & les Teutons ſur le rembourſement des frais, que l'Ordre réclamoit, déterminerent le Grand-maître à faire l'acquiſition des droits des Marggraves de Brandebourg ſur la Poméranie de Dantzic *l*). Par un trai-

---

de Dantzic, qu'il fit bâtir, après avoir expulſé les Danois du château. SCHÜTZ *Hiſt. rer. Pruſſ.* p. 11. & ci-deſſus p. 206. not. *f*).

h) Les droits de la Pologne ſur cette partie de la Poméranie ont été développés de nos jours dans un traité intitulé: *Précis des recherches ſur la Poméranie*.

i) V. ſur les droits des Marggraves de Brandebourg *l'Hiſtoire de l'Ordre Teutonique* Tome II. p. 437. & ſuiv.

k) C'eſt les droits des Ducs de Poméranie que le Roi de Pruſſe fit valoir, lors du partage de la Pologne, dans un écrit intitulé: *Expoſé des droits de S. M. le R. de Pruſſe ſur le duché de Pomérellie*.

l) Ces droits étoient ceux du domaine direct & de la ſuzeraineté, que les Empereurs avoient accordé aux Marggraves de Brandebourg ſur les Ducs de Poméranie, qui devenoient ainſi arriere-vaſſaux de l'empire. Voyez le diplôme d'inveſtiture de l'Em-

té, signé à Stolpe le 31 Mai 1310 *m*), le Marggrave Waldemar abandonna à l'Ordre, pour la fomme de dix mille marcs d'argent, la principale partie de cette province depuis la Viftule jufqu'à l'embouchure de la Leba & aux frontieres de la Cujavie & de la Pologne *n*). Le Grand-maître en expulfa les Polonois, prit poffeffion de Dantzic & de tout le pays en 1311 *o*). L'Ordre devint donc maître des deux rives de la Viftule, depuis fa fortie de la Pologne jufqu'à fon embouchure dans la mer Baltique. Il augmenta encore fes domaines en-deçà de la Viftule par l'acquifition, qu'il fit en 1321, du territoire de Butow ainfi que de celui de Lauenbourg *p*). La ville de Dantzic s'aggrandit confidérablement fous la domination de l'Ordre & devint un des principaux entrepôts de commerce de la mer Baltique *q*).

---

pereur Frédéric II dans LUDEWIG *reliq. manufcript.* T. XII. p. 627. & dans *l'Expofé des droits* p. 38.

m) Voyez *Acta Boruffica* Tome III. p. 539.

n) Il garda, pour lui, le diftrict entre la Leba & la Graba, ou le territoire de Lauenbourg, Butow, Stolpe, Slave & Rugenwald. Ce même diftrict paffa, dans les années 1313 & 1317, entre les mains des Ducs de la Poméranie occidentale. *Expofé des droits* p. 21.

o) DLUGOSS L. IX. p. 928. & fuiv. SCHÜTZ *Hift. Rer. Pruff.* p. 55.

p) *Expofé des droits* p. 21. not. 23.

q) La ville neuve de Dantzic fut conftruite par l'Ordre dès l'an 1311. Voyez SCHÜTZ l. c.

V
PÉRIODE.
Guerres avec la Pologne.

La conquête de la Poméranie fut la source des longues & sanglantes guerres qui s'éleverent entre l'Ordre & la Pologne. Celle, qui commença en 1331, est remarquable par la bataille de Plowcze *r*) & par les grands succès de l'Ordre, qui y conquit le duché de Dobrzin, la Cujavie & une bonne partie de la Grande-Pologne. Le traité de paix de Kalisch, conclu en 1343 *s*), stipula à la vérité la restitution de ces différentes conquêtes; mais les Polonois, de leur côté, y renoncerent formellement, en faveur de l'Ordre, au pays de Culm, à celui de Michalow *t*) & à la Poméranie, dont le Roi Casimir abdiqua même le titre *u*).

Guerres contre les Lithuaniens.

Les Teutons n'eurent pas plutôt achevé la conquête de la Prusse, qu'ils attaquerent les Lithuaniens, ennemis jurés du Christia-

---

r) Plowcze est un village, situé à une petite distance de la ville de Radziciow. Les historiens parlent diversement de cette bataille qui se donna le 27 Sept. 1332. Les suites en furent les plus favorables aux Teutons. Voy. *Hist. de l'Ordre Teutonique* T. III. p. 154.

s) Le 8 Juillet.

t) Le pays de Michalow fut vendu, en 1317, à l'Ordre par le Duc de Cujavie. V. *Cod. Dipl. Pol.* Tom. IV. n. 49. p. 41.

u) On trouve la paix de Kalisch dans le *Cod. Dipl. Pol.* Tom. IV. n. 62. p. 68. n. 64. & 65. p. 70. Cette cession de la Poméranie &c. fut renouvellée dans les traités de 1404, 1411, 1422 & 1435. V. *Cod. Dipl. Pol.* Tom. IV. n. 71. & 80. p. 78. 84. n. 90. p. 110. n. 97. p. 123. V. *Hist. de l'Ordre Teutonique*, T. IV. p. 215.

nisme, & qui leur avoient souvent fait la guerre tant en Prusse qu'en Livonie. Cette nouvelle guerre, une des plus acharnées que l'Ordre eut à soutenir, dura presque sans interruption au-delà d'un siècle. Les Chevaliers s'y trouvoient animés par leurs voeux de combattre les ennemis du nom Chrétien, & par les nombreuses troupes de croisés qui ne cessoient de les joindre en Prusse, pour y combattre sous les étendarts de la religion. La soif des conquêtes y avoit autant de part que le zele religieux; & la Lithuanie, réunie à la Prusse, en eut fait un état vaste & puissant, qui auroit mis les Teutons à même de faire la loi à tous leurs voisins. Pour avoir un titre de plus, dont ils pussent se prévaloir, ils engagerent en 1337 l'Empereur Louis de Baviere à leur faire donation de ce vaste pays *x*), comme l'Empereur Frédéric II leur avoit fait jadis celle de la Prusse *y*); & ne commencerent à manifester leurs desseins sur la Lithuanie qu'après la paix de Kalisch en 1343. Tranquilles alors du côté de la Pologne, ils tournerent toutes leurs forces contre les Lithuaniens. Leurs prodigieux efforts dans ce pays, & les victoires signalées qu'ils y remporterent de tems à autre *z*),

---

x) *Acta Borussica* Tom. III. p. 549.
y) Voyez ci-dessus p. 223.
z) Telle fut la victoire d'Auken ou d'Oukaim en 1346; celle qu'ils remporterent sur la riviere de Strebe ou de Strebenitz en 1347, celle de Kowno en 1342, celle de Rudau en 1370.

V PERIODE, loin d'abattre ce peuple fier & indomtable, ne fervirent au contraire qu'à rehauffer fa valeur & fon courage. Les Grand-Ducs, toujours plus terribles après leurs défaites, eurent la gloire de maintenir contre les Chevaliers leur indépendance & l'intégrité de leur état. Ils y auroient vraifemblablement fuccombé à la longue, fi l'avénement du Grand Duc Jagellon au trône de Pologne *a*), & la réunion des deux Etats fous un feul & même fouverain, n'avoient oppofé aux Teutons une barriere plus difficile à franchir.

Acquifition de la Samogitie & de la nouvelle Marche. Cette révolution n'auroit pas manqué de devenir préjudiciable à l'Ordre, fi les divifions, qui regnoient alors dans la maifon de Jagellon, n'avoient fecondé les opérations des Chevaliers & contribué à décider, pour quelque tems, le fort des armes en leur faveur. Ils en profiterent, pour s'allier contre Jagellon avec Witold, fon coufin-germain, qui reclamoit le Grand-Duché, & après la défection de celui-ci, ils fe tournerent du côté de Suidrigellon, qu'ils mirent dans leurs intérêts contre Jagellon, fon frere. Par une fuite de cette politique ils réuffirent à fe faire céder la Samogitie dans le traité de paix figné à Raciunz en 1404 *b*). Cette acquifition étoit d'autant plus importante pour l'Ordre qu'en rendant fes états contigus, elle établiffoit la libre communication de la

---

a) En 1386.
b) *Cod. Dipl. Pol.* T. IV. n. 73. KOJALOWICZ *Hift. Lith.* P. II. L. II. p. 70.

DES REVOLUTIONS. 473

Prusse avec la Courlande & la Livonie. Elle avoit été précédée en 1402 de celle de la nouvelle Marche que l'Ordre acheta de Sigismond, Roi de Hongrie & Electeur de Brandebourg c).

V PERIODE.

C'est ici la vraie époque de la prosperité de l'Ordre Teutonique & de sa plus grande puissance. Sa domination s'étendoit, le long de la mer Baltique, depuis l'Oder jusqu'au golfe de Finlande, & embrassoit, outre la Prusse, proprement dite, la nouvelle Marche, la Poméranie de Dantzic, la Samogitie, la Courlande & la Livonie. Une population, proportionnée à cette étendue d), des armées puissantes, des finances bien ordonnées e) & un commerce florissant f)

Grandeur de l'Ordre Teutonique.

---

c) LUDEWIG *Reliq. Manuscript.* T. IX. p. 559. 561. *Cod. Brandeburg.* Tom. V. p. 246. & 254. La nouvelle Marche fut revendue en 1454, par l'Ordre, à Frédéric II, Electeur de Brandebourg, conformément à ses anciennes limites; mais les Polonois en avoient déjà antérieurement démembré une partie pour l'incorporer dans le Palatinat de Posnanie; & c'est cette partie que le Roi de Prusse reclama lors du partage de la Pologne. *Exposé des droits* p. 24.

d) La population de la Prusse seule & de la Poméranie surpassoit alors les deux millions. Voyez *Hist. de l'Ordre Teutonique* Tome IV. p. 257.

e) Le revenu fixe, que l'Ordre tiroit de la Prusse, montoit à huit cens mille florins d'or, qui font six à sept millions de nos livres SCHÜTZ *Hist. rerum Pruss.* p. 100.

f) Plusieurs villes de la Poméranie, de la Prusse, de la Courlande & de la Livonie faisoient partie de la ligue hanséatique, telles que Dantzic, Culm,

V
PÉRIODE. sembloient lui promettre une grandeur durable.

Sa décadence. Mais l'esprit guerrier & conquérant des Chevaliers qui leur attiroit la jalousie & la haine de leurs voisins *g*), l'accroissement subit de la Pologne, son étroite union avec la Lithuanie; enfin la conversion des Lithuaniens au Christianisme qui priva les Chevaliers du secours des croisés, devinrent bientôt funestes à l'Ordre & entrainerent la chûte de sa puissance.

Il perd la Samogitie. Les Lithuaniens saisirent la premiere occasion pour reprendre la Samogitie. Witold enleva cette province à l'Ordre par un coup de main en 1409. La guerre, qui s'en suivit avec la Pologne & la Lithuanie, fut des plus malheureuses pour les Teutons. Ils y essuyerent en 1410 la terrible défaite de Tannenberg *h*), dont les suites auroient

---

Thorn, Elbing, Kœnigsberg, Goldingen, Riga, Revel, Narva, Pernau; & le Grand-Maitre étoit parmi les Protecteurs de cette ligue. V. *Hist. de l'Ordre Teutonique* T. IV. p. 57.

g) Jagellon, pour flatter les Polonois & pour les engager à lui déférer leur couronne, crut devoir leur promettre qu'il ne négligeroit rien pour dépouiller les Teutoniques de la Poméranie & de la Prusse. KOJALOWICZ *Hist. Lith.* P. I. L. 9. p. 383.

h) On prétend que cent mille hommes périrent de part & d'autre dans cette bataille. V. *Description de la Livonie*, lettre V. p. 73. La perte cependant des Polonois fut plus considérable que celle des Teutons. Le fameux Jean de Trocznow, qui fut ensuite chef des Hussites, se signala à cette bataille, du côté des Polonois, & y perdit un œil, d'où

été des plus accablantes pour l'Ordre, par PERIODE.
la consternation que la mort du Grand-Maître & des principaux Chevaliers répandit
parmi les Prussiens, si la bravoure du Vice-
Grand-maître, Henri de Plauen, n'avoit
sauvé Marienbourg, capitale de l'Ordre, &
forcé le Roi de Pologne d'enlever le siege *i*).
La paix se fit à Thorn en 1411. La Samogitie y fut conservée à Jagellon & à Witold,
leur vie durant, pour retourner à l'Ordre
après leur mort *k*). Cette paix ne fut pas
de longue durée, & la guerre se renouvella
à différentes reprises. L'Ordre perdit défini-
tivement la Samogitie & la Sudavie par les
traités de paix de 1422 & 1435 *l*).

L'excès des impositions que les nécessités Et la Po-
de la guerre avoient rendues indispensables, méranie
excitèrent alors le mécontentement des peu- de Dan-
ples, & les divisions, qui s'étoient élevées une partie
dans l'Ordre, à la suite de la derniere guerre de la
de Pologne, encouragèrent la noblesse & Prusse.
les villes de Prusse à se confédérer en 1440,
pour le maintien de leur liberté & de leurs
privileges *m*). Les différentes démarches,
qu'ils firent pour obtenir le redressement de

---

il prit l'épithete de Ziska. GADEBUSCH *Livlandi-
sche Jahrbücher, ersten Theils zweyter Abschnitt*,
p. 25.
  i) *Continuator Dusburgi* cap. 85. sqq. SCHÜTZ
p. 102. DLUGOSS L. XI. KOJALOWICZ *Hist. Lith.*
P. II. L. II. *Hist. de l'Ordre Teutonique* T. IV.
  k) *Cod. Dipl. Pol.* T. IV. n. 80.
  l) Idem T. IV. n. 90. p. 110. num. 97. p. 123.
  m) Idem T. IV. n. 100. p. 135.

V PERIODE. leurs griefs, ayant été infructueuses, ils prirent enfin le parti de se souftraire formellement à l'obéissance de l'Ordre. Ils réclamerent la protection du Roi de Pologne, & lui firent en 1414 leur acte de soumission *n*). Cette révolte des états de Prusse fut suivie d'une longue guerre entre l'Ordre & la Pologne, & se termina par la paix de Thorn en 1466. Les pays de Culm, de Michalow & de Poméranie, avec les villes de Marienbourg, Stum, Elbing, Christbourg & leurs dépendances furent cédés à la Pologne. Le Grand-maitre de l'Ordre fut déclaré, dans ce traité, Prince & Conseiller perpétuel du royaume de Pologne, à condition qu'il en seroit vassal & que, six mois après son élection, il préteroit en personne le serment de fidélité au Roi *o*).

LIVONIE, état particulier sous la souveraineté du Gr. maitre de Prusse. Malgré la réunion de la Livonie à la Prusse, sous l'autorité d'un seul & même Grand-maitre, & qu'elles se prétassent des secours réciproques contre leurs ennemis, cependant cette premiere province avoit son gouvernement particulier, tant par une suite de sa position que par des intérêts qui lui étoient propres. Les Chevaliers Livoniens, soumis à un Maitre provincial, à la nomination du Grand-maitre, se voyoient souvent réduits à se défendre seuls contre les entreprises de leurs voisins, & sur-tout des Russes & des Lithuaniens, sans l'assistance des Chevaliers

---

n) Idem T. IV. n. 105. & 108.
o) Idem T. IV. n. 122. p. 163.

de Prusse. Ceux-ci avoient souvent besoin de toutes leurs forces pour résister aux Polonois, ou ne pouvoient secourir leurs confreres assez promptement, soit par rapport à l'éloignement des lieux, soit par les obstacles qu'y apportoient les Samogitiens.

Les succès des Livoniens, contre les Russes & les Lithuaniens, furent balancés par de fréquents échecs *p*); & leurs conquêtes se bornerent à la Semigalle, qu'ils ajouterent à la Courlande dans les années 1275 & 1288 *q*). L'acquisition qu'ils firent de l'Estonie en 1347, étoit de plus grande importance. Cette province appartenoit aux Danois, depuis l'an 1219, que le Roi Waldemar II s'en étoit rendu maître à la suite d'une croisade, entreprise contre les naturels du pays *r*). L'état déplorable du Danemarc, après la mort de Christoph II, engagea le Roi Waldemar IV, son fils & successeur, d'entrer en traité avec l'Ordre Teutonique & de lui vendre formellement l'Estonie pour la somme de dix-neuf mille marcs d'argent *s*). Le Grand-maître

V PERIODE.

Acquisition de la Semigalle & de l'Estonie.

―――――

p) Telle est entr'autres la défaite de Karkus en 1274 & celle d'Ascherode en 1… V. SCHURTZFLEISCH *Hist. ord. ensiferorum*, 27. 32. & GADEBUSCH *Liulendische Jahrbücher, erster Theil, erster Abschnitt*, p. 298. 311.

q) RUSSOW *Chronica von Lyfflandt*, p. 12. 13. SCHURTZFLEISCH p. 30. 38. GADEBUSCH T. I. P. I. p. 302. 329.

r) Voyez ci-dessus p. 207. not. *n*).

s) Le contract fut scellé à Marienbourg le 24 Juin 1347, le Roi s'y trouvant en personne. HUIT-

V PERIODE.

Diffensions des Chevaliers de Livonie avec les Evêques.

confirma les privileges des Eftoniens & les mit fous le gouvernement du Maître provincial de Livonie, qui remboursa au tréfor de l'Ordre les fraix de cette acquifition.

Les divifions inteftines des Chevaliers Livoniens & leurs brouilleries continuelles avec l'Archevèque de Riga & les autres Evèques du pays, leur porterent les plus grands coups & arrêterent leurs progrès. Enflés du degré de puiffance, qu'ils s'étoient acquife au prix de leur fang, ils chercherent à fubjuguer ces mêmes Evèques, dont l'état d'indépendance, ainfi que les droits qu'ils prétendoient fur l'Ordre même, contrarioient fon autorité & génoient les opérations de fon gouvernement. L'Archevèque de Riga en fut d'autant plus courroucé, qu'il prétendoit, que les Chevaliers lui devoient fidélité & obéiffance, comme à leur premier fondateur, & que, dans l'origine de l'Ordre, fes prédéceffeurs ne lui avoient accordé que le tiers des conquêtes, que les Chevaliers feroient fur les payens de la Livonie. Les efprits s'aigrirent enfin au point que l'Archevèque ne rougit pas d'appeller à fon fecours les payens de Lithuanie & qu'il fe li-

---

FELD l'a inféré dans fa *Chronique*, T. I. p. 494; mais il s'eft trompé en le plaçant à l'an 1346. Waldemar ne toucha que fept mille marcs du prix de la vente. Le refte fut payé par le Grand-maître au Marggrave de Brandebourg, qui avoit une hypotheque fur l'Eftonie. V. HEINZE *diplomatifche Gefchichte Waldemari III*, p. 93. *Hift. de l'Ordre Teutonique* T. III. p. 318.

DES REVOLUTIONS. 479

gua avec le Roi de Danemarc. Avec le secours des premiers, il entreprit, dans les années 1297 & 1298, une guerre sanglante contre l'Ordre *t*), qui ne fut terminée que par l'entremise du Pape. On réussit donc à appaiser le différend; mais la cause des inimitiés subsistant, elles éclaterent, à chaque occasion, par des outrages & des hostilités réciproques. L'acquisition de l'Estonie ayant augmenté considérablement la puissance des Chevaliers, la situation des Evêques en devint plus accablante, & l'Archevêque de Riga se vit, plus d'une fois, dans la nécessité de céder à la force, en abandonnant son siege.

La Pologne commençoit à sortir des tems calamiteux, où les funestes divisions des successeurs de Boleslas III l'avoient plongée. Przemyslas ayant réuni plusieurs parties de la grande & de la petite Pologne, crut pouvoir rétablir la dignité royale *u*). Il se fit sacrer & couronner à Gnesne, par l'Archevêque de cette ville, dans une assemblée des Etats qu'il convoqua pour cet effet en 1295 *x*). Son successeur Uladyslas, dit Lokietek ou le Nain, fut déposé par les Po-

V PERIODE.

POLOGNE. La dignité royale devient permanente.

---

t) Neuf batailles furent livrées, dans cette guerre, dans l'espace de dix-huit mois. Les plus remarquables furent celles de Thoraïda & de Neuermühlen en 1298. V. SCHURTZFLEISCH p. 43. & GADEBUSCH p. 344.
 u Voyez ci-dessus page 228.
 x) DLUGOSS *Hist. Pol.* Lib. VII. p. 877. SARNICII *Annal.* Lib. VI. p. 1116.

V PERIODE.

lonois, à cause de ses excès & de ses débauches. Wenceslas IV, Roi de Boheme, fut mis à sa place & couronné à Gnesne en 1300. Ce Prince s'affermit sur le trône par son mariage avec la Princesse Elisabeth, fille & héritiere du Roi Przemyslas; mais s'étant immiscé dans les troubles de Hongrie, pour ménager cette couronne à son fils, Uladyslas Lokietek profita de cette circonstance, pour rentrer en Pologne en 1304 & en déloger les troupes de Wenceslas. Content du simple titre de Duc, il n'ambitionna la Royauté qu'après la réunion des duchés de Posnanie & de Kalisch. Il crut alors devoir s'adresser à la Cour de Rome pour y solliciter la dignité royale. Refusé par le Pape, qui craignoit de déplaire au Roi de Boheme, il prit le parti de convoquer les Etats du royaume, & ayant obtenu leur agrément, il se fit couronner à Cracovie en 1320. Depuis ce moment les Souverains de Pologne ont conservé la dignité royale; & la cérémonie du sacre des Rois & des Reines s'est toujours passée à Cracovie *y*).

Réunion de plusieurs contrées de la Russie.

Uladyslas ayant été dépouillé de la Poméranie de Dantzic *z*), tous les efforts, qu'il employa pour y rentrer, furent inutiles. Son fils Casimir le Grand se vit obligé de renoncer

---

y) DLUGOSS L. IX. p. 971. SARNIC. L. VI. p. 1124.
z) Voyez ci-dessus p. 469.

renoncer à cette province par la paix de Kalisch *a*); & abandonna de même les droits
de haute souveraineté de sa couronne sur la
Silésie, par les traités qu'il passa en 1335 &
1339 avec le Roi Jean de Boheme *b*). Ce
Prince lui en paya une somme de vingt mille
marcs d'argent & renonça à son tour aux
prétentions qu'il formoit à la couronne de
Pologne. Des pertes aussi considérables furent compensées en quelque sorte par l'acquisition que fit Casimir de plusieurs provinces de l'ancienne Russie. Il s'empara en
1340 du Royaume ou de la Principauté de
Halicz & de Wladimir, & de la plus grande

---

a) Ibidem. pag. 470.

b) Les actes de cette renonciation, à laquelle adhéra le Roi Louis, se trouvent dans SOMMERS-BERG *Script. Rerum Silef.* T. I. p. 774. 775. 778. La plupart des Ducs de Silésie, de la maison des Piasts, s'étoient déjà soumis antérieurement à la haute souveraineté & au domaine direct des Rois de Boheme. v. SOMMERSBERG T. I. p. 804. 881. 883. 884. & suiv. Il convient de remarquer que les Rois de Pologne, depuis la cession de leurs droits sur la Silésie, démembrerent encore quelques portions de cette province & les incorporeient à leur Royaume. C'est ainsi que Casimir le Grand fit l'acquisition de la ville de Frauenstadt & de son territoire qu'il détacha du Duché de Glogau en 1343. DLUGOSS p. 1068. Le Duché de Sévérie fut acheté en 1443 par l'Evêque de Cracovie. SOM-MERSBERG T. II. p. 326. 328. Enfin les Ducs d'Oswiecim & de Zator vendirent aussi leurs Duchés à la couronne de Pologne dans les années 1457 & 1494. SOMMERSBERG T. I. p. 808. & 810.

V PÉRIODE.

partie de la Russie rouge c). Profitant ensuite de la guerre sanglante, dans laquelle les Lithuaniens se trouvoient engagés avec l'Ordre Teutonique, il leur enleva pendant le cours de l'année 1349 plusieurs de leurs conquêtes sur les Russes, telles que la Volhynie, la Podolie & les provinces de Chelm, Belz & Brzesc d).

Casimir le grand, législateur.

Après avoir aggrandi l'état par ses conquêtes, Casimir porta la plus grande attention à le policer par de sages loix. Il ordonna une refonte générale de la jurisprudence & s'appliqua sur-tout à adoucir le naturel féroce de sa nation. Il réforma pareillement les tribunaux & prit des mesures pour réprimer le brigandage & pour assurer la tranquillité publique. Mais si un caractere doux & humain, si des manieres affables & engageantes lui concilierent les cœurs, son penchant pour la volupté & une vie débordée & licencieuse ne contribuerent pas moins à autoriser le vice & à hâter la dépravation des mœurs. Dans le grand nombre de ses maîtresses se trouva une fille Juive, appellée Esther, à laquelle cette nation doit en grande

___

c) DLUGOSS p. 1057. 1058. KOJALOWICZ *Hist. Lith.* Part. I. L. VIII. p. 304. Cet état avoit été dévolu, par une Princesse Russe, à Boleslas, fils de Troyden, Duc de Masovie, empoisonné par ses sujets Russes. Casimir saisit cette occasion pour revendiquer les états de ce Prince comme un héritage qui devoit lui revenir.

d) DLUGOSS p. 1087. & 1088. KOJALOWICZ p. 314.

partie les privileges considérables, dont elle jouit encore en Pologne *e*).

V PERIODE.

Ce Prince, à peine âgé de vingt-neuf ans, prit la résolution de se choisir un successeur & jetta les yeux sur son neveu Louis, fils de Charles Robert, Roi de Hongrie. Ayant cependant senti qu'il ne pouvoit préjudicier aux droits légitimes des autres Princes Piasts qui regnoient en Masovie & en Silésie, il jugea nécessaire de faire approuver son choix dans une assemblée générale de la nation, convoquée à Cracovie en 1339 *f*). Les Princes Piasts ne manquerent pas de trouver de nombreux partisans dans cette diete, & la proposition du Roi y fut vivement combattue. Il n'en réussit pas moins à la faire approuver, & il se rendit aussitôt lui-même en Hongrie pour en porter la nouvelle au Roi son beau-frere.

Election de Louis de Hongrie.

On a prétendu que Casimir en assurant la succession à son neveu n'avoit eu en vue que l'avantage & la prospérité de la Pologne. Il étoit en effet assez vraisemblable que cette couronne, réunie à celle de Hongrie sur la tête d'un seul & même Roi, & soutenue des forces de cette derniere puissance, n'auroit plus à redouter les fougues indomtables des Lithuaniens, ni la valeur bruyante des Chevaliers de Prusse. Cependant à supposer que son aliénation pour les Princes de sa

Révolution dans le gouvernement.

---

e) Dlugoss Lib. IX. p. 1110.
f) Idem p. 1055.

maison n'ait pas déterminé son choix non plus que les caresses que lui faisoit la Reine de Hongrie sa sœur, il est hors de doute que croyant procurer des avantages à la Pologne & ménager sa grandeur future, il ne fit qu'en préparer les malheurs & la chute. Les Polonois pour se précautionner contre l'influence d'une domination étrangere, conçurent dès-lors l'idée de limiter le pouvoir de leurs Rois & de jetter les fondements d'un gouvernement républicain & aristocratique. Ils envoyerent, du vivant même de Casimir g), des députés en Hongrie qui firent signer un acte au Roi Louis, dont les principales clauses portoient, *qu'à son avénement à la couronne il les déchargeroit, pour lui & ses successeurs, de toute taille & de toute contribution h); que jamais, sous quelque prétexte que ce fut, il ne leur imposeroit aucun subside, & que, dans ses voyages même, il ne prétendroit rien pour l'entretien de sa Cour dans aucun lieu de son passage i).* Cet acte qui fut déclaré loi sacrée & à jamais inviolable, devint la base de la liberté Polonoise, comme la suppression du droit héréditaire des différentes bran-

---

g) En 1355.

h) Cette immunité fut limitée ensuite de maniere que le Roi n'exigeroit qu'une taxe de terre de deux gros seulement, dont Uladislas Jagellon exempta les nobles.

i) Cet acte se trouve en entier dans DLUGOSS p. 1102.

ches Piaftes à la diete de Cracovie, prépara les voies à la nobleffe de s'ingérer dans l'élection de fes Rois, & de rendre enfin le trône parfaitement électif.

C'eft ainfi que finit avec Cafimir le Grand, décédé en 1370, la fuite des anciens fouverains de la Pologne, après en avoir occupé le trône durant l'efpace de cinq fiecles.

Louis, malgré fes éminentes qualités qui le rendoient l'idole des Hongrois, ne fût ni fe faire aimer, ni fe faire craindre des Polonois; & le Royaume fut rempli de divifions & de troubles pendant tout le tems de fon regne. Il réuffit cependant de faire approuver, dans une diete k), le choix qu'il avoit fait de Sigismond de Luxembourg pour fon fucceffeur, & d'engager les Polonois à prêter hommage à ce Prince qu'il avoit fiancé avec Marie, fa fille ainée. Mais cette condefcendance, qui leur valut de nouvelles conceffions au préjudice des droits de la couronne, ne les empêcha pourtant pas de rompre leurs engagements à la mort du Roi Louis, furvenue immédiatement après. Ils renoncerent alors à Sigismond & à Marie pour déférer la couronne à Hedwige, fœur cadette de Marie, en lui dictant la loi de n'époufer que le Prince qu'ils lui auroient choifi.

Ce choix n'eut lieu qu'à la fuite d'un interregne des plus turbulents qui dura qua-

Regne de Louis le Grand.

Avenement de Jagellon

---

k) Cette diete fut affemblée en 1382, l'année de la mort du Roi Louis.

V PERIODE. au trône de Pologne.

tre années. Le Duc de Mafovie & le Prince de Luxembourg parurent fucceffivement fur la fcene pour faire valoir leurs droits à la couronne. Enfin ce fut Jagellon, Grand-Duc de Lithuanie, qui l'obtint avec la main de Hedwige que le Duc Guillaume d'Autriche, fils de Léopold III, lui avoit difputée. Cet événement réunit deux nations puiffantes & voifines qui après avoir été longtems divifées d'intérèts & s'ètre toujours jaloufées & haïes finirent par ne plus former qu'un feul & même corps de république, fous l'autorité d'un Roi.

LITHUANIE, fes révolutions avant Jagellon.

Les Lithuaniens, communs d'origine *l*) avec les anciens Pruffiens, les Samogites & les Lettoniens, formoient une nation diftincte de celle des Efclavons, Ruffes & Polonois. Etant renfermée dans des limites fort étroites *m*), & tributaire des Ruffes, fes

---

l) M. THUNMANN s'eft efforcé de prouver que les Lithuaniens, & généralement tous les peuples Lettons, font un mélange de Goths, de Finnois & d'Efclavons. Voyez fes *Recherches fur l'origine des peuples Lettons*.

m) Ces premieres limites, felon STRYIKOWSKI & KOJALOWICZ, étoient formées par les rivieres fuivantes: la Jura, la Dubifza, la Czarna, la Swienta, la Szyrwenta, le Njemen ou la Memel & la Wilja. Elles renfermoient, outre la Samogitie, une petite partie des Palatinats actuels de Troki & de Wilna. Les auteurs Allemands & Efclavons du douzieme fiecle, tels que Ditmar de Merfebourg, Adam de Bremen & Helmoldus, en rappellant les frontieres de la Pruffe, ne font aucune mention de la Lithuanie, comme d'un pays

voisins *n*), elle demeura presque inconnue jusqu'au commencement du onzieme siecle *o*). La Russie se trouvant pour-lors agitée

---

limitrophe. Selon eux la Prusse étoit bornée au midi par la Pologne & la Russie. v. HARTKNOCH *Dissert.* III. de *originibus gentium Prussicarum* p. 63. C'est ce qui donne à connoitre que l'ancienne Russie embrassoit la Lithuanie & qu'elle s'étendoit du côté de l'Est jusqu'à la Wilja & du côté de l'Ouest jusqu'au Njemen en faisant frontiere avec la Prusse & la Pologne. On est surpris de voir que PIERRE DE DUSBURG, qui écrivit sa chronique de Prusse au commencement du quatorzieme siecle, où la Lithuanie formoit déjà un Etat considérable, assigne encore à la Prusse, pour frontiere méridionale, la Russie & la Pologne; mais il est vraisemblable que cet auteur comprend sous le nom de Russie les provinces Lithuaniennes qui faisoient jadis partie de cet empire, & qui étoient habitées par des peuples Russes. Il ne laisse pas de distinguer la Lithuanie Russe de la Lithuanie proprement dite, en observant que le Njemen, qu'il fait traverser la Russie, séparoit la Russie, la Lithuanie & la Courlande de la Prusse. v. DUSBURG Part. III. cap 2.

n) KOJALOWICZ P. I. L. III. p. 69. en parlant des conquêtes que les Lithuaniens firent sur les Russes, s'exprime en ces termes: ,,Crescentis ita ,,per Russiam Lituanæ fortunæ progressus, ægre ,,Russorum Duces habebat. Indignabantur vectiga- ,,lem nuper populum, quique præ egestate, tributi ,,nomine quod Russis penderet, vix apud se repe- ,,riret, præter agrestia quædam opera, nunc totius ,,Russiæ imperio imminere."

o) Le Christianisme n'ayant pénétré en Lithuanie qu'à la fin du quatorzieme siecle, il n'est pas surprenant que ce pays manque de monuments littéraires antérieurs à cette époque. Le premier, qui entreprit de rédiger des Annales de Lithuanie,

V PERIODE. des troubles inteſtins que les partages entre les ſucceſſeurs de Wladimir le Grand y avoient fait naître, les Lithuaniens ſaiſirent cette occaſion de ſecouer le joug & de tenter des conquêtes ſur leurs anciens maîtres. Selon leurs propres Annaliſtes, ce fut vers le milieu de l'onzieme ſiecle qu'ils paſſerent la Wilja, qui les ſéparoit des Ruſſes, pour établir une colonie au-delà de ce fleuve & pour jetter les fondements de Kjernow *p*). Cette entrepriſe les ayant brouillés avec les Princes Ruſſes, ils leur enleverent vers 1065 Braslaw, & s'étendirent juſqu'à la Duna *q*). L'invaſion des Mongols de Tſchinghiskhan dans le treizieme ſiecle fournit bientôt aux Princes Lithuaniens une nouvelle occaſion de ſe ſignaler & de s'aggrandir aux dépens

---

qu'il tira principalement des chroniques Ruſſes & Pruſſiennes, fut MATTHIAS STRYIKOWSKI, Secretaire du Roi Sigismond Auguſte & Chanoine de Mjedniki en Samogitie. Elles parurent en 1582 en Polonois à Kœnigsberg ſous le titre de *Chronique Polonoiſe, Lithuanienne, Ruſſienne, Pruſſienne, Tatare*. ALBERT WIJUK KOJALOWICZ, Jéſuite & Profeſſeur à Wilna, ſépara de la Chronique de Stryikowski tout ce qu'il y trouva ſur la Lithuanie, & en fit un ouvrage à part qu'il publia, dans un beau latin, ſous le titre de *Hiſtoria Lituana*, en deux volumes in quarto, dont le premier parut à Dantzic en 1650 & le ſecond à Anvers en 1669.

p) KOJALOWICZ P. I. Lib. II. p. 39.
q) Idem p. 41. Les Annaliſtes Ruſſes, continuateurs de Neſtor, ne parlent point de cette guerre. La premiere, qu'ils rapportent entre les Lithuaniens & les Ruſſes, eſt celle qu'ils fixent à l'an 1131.

des Russes. Ils leur enleverent successivement les pays de Novgorodek, de Grodno,
de Brzesc, de Bielsk *r*), de Pinsk, de Mo-
zyr, de Polozk, de Minsk, de Witepsk,
d'Orsza, de Mscislaw &c. *s*). Ces succès
enhardirent les Princes Lithuaniens à s'arroger le titre de Grand-Duc, & Ringold,
qui commença à regner vers l'an 1230, est
le premier qui s'en trouve décoré *t*).

Mendog, son fils & successeur, cédant
aux vives sollicitations des Chevaliers Teutoniques, embrassa la religion chrétienne &
engagea le Pape à le déclarer en 1251 Roi
de Lithuanie *u*). Il ne tarda cependant pas
à retourner au culte de ses ancètres, & devint le plus cruel ennemi du christianisme *x*).

Gédimin, qui devint la tige d'une nouvelle maison de Grand-Ducs, ajouta la Volhynie, la principauté de Kiovie & une partie de la Sévérie aux conquêtes de ses prédécesseurs *y*). Il fixa sa résidence dans la

---

r) Le pays de Bielsk est la Podlachie, habitée
anciennement par les Jatwingiens, que les Polonois
ont extirpés. KOJALOWICZ P. I. L. IV. p. 120.

s) Idem P. I. Lib. III.

t) Idem P. I. L. IV. p. 83.

u) KOJALOWICZ p. 96. RAINALDI *Annal. eccles.* à l'an 1251. n. 44. Ce fut ce Mendog qui fit
en 1259 donation à l'Ordre Teutonique du pays
de Schalauen ou de la Sclavonie Prussienne. voyez
DREYERI *Cod. Dipl. Pomeraniæ* n. 312.

x) KOJAL. p. 98. RAINALDI *Annal.* l'an 1260.
n. 23.

y) KOJAL. P. I. L. VII. p. 251. & suiv. voyez
ci-dessus p. 460.

ville de Troki qu'il avoit fait construire, & jetta les fondemens de celle de Wilna qui devint ensuite le siege des Grand-Ducs z).

Enfin le Grand-Duc Olgerd s'étant rendu maître de toute la Podolie, il en chassa les Tatars a) qui en avoient dépouillé les Russes, & étendit encore ses conquêtes, du côté de l'orient, jusqu'à la riviere d'Ugra b).

Tous ces démembremens de l'ancien empire Russe, incorporés à la Lithuanie, en firent une Puissance formidable qui imprimoit alors la terreur c) aux Polonois, aux Teutons aussi bien qu'aux Russes & aux Tatars. Elle eut vraisemblablement fini par imposer le joug à tous ses voisins, si les Grand-Ducs, à l'exemple des Russes & des Polonois, n'avoient pas introduit l'usage de partager leur état. Ils assignerent de grandes Principautés aux Princes cadets, sous l'autorité de leurs ainés, qui portoient le titre de Grand-Ducs. Cette mauvaise politi-

---

z) Idem p. 262. 264. La premiere résidence des Princes Lithuaniens fut à Dziewaltow, proche Wilkomjerz, d'où elle fut transférée à Kjernow. Le Grand-Duc Ringold établit son siege à Novgorodek & Nasimond retourna à Kjernow.

a) En 1331.

b) KOJALOWICZ P. I. L. VIII. p. 287. 290.

c) L'Annaliste de Livonie du treizieme siecle, en parlant des Lithuaniens de son tems, les dépeint déjà comme faisant la terreur de tous leurs voisins, & particuliérement des Russes: *& fugerunt Rutheni per silvas & villas a facie Letthonum, licet paucorum, sicut fugiunt lepores ante faciem venatorum.* Orig. Livoniæ GRUBERI p. 62.

que, en affoiblissant les ressorts de la Monarchie, fomenta les dissensions & les guerres intestines qui furent suivies de la décadence de l'état. Casimir le Grand s'en prévalut pour enlever la Volhynie & la Podolie à des Princes appanagés Lithuaniens que le Grand-Duc Olgerd se trouva dans l'impuissance de soutenir, étant alors lui-même occupé d'une guerre avec la Prusse.

Jagellon, fils & successeur du Grand-Duc Olgerd *d*), rechercha la couronne de Pologne à la mort de Louis le Grand. Il offrit d'y incorporer la Lithuanie *e*) & de renoncer au paganisme pour embrasser, lui & son peuple, la religion chrétienne. Ces offres ayant été agréées par les Polonois, il se rendit en 1386 à Cracovie, où il reçut le 14 Février le baptême & le nom de Wladyslaw ou Uladislas. Il épousa ensuite Hedwige, fille du Roi Louis, & fut sacré Roi par l'Archevêque de Gnesne le 17 Février suivant *f*).

Jagellon se fait baptiser pour être R. de Pologne.

---

d) En 1381.

e) Quoiqu'on envisageât la Lithuanie, depuis l'avénement de Jagellon au trône de Pologne, comme ne faisant plus qu'un seul & même état avec ce Royaume, elle conserva cependant encore longtems ses Grand-Ducs particuliers sous la haute souveraineté de la Pologne, & ce ne fut que sous le regne de Sigismond Auguste qu'on mit en 1569 la derniere main à l'union sur le pied qu'elle subsiste aujourd'hui.

f) DLUGOSS L. X. p. 104.

V
PERIODE

Il introduit le chriſtianiſme dans la Lithuanie & la Samogitie.

Un de ſes premiers ſoins, après ſon élévation au trône de Pologne, fut de travailler à la converſion des Lithuaniens, ſes anciens ſujets. Il ſe rendit pour cet effet à Vilna & y fit arrèter l'introduction du chriſtianiſme dans une aſſemblée générale de la nation convoquée en 1387. Les nobles & les plus diſtingués furent baptiſés chacun ſéparément, & le peuple par troupes & par aſperſion. Chaque troupe ou compagnie d'hommes ou de femmes reçut au baptême un ſeul nom de ſaint qui devenoit celui de toutes les perſonnes qui la compoſoient g). Les Samogites, qui faiſoient partie de la Lithuanie, reſterent plus longtems attachés au culte de leurs idoles, & ce ne fut qu'en 1413 que Jagellon réuſſit à leur faire embraſſer la foi chrétienne h).

Il confirme aux Polonois leurs privileges.

Ce Prince n'obtint l'agrément des grands de Pologne pour la ſucceſſion de ſon fils qu'en confirmant les privileges, qui leur avoient été accordés par ſon prédéceſſeur, & qu'en y en ajoutant encore de nouveaux, comme de ne conférer à aucun étranger les dignités & les charges de l'état, de ne jamais en diſpoſer avant leur vacance, de ne faire battre aucune eſpece de monnoie ſans le conſentement des grands & de ne faire arrèter ni punir aucun noble, qu'il ne fut aupara-

---

g) KOJALOWICZ P. I. L. IX. p. 397. DLUGOSS L. X. p. 110.

h) KOJALOWICZ P. II. L. II. p. 93. DLUGOSS L. XI. p. 342.

vant convaincu, en justice réglée, du crime dont il auroit été accusé *i*). Il fut aussi le premier des Rois de Pologne qui pour faciliter l'introduction d'un impôt extraordinaire, que les besoins de l'état rendoient indispensable, s'avisa d'appeller à la diete les nonces ou députés des nobles & qui établit l'usage des diétines *k*).

Les descendants de Jagellon conserverent le trone de Pologne jusqu'à leur extinction. Il leur fut déféré, à chaque mutation de regne, par le choix & le consentement des nobles; mais ces Princes ne s'en regardoient pas moins comme héritiers du Royaume & en prenoient même la qualité dans des actes publics *l*).

André III, dernier mâle de l'ancienne race des Rois de Hongrie, issue d'Arpad, étant décédé en 1301, sa mort jetta ce Royaume dans des troubles de longue durée. Les Hongrois étant divisés en deux factions sur le choix d'un nouveau souverain, l'une déféra la couronne à Charles Robert, petit-fils de Charles II, Roi de Naples & de Marie fille d'Etienne V Roi de Hongrie. L'autre proclama Wenceslas, fils de Wenceslas IV Roi de Boheme, qui avoit eu pour mere Cunegonde, petite-fille du Roi

V PERIODE.

Succession mixte en Pologne.

HONGRIE. Extinction de ses anciens Rois.

---

i) La charte d'Uladislas, qui est de 1430, se trouve dans DLUGOSS L. XI. p. 536.
k) En 1404. DLUGOSS L. X. p. 180.
l) LENGNICH *Jus publ. Pol.* Tom. I. L. II. ch. 2. §. 4.

V PERIODE.

Bela IV. Ce dernier fut remplacé en 1305 par Otton de Baviere, petit-fils de Bela IV par sa mere Elisabeth; mais le parti du Prince de la maison d'Anjou, protégé par le Pape, l'emporta en 1308 par la retraite du Prince de Baviere.

Avénement des Angevins. Charles I.

Charles I parvint par sa prudence & sa fermeté à étouffer toutes les factions & à rendre le calme à la Hongrie, & en 1342 il laissa ce Royaume dans un état florissant à son fils Louis I, surnommé le Grand.

Louis I. dit le Grand.

Ce Prince supérieur à son pere tant à la guerre que pendant la paix, adoré de ses sujets, craint & respecté de tous ses voisins, mérita de se voir placé au nombre des plus grands Rois. Il vengea le meurtre de son frere André, Roi de Naples, dans une expédition qu'il entreprit contre la Reine Jeanne I *m*). Il rendit les Princes de Moldavie, de Wallachie, de Bosnie & de Bulgarie dépendants de sa couronne *n*), & reconquit sur les Vénitiens toute la Dalmatie depuis les frontieres de l'Istrie jusqu'à Durazzo *o*).

---

m) Voyez ci-dessus p. 426.

n) PALMA *notitia rerum Hungar. sub Ludovico I.* §. 12. 13. 14.

o) Les villes de Nona, Zara, Scardona, Sebenico, Trau, Spalatro, Raguse, ainsi que les villes & isles de Cherso, Veglia, Arbo, Pago, Brazza, Lesina, Curzola lui furent cédées par la paix de 1358, qui renferme aussi une renonciation aux titres de Dalmatie & de Croatie de la part de la république. v. LUCIUS *de Regno Dalmatiæ* Lib. IV. c. 17. p. 235. Louis reprit en 1378 les armes contre

Par le traité qu'il conclut en 1352 avec son oncle Casimir, Roi de Pologne, qu'il secourut contre les Lithuaniens & les Tatars, qui infestoient la Russie rouge *p*), il renouvella ses prétentions sur ce pays & s'en assura la reversion en cas de décès de Casimir sans postérité mâle *q*). Ce cas s'étant présenté en 1370, le trône de Pologne fut déferé au Roi Louis, qui traita depuis la Russie rouge comme une province Hongroise, & la fit gouverner par des officiers de cette nation *r*). Cette possession ne fut cependant que momentanée; & le même pays retomba au pouvoir des Lithuaniens & des Polonois

V PERIODE.

---

les Vénitiens comme allié des Génois dans la guerre de Chiozza. Par la paix de 1381 la république s'engagea à payer tous les ans aux Rois de Hongrie la somme de sept mille ducats. LUCIUS Lib. V. c. 1. p. 247.

p) La Russie rouge comprenoit outre les principautés de Halitsch & de Léopol toute la Volhynie (Wlodomirie) & la Podolie. Les Hongrois énonçoient ces pays sous le nom de Royaumes de Gallitie & de Lodomirie.

q) DE SOMMERSBERG *Silesiacarum Rerum Scriptores* Tom. II. *Mantissa diplom.* p. 81. *Jurium Hungariæ in Russiam minorem & Podoliam explicatio.* Vind. 1772.

r) Selon DLUGOSS *Hist. Polon.* Lib. X. p. 37. ce changement de domination n'arriva qu'à la suite d'un échange que le Roi Louis fit vers 1377 avec Wladislaw d'Oppeln, Duc & Seigneur de toute la Russie rouge. Louis fonda vers 1378 la métropole de Halicz & les évêchés de Przemysl, de Chelm & de Wolodimir. v. *Anonymus archidiaconus Gnesnensis* in SOMMERSBERG Tom. II. p. 112.

V Periode.

Son caractere.

après la mort du Roi Louis s), arrivée en 1382.

Jamais souverain n'a été regretté comme il le fut, ni aucune administration si fort exaltée. Chacun admiroit son habileté à maintenir la paix intérieure & le talent qu'il avoit eu d'établir l'union entre tant de différens peuples soumis à sa domination. Inaccessible aux favoris & aux courtisans, il gouverna constamment par lui-même & déploya autant de sagacité que de fermeté dans la distribution des charges & dignités qu'il n'accordoit qu'aux talents, à la vertu & au vrai mérite. Travesti & sans aucune suite, il aimoit à parcourir les provinces de son Royaume pour éclairer de près la conduite des officiers & des magistrats, & pour tirer avantage des observations que lui faisoient les personnes qui ne le connoissoient pas. Libéral sans profusion, il dispensa avec économie les trésors de l'état, & malgré les guerres nombreuses qu'il eut à soutenir, il n'établit aucun nouvel impôt. La restriction des peines aux seules personnes des coupables date de son regne, comme il fut le premier

―――――――――――

s) Les officiers Hongrois abandonnerent en 1382 aux Lithuaniens les châteaux de Kaminiecz, Olyesko, Hrodlo, Lopathin, Sniathin. DLUGOSS Liv. X. p. 69. La Reine Hedwige de Pologne délogea en 1390 les Hongrois des villes & places de Przemysl, Jaroslaw, Grodezk, Halicz, Trambowla & Léopol. DLUGOSS ibid. p. 124.

premier qui défendit l'ufage des jugemens de Dieu dans les tribunaux *t*). Ne pouvant réprimer l'ufure des Juifs, ruineufe pour le menu peuple, ni faire de cette nation des citoyens utiles à l'état, il rendit un édit, par lequel il leur fut enjoint de fortir du Royaume *u*).

Marie, fille ainée de Louis, fuccéda à fon pere & Sigifmond de Luxembourg, qui étoit fiancé à cette Princeffe, n'eut que le fimple titre de Capitaine & de Seigneur de Hongrie. Toute l'autorité paffa entre les mains de la Reine-mere & du Palatin Nicolas de Gara. Le crédit, dont jouiffoit ce favori, indifpofa les grands, qui fachés de fe voir éloignés des affaires, commencerent à cabaler. Une faction appella Charles le petit Roi de Naples, qui malgré le ferment qu'il avoit prêté au Roi Louis *x*) fe rendit aux vœux des conjurés & vint fe faire couronner à Albe royale le 31 Déc. 1385. On obligea les Reines d'abdiquer; mais Charles qui fe flattoit en vain de les gagner par fes procédés & par la con-

---

t) Il conferva cependant le duel pour fervir de preuve dans les poffeffions, & cet ufage ne fut abrogé que par le Roi Matthias Corvin en 1486.

u) PALMA §. 28. & fuivans.

x) Charles en quittant en 1379 la Dalmatie pour s'ériger contre la Reine Jeanne I de Naples, avoit renoncé par ferment à fes droits au trône de Hongrie & s'étoit engagé à ne jamais rien faire qui put bleffer les difpofitions que le Roi Louis avoit faites en faveur de fa fille. PALMA §. 23.

V
PERIODE. fiance fans bornes qu'il leur témoignoit, eut l'imprudence de s'établir avec elles au château royale de Bude. Son excès de fécurité lui devint funefte, & la Reine-mere qui ne refpiroit que vengeance en profita pour le faire affaffiner le 6 Février 1386.

Sigismond de Luxembourg.

L'indignité de cette action révolta les factieux qui proclamerent Ladislas, fils & héritier de Charles le petit, & ayant arrêté les Reines, les confinerent au château de Novigrad en Dalmatie. La Reine-mere y termina fes jours; mais la Reine regnante, élargie par l'entremife des Vénitiens, s'affocia Sigismond fon époux & le fit couronner à Albe royale en 1388. Ce Prince continua à regner après la mort de fon époufe décédée fans poftérité en 1393.

Bataille de Nicopolis.

Les Turcs Ottomans faifoient des progrès journaliers en Europe, & la Bulgarie, dont ils venoient de s'emparer *y*), les rapprochoit des frontieres de la Hongrie. Ils commençoient déjà à infefter la Servie, la Bofnie & la Wallachie *z*), dont les Princes feudataires de la couronne de Hongrie avoient droit de recourir à la protection de Sigismond. Le

---

y) En 1389.

z) Amurat I périt en 1389 à la bataille de Coffova qu'il livra aux Princes de Servie & de Bofnie, affiftés d'un corps de Hongrois qui étoit fous les ordres de Nicolas de Gara. Sigismond entreprit en 1392 en perfonne une expédition contre les Turcs, & ayant ruiné leur flotte à l'embouchure de la Morava, il parvint à rétablir le Prince de Wallachie. PRAY *Annal. Regum Hungariæ* T. II. p. 186. & 190.

plan combiné de conquêtes, affecté par ces infideles, & qui sembloit menacer la Hongrie & toute la Chrétienté, reveilla l'attention de Sigismond. Il s'allia avec l'Empereur de Constantinople & sollicita des secours dans différentes cours de l'Europe, pour se trouver en état de repousser de si redoutables ennemis. Le Comte de Nevers, fils du Duc de Bourgogne, lui amena une nombreuse noblesse & un corps de dix mille François, tous gens d'élite. Une armée de cent trente mille hommes se rassembla sous les drapeaux de Sigismond, qui désirant de reprendre la Bulgarie, pénétra en 1396 dans cette province & vint mettre le siége devant la ville de Nicopolis. Bajazet étant arrivé à la tête de toutes ses forces pour dégager cette place, l'armée chrétienne marcha à sa rencontre. Les François, qui s'étoient chargés de la premiere attaque, repousserent l'avantgarde des Turcs & ne consultant que leur impétuosité naturelle, précipiterent tellement leur marche que ne pouvant plus être soutenus du gros de l'armée, les Turcs réussirent à les envelopper & à les tailler en pièces. Le Comte de Nevers & un petit nombre de Seigneurs François resterent prisonniers *a*). Ce desastre des François jetta

---

a) Bajazet se fit payer la somme de deux cents mille ducats d'or pour la rançon du jeune Comte de Nevers & de vingt-cinq seigneurs François prisonniers avec lui. Sigismond s'étoit engagé à fournir la moitié de cette somme; mais ne pouvant

V PERIODE.

Sigismond est arrêté.

Les Vénitiens lui enlevent la Dalmatie.

l'épouvante dans l'armée Hongroise & facilita la victoire à Bajazet. Elle fut des plus complettes & lui assura la conquête de la Bulgarie.

Sigismond ayant été coupé dans sa retraite, prit le parti de s'embarquer sur le Danube & de se sauver par Constantinople. La longue absence de ce Prince, jointe à l'aversion que les Hongrois avoient pour lui, accrédita le bruit de sa mort & occasionna de nouveaux troubles dans la Dalmatie. A son retour il acheva de révolter tous les esprits par le dérégiement de ses mœurs & par la rigueur extrême dont il usa à l'égard des moteurs de la sédition. Les états le firent arrêter & enfermer au château de Siklos en 1399.

A peine élargi, il se brouilla avec le Pape Boniface IX, dont il abandonna le parti pour embrasser celui de Benoit XIII. Le Pape Romain se vengea de cette défection en lui suscitant un ennemi dans la personne de Ladislas Roi de Naples, qui prêtant l'oreille aux mécontens, se rendit en 1403 à Zara en Dalmatie & s'y fit couronner Roi de Hongrie par un légat du Pape. Cette entre-

___

pas la représenter, il hypothéqua, de l'agrément de la république de Vénise, à un marchand de Paris, nommé Dine Raponde, qui en fit l'avance, les sept mille ducats de cens ou rente, dont cette république étoit redevable à la couronne de Hongrie. v. *Histoire du Duché de Bourgogne par les Bénédictins*, Tome III. p. 154.

prise n'eut pas de succès & Ladislas se vit forcé de retourner dans la même année à Naples; mais il resta saisi des places de Zara, Aurana, Novigrad & de l'isle de Pago en Dalmatie, & les vendit en 1409 à la république de Vénise *b*), qui rentra ainsi dans une partie du domaine, dont elle avoit été dépouillée sous le regne de Louis le Grand. Sigismond, dans l'intention de faire la guerre à cette république, accommoda en 1412 ses différends avec le Roi de Pologne & en obtint un emprunt considérable, moyennant lequel il lui hypothéqua Lublyo, Podolinicz & toutes les villes du Comté de Zips *c*). Les efforts cependant qu'il fit pour reprendre les places de la Dalmatie ne furent point heureux. Les Vénitiens sçurent s'y maintenir, & ils ajouterent même successivement à leur conquête Sebenigo *d*), Trau & Spalatro *e*), ainsi que les isles de Brazza, Lezina & Curzola *f*).

Les Princes de Servie & de Bosnie fléchissant peu-à-peu sous le joug des Turcs, Sigismond desirant de pourvoir à la défense & à la sureté du Royaume, acquit en 1425 par traité avec le Prince de Servie la forteresse de Belgrad, qui par sa situation au

Il acquiert Belgrad.

---

b) Lucius de *regno Dalmatiæ* Lib. V. cap. 5.
c) Pray Annal. regum Hung. T. II. p. 237.
d) En 1412. Lucius l. c. p. 264.
e) En 1420. Lucius l. c. p. 270.
f) v. Lucius l. c. & Farlati *Illyricum sacrum* T. III. p. 366. T. IV. p. 397. 467. T.V. p. 112.

V PERIODE.

Albert d'Autriche.

Elifabeth de Luxembourg.

confluent du Danube & de la Save faifoit un puiffant boulevart de la Hongrie contre les Turcs g).

Albert d'Autriche qui avoit époufé Elifabeth, fille unique de Sigismond, fuccéda en 1437 à fon beau-pere dans tous fes états & obtint auffi la dignité impériale. Ce Prince, que fes qualités éminentes rendoient cher à fes peuples, ne jouit pas longtems de fa grandeur. Une mort prématurée l'enleva au milieu des préparatifs de guerre dont il étoit occupé contre les Turcs.

La Reine fa veuve, qu'il laiffa enceinte, allarmée de la crainte d'une invafion du dehors, follicita les états affemblés de lui choifir un nouvel époux qui partageât avec elle les foins pénibles du gouvernement. Les états jetterent les yeux fur le jeune Uladislas, Roi de Pologne, fils de Jagellon, & lui offrirent par des ambaffadeurs le trône ainfi que la main de leur Reine. Uladislas accepta la propofition des états; mais la Reine ayant mis dans l'intervalle un fils au monde qu'elle nomma Ladislas, fe repentit du parti qu'elle avoit pris, & ne pouvant plus changer la réfolution des états, s'avifa de faire couronner fon fils par l'Archevêque de Strigonic & de fe fauver avec lui & la couronne angélique en Autriche, où elle réclama la protection de l'Empereur Frédéric III.

---

g) JO. DE THWROCZ Chron. Hungarorum Part. IV. c. 20.

Uladislas de Pologne prit poſſeſſion du trône & ſe fit couronner en 1440 à Albe royale. Une guerre civile s'alluma en Hongrie entre les deux ſouverains, & ne fut terminée que par la mort d'Eliſabeth, arrivée en 1442.

Les Turcs ayant exigé la ceſſion de Belgrad ou le payement d'un tribut annuel, Uladislas, pour reprimer leur orgueil, entreprit en 1443 en perſonne une expédition dans la Servie. Aſſiſté du fameux Jean de Hunyad, il remporta différens avantages ſur eux, prit Niſſa, brula Sophie, & après avoir dévaſté la Bulgarie & étendu ſes ravages juſqu'au pied du mont Hæmus, il reprit le chemin de la Hongrie. Les ſuccès de cette campagne firent concevoir à Uladislas le projet de chaſſer entiérement les Turcs de l'Europe. Il en conféra avec l'Empereur de Conſtantinople, avec quelques puiſſances de l'Italie & avec le célebre Scanderbeg, Prince d'Epire ; mais Amurat, qui avoit des ennemis à combattre en Aſie, offrit des conditions de paix ſi avantageuſes à Uladislas, que de l'avis de Jean de Hunyad il jugea à propos de les admettre. La paix fut jurée en 1444 pour dix ans entre les deux ſouverains. Les Turcs en conſervant la Bulgarie, rendirent au Prince de Servie les places dont ils l'avoient dépouillé *h*). Amurat ayant profité de cette trève pour por-

---

h) JOH. DE THWROCZ cap. 41.

V PERIODE.
Uladislas de Pologne.

Bataille de Varna.

V
PERIODE. ter ses forces en Asie, le Roi de Hongrie se rendit aux instances des puissances ses alliées & aux représentations du Cardinal Julien pour rompre les engagemens qu'il venoit de contracter avec les Turcs. Il se mit dans l'arriere saison de l'année 1444 à la tête de son armée, & ayant passé le Danube à Orsowa, il pénétra par la Bulgarie dans la Thrace. Le promt retour d'Amurat déconcerta le plan des confédérés, qui n'ayant pu joindre l'armée hongroise, Uladislas fut forcé de se replier sur Varna, où il se vit assailli par les Turcs. La bataille qui s'y donna le 10 de Novembre, fut des plus sanglantes; mais malgré les courageux efforts de Jean de Hunyad, les Hongrois y essuyerent une entiere défaite. Le Roi Uladislas périt lui-même dans l'action & le Cardinal Julien fut tué dans la fuite i).

Ladislas dit le Posthume.

Les Hongrois consternés en déférant alors leur couronne à Ladislas, dit le Posthume, fils d'Albert d'Autriche & d'Elisabeth de Luxembourg, nommerent Jean de Hunyad gouverneur du Royaume. La tutele du jeune Prince resta entre les mains de l'Empereur Frédéric III jusqu'en 1452, qu'il en fut dépouillé par les armes réunies des états de Hongrie, de Boheme & d'Autriche.

Siége de Belgrad par les Turcs.

La terrible catastrophe de l'Empire Grec illustra les commencemens du regne de La-

---

i) THWROCZ c 42. PHIL. CALLIMACHUS *de rebus a Vladislao gestis* Lib. III. PRAY *Annal. Hung.* Part. III. p. 27.

dislas On prévoyoit que Mahomet, après avoir soumis Constantinople, ne tarderoit pas de tourner toutes ses forces contre la Hongrie, & on ne négligea rien pour se mettre en bon état de défense. Le commandement en chef de l'armée fut confié au vaillant Jean de Hunyad, qui se signala dans plusieurs actions contre les Turcs & qui en 1456 obligea Mahomet de lever le siége de Belgrad, où il perdit au-delà de vingt-cinq mille hommes & fut lui-même griévement blessé. Ce fut immédiatement après cette victoire que Jean de Hunyad termina sa glorieuse carriere. Sa mort fut suivie de près de celle du Roi Ladislas, qui étant sur le point d'épouser la fille du Roi Charles VII de France tomba dans une maladie, qui l'emporta à la fleur de son âge en 1457.

L'Empire Grec, loin de se rétablir sous les Paléologues, ne fit que pencher de plus en plus vers sa ruine. Resserré dans ses limites *k*), & continuellement assailli par des barbares, tant en Asie qu'en Europe, il ren-

---

k) En Asie les Paléologues possédoient la Mysie, la Bithynie, la Paphlagonie, la grande Phrygie, la Phrygia pacatiana, la Lydie & la Carie: les autres provinces de l'Asie mineure appartenoient aux Turcs Selgjucides. v. DUCAS *hist. Byz.* cap. 2. En Europe c'étoient la Thrace & la Macédoine avec une partie de la Grece qui formoient l'Empire. Tout le reste de l'ancien Empire en Europe étoit au pouvoir de plusieurs Princes Grecs ou Latins qui ne cesserent de donner de l'occupation aux Empereurs.

V PERIODE.
fermoit encore dans son sein des vices qui devoient en hâter la destruction. Un sistème oppressif de finances soulevoit les peuples contre le gouvernement; le grand crédit des Patriarches & des moines, leur zele outré pour les querelles théologiques, les schismes & les sectes, jettoient dans l'état un germe de division qui excita les factions des grands & qui fut la source d'une discorde dans la maison impériale, que le danger le plus imminent de l'empire ne put faire cesser. Pour réformer tant de desordres & rendre au gouvernement son énergie, il auroit fallu une suite de grands hommes, capables de régénérer l'empire & le créer pour ainsi dire de nouveau. Mais la plupart des Princes Paléologues ne furent que des hommes foibles ou ordinaires, plus propres à discuter des matieres scolastiques & à conduire des tracasseries de moines qu'à manier les grands intérêts de l'état. Ils se livroient à des exercices pieux & à des pratiques superstitieuses, tandis que l'Empire étoit déchiré par la discorde & que le trône s'écrouloit sous leurs pieds.

Michel Paléologue.
Michel Paléologue, le plus habile des Princes de cette maison, assez occupé sur la frontiere occidentale à tenir en respect les Bulgares, les Serviens & les Princes Latins & Grecs, déjà maîtres d'une partie de la Grece & de la Morée, se vit dans l'impuissance de veiller à la défense de l'Orient, dont les provinces devinrent insensiblement

la proie des Turcs *l*). Ce Prince dans la vue de détourner les préparatifs qui se faisoient en Occident pour le recouvrement de Constantinople, crut devoir se rapprocher du Pape. Il donna les mains à l'union au Concile de Lyon en 1274, & le zele persécuteur qu'il montra dans la suite souleva contre lui tous les partisans de l'ancien rit *m*).

<small>V PERIODE.</small>

Andronic II, son fils & successeur, ne fut pas sitôt parvenu au trône que pour se rendre agréable aux Grecs, il détruisit l'ouvrage de son pere, en rompant derechef avec l'église Romaine *n*). L'incapacité de ce Prince qui réunissoit tous les défauts des ames foibles, ne fit qu'accumuler les plaies & les desordres de l'état, & pour comble de malheur son regne fut des plus longs & dura l'espace de cinquante ans. Les barbares profiterent de sa foiblesse pour envahir l'Empire & pour le démembrer. La redoutable dynastie des Turcs Ottomans commença à naître sous lui & à s'étendre en Asie. Andronic au lieu de chercher à relever le courage abattu de ses propres troupes, soudoya à grands frais des troupes étrangeres & se servit entr'autres d'un corps de Catalans *o*)

<small>Andronic II.</small>

---

l) NICEPH. GREGORAS *Hist. Byzant.* Lib. V. c. 5. PACHYM. Lib. III. c. 21. 22. Lib. IV. c. 27.
m) NICEPH. GREG. Lib. VI. c. 1. 2. PACHYM. Lib. V. c. 11. *Acta Concilii Lugd.* dans LABBE T. XI. P. I. p. 961. sqq.
n) En 1282. PACHYM. *Hist. Andronici* L. I. c. 2. NICEPH. GREG. Lib. VI. c. 1.
o) Ces troupes, aussi indisciplinées qu'elles étoient

V
PERIODE. qui, tournant enfin fes armes contre lui & appellant même les Turcs à leur fecours, remplirent tout l'Empire d'horreur & d'effroi. Ce Prince au milieu des maux qui accabloient l'état, comptoit fi bien fur la protection immédiate du ciel, qu'il n'héfitât pas de réformer la marine, dont il regardoit la dépenfe comme inutile *p*). Les côtes & les isles laiffées ainfi fans défenfe furent livrées à la merci des pirates, & les Turcs après avoir enlevé prefque toutes les provinces Afiatiques, franchirent impunément les mers & allerent porter la défolation jufqu'au cœur de l'Empire en Europe. La divifion qui fe mit entre lui & fon petit-fils Andronic III, entretenue par des miniftres perfides, acheva de perdre l'Empire & de feconder les entreprifes des Turcs. Il reprit

---

agguéries, avoient fervi le Roi Frédéric de Sicile dans fes guerres contre le Roi de Naples. La paix s'étant faite entre ces deux fouverains, elles offrirent en 1303 leurs fervices à l'Empereur Andronic qui les accepta fans la moindre difficulté. On remarque parmi leurs chefs le célebre Roger de Flor, Berenger d'Entença, Berenger de Rocafort, Ferdinand Ximenes d'Arenos & l'Infant Dom Ferdinand, fils puifné de Dom Jayme I Roi de Majorque qui vint aufli les joindre. Roger de Flor ayant été affaffiné en 1307 par les Grecs d'Andrinople, cette perfidie révolta les Catalans & les porta à entreprendre une guerre longue & cruelle contre les Grecs, dont les effets furent des plus funeftes à l'Empire. v. LE BEAU *hift. du bas Empire* Tom. XXIII.

p) PACHYM. *hift. Andronici* Lib. I. c. 26.

jusqu'à trois fois les armes contre ce jeune Prince qui le dépouilla enfin de tout son pouvoir & l'obligea de terminer au fond d'un cloître sa longue & malheureuse carriere *q*).

Andronic III montra des talens, de l'activité & de la bravoure. Il remporta en personne des avantages signalés sur les ennemis de l'état & leur enleva à tous quelques débris des anciennes possessions de l'Empire; il corrigea même autant qu'il put les abus qui s'étoient glissés dans les diverses branches de l'administration; mais son regne, qui ne dura que neuf ans, ne put gueres remettre les affaires délabrées, ni réparer les fautes multipliées de son prédécesseur.

Jean I Paléologue n'avoit que neuf ans, lorsqu'il succéda à son pere *r*). Sa tutele & la régence pendant le bas âge de ce Prince furent confiées à Jean Cantacuzene *s*), qui en sa qualité de grand domestique avoit joui de toute l'intimité du dernier Empereur. Ce seigneur qui se distinguoit par des qualités supérieures, entraîné par son ambition, s'érigea contre son pupille & ne balança pas de disputer le trône au fils de son bienfaiteur. Il en résulta une guerre civile entre les deux Princes dont les suites furent des

---

q) En 1332.
r) En 1341.
s) Il est l'auteur d'une histoire fort estimée de son tems qu'on trouve dans le recueil des historiens de Byzance.

V
PERIODE. plus funestes à l'Empire Grec. Jean Paléologue appella les Serviens & les Bulgares à son secours, tandis que Cantacuzene s'allia étroitement avec les Turcs, qu'il donna sa fille en mariage à leur Sultan *t*), & qu'il ne négligea rien pour fixer les armes de ces barbares en Europe. L'usurpateur ayant enfin pris le parti de cacher dans un couvent sa honte & ses remords *u*), Matthieu son fils, qu'il avoit fait proclamer Empereur, fut également forcé d'abdiquer, & Jean Paléologue devint seul le maître.

Chûte de l'Empire. La retraite des Cantacuzenes servit de signal aux Turcs pour envahir les provinces Grecques en Europe. Leurs succès y furent d'autant plus rapides que les divisions intestines ne discontinuerent point parmi les Grecs, & que les Turcs ne négligerent rien pour les entretenir. Jean Paléologue & ses successeurs les derniers Empereurs de Constantinople, réduits à la triste nécessité de payer tribut aux Sultans & de marcher à leurs ordres dans les expéditions militaires, ne durent, pendant quelque tems, la conservation des foibles débris de leur Empire qu'à des revers de fortune, qui affligerent les Ottomans, & aux difficultés que le siége

---

t) JEAN CANTACUZENE au Liv. III, ch. 95. de son histoire rapporte lui-même le mariage de sa fille Théodora avec Orkhan, fils d'Ottoman & le plus cruel ennemi du nom Chrétien.

u) Vers 1355. DUCÆ *Hist. Byzant.* cap. 11.

de la capitale préfentoit à une nation grof-
fiere qui ne connoiffoit pas encore la marine.

L'Afie mineure a été le berceau de la domination des Turcs Ottomans. Ottoman ou
Athman qu'on en regarde comme le premier
fondateur, étoit un de ces Emirs Turcs, qui
vers l'an 1300 *x*), lors de la chûte des Seljoucides de Roum ou d'Iconium *y*), partagerent entre eux les dépouilles de leurs anciens maîtres. Une partie de la Bithynie &
tout le pays, fitué aux environs du mont
Olympe, échut à Ottoman. Il fe joignit enfuite aux autres Emirs *z*) pour envahir les
poffeffions de l'Empire Grec, fous le foible
regne d'Andronic II. Il réduifit entr'autres
Prufa, ville principale de la Bithynie *a*),

V
PERIODE.

TURCS
OTTO-
MANS.
Leur ori-
gine.

---

x) Cette chronologie eft prouvée par LEUNCLAV. *Pandectæ Hift. Turc.* cap. 11.

y) Voyez ci-deffus p. 92.

z) Parmi les familles Turques qui démembrerent alors les états des Grecs en Afie mineure on remarque, outre les Ottomans, les *Carafi-ogli*, qui s'emparerent de la Troade, de la Myfie & d'une partie de la Phrygie, les *Saruchan-ogli*, qui conquirent l'Eolide & une partie de la Lydie, les *Aidin-ogli*, qui prirent Smyrne, l'Ionie & une partie de la Lydie, les *Mentes-ogli* qui devinrent maîtres de la Carie & de la Lycie, les *Germean-ogli* qui s'établirent dans la Phrygie, les *Omer-* ou *Isfendiar-ogli*, qui enleverent la Paphlagonie avec une partie du Pont. Voyez CHALCOCONDYLAS *de rebus Turc.* L. I. p. 7. DUCAS *hift. Byzant.* cap. 2. & les *Généalogies* de LEUNCLAVIUS.

a) L'an de l'Hégyre 726, de J.C. 1327. LEUNCLAV. *Hift. muful. Turc.* Lib. III. p. 171.

V
PÉRIODE. dont l'importance engagea ses successeurs à en faire le siége de leur état. Cette nouvelle puissance parvint successivement à faire la loi à toutes les autres souverainetés turques formées, comme elle, des débris de l'Empire Grec & du trône d'Iconium *b*). Orkhan, fils & successeur d'Ottoman *c*), enleva aux Grecs

---

b) Quelques auteurs Turcs dérivent les Ottomans, non des anciens Turcs Seljoucides, mais d'une autre branche de Turcs, sortis nouvellement des contrées orientales de la mer Caspienne & conduits en Asie mineure par Soliman, grand-pere d'Ottoman. On fixe cet événement à l'époque de l'invasion de Tschinghiskhan dans les états du Sultan de Kharisme vers 1218. voyez DEMETRIUS CANTEMIR *Histoire de l'Empire Othoman* dans la préface & ci-dessus pag. 274. M DE GUIGNES dans son *Hist. génér. des Huns* T. IV. p. 333. concilie très-judicieusement la tradition des écrivains Turcs avec l'histoire des Seljoucides & des Kharizmiens, ou Khovaresmiens en dérivant les Turcs Ottomans de ces mêmes Turcs du Kharisme, dont les généraux vinrent se mettre au service d'Alaëddin, Sultan d'Iconium, après la mort de Ogélaleddin, dernier Sultan de Kharisme, tué en 1230. voyez ci-dessus p. 277. & *Hist. générale des Huns* Tom. II. Part. II. p. 61. & 287. Selon les *Annales Turques* de LEUNCLAVIUS p. 8. Ertogrul, fils de Soliman & pere d'Osman ou d'Ottoman, établit son siége à Engur ou Ancyra dans la Galatie du gré du Sultan d'Iconium, qui lui céda aussi quelques autres places & le chargea de la défense de la frontiere contre les Grecs. LEUNCLAVII *Hist. musul. Turc.* Lib. II. p. 99. Ertogrul décéda selon les annales turques l'an de l'hégyre 687, de J. C. 1288.

c) L'an de l'hégyre 727, de J. C. 1328. voyez LEUNCLAVII *Pand. hist. Turc.* cap. 11.

DES REVOLUTIONS. 513

Grecs les villes de Nicée & de Nicomédie dans la Bithynie *d*), & étendit ses conquêtes dans la Mysie & la Phrygie *e*). Plusieurs Princes ou Emirs Turcs ayant fléchi devant lui, il prit le titre de *Sultan* ou de Roi *f*), & même celui de *Padischah* qui est l'équivalent du titre impérial *g*). C'est à lui qu'on peut remonter l'institution de la fameuse milice des Janissaires *h*), attribuée vulgairement *i*) à son fils Amurath, qui ne fit que la perfectionner. Allié & gendre de l'Empereur Cantacuzene, il saisit la circonstance de la chute de ce Prince pour établir le théatre de ses conquêtes en Europe. Son fils Soliman traversa *k*) l'Hellespont par ses ordres aux environs de Troye & prit le château de Zemenic *l*) ainsi que la ville de Gallipoli dans la Chersonnese de Thrace, l'an de l'Hé-

V PERIODE.

---

d) Chalcocond. *Hist.* L. I. p. 11. Leunclavii *Ann.* p. 9. *Hist. musul. Turc.* L. IV. p. 186.

e) Il y mit fin à la domination des *Carasi-ogli* vers 1336. Leuncl. *Hist. musul.* L. IV. p. 196.

f) Voyez ci-dessus p. 87. note *f*.

g) Leuncl. *Hist. musul.* L. IV. p. 191. Art. 13. du traité de Kaynardgi.

h) Leuncl. l. c.

i) v. Leunclavii *Annal.* p. 12. *Pandectæ Turc.* c. 35. *Hist. musul.* L. V. p. 228. Herbelot *Bibl. orientale*, Art. *Jenitscheri*. Selon Chalcocondylas Lib. I. p. 8. cette milice fut déja instituée par Ottoman, pere d'Orkhan.

k) A s'en rapporter aux auteurs Turcs, Soliman se servit de radeaux pour faire le passage de l'Hellespont. Leunclav. *Hist. musul. Turc.* L. IV. p. 207.

l) Ce château étoit l'ancien Sestus des Grecs.

Kk

V PÉRIODE.

gyre 758, de J. C. 1358 *m*). La poſſeſſion de cette place ouvrant aux Turcs l'entrée en Europe, ils ne tardèrent pas à s'en ſervir pour inonder la Thrace & toute la Grèce. Le jeune Soliman alloit pouſſer plus loin ſes avantages, lorſqu'une mort prématurée, ſuivie de près de celle du Sultan ſon père *n*), interrompit le cours de ſes conquêtes.

Amurat I. Ses conquêtes en Europe.

Amurat ou Morad I, dit *Gazi* ou le conquérant, n'eut pas ſitôt remplacé ſon père qu'il reprit le chemin de la Thrace. S'y étant ſucceſſivement rendu maître de pluſieurs places, il marcha ſur Andrinople qu'il emporta de même *o*), & après y avoir établi le ſiège de ſa nouvelle domination en Europe, il nomma le premier Beglerbeg ou gouverneur général de la Romélie *p*). Amurat dépouilla enſuite le Roi Siſman de Bulgarie *q*) du diſtrict de Zagora, au nord de la

―――――――――――――

m) LEUNCLAVII *Annal. Turc.* p. 11. *Hiſt. muſ. Turc.* L IV. p. 206. & ſuiv.

n) Tous les deux moururent l'an de l'hégyre 760, de J. C. 1359. LEUNCLAV. L. IV. p. 212. 215.

o) Selon les uns l'an de l'hégyre 761, de J. C. 1360, & ſelon d'autres l'an de l'hégyre 763, de J. C. 1362. LEUNCL. *Annal.* p. 12. *Hiſt. muſul.* L V. p. 221.

p) LEUNCL. *Hiſt. muſ.* p. 229.

q) La Bulgarie avoit été partagée en trois parties ou Royaumes entre les fils du Roi Jean Alexandre, décédé vers 1353. Strafcimir, qui en eut la partie occidentale avec la ville de Widdin, ſubit dans la ſuite la domination des Rois de Hongrie. La moyenne Bulgarie échut à Siſman, dont la capitale fut Ternova. Aſan devint Roi de Dobrutz ou Do-

Thrace *r*), & le força de se reconnoître son vassal & son tributaire. Asan Roi de Dobrutz & frere de Sisman, fut contraint de subir le même sort. Les Serviens ayant osé provoquer les Turcs, leur témérité fut suivie de près d'une entiere défaite qu'ils essuyerent aux environs d'Andrinople *s*). Les Turcs pénétrerent depuis dans la Servie, où ils prirent en 1382 Nissa, & obligerent le Despote Lazarus *t*) de se soumettre à un tribut annuel & à fournir des troupes auxiliaires au Sultan *u*). Plusieurs places de la Macédoine, telles que Bolina *x*), Cavala, Seres, Jamboli *y*) tomberent également au pouvoir de ces formidables ennemis *z*) L'impuissance, où étoient les Grecs de défendre leurs possessions contre les Turcs, les engagea à solliciter des secours en Occident. L'Empereur Jean Paléologue se rendit en personne à Rome & y fit profession de foi entre les mains du Pape Urbain V *a*); mais toutes les démarches du Pontife pour effectuer une

---

brudsche & fixa son siége à Preslaw ou Presthlava (Martianopolis) sur l'Urana, proche Varna. CANGII *familiæ Byzant.* p. 324.

r) Vers 1365. LEUNCL. *Ann.* p. 13. *Hist. musul.* p. 227.

s) Vers 1366. LEUNCL. *Hist. mus.* p. 230.

t) Bulko Eléazar Brankowich.

u) LEUNCL. l. c. p. 239. 240.

x) Apollonia.

y) Chalcis.

z) LEUNCL. l. c.

a) RAYNALDI *Annal. eccles.* 1369. n. 1.

V PERIODE.

Ses exploits en Asie mineure.

croisade en faveur des Grecs, furent infructueuses. L'Empereur se vit réduit à demander la paix au Sultan ; il s'engagea même à lui payer tribut & à le suivre dans ses expéditions militaires *b*).

Amurat ne borna pas ses conquêtes à l'Europe ; il s'occupa aussi de l'arrondissement de ses états en Asie, où il dépouilla différens Princes Turcs *c*). Il s'empara entr'autres de Cutajah *d*), métropole de la grande Phrygie, qui devint depuis la capitale de la Natolie & le siége du Beglerbeg ou gouverneur général de cette province *e*). Alarmé de ces progrès, le Prince de Caramanie *f*), le plus puissant de tous les Princes

b) DUCAS *Hist. Byzant.* c. 13. CHALCOCOND. p. 19. RAYNALDUS à l'an 1374 & 1375. Ce même Empereur abandonna en 1390 à Bajazet, fils d'Amurat, la ville de Philadelphie, aujourd'hui Alascheher, dans la Lydie, & sur le refus que firent les habitans de recevoir les Turcs, il eut la complaisance de joindre ses troupes à celles du Sultan pour la réduction de cette place. DUCAS cap. 4. p. 7. CHALCOCOND. p. 33. LEUNCL. p. 316.

c) Les *Hamid-ogli* de la Pisidie furent forcés en 1383 de lui abandonner leurs états. LEUNCL. p. 238.

d) Cotyæum.

e) Cette conquête tombe dans l'an de l'hégyre 783, de J. C. 1382. LEUNCL. *Annal.* p. 13. *Hist. mus.* p. 238. Selon quelques auteurs Turcs la ville de Cutajah passa à Amurat, avec une partie considérable de la Phrygie, par le mariage de son fils Bajazet avec la fille du Prince Germéan-ogli qui regnoit dans la grande Phrygie. LEUNCL. p. 235.

f) Son nom étoit Aladin, de la famille nommée Caraman-ogli.

DES REVOLUTIONS. 517

Turcs de l'Afie mineure, fe ligua contre les Ottomans avec les Princes Turcs de Durgut *g*) & de Verfak *h*), avec les Paiburdiens de l'Arménie, les Turcomans & les Tatars. Amurat ayant raffemblé contre eux une armée confidérable *i*), pénétra dans la Caramanie & vint fixer fon camp dans une plaine de la Cilicie, appellée *Ifrenc-ova* ou le champ des Francs. Il fe donna en 1387 *k*) une fanglante bataille entre ces deux fouverains qui tourna à l'avantage des Ottomans. Le Prince de Caramanie, affiégé dans fa capitale *l*) par Amurat, fut forcé de demander la paix & de recevoir la loi du vainqueur. Cette victoire affermit la domination du Sultan dans l'Afie mineure & obligea les différents Princes Turcs de reconnoître fa fupériorité *m*).

Amurat repaffa enfuite en Europe pour tourner derechef fes armes contre les Chrétiens qui fe raffembloient en forces fous les drapeaux du Defpote de Servie. Ce Prince, indigné du traitement qui avoit été fait à fes troupes dans l'expédition de la Caramanie *n*), venoit de fecouer formellement le

V. PERIODE.

Bataille de Coffova.

---

g) Les Dulgadir-ogli dans la grande Phrygie.
h) C'eſt l'Iſaurie des anciens.
i) Le Deſpote de Servie envoya un corps d'auxiliaires pour cette expédition.
k) LEUNCLAV. *Hiſt. muſul.* p. 247.
l) C'eſt-à-dire à Iconium, Cogni.
m) LEUNCLAV. l. c. p. 258.
n) Amurat en avoit fait exécuter un grand nombre

518 TABLEAU

V
PERIODE. joug des Turcs. Ayant entrainé dans sa défection les Princes de Bulgarie, il mit dans ses intérêts le Roi de Bosnie & tous les Princes & peuples voisins. Les Hongrois, les Wallaques, les Croates, les Albaniens & les Italiens même marcherent à son secours o). Amurat convoqua contre tant d'ennemis ses vassaux d'Asie p) & d'Europe; il détacha un corps de trente mille hommes sous les ordres de son Vizir Ali-Pacha qui prit en 1389 Ternova, capitale du Royaume de Sisman, & s'empara successivement de toutes les places fortes de ce Prince, à l'exception de Nicopolis & de Silistrie q). Le Sultan se porta en personne contre le Despote, & ayant traversé la petite Morava, il le joignit dans les plaines de Cossova. La bataille, qu'il lui livra r), fut des plus opiniâtres; elle couta la vie à Amurat & au Despote, & les deux partis s'attribuerent également la victoire s).

à l'occasion d'une querelle qui s'étoit élevée entr'eux & les Musulmans. LEUNCLAV. l. c. p. 259.

o) Les auteurs Turcs, qui grossissent volontiers les objets, font monter l'armée chrétienne à près de cinq cent mille hommes. LEUNCL. p. 279.

p) On compte parmi ces Princes Turcs de l'Asie mineure, qui marcherent alors aux ordres d'Amurat, les Caraman-ogli, les Aidin-ogli, les Mentes-ogli, les Saru-chan-ogli, les Teké-ogli. LEUNCLAVII *Hist. muf.* p. 264.

q) LEUNCL. l. c. p. 266.

r) Les uns la fixent au 15 & les autres au 20 Juin 1389, à l'an de l'hégyre 791.

s) LEUNCL. l. c. p. 287. PRAY *Annal. Regum Hung.* Part. II. p. 185.

Bajazet I, surnommé *Ildrim* ou le foudre, à cause de l'ardeur bouillante qui l'animoit dans les combats, signala son avénement au trône par de nouvelles conquêtes. Il s'empara de Cratova, de plusieurs places de la Servie, & acheva la réduction de la Bulgarie par la prise de Widdin, de Silistrie & de Nicopolis *t*). Ayant ensuite poussé ses courses dans la Wallachie, l'Esclavonie, la Bosnie & l'Albanie, il accorda la paix aux Serviens *u*), & résolut d'anéantir l'Empire Grec. Tandis que les armées de ce Prince subjuguoient la Macédoine, qu'elles prenoient Pharsale, Larisse, Janna dans la Thessalie & qu'elles pénétroient dans l'intérieur de la Grece & du Péloponnese *x*), il forma lui-même le blocus de Constantinople, il en dévasta les environs, & toutes ses dispositions tendoient à en réduire les habitants par la famine *y*).

Ce fut alors que le Roi Sigismond de

---

t) En 1389, 1390, 1391. LEUNCLAVII *Annal.* p. 15. *Hist. musul.* p. 307. 315.

u) Bajazet épousa même alors la fille du Despote Lazarus, & restitua au Prince de Servie les villes de Semendria & de Columbacz, sur le Danube, à condition que ce Prince continueroit à lui payer tribut & à marcher à ses ordres dans les expéditions militaires. LEUNCLAV. *Hist. musul.* p. 326. DUCÆ *Hist. Byzant.* cap. 4. p. 6.

x) CHALCOCOND. p. 35. 36. LEUNCL. *Hist. musul.* p. 320.

y) CHALCOCOND. p. 43. DUCAS cap. 13. p. 26. LEUNCL. p. 321.

V PERIODE.
Il échoue au siége de Constantinople.

Hongrie se rendit aux instances de l'Empereur Manuel II, fils de Jean Paléologue, & promit de faire une puissante diversion en sa faveur. Bajazet quitta le siége de la capitale pour marcher en personne au-devant de l'armée chrétienne qui s'étoit avancée dans la Bulgarie. Il la défit complettement à la fameuse journée de Nicopolis z), reprit ensuite le siége de Constantinople & enleva aux Grecs le château de Scilly a). Voulant aussi leur couper la communication avec la mer noire, il fit construire un fort sur la côte de l'Asie à l'entrée du Bosphore b). Tant de difficultés & l'ennuyante longueur de ce siége c) ne pouvant que rebuter le génie ardent de Bajazet, elles l'engagerent enfin à écouter les propositions de paix qui lui furent faites. L'Empereur lui céda les places qu'il tenoit encore aux environs de Constantinople. Il se soumit à un tribut annuel de dix mille pieces d'or & consentit à accorder aux Turcs une rue dans la capitale avec la faculté d'y avoir un Cadi, pour juger les contestations qui naîtroient entre les Mahométans d).

---

z) Voyez ci-dessus pag. 498.

a) Dascylium sur la côte de l'Asie & de la Bithynie.

b) LEUNCL. *Hist. musf.* p. 324. *Pand. Turc.* n. 112. 128.

c) Selon CHALCOCOND. p. 43. ce siege ou blocus dura près de dix ans.

d) DUCAS cap. 15. LEUNCL. p. 324. Les auteurs Turcs fixent cette paix à l'année qui suivit la

Cette paix devenoit d'autant plus in- PERIODE.
difpenfable à Bajazet que les affaires de l'Afie Ses con-
mineure excitoient alors toute fon attention. quêtes en
Les progrès du redoutable Timour, dont la Afie.
fougue guerriere ne connoiffoit aucun frein,
lui faifoient craindre pour ce continent, où
il voyoit fon pouvoir mal-affermi & les
peuples prêts à fe foulever. Bajazet avoit
détruit depuis peu les différentes fouverainetés Turques qui partageoient avec lui la
domination de l'Afie mineure. Les Saru-
chan-ogli de l'Eolide, les Aidin-ogli de
l'Ionie, les Mentes-ogli de la Carie, les
Teké-& les Germéan-ogli de la Phrygie,
les Caraman-ogli de la Cilicie *e*), les Omer-

---

bataille de Nicopolis; ce qui la feroit tomber en
1397; mais DUCAS attribuant cette paix à l'Empereur Jean II, neveu de Manuel, il paroit qu'elle
n'eut lieu qu'après le départ de Manuel de Conftantinople & qu'elle appartient à l'an 1400. En
effet le fiége ayant commencé en 1391 felon DUCAS,
& ayant duré dix ans d'après CHALCOCONDYLAS,
la paix en queftion doit être fixée vers l'an 1400.
Manuel, ayant remis alors les rênes du gouvernement entre les mains de fon neveu Jean, entreprit
un voyage en Occident pour y folliciter de nouveau
les fecours des puiffances chrétiennes. Il s'embarqua
pour Venife & ayant traverfé l'Italie, il vint en
1400 en France, d'où il paffa en Angleterre. On
lui fit par-tout une réception brillante, accom-
pagnée de belles promeffes, qui n'aboutirent à
rien. DUCAS *Hift. Byzant.* c. 13. p. 29. JUVENAL
DES URSINS *Hift. de Charles VI.* p. 143. 148.
WALSINGHAM apud CAMD. p. 364.

e) Bajazet prit fur ces derniers Princes Cogni,
(Iconium) Ac-ferai, (Anazarbus), Nigde, (Na-

V PERIODE. ou Isfendiar-ogli de la Paphlagonie *f*), les Princes de Siwas *g*) & d'Amafie de la Cappadoce & du Pont avoient été fucceffivement fubjugués. Il avoit même porté fes armes victorieufes jufques fur l'Euphrate & en Arménie. Melatia *h*) & Arzingan ou Arzendgian *i*) étoient tombées fous fa puiffance *k*). Rien n'étoit facré pour ce Prince,

---

gidon) Caifarie (Cæfarea) &c. LEUNCL. p. 334. Selon DUCAS cap. 4. la plupart de ces Princes furent dépouillés dès l'an de l'hégyre 792, de J. C. 1390. Les auteurs Turcs, rapportés par LEUNCLAVIUS, varient dans les époques qu'ils affignent à ces différentes conquêtes de Bajazet.

f) Ils tenoient entr'autres Caftamone, Synope & Héraclée.

g) Sebafte. Cette ville étoit au pouvoir d'une famille Turcomanne de l'Arménie, appellée *Accoinlu* ou du mouton blanc. Coutloubeg, furnommé Fakhreddin, fut dépouillé par Bajazet & fon fils Cara-ilough Othman rétabli par Timour. v. CHEREFEDDIN-ALI *Hift. de Timur* L. V. ch. 13. & ch. 64. DEGUIGNES *Hift. des Huns* T. III. p. 305.

h) Melatia paroît avoir été du domaine de la famille Turcomanne, appellée les *Dulgadir-ogli*. Le pays, qu'elle tenoit, fut auffi nommé *Alaëddoulat*, d'un Prince de cette famille qui porta ce nom. v. LEUNCLAVII *Genealogiæ* p. 10.

i) Bajazet enleva cette place au Turcoman Taharten ou Tachretin, qui s'étoit mis antérieurement fous la protection de Timour. v. CHEREFEDDIN ALI *Hift. de Timur* T. III. p. 257. 375.

k) Voyez fur toutes ces conquêtes CHALCOCONDYLAS p. 33. 53. LEUNCL. *Annal.* p. 15. 17. *Hift. muful.* p. 334. & fuiv. CHEREFEDDIN ALI Liv. V. ch. 13. Les dernieres de ces conquêtes femblent devoir fe placer vers l'an 1400.

ni capable d'éteindre la foif des conquêtes dont il étoit dévoré. Il y facrifioit jufqu'aux liens du fang *l*), & la foi des traités n'en étoit pas plus refpectée que la fainteté des fermens. Les différens Princes qu'il avoit dépouillés, trouverent enfin un vengeur dans la perfonne du conquérant Mongol, qui après avoir rempli l'Afie du bruit de fes exploits, vint arrêter Bajazet au milieu de fes victoires & de fes conquêtes.

Timour, vulgairement appellé Tamerlan *m*), étoit du nombre de ces Émirs Mongols qui fe partagerent la fouveraineté de la Tranfoxiane lors de la décadence de la dynaftie des Mongols du Zagataï *n*). Né aux environs de la ville de Kefch l'an de l'hégyre 736, de J. C. 1336, il faifoit remonter fon origine à Cajouli, frere de Cabul, qu'on prétend avoir été le bifayeul du redoutable Tfchinghis-khan *o*). Les premieres conquêtes que fit Timour, ce fut dans la Tranfoxiane & dans les états des Khans du Zagataï, dont il ufurpa tout le pouvoir & fixa le fiége de fa nouvelle domination dans la ville de Samarcande, l'an de l'hégyre 771, de J. C. 1369 *p*). En 1380 il paffa l'Oxus

Timour s'érige en conquérant.

---

l) La fœur de Bajazet avoit époufé Aladin, Prince de Caramanie, & la femme de Bajazet lui-même étoit la fœur de Jacup Prince Germéan.

m) *Timour-lenk*, qui veut dire Timour le boiteux.

n) Voyez ci-deffus page 292.

o) *Inftituts de Timour* p. 174. ABULGASI-CHAN *Hift. généalog. des Tatars* p. 152.

p) Timour ne prit jamais le titre de Khan, qu'il

V
PERIODE. ou le Gihon, pour envahir le Khorafan & toute la Perfe. Parcourant enfuite & fubjuguant fucceffivement l'Irak-Arabi, la Méfopotamie, la Géorgie, les états du Kaptfchak *q*) & l'Indouftan *r*), il déploya par-tout la fureur de fon fanatifme & y renouvella les fcenes d'horreur, de fang & de carnage *s*)

réferva aux Princes de la defcendance de Zagataï. Il fe contenta de celui de *Saheb-Keran* qui veut dire: *Maître du monde.*

q) Les expéditions de Timour contre le Khan Toktamifch du Kaptfchak tombent dans les années 1391 & 1395. voyez ci-deffus p. 296. & 464. Selon CHEREFEDDIN ALI *Hiftoire de Timour* T. II. p. 363. ce Prince pouffa lui-même jufqu'à Mofcou & mit cette ville au pillage; mais les annales Ruffes ignorent ce fait. D'après elles il prit Jélez fur la Sofna & ne fit que s'approcher de Rézan, après quoi il fortit derechef de la Ruffie. Voyez la *Vie de Timour* par Mr. LANGLÈS p. 64.

r) La conquête de l'Indouftan depuis les bords de l'Indus jufqu'à l'embouchure du Gange appartient aux années 1398 & 1399. Voyez les *Inftituts de Timour*, écrits par lui-même, CHEREFEDDIN ALI *Hift. de Timour* & HERBELOT *Bibliotheque orient.* Art. *Timour.*

s) Ses plus chers trophées à la fuite de chaque victoire ou conquête étoient de grandes tours, formées de têtes qu'on coupoit aux vaincus. Il en fit élever cent vingt après la prife de Bagdad en 1401. Les cruautés inouies de ce barbare, répandant partout la confternation, porterent les peuples à s'enfuir & à chercher leur falut jufqu'en Europe. v. LEUNCLAVII *Hift. muful.* p. 368. Il n'eft donc pas hors de vraifemblance, que les vagabonds, connus en France fous le nom de Boëmiens, (Zingari) foient fortis alors des Indes ou de quelqu'autre contrée Afiatique. Leur apparition en Europe remonte au commencement du quinzieme

dont s'étoit souillé avant lui le premier con- V quérant Mongol. Timour devint comme lui PERIODE. la terreur & le fléau des nations; mais quelque vastes & bruyantes que fussent ses conquêtes, elles ne purent cependant rassasier son ambition. Croyant qu'il manquoit à sa gloire de vaincre & de réduire le fier Bajazet, guerrier le plus intrépide & le plus fortuné de son tems, il ne lui fut pas difficile de trouver des prétextes plausibles pour lui faire la guerre.

Bajazet étoit allié du Sultan d'Egypte, Sa guerre ennemi déclaré de Timour. Il avoit attaqué, contre dans l'Arménie, le Prince d'Arzendgian qui Bajazet. s'en reconnoissoit vassal, & donné retraite à la Cour Ottomanne à Cara-Yousouf, Prince des Turcomans *t*), ainsi qu'au Sultan Ahmed de Bagdad. Ces différens motifs de mécontentement excitant Timour à la vengeance, il se crut de son côté autorisé à accorder aux Princes Turcs la protection qu'ils lui demandoient contre le Sultan leur oppresseur *u*).

---

siecle, & on les trouve pour la premiere fois dans la Moldavie, la Wallachie & la Hongrie vers l'an 1417. v. PRAY *Annal. Regum Hung.* Part. IV. p. 273. & GRELLMANN *die Zigeuner* p. 155. & suiv.

t) Ce Prince, chassé de la haute Arménie par Timour, étoit de la famille Turcomanne, appellée *Cara-coinlu* ou du mouton noir. M. DE GUIGNES *Hist. des Huns* T. III. p 301.

u) *Instituts de Timour* p. 260. CHEREFEDDIN ALI Liv. V. ch. 13. 16. 34. 39. LEUNCL. *Annal.* p. 18. *Hist. mus.* p. 342. 351. CHALCOCOND. L. II. p. 53.

V.
PERIODE.

Bataille d'Ancyre.

Il entra dans la Natolie & dans les états de Bajazet l'an de l'hégyre 803, de J. C. 1400. S'y étant emparé des villes de Siwas & de Melatia, il les rendit à leurs Princes x). Confidérant enfuite qu'il feroit peu prudent de pénétrer dans l'Afie mineure avant d'avoir foumis la Syrie, il tourna fes forces contre cette province, dont il prit fucceffivement toutes les villes principales & repouffa les armées Egyptiennes qui ne purent foutenir le choc de fes troupes aguerries & victorieufes.

Maître de la Syrie, il reprit en 1402 le chemin de la Natolie & s'étant avancé dans les plaines d'Angora y), il y livra à Bajazet z) cette fameufe bataille qui fut des plus funeftes à l'empire Ottoman. Le Sultan après avoir fait des prodiges de valeur, y effuya une entiere défaite, & fe trouvant abandonné de plufieurs corps de fes troupes a), il tomba lui-même au pouvoir de fon ennemi b). Toute la Natolie fut alors faccagée & conquife c), & Timour y fixa fes quartiers

---

x) CHEREF. L. V. ch. 64.

y) Ancyre.

z) Le 19 de Zoulcade 803 qui répond au 16 Juin 1402.

a) Tous les auxiliaires pafferent du côté de l'ennemi, à l'exception des troupes de Servie. v. LEUNCLAVIUS Hift. muful. p. 359. & DUCAS Hift. Byzant. c. 16.

b) Ce fut le Sultan Mahmoud Khan, Empereur titulaire du Zagataï, qui prit Bajazét dans fa fuite. CHEREF. L. V. ch. 49.

c) Timour prit entr'autres Smyrne fur les Che-

d'hyver. Il ne fortit de cette province qu'au commencement du printems de 1403, après avoir rétabli tous les différens Princes Turcs qui avoient été dépouillés *d*). Bajazet fut traité avec bonté & générofité par fon vainqueur *e*); mais il eut l'horrible fpectacle de toutes les cruautés & déprédations que les Tatars exerçoient dans fes états *f*). Il ne

---

valiers de Rhodes. DUCAS c. 17. CHEREF. L. V. ch. 50.

d) CHEREFEDDIN L. V. ch. 53. 58. 64. DUCAS cap. 18. p. 43. LEUNCL. *Annal.* p. 19. 20. *Hift. muful.* 350. 351. 366. 370.

e) L'anecdote de la cage de fer, où Timour fit enfermer fon prifonnier, quoique atteftée par plufieurs auteurs Turcs, n'en eft pas moins deftituée de toute vraifemblance. Chéreféddin Ali, qui a fuivi Timour dans l'expédition contre Bajazet, non feulement n'en dit rien, mais il peint fon héros plein d'attention pour le monarque captif. En effet comment concilier un procédé auffi étrange avec la déférence de Timour pour la priere de Bajazet de laiffer l'empire à fa famille & de ne point y introduire le gouvernement Tatar. LEUNCL. *Annal.* p. 19. *Hift. muful.* p. 366. Elle alla même jufqu'à lui donner l'inveftiture de la Natolie par des patentes qu'il lui en expédia. La mort de Bajazet étant furvenue immédiatement après, il fit la même grace à fon fils Mufa & confirma de même à Soliman, fils ainé de Bajazet, les provinces de l'empire en Europe. CHEREFEDDIN ALI Liv. V. ch. 53. 57. 60. Il paroît que Timour n'exigeât d'autre foumiffion des fils de Bajazet que celle de faire battre la monnoie & de dire les prieres publiques en fon nom.

f) Timour après fon retour à Samarcande, conçut le projet de la conquête de la Chine. Il fe mit en route à la tête d'une armée de 200000 com-

V PERIODE.

Anarchie des Turcs.

Mahomet I.

survécut pas longtems à son infortune ; il périt d'un coup d'apoplexie dont il fut frappé g), dans le camp même de Timour, auprès de la ville d'Ak-scheher dans la Caramanie.

La mort de Bajazet fut suivie de troubles & d'anarchie ; l'empire qu'il venoit de former, fut sur le point d'être renversé par les dissentions qui survinrent entre ses successeurs.

Soliman, son fils aîné, s'étoit établi dans la Turquie Européenne dans le tems que les provinces asiatiques se trouvoient en proie aux dévastations des Tatars. Ce Prince fit longtems la guerre à son frere Musa que Timour avoit investi de la Natolie h). Musa se maintint contre Soliman ; mais il ne fut pas si heureux avec Mahomet son frere cadet. Celui-ci après dix années de guerre & de desordre le dépouilla du trône & parvint à pacifier

---

battans ; mais arrivé à Otrar au-delà du Sihoun, (Jaxartes) il fut attaqué d'une fievre violente, dont il mourut le 19 Mars 1405, âgé de 69 ans. Ses vastes conquêtes ne passerent point à ses successeurs, qui se virent restreints au Maouarennahar, au Khorasan & à quelques provinces de la Perse. Babour, un de ses descendans, chassé de la Transoxiane par Schaïbek-Khan, se sauva à Ghazna, d'où il passa aux Indes vers 1498. Il y fonda le puissant Empire dont les débris subsistent de nos jours sous le nom du Grand-Mogol. M. DEGUIGNES *Hist. gen. des Huns* T. I. p. 298. & T. IV. p. 97.

g) Le 8 Mars 1403, 14 de Schaban, 805 de l'hégyre.

h) Voyez ci-dessus p. 527.

pacifier l'empire auquel il rendit fon premier éclat. Les Émirs Turcs de l'Afie mineure qui avoient fçu mettre à profit ces divifions inteftines, fe virent forcés de rentrer dans le devoir *i*). Mahomet contraignit le Prince de Wallachie *k*) de fe reconnoître vaffal & tributaire de la Porte, & pour en impofer aux Wallaques, il fit conftruire, fur la rive gauche du Danube, la forterefle de Giourgewo *l*) à l'oppofite de celle de Ruſchiuck *m*).

La mort de Mahomet I, arrivée en 1421, amena de nouveaux troubles. Un faux Muftapha, prétendu fils de Bajazet I, difputa le trône à Amurat II, fils & fucceffeur de Mahomet. Andrinople & toute la Turquie d'Europe fe déclara pour l'impofteur; mais s'étant livré à la molleffe, il fut abandonné des troupes & mis à mort par ordre d'Amurat. *Amurat II.*

Les fecours que l'Empereur Grec avoit cru pouvoir donner à l'ufurpateur, excitèrent la vengeance des Turcs. Amurat entreprit en 1423 le fiége de Conftantinople & fit des efforts extraordinaires pour s'en emparer. *n*)

---

i) LEUNCL. *Hift. muf.* L. IV. p. 471.

k) LEUNCL. *Annal. Turc.* p. 22. *Hift. muf.* L. IV. p. 473. Les auteurs Turcs fixent la foumiffion de la Wallachie à l'an de l'hégyre 819, de J. C. 1416.

l) Appellée *Szurza* par les Turcs.

m) *Ruffek.*

n) Voyez la relation d'un auteur Grec contemporain, nommé JOANNES CANANUS, fur le fiége de Conftantinople par Amurat, dans les *Scriptores*

V PERIODE.

Le soulévement de son frere Mustapha, pareillement favorisé par les Grecs, le mit dans la nécessité de lever ce siége pour tourner ses forces contre l'Asie. Il surprit son frere à Nicée & ayant étouffé la révolte dans sa naissance, il punit les Émirs Turcs qui avoient osé la fomenter. Les Aidin- ou Ismir-ogli, les Mentes- & Teké-ogli furent alors dépouillés & les provinces d'Aidin, de Saruchan, de Mentésé, de Hamid & de Teké incorporées à l'empire. o) Le dernier Prince Germéan-ogli, nommé Jacup, institua le Sultan héritier de ses états. p)

Ses conquêtes sur les Grecs.

Amurat ne s'occupa dans la suite que de l'affermissement de sa domination en Europe. Il commença par forcer l'empereur Jean III, fils & successeur de Manuel Paléologue, de signer le traité le plus humiliant. Ce prince se vit réduit à lui abandonner les places dont il se trouvoit encore saisi sur le Pont-Euxin, le long des côtes de la Thrace, dans la Macédoine & dans la Thessalie, jusqu'à la ville de Zeitun, q) située auprès des Thermophyles de la Grece. Les Grecs avoient repris la plupart de ces places, lors de la catastrophe malheureuse qui mit fin

---

Byzant. à la suite d'Acropolita. CHALCOCOND. p. 124. DUCAS c. 28. p. 105. LEUNCL. *Hist. musul.* L. XIV. p. 527.

o) LEUNCLAVII *Hist. musul.* p. 500. 506. 507. 531. 534.

p) LEUNCL. l. c. p. 542.

q) *Zetunium*, v. DUCAS cap. 29. p. 109.

au regne de Bajazet *r*); & l'importante ville de Salonique étoit de ce nombre. Elle avoit déjà été conquife par Bajazet *f*), & l'Empereur Manuel, en la recouvrant fur les Turcs, l'avoit affignée à fon neveu Jean *t*) avec la province qui en relevoit. Elle forma enfuite l'apanage du prince Andronic, troifieme fils de Manuel *u*), mais les habitants, voyant la foibleffe de l'empire Grec & craignant de tomber fous la puiffance des Turcs, abandonnerent Andronic & fe mirent, vers 1425, fous la protection de la république de Venife. Amurat, defirant d'y rentrer, en entreprit le fiége en 1429, & l'ayant prife d'affaut, la livra au pillage & fit faire main baffe fur tous fes habitants *x*). Charles de Tocco, Comte de Céphalonie & fouverain de l'Étolie, de l'Acarnanie & de la ville d'Ambracia *y*) en Épire, fut tellement intimidé par ces fuccès qu'il prit le parti de délivrer à Amurat la ville de Janna en Theffalie *z*), & fe reconnut vaffal & tributaire de la Porte *a*). Son exemple fut fuivi par Regnier ou Nério, Duc d'Athenes & de Thebes, de la maifon des Acciaïoli,

---

r) Ducas cap. 18. p. 43.
s) Idem c. 13. p. 26.
t) Idem p. 43.
u) Idem cap. 23. p. 74.
x) Idem cap. 29. p. 110-111. Chalcocond. Lib. V. p. 125. Leuncl. p. 507-544.
y) aujourd'hui Larta.
z) Joannina.
a) Chalcocond. L. V. p. 126.

V PERIODE. qui fléchit également fous le joug Ottoman *b*). Amurat emporta même la muraille *c*) & les forts que les Grecs avoient conftruits à l'entrée de l'Ifthme, & porta fes ravages jufques dans l'intérieur du Péloponnefe *d*).

Union des Grecs & des Latins. La ruine prochaine, dont l'empire fe trouvoit menacé, faifit de crainte tous les Grecs, & engagea l'Empereur Jean III à faire un dernier effort pour fe ménager des fecours en Occident. Il entra en négociation avec le Pape Eugene IV, & réfolu de tenter la voie de l'union pour fauver l'empire, il partit pour l'Italie avec fon clergé & fe rendit à Ferrare & delà à Florence. Le décret d'union fut figné, dans cette derniere ville, le 5 Juillet 1439, par les prélats grecs & latins *e*); mais ce dernier rapprochement des deux églifes fut auffi peu folide que l'avoient été les précédents. Les Orientaux réprouverent l'union, & toutes les efpérances de l'Empereur s'évanouirent à fon retour à Conftantinople *f*).

L'empire périffoit, & Amurat n'eut pas manqué de l'anéantir, fi d'un côté le Prince Turc de Caramanie, & de l'autre deux redoutables guerriers chrétiens, *Scanderbeg* &

---

b) CHALCOCOND. L. VI. p. 169.
c) nommée Hexa-mile par les Grecs.
d) CHALCOCOND. Lib. VII. p. 180. LEUNCL. *Hift. muf.* p. 517.
e) SYLVESTER SGUROPULUS *Hift. unionis*, Sect. X. cap. 6. 7.
f) DUCAS cap. 31.

Jean de Hunyad, n'euſſent arrêté le progrès de ſes armes. Amurat avoit projetté la réduction de l'Albanie & de la Servie, provinces, dont la ſituation avantageuſe, jointe au courage & à la férocité de leurs habitants, étoient très-propres à exciter ſa convoitiſe.

V PERIODE

Jean Caſtriota, qui regnoit en Albanie, ſe défendit longtems avec beaucoup de courage, mais enfin il ſuccomba, & pour ſauver les débris de ſa fortune, il fut obligé de donner au Sultan ſes fils en ôtage. Amurat n'en conſerva que le cadet qui ſe diſtinguoit par des qualités ſupérieures. Il le fit circoncire &, l'ayant élevé juſqu'au généralat, il changea ſon nom de George en celui de Scanderbeg, c'eſt-à-dire de ſeigneur Alexandre. Le ſouvenir de l'Albanie, que ce Prince regardoit comme ſon héritage, & la douleur de ſe voir engagé dans une religion, différente de celle de ſes peres, lui firent épier l'occaſion de ſe ſauver, pour rentrer dans ſes états paternels & dans la poſſeſſion de la ville de Croy qui en étoit la capitale *g*). Avec une armée peu nombreuſe, mais bien diſciplinée, qu'il mit ſur pied, & à la faveur des montagnes & des défilés dont le pays étoit hériſſé, il repouſſa courageuſement toutes les attaques des Turcs. Quoique le Sultan marchât deux fois contre lui, ac-

Scanderbeg s'érige contre Amurat II

---

g) CHALCOCONDYLAS p. 185. MARINUS BARLETIUS SCODRENSIS *de vita & rebus geſtis Scanderbegi* Lib I. p. 9.

V
PERIODE. compagné de son fils Mahomet, il échoua, l'une & l'autre fois, au siége de la ville de Croy qu'il se vit forcé de lever après y avoir sacrifié l'élite de ses troupes *h*).

Guerres de Hongrie.
Amurat ne fut pas plus heureux dans ses entreprises contre la Servie. Il en enleva d'abord toutes les places fortes *i*), & obligea le Despote George de chercher son salut dans la fuite; mais l'attaque, qu'il forma sur la forteresse de Belgrad *k*), réveilla l'attention des Hongrois, & les engagea à accorder leur protection au Despote. Ce fut alors que le célèbre Jean Hunyad signala sa valeur contre les Turcs, & les poussa si vigoureusement, dans la campagne de 1443, que le Sultan jugea à propos de rechercher la paix & qu'il se prêta au retablissement du Despote *l*). Cette paix ayant été rompue immédiatement après *m*), le Prince de Servie conserva ses états, malgré les deux grandes & importantes victoires qu'Amurat remporta sur les Hon-

---

h) Les deux expéditions d'Amurat contre Scanderbeg semblent devoir se fixer aux années 1443 & 1447. voyez CHALCOCONDYLAS p. 185. 187. LEUNCL. *Hist. musf.* p. 517. & 564. BARLETIUS L. VI p. 100.

i) dans les années 1438 & 1439.

k) Ce premier siége de Belgrad par les Turcs arriva en 1439. Il dura six mois, & Amurat ne le leva qu'après y avoir perdu beaucoup de monde. voyez DUCAS cap. 30. p. 117 CHALCOCONDYLAS Lib. V. p. 131. LEUNCLAV. *Hist. musul.* L. XIV. p 509.

l) CHALCOCOND p 167.

m) voyez ci-dessus p. 504.

grois, à Varna & à Coſſova, dans les années 1444 & 1448 *n*)

Amurat II étant mort en 1451, Mahomet II ſon fils lui ſuccéda & porta l'empire Ottoman au faite de la puiſſance & de la grandeur. Des talens ſupérieurs, des vues immenſes & une valeur brillante le diſtinguoient du commun des Princes; mais il ternit toutes ces belles qualités par la férocité de ſon naturel, par ſa cruauté & ſa perfidie, & par de ſales débauches qui le rendirent l'opprobre & le fléau de l'humanité. Élevé au trône des Ottomans dans la vingtieme année de ſon âge, il conçut le grand deſſein d'anéantir l'empire Grec, & mit en œuvre tout ce que la prudence & la politique la plus raffinée exigeoient pour y réuſſir. Le ſiége de Conſtantinople étant l'objet de ſes méditations continuelles, il pénétra toutes les difficultés qui avoient fait échouer pluſieurs de ſes prédéceſſeurs dans la même entrepriſe. Pour les ſurmonter, il équipa une puiſſante flotte, fit fondre une artillerie convenable à l'importance d'une tel ſiége *o*), & fit en même tems conſtruire un nouveau fort à l'extrémité occidentale du Boſphore, & à l'oppoſite de celui qu'avoit fait élever Bajazet *p*).

---

n) CHALCOCOND. L. VII. p. 157. 188. DUCAS cap. 32. p. 124. LEUNCLAVII *Annal.* p. 27. *Hiſt. muſul.* p. 562. 566. PRAY *Annal. Hung.* Part. III. p. 27. & 67.

o) CHALCOCOND. L. VIII. p. 202. DUCAS cap. 35.

p) Celui de Mahomet prit le nom de *Cara-chti-*

V PÉRIODE. Mahomet, à la tête d'une armée de trois cents mille hommes, rassemblés de toutes les parties de son empire & soutenu par une flotte de trois cents voiles, parut devant Constantinople & en commença le siége le 6 Avril 1453 *q*). Il en trouva le port fermé & impénétrable aux vaisseaux Turcs, ce qui lui fit prendre le parti de faire frayer une route par terre, derriere Galata, par laquelle quatrevingt galeres furent transportées du Bosphore dans le port *r*). Les assiégés, si vigoureusement attaqués, & n'ayant qu'un corps de huit à dix mille hommes à opposer aux forces supérieures de l'ennemi, durent nécessairement succomber sous les efforts puissants & redoublés des Turcs. La ville fut emportée d'assaut, le 29 Mai *s*), & livrée au pillage. Constantin, surnommé Dragasès, dernier Empereur Grec, périt dans la premiere mêlée & tous les habitants de cette grande & opulente ville furent emmenés comme esclaves *t*).

---

sar ou de château noir, en opposition de l'autre qu'on appelloit *Ac-chisar* ou château blanc. Le premier fut aussi nommé *Geni-chisar*, c'est-à-dire le nouveau château, & l'autre *Eski-chisar* ou le vieux château. LEUNCL. *Hist. musf.* L. XV, p. 577. DUCAS c. 34.

q) DUCAS cap. 37. LEONARD. CHIENSIS. *Hist. de urbis Const. jactura.*

r) DUCAS c. 38. LEON. CHIENS. l. c.

s) Ce jour est indiqué par PHRANZA L. III. ch. 17. & DUCAS cap. 39. p. 165. Phranza se trouva lui-même au sac de Constantinople & y partagea le malheureux sort de ses concitoyens.

t) Il ne fallut que six à sept heures aux Turcs

Mahomet, en y entrant le jour même du sac, n'y vit plus qu'une vaste & triste solitude.
u) Dans le dessein d'attirer de nouveaux habitants dans une ville qu'il destinoit à être le siége de son empire, il assura une entiere liberté de conscience aux Grecs qui viendroient s'y fixer, il fit procéder à l'élection d'un nouveau Patriarche & en releva la dignité par les honneurs & privileges dont il le revètit *x*); enfin, de toutes les villes qu'il conquit depuis, il en détacha de nombreuses familles destinées à repeupler sa nouvelle capitale. Les fortifications, qui avoient été en grande partie ruinées pendant le siége, furent aussitôt réparées; Mahomet y en ajouta de nouvelles, & afin de se précautionner contre les armemens des Vénitiens & autres occidentaux, il fit construire les fameux châteaux des Dardanelles, à l'entrée de l'Hellespont *y*).

Cet événement ne pouvoit manquer de répandre la consternation parmi les puissances chrétiennes & les porter à former des ligues pour arrêter les progrès de l'ennemi commun. Il étoit donc de la prudence de Mahomet d'en prévenir au plutôt les suites, en s'occupant sérieusement de l'entiere réduction de la Servie qui ôteroit, aux Hongrois

V PERIODE.

Ses conquêtes dans la Servie.

___

pour dégarnir entiérement la ville de tous ses habitants. v. Ducas c. 40. p. 170. Leon. Chiens. in Loniceri *Chron. Turc.* T. I. p. 334.
u) Ducas l. c.
x) Phranza L. III. c. 19.
y) Chalcocond. L. X. p. 282.

V PERIODE. sur-tout, les moyens de lui nuire. Toute cette province, à l'exception de Niſſa & de son diſtrict, étoit entre les mains du Deſpote George, petit-fils de ce fameux Lazarus qui s'étoit ſignalé ſous le regne d'Amurat I. Le lien vaſſalitique qui attachoit ce Prince à la Porte, ne l'empêchoit pas de pencher pour la Hongrie, où il tenoit de grands domaines; & il paroiſſoit dangereux à Mahomet de le laiſſer en poſſeſſion de pluſieurs places fortes qui pouvoient faciliter aux Chrétiens le moyen de pénétrer, ſans beaucoup de peine, dans l'intérieur des états Ottomans. Il ne ſe vit donc pas ſitôt maitre de Conſtantinople qu'il entreprit de dépouiller le Deſpote, & malgré les puiſſants efforts des Hongrois, & l'échec qu'il eſſuya, en 1456, au ſiége de Belgrad, où il étoit en perſonne, il s'empara, dans différentes campagnes, de la meilleure partie de la Servie. La mort des Deſpotes George & Lazarus, arrivée ſur ces entrefaites z), ainſi que celles du célebre Hunyad, lui faciliterent, en 1459, la priſe de Sémendria a), & furent cauſe qu'il ſe maintint dans la poſſeſſion de cette province, à l'exception de Belgrad & de Sabacz qui reſterent, encore quelque tems, dans la dépendance du royaume de Hongrie b).

---

z) dans les années 1457 & 1458.

a) Senderow. voyez Ducas c. 42. 45. Chalcocond. L. VIII. p. 219. L IX. p. 244. Leuncl. Hiſt. muſ. L. XV. p. 583. & ſuiv.

b) Ce fut Soliman le grand qui ſe rendit maitre de ces places en 1521.

DES REVOLUTIONS. 539

Mahomet mit fin à plusieurs souverainetés chrétiennes que son pere avoit laissées subsister dans la Grece. François Acciaioli fut forcé, par un siége, de lui céder la ville d'Athenes *c*) avec l'Attique. Il lui restoit encore Thebes & la Béotie, dont il fut également dépouillé & mis à mort par ordre du Sultan en 1460 *d*). Ce fut dans le même tems que Léonard de Tocco, fils de Charles, des Comtes de Céphalonie, perdit ses états de terre ferme ainsi que l'isle de St. Maur, & fut réduit à se réfugier en Italie *e*). Les Gattilusio, famille originaire de Gènes, tenoient les isles de Lesbus, Lemnus, Imbros, Thasos, dans la mer Égée, la ville d'Aenos en Thrace & l'ancienne Phocée dans l'Asie mineure. Ils en furent successivement dépouillés par Mahomet *f*), & les derniers Princes de cette maison, Nicolas & Lucius, quoiqu'ils eussent embrassé la foi musulmanne, ne purent éviter le dernier supplice *g*). Le Péloponnese,

V
PERIODE.
Dans la Grece.

―――――――――

c) La prise d'Athenes par les Turcs tombe dans l'année 1456. v. la chronique qui se trouve à la suite de Ducas, p. 199.

d) CHALCOCOND. L. IX. p. 242. 257.

e) CHALC. L. IX. p. 253. DU FRESNE *Hist. de Constant.* T. II. p. 285. Ce fut en 1478 que les Turcs enleverent à la maison de Tocco les isles de Céphalonie & de Zante qu'ils abandonnerent depuis aux Vénitiens. SABELLICUS *Hist. Venet.* Dec. III. L. X. p. 803.

f) dans les années 1455. 1456. 1462. v. l'historien DUCAS qui a suivi la cour des derniers Princes de Lesbos, c. 44. & 45.

g) CHALCOCOND. L. X. p. 282.

V PERIODE.

partagé entre Démétrius & Thomas, Paléologues, freres du dernier Empereur de Constantinople, se trouvoit en proie à de funestes divisions, dont Mahomet profita pour en entreprendre la conquête. Il s'empara, en 1458, de Corinthe, de Patras & de plusieurs autres places, & dans une expédition, qu'il entreprit en personne en 1460 *h*), il força le Despote Thomas de se retirer en Italie *i*). Le Prince Démétrius son frere se remit avec toutes ses places à la discrétion du Sultan qui lui assigna, pour son entretien, la ville d'Aenos & les isles d'Imbros, de Lemnos & de Samothrace *k*). Tout le Péloponnese subit la domination des Turcs, à l'exception de quelques places maritimes *l*) qui resterent alors au pouvoir des Vénitiens.

En Asie mineure.

Ces succès encouragerent Mahomet à porter aussi ses vues du côté de l'Orient, où le Prince Turcoman de la dynastie du mouton

---

h) DUCAS c. 45, la chronique qui est à la suite de Ducas p. 200, & PHRANZA L. III. c. 22. 23. 24. Cet historien, ayant été attaché à la personne de Thomas Paléologue, fut témoin oculaire de la révolution du Péloponnese.

i) Ce Thomas eut un fils, nommé André, qui céda, en 1494, à Rome, tous ses droits sur l'empire de Constantinople à Charles VIII Roi de France. L'acte de cette cession est rapporté dans les *Mémoires de l'Acad. des Belles-Lettres.* T. XVII. p. 572.

k) PHRANZA L. III. c. 27.

l) Ces places étoient Navarin (Pylos), Coron, Modon, Napoli di Romagna. La république en fut dépouillée ainsi que de Lepante vers 1500.

blanc, nommé Uzun Haffan *m*), commençoit à lui donner de l'ombrage. Défirant
prévenir les fuites des liaifons que ce Prince
entretenoit avec les Émirs Turcs de l'Afie
mineure & avec l'empereur de Trébifonde,
il fit de grands préparatifs pour une expédition dans l'Afie mineure. Il l'entreprit, en
1461, à la tète d'une armée formidable &
fecondé d'une flotte de deux cents galeres qui
longeoit les côtes du Pont-Euxin. Uzun
Haffan, ne fe fentant pas affez fort pour s'ériger contre Mahomet, prit le parti de conjurer l'orage en lui facrifiant fes alliés *n*).
Le prince Isfendiar-ogli, appellé Ifmaël, fe
vit alors obligé de plier; il fe deffaifit de
Synope, de Caftamone & de toute fa principauté, & fe contenta de certains revenus
qu'il plut au Sultan de lui affigner en Thrace.
o) David Comnène, dernier Empereur de
Trébifonde, dont les états s'étendoient dans
le Pont & dans la Colchide, fe rendit également par compofition *p*). Ce malheureux
Prince, transporté avec fa cour à Conftantinople, y périt dans les fers du tyran &
toute fa famille fut anéantie avec lui *q*).

---

m) Ce Prince, qui étoit le petit-fils de Cara-ilough,
regnoit à Siwas dans la Cappadoce, dans l'Arménie & la Méfopotamie, voyez ci-deffus p. 522, not. *g*).

n) CHALCOCOND. L. IX. p. 262.

o) DUCAS c. 45. CHALC. l. c. p. 258.

p) DUCAS cap. 45. CHALC. l. c. p. 262. LEUN-
CLAV. *Hift. muf.* L. XV. p. 584.

q) CHALC. p. 265. Cet auteur dit pofitivement,
que toute la famille de David périt avec lui. On

V PERIODE.

Conquête de la Bosnie.

C'eſt dans cette même expédition que les Génois furent chaſſés de la ville d'Amaſtris, dont ils ſe trouvoient ſaiſis ſur les côtes de la Paphlagonie *r*).

Toutes ces conquêtes, & les inſtances des Princes dépouillés ou foulés par Mahomet, exciterent le zele du Pape Pie II *s*). Dans une aſſemblée que ce Pontife tint à Mantoue, en 1459, il y arrêta une aſſociation générale des puiſſances chrétiennes contre les Turcs. Quelque difficile que parut être une entrepriſe de cette eſpece, le Pape ne déſeſpéroit pas de la faire réuſſir & toutes ſes négociations, dans les différentes cours de l'Europe, ne tendoient qu'à ce but. Mahomet, ſans être déconcerté & perſiſtant dans le plan de conquête qu'il s'étoit formé, projetta celle de la Boſnie. Il ſentit que cette province, réunie à celle de Servie, formeroit un boulevard redoutable contre les puiſſances chrétiennes, & ſerviroient, l'une & l'autre, à lui ouvrir le chemin de la Hongrie, de l'Allemagne & de l'Italie. La Boſnie embraſſoit alors une partie de la Servie & de la Croatie, & s'étendoit pareillement ſur le pays, connu ſous le nom d'Herzégovine *t*), ſur le Monténégro & juſ-

---

prétend néanmoins qu'un de ſes fils trouva moyen de ſe ſauver; & c'eſt de lui que les Comnènes de la Corſe dérivent leur origine. v. *Précis hiſtorique de la maiſon impériale des Comnènes.* Amſt. 1784.

r) CHALC. l. c. p. 245.
s) GOBELLINI *Comment. Pii II.* Lib. III.
t) On l'appelloit le Duché de Saba.

qu'à la mer. Etienne Thomaſſewitz, dernier Roi de Boſnie, flottant ſans ceſſe entre le Sultan & le Roi de Hongrie, avoit indiſpoſé contre lui ces deux ſouverains; &, pour ſurcroît de malheur, il nourriſſoit des diviſions dans l'intérieur de ſa famille, qui précipiterent ſa ruine. Les prétextes ne manquerent pas à Mahomet pour l'attaquer, en 1463 *u*), avec des forces ſupérieures. Ce malheureux Prince, ſe ſentant trop foible pour lutter contre un ennemi auſſi formidable, & plus attentif à mettre ſes tréſors à couvert qu'à veiller à la défenſe de ſon pays, fit des efforts pour s'évader dans la Dalmatie. Surpris par les Turcs dans ſa retraite & amené priſonnier à Mahomet, il fut forcé de lui livrer toutes ſes places & châteaux forts, au nombre de ſoixante & dix, & expia enſuite ſa foibleſſe par l'horreur du ſupplice *x*). La conquête de la Boſnie *y*) entraîna celle de l'Herzégovine. Le Duc Etienne de Saba fit ſes ſoumiſſions à Mahomet, & les petits Princes du Monténégro ſe remirent pareillement à ſa diſcrétion *z*).

---

u) Les Annales Turcs fixent l'expédition de Mahomet dans la Boſnie à l'an 878 de l'hégyre, de J. C. 1464, mais elle appartient indubitablement à l'année qui précede, voyez RAYNALDI *Annal. eccl.* à l'an 1463 n. 14 & 30.

x) CHALCOCOND. L. X. p. 284. 290. CANGII *Famil. Byzant.* p. 332.

y) Matthias Corvin reprit ſur Mahomet une partie de la Boſnie, qui fut reconquiſe par Soliman le grand vers 1528.

z) CHALC. l. c. p. 290. LEUNCL. *Hiſt. muſ.*

V
PERIODE.
Autres
conquêtes
de Mahomet.

Des progrès, auſſi rapides, jetterent l'épouvante dans tous les états voiſins & engagerent le Pape Pie II, à reprendre le projet de la croiſade qu'il publia, par toute la chrétienté, dans le cours de l'année 1463. Matthias Corvin, Roi de Hongrie, conclut une alliance offenſive avec les Vénitiens contre les Turcs *a*), dans laquelle le célebre Scanderbeg, le Prince Turcoman du mouton blanc & le Prince de Caramanie entrerent ſucceſſivement. Le Pape, réſolu de s'embarquer en perſonne pour le Levant, ſe rendit dans ce deſſein à Ancone, ſuivi de pluſieurs Cardinaux. Il y fut joint par une eſcadre Vénitienne qui lui amenoit le Doge; mais la mort du ſaint pere, arrivée ſur ces entrefaites, dérangea le plan des croiſés, dont l'armée ſe diſperſa entiérement *b*), & le principal fardeau de cette guerre, qui devoit être générale, retomba ſur le Roi de Hongrie & ſur la république de Veniſe. Mahomet y maintint la ſupériorité de ſes armes ſur tous ſes ennemis. Il enleva aux Vénitiens l'isle de Négrépont *c*), une des plus importantes

---

p. 586. CANGII *Famil. Byz.* p. 341. Wladislaw & Wlatko, fils du duc Etienne, furent entiérement dépouillés par Bajazet II, en 1483. CANG. p. 341.

a) RAYNALD. à l'an 1463. n. 50.

b) GOBELLINI *Comment. Pii II.* L. XII. p. 336. ſuiv. JACOBI CARD. PAP. *Comment.* L. II. p. 354. ſuiv.

c) L'*Euboea* des anciens.

importantes de l'archipel *d*), & dépouilla le Prince de Caramanie de la meilleure partie de ses états *e*). Uzun-Haſſan, nommé vulgairement le Roi de Perſe, ayant tenté de rétablir ce dernier Prince, fut défait, dans différentes actions, par les Turcs & forcé de renoncer à ſon entrepriſe *f*). Les Génois perdirent Capha, port célebre de la Tauride, & les Tatars de cette preſqu'iſle ſe mirent ſous la protection de Mahomet *g*). La mort de Scanderbeg *h*) lui facilita la réduction de l'Albanie; il échoua au ſiege de Scutari *i*) ainſi qu'à celui de Lépante *k*), mais il emporta la ville de Croie *l*), & Scutari, avec la plus grande partie de l'Albanie, lui fut cédée par la paix qu'il conclut, en 1479, avec

---

d) Cette conquête eſt de 1470. v. LEUNCL. *Hiſt. muſ.* L. XV. p. 587. PHRANZ. L. III. c. 30. RAYNALD 1470. n. 12.

e) L'an de l'hégyre 873. de J. C. 1468. ou 1469. LEUNCL. *Hiſt. muſ.* L. XV. p. 586. Bajazet II mit la derniere main à la conquête de la Caramanie. Caſumbeg, dernier Prince Caraman, mourut à ſa cour en 1483. LEUNCL. p. 584.

f) L'an de l'hégyre 877, & 878. de J. C. 1473 & 1474. LEUNCL. p. 587. M. DE GUIGNES *Hiſt. des Huns.* T. III. p. 305. HERBELOT, art. *Uzun Haſſan beg*.

g) L'an de l'hégyre 880, de J. C. 1475. LEUNCL. *Hiſt. muſ.* L. XV. p. 591.

h) en 1467.

i) en 1474. LEUNCL. *Hiſt. muſ.* p. 590. BARLETIUS *de Scodrenſi obſid.*

k) en 1477.

l) en 1478.

la république de Venife. Mahomet profita du relache que cette paix lui accordoit, pour tourner toutes fes forces contre les chevaliers de St. Jean de Jérufalem qui fe fervoient de l'isle de Rhodes, dont ils fe trouvoient faifis, pour infefter les mers & les parages de la Porte. La vigoureufe réfiftance des chevaliers, jointe à la vigilante activité de Pierre d'Aubuffon leur grand-maître, rendit inutiles toutes les tentatives que firent les Turcs pour emporter cette place *m*). Ils fe vengerent de leur défaite par la prife de la ville d'Otrante, dans la Pouille *n*), que le Roi Ferdinand de Naples recouvra, après la mort de Mahomet arrivée en 1481.

---

m) BERNH. DE BREIDENBACH *de obfidione Rhodi*.
n) Cette prife eft du 21 Août 1480. LEUNCL. *Ann.* p. 32. *Hift. muf.* p. 592.

TABLETTES

TABLETTES CHRONOLOGIQUES.

TABLETTES CHRONOLOGIQUES
DES RÉVOLUTIONS DE L'EUROPE
DANS LE MOYEN AGE.

Ans de J. C.	
406	Invasion des Barbares dans l'Empire Romain.
413	Entrée des Bourguignons dans la Gaule.
415	Les Visigoths envahissent l'Espagne.
427	Origine du Royaume des Vandales en Afrique.
431	Passage du Rhin par les Francs sous Clodion. Commencement des Mérovingiens.
449	Les Anglo-Saxons passent en Bretagne.
452	Fondation de la ville de Venise.
476	Fin de l'Empire Romain en Occident. Les Hérules se rendent maîtres de l'Italie sous leur Roi Odoacre.
486	Clovis s'érige en conquérant des Gaules. Victoire de Soissons sur les Romains.
493	Conquête de l'Italie par Théodoric Roi des Ostrogoths.
496	Bataille de Tolbiac sur les Allemands. Les Francs se font Chrétiens.
507	Victoire de Vouglé sur les Visigoths.
531	Conquête du Royaume des Thuringiens par les fils de Clovis.
534	Fin du Royaume des Bourguignons dans la Gaule.
——	Le Royaume des Vandales anéanti par Justinien.
553	Fin du Royaume des Ostrogoths. Les Grecs maîtres de l'Italie.
568	Les Avares s'emparent de la Panonie.
——	Les Lombards se fixent dans la haute Italie.
622	Ere de l'Hégyre. Origine de la religion & de l'Empire de Mahomet.
687	Victoire de Testry. Pepin d'Heristal, Maire du Palais, s'érige en maitre de la monarchie des Francs.
711	Les Arabes font la conquête de l'Espagne.
730	Les Romains forment une République.
732	Défaite des Arabes à Poitiers par Charles Martel.

743	Conquête de l'Exarquat par les Lombards.
752	Pepin le Bref, fils de Charles Martel, élu Roi des Francs. Son sacre à Soissons par St. Boniface Fin des Mérovingiens. Avénement des Carlovingiens.
756	Donation de l'Exarquat faite au Pape. Origine de l'Etat ecclésiastique.
——	Commencement du Califat de Cordoue.
757	Conquête du Languedoc sur les Arabes. Les Francs maîtres de toute la Gaule.
774	Fin du Royaume des Lombards. Les Francs maîtres de l'Italie.
799	Destruction du Royaume des Avares dans la Panonie.
800	Charlemagne couronné Empereur à Rome. Rétablissement de la dignité impériale en Occident.
827	Fin de l'Heptarchie. Egbert le grand premier Roi de toute l'Angleterre.
843	Traité de paix de Verdun. Partage de la Monarchie des Francs. Origine du Royaume de France avec Charles le Chauve. Origine du Royaume d'Allemagne avec Louis le Germanique.
855	Origine du Royaume de Lorraine avec Lothaire II.
858	Commencement des Rois de Pampeloune ou de Navarre.
861	Robert le Fort.
862	Fondation de la monarchie des Russes par Ruric.
879	Fondation du Royaume de Bourgogne Cis-jurane par Boson.
880	Schisme des Grecs.
885	Charles le Gros réunit les états de Charlemagne.
887	Déposition de Charles le Gros. Les Allemands rendent leur couronne élective.
888	Démembrement final de la Monarchie des Francs.
——	Origine du Royaume de Bourgogne Trans-jurane avec Rodolphe I.
889	Arrivée des Hongrois sur le Danube.
890	Borziwoy Duc de Boheme embrasse le Christianisme.
900	Les Hongrois s'emparent de la Panonie.
912	Cession d'une partie de la Neustrie aux Normands, par Charles le Simple. Origine du duché de Normandie.
919	Avénement de la maison de Saxe en Allemagne.
924	Interruption de la dignité impériale à la mort de Berenger I.

925	Réunion du Royaume de Lorraine par Henri l'Oiseleur Roi d'Allemagne.
930	Réunion des deux Royaumes de Bourgogne par Rodolphe II.
933	Défaite des Hongrois à Merfebourg par Henri l'Oifeleur.
950	Harald Blaatand Roi de Danemarc fe fait baptifer.
962	Le Royaume d'Italie & la dignité impériale réunis par Otton le grand. Origine de l'Empire d'Allemagne.
966	Micislas I Duc de Pologne fe fait chrétien.
983	Le Chriftianifme introduit en Hongrie par le grand Prince Geyfa.
987	Hugues Capet. Avénement des Capétiens au trône de France.
988	Les Ruffes, fous Wladimir le grand, embraffent le rit Grec.
1000	St. Etienne premier Roi de Hongrie.
1001	La religion chrétienne introduite en Suede, par Olof Skœtkonung, premier Roi de toute la Suede.
1014	Canut le grand. Affermiffement du Chriftianifme en Danemarc.
—	Berold ou Beraud, des C. de Walbeck, tige de la maifon de Savoie.
1015	Partage de la Monarchie des Ruffes à la mort de Wladimir le grand.
1017	Conquête de l'Angleterre par Canut le grand.
1024	Avénement de la maifon Salique en Allemagne.
1027	Démembrement du Califat de Cordoue. Décadence des Maures en Efpagne
1032	Raoul le fainéant, dernier Roi de Bourgogne. Ce Royaume paffe à l'Allemagne.
1035	Mort de Sanche le grand Roi de Navarre. Origine des Royaumes de Caftille & d'Aragon.
1038	Fondation de l'Empire des Turcs Selgiucides par Togrulbeg.
1042	Les Danois chaffés de l'Angleterre.
1043	Conquête d'une partie de la Hongrie par l'Empereur Henri III. Grandeur des Allemands.
1047	Avénement des Rois Eftrithides en Danemarc.
1048	Gerard d'Alface, premier Duc héréditaire de la Lorraine Mofellane. Origine de la maifon de Lorraine.
1059	Robert Guifcard, feigneur Normand, fe rend vaffal du

	Pape. Origine des Duchés de la Pouille & de la Calabre.
1065	Premieres conquétes des Lithuaniens sur les Russes.
1066	Conquête de l'Angleterre par Guillaume le Conquérant.
1071	Guelf créé Duc de Baviere. Tige de la maison des Guelphes régnante en Angleterre.
1074	Décret du Pape Grégoire VII contre les investitures laïques. Origine de la nouvelle puissance des Papes. Décadence de l'Empire.
1076	Déposition de l'Empereur Henri IV par le Pape. Fausse extension du pouvoir des clefs.
1080	Fondation de l'ordre des Chartreux. Multiplication des ordres religieux.
1085	Alfonse VI, Roi de Castille, prend Madrid & Tolede.
1087	Premiere guerre entre la France & l'Angleterre. Origine de la rivalité entre les deux nations.
1090	Henri de Bourgogne, de la maison de France, établi Comte de Portugal.
1095	Concile de Clermont; origine des Croisades.
1096	Premiere Croisade par Godefroy de Bouillon.
1099	Fondation du Royaume de Jérusalem par Godefroy de Bouillon.
1100	Fondation de l'ordre de St. Jean de Jérusalem.
1106	Godefroy Comte de Louvain premier Duc héréditaire de la basse Lorraine ou du Brabant. Origine de la maison de Brabant, aujourd'hui celle de Hesse.
———	Les villes d'Italie s'érigent en Républiques; origine des Communes.
1115	Irnerius fait revivre le droit Romain à Bologne. La jurisprudence de Justinien s'introduit par-tout.
1119	Fondation de l'ordre des Templiers.
1127	Les Ducs de Zaringue créés Régents du Royaume de Bourgogne.
1130	Origine du Royaume des deux Siciles par Roger II.
1138	Avénement de la maison de Hohenstaufen en Allemagne.
———	Commencement des partages de la Pologne à la mort de Boleslas III
1139	Bataille d'Ourique; Alphonse I, fils du Comte Henri, se fait proclamer Roi de Portugal.
1147	Seconde Croisade de l'Empereur Conrad III & de Louis VII, dit le jeune, Roi de France.

1152	Décret de Gratien.
——	Divorce de Louis VII avec Eléonore de Poitou.
1154	Henri II Roi d'Angleterre. Avénement des Plantagenets ou des Angevins.
1157	Conquéte de la Finlande par St. Eric Roi de Suede.
——	Albert l'Ours, Marggrave du Nord, prend la ville de Brandebourg.
1164	La Sardaigne érigée en Royaume.
1172	Conquéte de l'Irlande par Henri II Roi d'Angleterre.
1180	Chûte de la maison des Guelphes. Avénement de la maison de Wittelsbach au Duché de Baviére.
1187	Fin du Royaume de Jérusalem par Saladin.
1189	Troifieme Croifade de l'Empereur Fréderic, dit Barberouffe, de Philippe Augufte Roi de France & de Richard cœur de lion, Roi d'Angleterre.
1189	Le Royaume des deux Siciles eft dévolu à la maifon de Hohenftaufen.
1191	Fondation de l'ordre Teutonique.
1198	La Boheme érigée en Royaume en faveur de Prźémislas Ottokar I.
1200	Premiere mention de la bouffole.
——	Univerfité de Paris compofée de quatre facultés. Origine des Univerfités.
1201	Fondation de l'ordre de Livonie ou des Chevaliers Porte-Glaive.
1202	Quatrieme Croifade fous Boniface, Marquis de Montferrat.
1204	Prife de Conftantinople par les croifés. Baudouin, Comte de Flandre, proclamé Empereur. Origine de l'Empire des Latins & de ceux de Nicée & de Trébifonde.
1206	Tfchinghis-Khan s'érige formellement en conquérant. Origine de l'Empire des Mongols.
1212	Victoire d'Ubeda fur les Almohades en Efpagne.
1214	Le Palatinat du Rhin paffe à la maifon de Wittelsbach.
——	Bataille de Bouvines.
1215	Grande Chartre de Jean fans terre. Origine de la conftitution de l'Angleterre.
1217	Cinquieme Croifade d'André II Roi de Hongrie.

1218	Extinction des Ducs de Zaringue. La Suisse devient province immédiate de l'Empire.
1222	Décret du Roi André II; base de la liberté des Hongrois.
1227	Bataille de Bornhoved. Waldemar II perd ses conquêtes sur la côte méridionale de la mer Baltique.
1228	Sixieme Croisade de l'Empereur Fréderic II.
1229	Établissement du premier tribunal d'inquisition à Toulouse.
1230	L'ordre Teutonique transplanté dans la Prusse.
——	Conquête de la Courlande par les Chevaliers de Livonie.
1235	Les Décrétales publiées par Grégoire IX.
——	Érection du Duché de Brunsvic en faveur de la maison des Guelfes.
1237	Union de l'ordre Teutonique avec celui de Livonie.
——	La Russie tombe sous le joug des Mongols.
1241	Origine de la ligue hanséatique.
1247	Extinction des anciens Landgraves de Thuringe. La maison de Brabant établie dans la Hesse.
1248	Septieme Croisade de Louis IX, dit St. Louis, Roi de France.
1250	Commencement de l'Empire des Mamelucs.
——	Origine de la République de Florence.
——	Avénement des Rois Folkungiens en Suede.
1254	Avénement des Empereurs de différentes maisons en Allemagne.
1261	Prise de Constantinople par Michel Paléologue Empereur de Nicée. Fin de l'Empire des Latins.
1265	Avénement de la maison d'Anjou au trône des deux Siciles.
——	Premiere réserve générale, de Clément IV, des bénéfices vacants en Cour de Rome par la mort des bénéficiers.
1268	Conradin, dernier rejeton de la maison de Hohenstaufen ou de Suabe, est décapité à Naples.
1273	Rodolphe de Habsbourg restaurateur de l'Empire & fondateur de la maison d'Autriche. Premiere élection des sept Electeurs privatifs.
1282	Vêpres Siciliennes. Charles d'Anjou est dépouillé du Royaume de Sicile par le Roi d'Aragon.
——	Le pays de Galles conquis par le Roi d'Angleterre.

1282	La maison d'Habsbourg investie des Duchés d'Autriche.
1288	La seigneurie de Modene conférée à la maison d'Est.
1289	Extinction de l'ancienne race des Rois d'Écosse.
1290	Chûte de la République de Pise.
1291	Prise de Tyr & de Ptolemaïde par les Mamelucs. Fin des Croisades en Orient.
1295	La dignité royale permanente en Pologne depuis Przémislas II.
1298	Introduction de l'aristocratie à Venise.
1300	Boniface VIII. Grandeur des Papes.
——	Fondation de l'Empire Turc par Ottoman.
1301	Fin de l'ancienne race des Rois d'Hongrie avec André III. Les Angevins de Naples montent sur ce trône.
1302	Admission des Communes à l'assemblée nationale en France.
1308	Fixation des Papes à Avignon par Clément V.
——	Premiere Confédération des Suisses.
——	Avénement de la maison de Luxembourg au trône de l'Empire.
1309	Fin des Rois Esclavons de Boheme; ce Royaume passe à la maison de Luxembourg.
——	Le Grand-maître de l'ordre Teutonique établit son siége à Marienbourg en Prusse.
1312	La ville de Lyon & le Lyonnois passent à la France.
——	Concile de Vienne. Destruction de l'ordre des Templiers.
1315	Ligue de Brunnen; base du systême fédératif des Suisses.
——	Matthieu Visconti, seigneur de Milan, s'érige en conquérant.
1320	Gedimin Grand-duc de Lithuanie fait la conquête de Kiovie &c. sur les Russes.
1326	Le Roi d'Aragon s'empare de la Sardaigne.
1328	Philippe de Valois Roi de France. Avénement des Valois.
——	Le siége du Grand-duché de Russie est fixé à Moscou.
1329	Traité de Pavie. Partage de la maison de Wittelsbach en branche Palatine & de Baviere.
1336	Edouard III Roi d'Angleterre prend les armes & les titres de Roi de France.

1338	Union générale des Electeurs.
——	Loi de Francfort pour le maintien de l'indépendance de l'Empire contre le Pape.
——	Premiere mention de la poudre & du canon en France.
1339	La souveraineté de la Silésie cédée au Roi de Boheme.
1340	Bataille de Tariffe. Défaite des Rois de Maroc & de Grenade par Alphonse XI Roi de Castille.
——	Conquête de la Russie rouge par les Polonois.
1346	Bataille de Crecy.
1348	Cession de la ville d'Avignon au Pape par la Reine Jeanne I de Naples.
1349	Donation du Dauphiné au Roi de France.
——	Vente du Comté de Montpellier par le Roi de Majorque.
——	Création du D. de Mecklenbourg.
1356	Bulle d'or de l'Empereur Charles IV relative à l'ordre & à la forme de l'élection & du couronnement des Empereurs ainsi qu'aux prérogatives des Electeurs.
——	Bataille de Maupertuis.
1360	Prise d'Andrinople par Amurat I.
1363	Philippe le hardi créé duc de Bourgogne.
1369	Timour s'érige en conquérant.
1370	État florissant de la ligue hanséatique.
——	La Lusace incorporée au Royaume de Boheme.
1371	Le trône d'Écosse passe dans la maison des Stuarts.
1375	Waldemar IV, Roi de Danemarc, termine la race des Estrithides.
1378	Origine du grand schisme d'Occident.
1380	Défaite de Chiozza. Décadence de la République de Gênes.
——	Union du Danemarc & de la Norwege.
——	Adoption de la Reine Jeanne I de Naples en faveur de Louis I d'Anjou.
——	Victoire du Tanaïs par Dimitry Iwanowitsch Donskoi.
1385	Bataille d'Aliubarota. Avénement de Jean le batard au trône de Portugal.
1386	Élection de Jagellon Duc de Lithuanie au trône de Pologne. Commencement des Jagellons. Introduction du Christianisme en Lithuanie.
1389	Bataille de Cossova. Conquête de la Bulgarie par les Turcs.

1395	Érection du Duché de Milan en faveur des Visconti.
1396	Bataille de Nicopolis. Défaite de Sigismond Roi de Hongrie par Bajazet I.
1397	Union de Calmar des trois Royaumes du Nord par la Reine Marguerite.
1399	Henri de Bolingbrock chef de la maison de Lancastre ou de la Rose rouge en Angleterre.
1400	Jean Huss s'érige en réformateur.
1402	Bataille d'Ancyre. Défaite de Bajazet I par Timour, dit Tamerlan.
1404	Vicence, Verone &c. passent sous la domination des Vénitiens.
——	Acquisition de la Samogitie par l'ordre Teutonique. Grandeur de cet ordre.
1409	Concile de Pise. Trois Papes.
1414	Concile de Constance qui établit la supériorité des Conciles sur les Papes.
1415	Prise de Ceuta par Jean le batard. Commencement de la navigation des Portugais.
——	Bataille d'Azincourt.
——	Les Autrichiens dépouillés dans la Suisse.
1416	Création du D. de Savoye. Amé VIII.
1417	Élection de Martin V. Fin du grand schisme d'Occident.
——	Avénement de la maison de Hohenzollern à l'Électorat de Brandebourg.
1420	Traité de paix de Troye. Henri V, Roi d'Angleterre, épouse Catherine de France.
1423	Avénement de la maison de Misnie à l'Electorat de Saxe.
——	Adoption de la Reine Jeanne II de Naples en faveur de Louis III d'Anjou.
——	Premiere date de la gravure en bois.
1429	Arrivée de la pucelle d'Orléans.
1430	Le Duché de Brabant dévolu au duc de Bourgogne.
——	Lucques reprend son état républicain.
1431	Concile de Bâle.
1435	Paix d'Arras.
1436	Invention de la mobilité des caracteres d'imprimerie à Strasbourg par Jean de Guttenberg de Mayence.

1438	Avénement des Empereurs de la maison d'Habsbourg-Autriche au trône de l'Empire.
——	Pragmatique sanction de Bourges.
1439	Pragmatique sanction de Mayence.
——	Schisme de Bâle. Élection de Felix V.
——	Concile de Florence. Union des Grecs & des Latins.
1440	Premiere date de la gravure en cuivre.
1443	Le Royaume de Naples passe à la maison d'Aragon.
——	Le fameux Scanderbeg (George Castriot) se signale contre les Turcs.
1444	Bataille de Varna par Amurat II.
1445	Établissement de la milice perpétuelle en France sous Charles VII.
1447	Les Sforces s'emparent du Duché de Milan.
——	Concordat Romain entre les Allemands & le Pape Eugene IV.
1448	Concordat de Vienne entre le Pape Nicolas V & l'Empereur Fréderic III.
——	Avénement de la maison d'Oldenbourg au trône de Danemarc sous Chrétien I.
1449	Abdication de Felix V. Fin du schisme de Bâle.
1452	Érection du Duché de Modene.
——	Guerre civile d'Angleterre entre les deux Roses.
——	Invention de la fonte des caracteres d'imprimerie par Pierre Schœffer à Mayence.
1453	Les Anglois chassés de la France, à l'exception de Calais.
——	Prise de Constantinople par Mahomet II. Fin de l'Empire des Grecs.

TABLETTES
GÉNÉALOGIQUES.

TABLE I.

TAB. I.

EMPEREURS DES FRANCS.

1. CHARLEMAGNE, f. de Pepin le Bref, R. des Francs & des Lombards 768. 774. Emp. cour. à Rome 800. † 814.

Pepin, Roi d'Italie † 810. 2. LOUIS I. dit le DÉBONNAIRE Emp. 813. † 840.

Bernard, R. d'Italie † 818.	Adélaïde, selon quelques uns, E. Lambert.	3. LOTHAIRE I. Emp. 817. † 855.	Louis le Germanique, R. d'Allemagne † 876.	5. CHARLES II. dit le CHAUVE, R. de France, Emp. 875. † 877. Tab. VIII.	Gisele, E. Everhard Comte 867.
	7. GUY, D. de Spolete, R. d'Italie 888 Emp. 891. † 894.	4. LOUIS II. Emp. 850. † 875.	Lothaire II. R. de Lorraine † 869.	Charles R. de Provence † 863.	Carloman, R. de Baviere, 876. d'Italie 877. † 880.	Louis II. dit le jeune, R. d'Allem. † 882.	6. CHARLES III. dit le GROS, Emp. 880. † 888.	11. BERENGER I. D. de Frioul, R. d'Italie 888. Emp. 916. † 924.
	8. LAMBERT Emp. 891. † 898.	Irmengarde, E. Boson, R. de Bourg. Cis-jurane.	Berthe, E. Thibaud Comte.	9. ARNOUL R. d'Allemagne 887. Emp. 896. † 899.			Gisele, E. Adelbert Marq. d'Ivrée.
		10. LOUIS, R. de Bourg. Cis-jur. 887. d'Italie 899. Emp. 901. chassé 902. † vers 923.	Hugues, C. de Provence, R. d'Italie 926. † 947.	Lothaire, R. d'Italie 911. † 950. E. Adélaïde, f. de Rodolphe II.	Rodolphe, R. de Bourg. élu R. d'Italie contre Berenger I. 921. chassé 926. resigne 933. † 937.		Berenger II. R. d'Italie 950. détrôné par Otton le Grand, † 966.
					Adélaïde, E. 1. Lothaire R. d'Italie, † 950. 2. Otton le Grand R. d'Allemagne 951.		Adelbert, R. d'Italie, conjointement avec le pere.

N n

TAB. II.
ROIS D'ALLEMAGNE DE LA MAISON CARLOVINGIENNE.

1. LOUIS I. dit le GERMANIQUE, fils puîné de Louis le Débonnaire, déclaré R. d'Allemagne par la paix de Verdun 843. † 876.

2. CARLOMAN, R. 876. † 880.   3. LOUIS II. dit le JEUNE, R. 876. † 882.   4. CHARLES III. (I) dit le GROS, R. 876. déposé 887. † 888.

5. ARNOUL, fils nat. élu R. 887. † 879.

6. LOUIS III. dit L'ENFANT élu R. 900. † 911.   Zuentibold, fils nat. R. de Lorraine 895. † 900.   7. CONRAD I. élu R. 911. † 918.

TAB. III.
ROIS ET EMPEREURS D'ALLEMAGNE DE LA MAISON DE SAXE.

8. HENRI I. dit l'OISELEUR, élu R. 919. † 925.

9. OTTON I. dit le GRAND. élu Roi 936. cour. Emp. 962. † 973.   Henri, Duc de Bavière, † 955.

10. OTTON II. R. & Emp. 973. † 983.   Henri le Querelleur, D. de Bav. † 995.

11. OTTON III. élu R. 983. cour. Emp. 996. † 1002.   12. HENRI II. dit le SAINT, élu R. 1002. cour. Emp. 1014. † 1024.

TAB. IV.
ROIS ET EMPEREURS D'ALLEMAGNE DE LA MAISON SALIQUE.

13. CONRAD II. dit le SALIQUE, élu R. 1024. cour. Emp. 1027. † 1039.

14. HENRI III. R. 1039. cour. Emp. 1046. † 1056.

15. HENRI IV. R. 1056. cour. Emp. 1084. † 1106.

16. HENRI V. R. 1106. cour. Emp. 1111. † 1125.   Agnès † 1143. E. Frédéric D. de Suabe 1080.   17. LOTHAIRE, dit le SAXON, élu R. 1125. cour. Emp. 1133. † 1137.

TAB. V.
ROIS ET EMPEREURS D'ALLEMAGNE DE LA MAISON DE HOHENSTAUFEN.

Frédéric de Hohenstaufen, D. de Suabe 1080. † 1105.
E. Agnès, f. de l'Emp. Henri IV. 1080.

Frédéric, dit le Louche, D. de Suabe, † 1147. 18. CONRAD III. élu R. 1138. † 1152.

19. FRÉDÉRIC I. dit le BARBEROUSSE, élu R. 1152. cour. Emp. 1155. † 1190.

20. HENRI VI. R. 1190. cour. Emp. 1191. † 1197. 21. PHILIPPE, élu R. 1198. † 1208.

23. FRÉDÉRIC II. élu R. 1212. cour. Emp. 1220. † 1250. 22. OTTON IV. fils de Henri, dit le Lion, élu R. 1198. cour. Emp. 1209. † 1218.

24. CONRAD IV. R. 1250. † 1254.

TAB. VI.
ROIS ET EMPEREURS D'ALLEMAGNE DE DIFFÉRENTES MAISONS.

25. GUILLAUME, fils de Florent IV. C. de Hollande, R. 1250. † 1256.
26. RICHARD, f. de Jean sans terre, R. d'Anglet. élu R. 1257. † 1272.
27. RODOLPHE I. DE HABSBOURG élu R. 1273. † 1291.

28. ADOLPHE, f. de Walram C. de Nassau, élu R. 1292. † 1298.
29. ALBERT I. D'AUTRICHE, élu R. 1298. assassiné 1308.

TAB. VII.
ROIS ET EMPEREURS D'ALLEMAGNE DE LA MAISON DE LUXEMBOURG.

30. HENRI VII. f. de Henri C. de Luxembourg, élu R. 1308. cour. Emp. 1312. † 1313.
31. LOUIS DE BAVIÈRE, élu R. 1314. cour. Emp. 1328. † 1347.

Jean l'Aveugle, R. de Bohême & C. de Luxemb. † 1346.

32. CHARLES IV. (II.) élu R. 1346. cour. Emp. 1355. † 1378. Jean Henri Marg. de Moravie † 1375.
34. ROBERT, fils de Robert II. El. Palatin, élu R. 1400. † 1410.

33. WENCESLAS, R. 1378. députe 1400. † 1419. 36. SIGISMOND, élu R. 1411. cour. Emp. 1433. † 1437. 35. JOSSE ou JODOCUS, élu R. 1410. † 1411.

TAB. VIII.
ROIS DE FRANCE CARLOVINGIENS.

1. CHARLES I. dit le CHAUVE, fils cadet de Louis le Débonnaire & premier Roi de France par la paix de Verdun en 843. † 877.

2. LOUIS II. (I.) dit le BEGUE. R. 8-7. † 879.

5. CHARLES II. dit le GROS, troisieme fils de Louis le Germanique, R. 885. † 888.   3. LOUIS III. R. 879. † 882.   4. CARLOMAN 879. † 884.   7. CHARLES III. dit le SIMPLE, R. proclamé contre Eudes 893. enfermé 923. † 929.   6. EUDES, fils de Robert le Fort, R. 888. † 898.

8. ROBERT I. f. cadet de Robert le Fort, R. 922. † 923.   9. RAOUL, gendre de Robert I. R. 923. † 936.

10. LOUIS IV. D'OUTREMER, R. 936. † 954.

11. LOTHAIRE Charles, D. de Lorraine, exclu R. 953. † 986. du trône en 987. & enfermé.

12. LOUIS V. dit le FAINÉANT, R. 986. † 987.

TAB. IX.
ROIS DE FRANCE CAPÉTIENS.

13. HUGUES CAPET, R. 987. † 996.

14. ROBERT II. R. 996. † 1031.

15. HENRI I. R. 1031. † 1060.

16. PHILIPPE I. R. 1060. † 1108.

17. LOUIS VI. dit le GROS, R. 1108. † 1137.

18. LOUIS VII. dit le JEUNE, R. 1137. † 1180.

19. PHILIPPE II. AUGUSTE, R. 1180. † 1223.

20. LOUIS VIII. R. 1223. † 1226.

21. LOUIS IX. OU S. LOUIS R. 1226. † 1270.   Charles, C. d'Anjou, tige des R. de Naples, Tab. XVII.

22. PHILIPPE III. dit le HARDI, R. 1270. † 1285.   Robert, C. de Clermont, † 1317. tige de la branche de Bourbon.

23. PHILIPPE IV. dit le BEL. R. 1285. † 1314.   Charles, C. de Valois, † 1325. tige de la branche de Valois. Tab. X.

24. LOUIS X. dit le HUTIN, R. 1314. † 1316.   Isabelle † 1357. R. d'Angl.   E. Edouard II. R. d'Angl.   26. PHILIPPE V. dit le LONG, R. 1316. † 1322.   27. CHARLES IV. dit le BEL, R. 1322. † 1328.

25. JEAN I. dit le POSTHUME, né & † 1316.   Édouard III. R. d'Angl. prét. au trône de France.

TAB. X.

ROIS DE FRANCE DE LA BRANCHE DE VALOIS.

Charles de Valois, fils puisné du R. Philippe III.
dit le Hardi, † 1325. (Tab. IX.)

28. PHILIPPE VI. DE VALOIS, R. 1328. † 1350.

29. JEAN II. dit le BON, R. 1350. † 1364.

30. CHARLES V. dit le SAGE, R. 1364. † 1380.	Louis, D. d'Anjou, tige des R. tit. de Naples Tab. XIX.	Philippe, dit le Hardi, créé D. de Bourgogne 1363. † 1404.
31. CHARLES VI. R. 1380. † 1422.	Louis, D. d'Orléans, tué 1407, tige de la branche de Valois-Orléans.	Jean sans peur, D. de Bourgogne, tué sur le pont de Montereau 1419.
32. CHARLES VII. dit le VICTORIEUX, R. 1422. † 1461.		Philippe, dit le Bon, D. de Bourgogne, † 1467.
33. LOUIS XI. R. 1461. † 1483.		Charles, dit le Hardi, D. de Bourgogne, tué à Nancy 1477.
34. CHARLES VIII. R. 1483. † 1498.		Marie, fille unique & héritière des États de Bourgogne, E. Maximilien d'Autriche 1477.

TAB. XI.
ROIS DE NAVARRE.

1. GARCIE I. qualifié Roi de Pampelune 858. † 880.

2. FORTUN, R. 880. abdique 905.   3. SANCHE I. dit le RESTAURATEUR, R. 905. † 926.

4. GARCIE II. Régent 919 R. 926. † 970.

5. SANCHE II. ABARCA, R. 970. † 994.

6. GARCIE III. dit le TREMBLEUR, R. 994. † 1000.

7. SANCHE III. dit le GRAND, R. 1000. réunit la Castille 1028. † 1035.

8. GARCIE IV. R. de Navarre 1035. † 1054.   Ferdinand I. R. de Castille. Tab. XII.   Ramire I. R. d'Aragon, † 1067 Tab. XIII.

9. SANCHE IV. R. de Nav. 1054. † 1076.   Ramire † 1084.   10. SANCHE V. R. de Nav. & d'Arag. 1076. † 1094.

Ramire † 1116.   11. PIERRE, R. de Nav. & d'Arag. 1094. † 1104.   12. ALFONSE I. R. de Nav. & d'Arag. 1104. † 1134.

13. GARCIE V. R. de Nav. 1134. † 1150.

14. SANCHE VI. dit le SAGE, R. 1150. † 1194.

15. SANCHE VII. dit le FORT, R. 1194. † 1234.   Blanche, E. Thibaut V. C. de Champagne, † 1200.

16. THIBAUT I. dit le POSTHUME, R. 1234. † 1253.

17. THIBAUT II. R. 1253. † 1270.   18. HENRI I. R. 1270. † 1274.

19. JEANNE I. R. 1274. † 1305.   E. Philippe, dit le Bel, R. de France & de Nav. † 1314.

20. LOUIS, dit le HUTTIN, R. de Nav. 1305. de Fr. 1314. † 1316.   21. PHILIPPE, dit le LONG, R. de Nav. & de Fr. 1316. † 1322.   22. CHARLES I. dit le BEL, R. de Nav. & de Fr. 1322. † 1328.

23. JEANNE II. R. de Nav. 1328. † 1349.   E. 23. PHILIPPE D'EVREUX, R. cour. 1328. † 1343.

24. CHARLES II. dit le MAUVAIS, R. 1349. † 1386.

25. CHARLES III. dit le NOBLE, R. 1386. † 1425.

26. BLANCHE, R. 1425. † 1441.   E. 27. JEAN I. D'ARAGON, R. de Nav. 1425. d'Arag. 1458. † 1479.

28. ÉLÉONORE, R. 19. Janv. 1479. † 12. Févr. 1479.   E. Gaston de Foix † 1472.

Gaston, C. de Foix, Pr. de Viane, † 1470. dans un tournois.

29. FRANÇOIS PHOEBUS, R. 1479. † 1483.   30. CATHÉRINE, R. 1483. † 1517.   E. 30. JEAN II. S. d'Albret 1494. † 1516. dépouillés par Ferdinand le Catholique.

TAB. XII.
ROIS DE CASTILLE ET DE LÉON.

1. FERDINAND I. f. puif. de Sanche le Grand, (Tab. XI.) R. de Caſtille 1035. de Léon 1037. † 1065.

2. SANCHE II. R. de Caſt. 1065. † 1072. 3. ALFONSE I. (VI.) R. de Léon 1065. de Caſtille 1072. † 1109. Garcie, R. de Galice & de Portug. enfermé 1073.

4. URRAQUE, R. 1109. † 1125. E. Raymond, f. de Guillaume II. C. de Bourg. † 1108.

5. ALFONSE II. (VII.) R. 1126. cour. Empereur d'Eſpagne 1135. † 1157.

6. SANCHE III. R. de Caſtille 1157. † 1158. | FERDINAND II. R. de Léon 1157. † 1187.

7. ALFONSE III. (VIII.) R. de Caſtille 1158. † 1214. ALFONSE IX. R. de Léon 1187. † 1230. E. Berengere f. d'Alfonſe III. R. de Caſtille 1197.

Berengere † 1246. E. Alfonſe IX. R. de Léon 1197. Blanche † 1253. E. Louis VIII. R. de France 1200. 8. HENRI I. R. de Caſt. 1214. † 1217. 9. FERDINAND III. dit le SAINT, R. de Caſtille 1217. de Léon 1230. † 1252. canon. 1671.

10. ALFONSE X. dit le SAGE, R. 1252. élû R. d'Allem. 1257. † 1284.

Ferdinand, Pr. de la Cerda, † 1275. E. Blanche, f. de St. Louis, † 1320. 11. SANCHE IV. R. 1284. † 1295.

Alfonſe de la Cerda, proclamé R. 1288. renonce 1305. † 1331. | Ferdinand de la Cerda. 12. FERDINAND IV. R. 1295. † 1312.

13. ALFONSE XI. R. 1312. † 1350.

14. PIERRE, furnommé le CRUEL, R. 1350. tué à Montiel 1369. 15. HENRI II. dit le MAGNIFIQUE, fils nat. oppoſé à ſon frere 1366. R. 1369. † 1379.

Conſtance, E. Jean de Gand, D. de Lancaſtre, prétendant au trône de Caſtille. 16. JEAN I. R. 1379. † 1390. E. Éléonore, f. de Pierre IV. R. d'Aragon.

17. HENRI III. dit le MALADIF, R. 1390. † 1406. Ferdinand, dit le Juſte, élevé au trône d'Arag. 1412. Tab. XIII.

18. JEAN II. R. 1406. † 1454.

19. HENRI IV. R. 1454. † 1474. 20. ISABELLE, R. 1474. E. Ferdinand, dit le Catholique, Pr. d'Aragon, 1469.

TAB. XIII.
ROIS D'ARAGON.

1. RAMIRE I. f. cadet de Sanche le Grand, (Tab. XI.) R. d'Aragon 1035. † 1063.

2. SANCHE I. R. d'Arag. 1063. de Nav. 1076. † 1094.

3. PIERRE I. R. d'Arag. & de Nav. 1094. † 1104.   4. ALFONSE I. R. d'Arag. & de Nav. 1104. † 1134.   5. RAMIRE II. R. d'Arag. 1134. abdique 1137. † 1147.

6. PETRONILLA, R. 1137. † 1172. E. Raymond-Berenguier, C. de Barcellonne, Régent d'Arag. 1137. † 1162.

7. ALFONSE II. dit le CHASTE, R. d'Aragon & C. de Barcellonne & de Prov. 1162. † 1196.

8. PIERRE II. R. d'Aragon 1196. † 1213.   Alfonse, C. de Provence & de Forcalquier, † 1209.

Raymond Berenguier V. C. de Provence & de Forcal. † 1245.

9. JAYME I. dit le CONQUÉRANT, R. d'Arag. 1213. † 1275.   Béatrix, héritiere de Provence & de Forcalquier 1245. † 1267. E. Charles d'Anjou, frere de St. Louis, 1245.

10. PIERRE III. dit le GRAND, R. d'Arag. 1275. de Sicile, par les vépres Siciliennes, 1282. † 1285.   Jayme I. R. de Majorque, C. de Rouss. & de Montp. 1262. † 1311.

11. ALFONSE III. R. d'Arag. 1285. † 1291.   12. JAYME II. R. d'Arag. 1291. † 1327.   Frédéric II. R. de Sicile 1296. † 1336.   Sanche, R. de Majorque 1311. † 1324.

Jayme II. R. de Majorque 1324. depouillé 1343. † 1349.

13. ALFONSE IV. R. d'Arag. 1327. † 1336.   Pierre II. R. de Sicile 1336. † 1342.   Jayme III. R. de Majorque 1349. † 1375. prétendu R. d'Aragon.

14. PIERRE IV. dit le CÉRÉMONIEUX, R. d'Arag. 1336. † 1387.   Louis, R. de Sicile 1342. † 1355.   Frédéric III. R. de Sicile 1355. † 1377.

15. JEAN I. R. d'Arag. 1387. † 1395.   Eléonore † 1382. E. Jean I. R. de Castille 1375.   16. MARTIN, R. d'Arag. 1395. de Sicile 1409. † 1410.

Jolande † 1442. E. Louis II. R. tit. de Naples.   17. FERDINAND I. dit le JUSTE, R. d'Arag. & de Sicile 1412. † 1416.   Martin, R. de Sicile 1391. † 1402. † 1409. E. Marie, F. &   Marie, R. de Sicile 1377. † 1402. E. Martin, Prince d'Aragon, 1391. héritiere de Fréd. III. R. de Sicile.

18. ALFONSE V. R. d'Arag. & de Sicile 1416. R. de Naples 1443. † 1458.   19. JEAN II. R. de Nav. 1425. R. d'Arag. & de Sicile 1458. † 1479.

20. FERDINAND II. dit le CATHOLIQUE, R. de Castille 1474. d'Arag. & de Sicile 1479. de Grenade 1492. de Naples 1504. de Navarre 1512. † 1516. E. Isabelle, F. de Jean II. R. de Castille.

Jeanne, dite la Folle, héritiere de la monarchie Espagnole. † 1555. E. Philippe d'Autriche 1496.

TAB. XIV.
ROIS DE PORTUGAL
DEPUIS LE C. HENRI JUSQU'À LA FIN DU XV. SIECLE.

Henri de Bourgogne, f. de Henri, petit-fils de Robert, D. de Bourgogne, arriere-petit-fils de Robert II. R. de France, établi C. de Portugal vers 1090. † 1112.

1. ALFONSE I. proclamé R. de Portugal 1139. † 1185.

2. SANCHE I. R. 1185. † vers 1211.

3. ALFONSE II. dit le GRAS, R. 1211. † 1223.

4. SANCHE II. R. 1223. déposé par le Pape 1245. † vers 1248.   5. ALFONSE III. R. 1248. † 1279.

6. DÉNYS, dit le PERE DE LA PATRIE, R. 1279. † 1325.

7. ALFONSE IV. dit le HARDI, R. 1325. † 1357.

8. PIERRE I. dit le SÉVERE ou le JUSTICIER, R. 1357. † 1367.
E. 1. Constance, 2. Agnès de Castre. Conc. a) Thérèse Gille-Laurent.

1.	2.	2.	a.
9. FERDINAND, R. 1367. † 1383.	Jean, D. de Valencia.	Dénys	10. JEAN, fils nat. surnommé le PERE DE LA PATRIE & le GRAND, Régent 1383. R. 1385. † 1433.
Béatrix, E. Jean I. R. de Castille.			11. ÉDOUARD, R. 1433. † 1438. Henri, D. de Viseu, † 1460. Alfonse, f. nat. tige des D. de Bragance.
			12. ALFONSE V. dit l'AFRICAIN, R. 1438. † 1481. Ferdinand, D. de Viseu, † 1470. Pere du R. Emanuel.
			13. JEAN II. surnommé le GRAND, R. 1481. † 1495.

TAB. XV.
ROIS DES DEUX SICILES DE LA RACE DES NORMANDS.

Tancrede, C. de Hauteville.

Robert Guifcard, D. de la Pouille & de la Calabre 1059. † 1085. — Roger, C. de Sicile depuis 1060. † 1101.

Roger D. de la Pouille 1085. † 1111. | 1. ROGER C. de Sicile 1105. D. de la Pouille 1127. R. des deux Siciles 1130. † 1154.

Guillaume D. de la Pouille 1111. † 1127. | Roger Duc de la Pouille, † 1148. | 2. GUILLAUME I. furnommé le MAUVAIS, R. 1154. † 1166. | Conftance, E. Henri VI. Emp.

Tancrede, fils nat. ufurpe le trone en 1189. † 1194. | 3. GUILLAUME II. dit le BON, R. 1166. † 1189.

Guillaume, prº ʼmé R. 1194. tombe au pouvoir de Henri VI. † 1198.

TAB. XVI.
ROIS DES DEUX SICILES DE LA MAISON DE HOHENSTAUFEN.

{ 4. HENRI (VI.) f. de l'Emp. Fréd. I. (Tab. V.) R. 1189. cour. 1195. † 1197.
  5. CONSTANCE, 1. du R. Roger, héritiere du Royaume 1189. † 1198.

6. FRÉDÉRIC I. R. des deux Siciles 1198. d'Allemagne 1212. † 1250.

7. CONRAD I. R. 1250. † 1254. | 9. MAINFROY, f. nat. R. 1258. défait & tué à Bénévent 1265.

8. CONRAD II. dit CONRADIN, R. 1254. décapité à Naples 1268. | Conftance † 1300. E. Pierre III. R. d'Arag. 1262.

TAB. XVII.
ROIS DE NAPLES DE LA MAISON D'ANJOU.

10. CHARLES I. f. de Louis VIII. (Tab. IX.) C. d'Anjou & de Provence, R. des deux Siciles invefti par le Pape 1265. perd la Sicile 1282. † 1285. E. Béatrix, héritiere de Provence 1245. (Tab. XIII.)

11. CHARLES II. dit le BOITEUX, R. de Naples 1285. † 1309. E. Marie, f. d'Etienne V. R. de Hongrie, † 1323.

Charles Martel † 1296. 12. ROBERT, dit le BON & le SAGE, R. 1309. † 1343. Philippe, Pr. d'Achaïe & de Tarente, † 1332. Jean, D. de Duras, † 1335.

Charles Robert, R. de Hongrie. † 1342. Charles, D. de Calabre, † 1328. 13. LOUIS R. 1352. † 1362. Charles, D. de Duras, † 1348. E. Marie, sœur de la R. Jeanne I. 1343. Louis, C. de Gravine, † 1362.

Louis, R. de Hongrie, † 1382. 13. ANDRÉ, R. 1343. étranglé 1345. E. Jeanne I. R. 13. JEANNE I. R. 1343. étranglée 1382. E. 1. André de Hongrie, 2. Louis de Tarente. E. Jeanne I. R. 1346. Marguerite † 1412. 14. CHARLES III. dit le PETIT, R. 1382. † 1386. E. Marguerite de Duras 1368.

15. LADISLAS, dit le MAGNANIME, R 1386. † 1414.   16. JEANNE II. R. 1414. † 1435.

TAB. XVIII.
ROIS DE NAPLES DE LA MAISON D'ARAGON.

17. ALFONSE I. (V.) R. d'Aragon, (Tab. XIII.) s'érige en héritier & fucceffeur de la Reine Jeanne II. 1435. 1443. † 1458.

18. FERDINAND I. fils nat. R. 1458. † 1494.

19. ALFONSE II. R. 1494. † 1495.   21. FRÉDERIC II. R. 1496. dép. 1501. † 1504.

20. FERDINAND II. R. 1495. † 1496.   Charlotte, Pr. de Tarente, † 1505. E. Guy de Laval.

Anne † 1553. E. François de la Trimouille.

TAB. XIX.
ROIS TITULAIRES DE NAPLES DE LA SECONDE MAISON D'ANJOU.

LOUIS I. f. du Roi Jean II. de France, (Tab. X.) D. d'Anjou 1360. adopté par la R. Jeanne I. C. de Provence 1380. cour. R. de Naples par le Pape 1382. † 1384.

LOUIS II. D. d'Anjou, C. de Provence, R. tit. de Naples 1384. † 1417.

LOUIS III. D. d'Anjou, C. de Prov. R. tit. de Naples 1417. adopté par la R. Jeanne II. 1423. † 1434.   RENÉ, dit le BON, D. de Lorraine 1431. D. d'Anjou, C. de Prov. R. tit. de Naples 1434. † 1480. E. Ifabelle, f. & hérit. de Charles I. D. de Lorraine 1420.   Charles, C. du Maine, † 1472.

CHARLES DU MAINE, C. de Provence & R. tit. de Naples 1480. dép. du D. d'Anjou par Louis XI. † 1481.

TAB. XX.

LES ANCIENS COMTES DE SAVOIE ET LEUR ORIGINE,
D'APRÈS LE NOUVEAU SISTEME DE M. DE RANGONE, CONSEILLER D'ÉTAT DU R. DE SARDAIGNE.

Lothaire I. C. de la Thuringe fept. à Walpke & Wolmerftedt, † 930.

Lothaire II. C. fondateur de la Collégiale de Walbeck, † vers 986.
E. Mathilde, f. de Brunon C. d'Arnebourg, † 990.

| Lothaire III. Marggrave du Nord 983. † 1003. E. Godila, f. du C. Werner. | Eila † 1015. | E. Bertold, C. d'Ammerdal en Bav. 977. | Sigefroy, Comte de Walbeck, † 990. E. Cunegonde, f. de Henri C. de Stade, † 998. | Thiatmar ou Ditmar, Abbé de Corvey 983. † 1001. |

| Werner, Marggr. du Nord, † 1014. E. Luitgarde, f. d'Ekkehard Marg. de Misnie, † 1012. | BERTOLD ou BÉROLD, Ditmar p 413 Ann. Saxo 1017. Chron. Walb. Une charte de Taloire, de 1020, le nomme Bérold de Saxe, Vice-Roi d'Arles & Vicaire de l'Empire. | Henri C. de Walbeck 1014. | Frédéric Bourggr. de Magdebourg 1016. | Ditmar, Ev. de Merfebourg, né 976. Ev. 1009. † 1019. | Sigefroy, Ev. de Munfter 1022. † 1032. | Brunon Ev. de Verden 1034. † 1049. |

HUMBERT I. aux blanches mains, C. † vers 1048.

| AMÉDÉE I. † vers 1047. | OTTON, C. & M. † avant 1050. E. Adélaïde, f. de Mainfroy, Marquis de Suze, † 1091. |

| PIERRE I. C. † vers 1070. | AMÉDÉE II. C. † vers 1080. | Berthe † 1088. Emp. 1066. | E. Henri IV. | Adélaïde † 1079. de Suabe, Anti-Emp. après 1060. | E. Rodolphe 1079. | Otton Ev. d'Afti † 1102. |

GEBHARDI *Aquilonales Marchiones.*
TERRANEO *la Principeſſa Adelaïde, Conteſſa di Torino.*
M. LÉVRIER *Chronologie hiſtorique des Comtes de Génévois.*

TAB. XXI.
ROIS ANGLO-SAXONS ET DANOIS DE L'ANGLETERRE.

1. EGBERT, dit le GRAND, premier Roi de toute l'Angleterre 827. † 836.

2. ETHELWOLF R. 836. † 857.

3. ETHELBALD R. 857. † 860.   4. ETHELBERT R. 860. † 866.   5. ETHELRED I. R. 866. † 871.   6. ALFRED I. dit le GRAND, R. 871. † 901.

7. ÉDOUARD I. dit l'ANCIEN, R. 901. † 925.

8. ATHELSTAN R. 925. † 941.   9. EDMOND I. R. 941. † 946.   10. EDRED R. 946. † 955.

11. EDWY R. 955. † 957.   12. EDGAR, dit le PACIFIQUE, R. 957. † 975.

13. ÉDOUARD II. dit le MARTYR, R. 975. assassiné 978.   14. ETHELRED II. R. 978. chassé 1013. rétabli 1014. † 1016.

16. EDMOND II. CÔTE DE FER R. 1016. † 1016.   20. ÉDOUARD III. dit le CONFESSEUR, R. 1042. † 1066.

Edmond.   Édouard † 1057.   Harald Blaatand, R. de Danemarc. (Tab. XXV.)

Edgar Atheling.   15. SUENON R. d'Angl. & de Dan. 1013. † 1014.

Godwin, C. de Kent, † 1053.   17. CANUT, dit le GRAND, R. d'Angl. & de Dan. 1017. † 1036.

21. HARALD II. R. d'Angl. 1066. défait & tué par Guill. le Conq. 1066.   18. HARALD I. R. d'Angl. 1036. † 1039.   19. HARDECNUT, R. d'Angl. & de Dan. 1039. † 1041.

TAB. XXII.
ROIS D'ANGLETERRE DE LA MAISON DES D. DE NORMANDIE.

1. GUILLAUME I. dit le CONQUÉRANT, D. de Normandie, R. d'Anglet. 1066. † 1087.

2. GUILLAUME II. LE ROUX R. 1067. † 1100.   3. HENRI I. dit BEAU-CLERC, R. 1100. † 1135.   Adèle † 1137.   E. Étienne C. de Blois.

Mathilde, héritiere du trône, † 1167. E. Godefroy Plantagenet, C. d'Anjou, 1127.   4. ÉTIENNE R. 1135. † 1154.

5. HENRI II. R. v. Tab. XXIII.

TAB. XXIII.
ROIS D'ANGLETERRE DE LA MAISON DES PLANTAGENETS.

5. HENRI II. R. 1154. † 1189.

6. RICHARD I. dit CŒUR DE LION R. 1189. † 1199.   7. JEAN dit SANS TERRE R. 1199. † 1216.

8. HENRI III. R. 1216. † 1272.

9. ÉDOUARD I. dit le LONG, R. 1272. † 1307.   Edmond, dit le Bossu, C. de Lancaster, prétendu fils aîné, † 1296.

10. ÉDOUARD II. R. 1307. † 1327. E. Isabelle, f. de Philippe le Bel, R. de France.   Henri, C. de Lancaster, † 1345.

11. ÉDOUARD III. R. 1327. † 1377.   ROSE ROUGE.   Henri, dit Grismond, D. de Lancaster, † 1361.

Édouard le Noir, Pr. de Galles, † 1376. | Lionel, D. de Clarence. † 1368. | Jean de Gand, D. de Lancaster, † 1399. E. Blanche, premiere héritiere de Lancaster. | Edmond, D. d'Yorck, † 1402. | Blanche, premiere héritiere des droits de Lancaster, † 1369. E. Jean de Gand, troisieme fils d'Édouard III.

12. RICHARD II. R. 1377. déposé 1399. † 1400. | Philippine de Clarence, E. Edmond Mortimer 1368. | 13. HENRI IV. R. 1399. † 1413. | Jean de Beaufort, f. nat. légitimé, † 1410. | Richard C. de Cambridge, † 1415. E. Anne Mortimer, prem ere héritiere des droits de Lionnel, D. de Clarence.

 | Roger Mortimer déclaré héritier de la couronne 1385. † 1399. | 14. HENRI V. R. 1413. † 1422. E. Catherine de Fr. f. de Charl. VI. | Jean de Beaufort † 1444. | Richard D. d'Yorck, Protect. 1455. † 1460.   ROSE BLANCHE.

Anne Mortimer, premiere héritiere des droits de Lionnel. E. Richard, C. de Cambridge. | 15. HENRI VI. R. d.Angl. & de France 1422. † 1472. | Marguerite † 1509. seconde hérit. des droits de Lancaster, E. Edmond Tudor. | 16. ÉDOUARD IV. R. 1461. † 1483.   17. ÉDOUARD V. R. 1483. † 1483. | 18. RICHARD III. R. 1483. † 1485.   Elisabeth, seconde héritiere des droits de Lionnel. E. Henri VII. R. d'Angl.

Henri VII. surnommé Tudor, R. d'Angl. en 1485. Tige de la maison de Tudor.

TAB. XXIV.
ROIS D'ÉCOSSE DEPUIS LE DOUZIEME JUSQU'AU QUINZIEME SIECLE.

1. DAVID I. R. 1124. † 1153.

Henri, C. de Huntingdon, † 1152.

2. MALCOLM IV. R. 1153. † 1165.   3. GUILLAUME R. 1165. † 1214.   David, C. de Huntingdon, † 1219.

4. ALEXANDRE II. R. 1214.   Marguerite, E. Alan   Isabelle, E. Robert
† 1249.   C. de Galloway.   Bruce.

5. ALEXANDRE III. R. 1249. † 1286.   Dervegille, E. Jean Baillol C. de   Robert Bruce S. d'Annandale,
dernier mâle des anciens Rois.   Harcourt.   C. de Carrik, † 1291.

Marguerite † 1283. E. Éric, R. de   7. JEAN BAILLOL déclaré R. d'Écosse   Robert Bruce, C. de Carrik,
Norwege.   1292. dépouillé 1296. † 1314.   † 1303.

6. MARGUERITE R. 1286. † 1291.   10. ÉDOUARD BAILLOL opposé à   8. ROBERT I. BRUCE s'érige en
                                 David II. 1332. chassé 1342. † 1363.   R. contre les Anglois 1306. † 1329.

Mariorie ou Margerie. E. Gautier   9. DAVID II. R. 1329. chassé par Édouard
Stuart † 1328.   Baillol 1332. rétabli 1342. † 1371.

11. ROBERT II. STUART R. 1371. † 1390.

12. ROBERT III. R. 1390. † 1406.

13. JACQUES I. R. 1406. assassiné 1437.

14. JACQUES II. R. 1437. tué au siege de Roxburgh 1460.

15. JACQUES III. R. 1460. tué dans une guerre civile 1488.
Pere de Jacques IV.

TAB. XXV.
ROIS DE DANEMARC DEPUIS LE DIXIEME JUSQU'AU QUINZIEME SIECLE.

1. HARALD BLAATAND R. vers 941. † vers 991.

2. SUENON ou SUENOTTON R. 991. † 1014.

3. CANUT II. dit le GRAND, R. de Danem. 1014, d'Angl. et. 1017. de Norwege 1028. † 1036.	3. HARALD III. R. 1014. avec son frere, †	Estrith, E. Ulfon, C. Danois, E. de Thaugill Sprakaleg.		
5. CANUT III. ou HARDECNUT R. de Dan. 1036. d'Angl. 1039. † 1041.	5. MAGNUS de Norwege R. 1041. † 1047.	6. SUENON II. ESTRITHSON s'érige contre Magnus 1044. † 1076.		
7. HARALD IV. dit HEIN, R. 1076. † 1080.	8. CANUT IV. dit le SAINT, R. 1080. assassiné 1086. can. 1100.	9. OLOF HUNGER R. 1086. † 1095.	10. ÉRIC III. EIOGOD R. 1095. † 1103.	Suenon † 1104.	11. NICOLAS R. 1104. tué 1134.
12. ÉRIC IV. EMUND s'érige contre le R. Nicolas 1131. assassiné 1137.	Ragnhild. E. Haquin Norsaena.	St. Canut, dit Laward, D. de S'esvic, R. des Venedes 1130. tué par Magnus 1131. can. 1171.	Henri Skokul.	Magnus élu R. de Suede 1130. tué 1134.
14. SUENON III. dit GRATHE, s'érige en Roi avec Canut V. 1147. tué 1157.	13. ÉRIC V. dit LAM, R. 1137. † 1147.	15. WALDEMAR I. dit le GRAND, s'érige avec Suenon III. & Canut V. maintient le trône 1157. † 1182.	Magnus R. de Suede 1150. † 1161.	Boris ou Barisief R. de Gothie 1167.	18. CANUT V. s'érige en Roi 1147. assassiné 1157.
16. CANUT VI. R. 1182. † 1202.	17. WALDEMAR II. dit le VICTORIEUX, R. 1202. † 1241.			Waldemar, f. naz. prend le titre de Roi 1192.
17. WALDEMAR III. Corrégent de son pere 1219. † 1231.	18. S. ÉRIC VI. dit PLOGPENNING, R. 1241. assassiné 1250. can. 1257.	19. ABEL R. 1250. tué 1252.	20. CHRISTOPHE I. R. 1252. empois. 1259.	

21. ÉRIC VII. dit CLIPPING, R. 1259. assassiné 1286.

22. ÉRIC VIII. dit MENVED, R. 1286. † 1319.   23. CHRISTOPHE II. R. 1320. † 1334.

24. WALDEMAR IV. R. élu après un Interregne de six ans 1340. † 1375.

Ingeburge E. Henri I. Duc de Mecklenbourg.	26. MARGUERITE R. 1387. réunit les trois royaumes du Nord 1397. † 1412.
Marie. E. Wratislaw, D. de Poméranie.	25. OLOF R. élu 1376. † 1387.

27. ÉRIC IX. dit le POMÉRANIEN, R. 1412. dép. 1439. † 1459.   Sophie. E. Jean, C. Pal. du Rhin.

28. CHRISTOPHE III. R. 1440. † 1448.

TAB. XXVI.
ROIS DE NORWEGE.

1. HARALD HAARFAGER, premier monarque de la Norwege vers 900. refigne 931. † 934.

2. ÉRIC BLODOXE R. 931. chaffé 936. † 954. | Olof Geirslada Alf. | Biorn, dit le Marchand. | Alofa, E. Torf-Einar. | Sigurd, dit le Géant. | 3. HAKAN ou HAQUIN I. ADELSTAN R. 936. tué 963.

4. HARALD II. GRAFELL 963. tué... | Trygwe tué vers 964. | Gudrod tué vers 960. | Berglioth. E. Sigurd. C. | Halfden. | 7. SUENON I. f. de Harald Blaatand, (Tab. XXV.) R. 1000. † 1014.

6. OLOF I. TRYGWESON R. vers 995. tué 1000. | Harald Granske † 998. | 5. HAKAN ou HAQUIN II. furnommé le MAUVAIS, R. 978. † 995. | Sigurd Sirr † 1018. | 11. HARALD III. HAARDRADE R. 1047. † 1066. | 9. SUENON II. f. de Canut le Grand, R. 1030. chaffé 1035.

8. OLOF II. dit le SAINT & le GROS, R. vers 1016. chaffé par Canut le Grand 1028. † 1030.

10. MAGNUS I. dit le BON, R. de Norwege 1035. de Danemarc 1041. † 1047. | 12. MAGNUS II. R. 1066. † 1069. | 13. OLOF III. dit le PACIFIQUE, R. 1066. † 1093.

14. MAGNUS III. dit BARFOD, R. 1093. tué 1103.

15. SIGURD I. JORSALAFAR R. de la Norwege merid. 1103. de toute la Norwege 1122. † 1130. | 15. EYSTEN I. R. de la Norwege fept. 1103. † 1122. | 15. OLOF IV. R. d'une partie de la Norwege 1103. † 1116. | 17. HARALD IV. GILLE R. 1135. affaifiné 1136.

Chriftine. E. Erling Skakke. | 16. MAGNUS IV. dit l'AVEUGLE, R. 1130. dépouillé 1135. | 18. INGE I. dit le BOSSU, R. 1136. tué 1161. | 18. EYSTEN II. R. avec fon frere 1142. tué 1157. | 18. SIGURD II. BRONCH R. avec fon frere 1136. tué 1155. | 18. MAGNUS V. R. avec fes f.eres 1142. † ....

21. MAGNUS VI. ERLINGSON R. 1162. tué par Suerrer 1184. | 19. HAKAN ou HAQUIN III. HERDEBRED R. 1161. tué 1162. | 20. SIGURD III. R. 1162. tué 1163. | 22. SUERRER R. 1184. † 1202. | Cécile. E. Barde de Reine.

Sigurd Laward † 1201. | 23. HAKAN ou HAQUIN IV. R. 1202. † 1204. | 25. INGE II. R. 1205. † 1217.

24. GUTTORM R. 1204. † 1205. | 26. HAKAN ou HAQUIN V. GAMLE R. 1217. † 1263.

27. MAGNUS VII. LAGABATER, ou Réformateur des loix, R. 1263. † 1280.

28. ÉRIC R. 1280. † 1299. | 29. HAKAN ou HAQUIN VI. R. 1299. † 1319.

Marguerite R. d'Écoffe (Tab. XXIV.) | Ingeburge. E. Éric de Suede, D. d'Uplande, † 1318.

30. MAGNUS VIII. dit SMEK, R. de Norwege & de Suede 1319. refigne la Norwege à fon fils 1350. † 1374.

31. HAKAN ou HAQUIN VII. R. de Norwege 1350. de Suede 1361. dépofé par les Suédois 1363. † 1380. E. Marguerite, f. de Waldemar IV. R. de Danem. 1363.

32. OLOF V. R. de Danem. 1376. de Norwege 1380. † 1387.

TAB. XXVII.
ROIS LODBROKIENS DE SUEDE.

1. OLOF (III.) dit SKOTKONUNG, embrasse le christianisme & prend le titre de *Roi de Suede* 1001. † 1026.

3. EMUND (III.) dit GAMMEL, R. 1051. † 1056.   2. ANUND JAQUES R. 1026. † 1051.

TAB. XXVIII.
ROIS DE SUEDE DE LA RACE DE STENKILL.

4. STENKILL R. 1056. † 1066.

7. INGE I. dit le BON, R. 1080. † 1112.   7. HALSTAN R. avec son frere 1080. † 1090.   5. ÉRIC (VII.) R. 1056. tué 1067.   5. ÉRIC (VIII.) R. 1066. tué 1067.   6. HAQUIN I. dit RODE, R. 1067. † 1079.

8. PHILIPPE R. 1112. † 1118.   9. INGE II. R. avec son frere 1112. regne seul 1118. † 1129.

TAB. XXIX.
ROIS DE SUEDE DE LA RACE DE SUERKER.

10. SVERKER I. f. de Charles, petit-fils de Blot-Swen, Roi de Suede après de longues troubles 1133. assassiné 1155.

12. CHARLES VII. (I.) R. 1161. tué 1167.

14. SVERKER II. dit BACK, R. 1199. tué 1210.

16. JEAN I. dit le DÉBONNAIRE, R. 1216. † 1222.

TAB. XXX.
ROIS DE SUEDE DE LA RACE DE S ÉRIC.

11. ÉRIC IX. f. de Jedward Bonde, R. 1155. décapité 1161. canonisé 1264.

13. CANUT R. 1167. † 1199.

15. ÉRIC X. dit l'ÉTIQUE, R. 1210. † 1216.

17. ÉRIC XI. dit LASPE, R. 1222. † 1250.

TAB. XXXI.
ROIS FOLKUNGIENS DE SUEDE.

Birger de Biälbo, Jarl de Suede, Régent du royaume, † 1266.

18. WALDEMAR I. élu R. 1250. dépouillé 1275. † 1302.   19. MAGNUS I. dit LADULAS. R. 1275. † 1290.

20. BIRGER R. 1290. déposé 1319. † 1321.   Eric, D. de Sudermannie, † 1318. É. Ingeburge de Norwege.

21. MAGNUS II. dit SMER, R. de Suede 1319. de Norw. 1319. déposé par les Suédois 1363. noyé 1374.   Euphémie † 1360. E. Albert I. D. de Mecklenb. † 1380.

21. ERIC XII. R. de Suede 1350. † 1359.   21. HAQUIN II. R. de Norwege 1350. de Suede 1361. déposé avec son pere 1363. † 1380.   22. ALBERT DE MECKLENBOURG R. élu 1363. déposé 1389. † 1405.

TAB. XXXII.

ROIS DE L'UNION
DES TROIS ROYAUMES DU NORD.

* *

MARGUERITE, f. de Waldemar IV. R. de Danemarc, Reine des trois royaumes en 1389. fait arrêter l'union de Calmar 1397. † 1412.

* *

ERIC (IX. XIII.) petit neveu de la Reine Marguérite, élu R. de l'union 1397. R. 1412. dépofé 1439. † 1459.

* *

CHRISTOPHE (III.) f. de Jean C. Palatin du Rhin & de Sophie de Danem. R. élu 1440. † 1448.

* *

CHRISTIAN I. de la maifon d'Oldenbourg, R. élu par les Danois 1448. par les Norwegeois 1450. par les Suédois 1457. chaffé par ces derniers 1464. † 1481.

JEAN (I. II.) R. élu 1483. chaffé par les Suédois 1501. † 1513.

CHRISTIAN II. R. de Dan. & de Norw. 1513. reconnu par les Suédois 1520. chaffé par eux 1521. dép. par les Danois 1523. † 1559.

TAB. XXXIII.

ROI ET ADMINISTRATEURS DE SUEDE PENDANT L'UNION.

* *

CHARLES VIII. (II.) f. de Canut Bonde, eſt élu Adminiſtrateur 1439. R. 1448. chaſſé 1457. rétabli 1464. chaſſé de nouveau 1465. rappellé 1467. † 1470.

* *

STENON STURE, dit l'Ainé, f. de Guſtave Sture, eſt élu Adminiſtrateur 1471. reſigne 1497. eſt élu de nouveau 1501. † 1503.

* *

SUANTE STURE, f. de Nicolas Boſſon Sture, élu Adminiſtrateur 1504. † 1512.

STENON STURE, dit le Jeune, élu Adminiſtrateur 1512. bleſſé mortellement à la bataille de Bogeſund, contre les Danois, le 19. Janv. † le 9. Fevr. 1520.

TAB. XXXIV.
GRANDS-DUCS DE RUSSIE DEPUIS RURIK JUSQU'A WSEWOLOD JURJEWITSCH.

1. RURIK, Grand-Duc 862. † 879.   2. OLEG, Grand-Duc ou Régent 879. † 913.

3. IGOR I. RURIKOWITSCH, Gr. D. 913. † 945. E. 4. OLGA, Gr. D. ou Régente 945. † vers 970.

5. SWJATOSLAW I. IGORJEWITSCH, Gr. D. 955. † 972.

6. JAROPOLK I. SWIATOSLAWITSCH, Gr. D. 972. † 980.   7. WLADIMIR I. SWIATOSLAWITSCH, Gr. D. 980. † 1015.

9. JAROSLAW I. WLADIMIROWITSCH, Gr. D. 1018. † 1054.   8. SWJATOPOLK I. WLADIMIROWITSCH, Gr. D. 1015. † 1018.

| 10. ISJASLAW I. JAROSLAWITSCH, Gr. D. 1054. 1077. † 1078. | 11. SWJATOSLAW II. JAROSLAWITSCH, Gr. D. 1073. † 1076. | 12. WSEWOLOD I. JAROSLAWITSCH. Gr. D. 1078. † 1093. | Anne, E. Henri I. R. de France. |

| 13. SWJATOPOLK II. ISJASLAWITSCH Gr. D. 1093. † 1115. | O'leg Swjätoslawitfch, fouche des Pr. de Tichernigow & de Kiow, † 1115. | David Swjätoslawitfch. | 14. WLADIMIR II. WSEWOLODOWITSCH MONOMAQUE Gr. D. 1115. † 1125. |

| 18. WSEWOLOD II. OLGOWITSCH Gr. D. 1138. † 1146. | 19. IGOR II. OLGOWITSCH, Gr. D. 1146. tué 1147. | 23. ISJASLAW III. DAVIDOWITSCH, Gr. D. 1154. † ... | |

| 15. MSTISLAW WLADIMIROWITSCH, Grand D. 1125. † 1132. | 16. JAROPOLK II. WLADIMIROWITSCH, Gr. D. 1132. † 1138. | 17. WIETSCHISLAW WLADIMIROWITSCH, Gr. D. 1138. † 1154. | 21. JURJE I. WLADIMIROWITSCH DOLGOROUKOI, Gr. D. 1149. 1151. 1154. bâtit Moscou 1156. † 1157. |

| 20. ISJASLAW II. MSTISLAWITSCH, Gr D. 1146. 1150. † 1154. | 22. ROSTISLAW MSTISLAWITSCH, Gr. D. a Kiow 1154. † 1161. | Rostislaw Jurjewitfch. | 24. ANDREJ I. JURJEWITSCH BOGOLUBSKOI, Gr. D. à Wladimer 1157. † 1175. | 25. MICHEL I. JURJEWITSCH, Gr.D. à Wladimer 1175. † 1177. | 26. WSEWOLOD III. JURJEWITSCH. Tab. XXXV. |

Jaropolk Roftislawitfch envahit le Gr. D. de Wladimer 1175.

Mstislaw Roftislawitfch.

TAB. XXXV.

GRAND-DUCS DE RUSSIE DEPUIS WSEWOLOD JURJEWITSCH JUSQU'A IWAN WASILIEWITSCH I.

26. WSEWOLOD JURJEWITSCH (Tab. XXXIV.) Grand-Duc de Wladimer 1177. † 1213.

| 28. CONSTANTIN WSEWOLODOWITSCH, Gr. D. de Wladimer 1217. † 1218. | 27. JURJE ou GEORGE II. WSEWOLODOWITSCH, Gr. D. de Wladimer 1213. 1218. † 1238. | 29. JAROSLAW WSEWOLODOWITSCH, Gr. D. de Wladimer 1238. † 1245. | Swjatoslaw Wsewolodowitsch, mis par quelques-uns au nombre des Grand-Ducs vers 1245. |

| 30. ALEXANDRE I. JAROSLAWITSCH NEWSKOI, Gr. D. de Wladimer, 1255. † 1263. canonisé. | Andrej Jaroslawitsch, Pr. de Susdal, placé par quelq. uns au nombre des Gr. D. vers 1248. | 31. JAROSLAW III. JAROSLAWITSCH, Gr. D. de Wladimer 1263. réside à Twer † vers 1270. | 32. WASILY I. JAROSLAWITSCH KOSTROMSKOI, Gr. D. 1270. † vers 1275. |

| 33. DIMITRY I. ALEXANDROWITSCH, Gr. D. de Wladimer vers 1275. † vers 1294. | 34. ANDREJ II. ALEXANDROWITSCH, Gr. D. de Wladimer 1281. † vers 1304. | 35. DANIEL ALEXANDROWITSCH, Gr. D vers 1294. † vers 1303. | Wafi y Andrejewitsch, Pr. de Susdal. | 36. MICHEL ou MICHAIL II. JAROSLAWITSCH, Gr. D. vers 1304. † vers 1317. Souche des Grand-Ducs de Twer. |

| 37. JURJE III. DANILOWITSCH, Gr. D. de Wladimer 1303. 1320. † vers 1328. | 39. IWAN I. DANILOWITSCH, surnommé Kalita, Gr. D. de Moscou 1328. † vers 1340. | Constantin Wasiljewitsch, Pr. de Susdal. | Dimitry Michaïlowitsch, Pr. de Twer, mis par quelques-uns au nombre des Grand-Ducs de Wladimer 1326. | 38. ALEXANDRE II. MICHAILOWITSCH, Pr. de Twer, mis vulgairement au nombre des Gr. D. de Wladimer 1327. |

| 40. SEMEN ou SIMÉON IWANOWITSCH, Gr. D. de Moscou 1340. † 1353. | 41. IWAN II. IWANOWITSCH, Gr. D. de Mosc. 1353. † 1359. | 42. DIMITRY II. CONSTANTINOWITSCH, Pr. de Susdal, Gr. D. 1359. dep. 1362. † 1384. |

43. DIMITRY III. IWANOWITSCH DONSKOI, Gr. D. de Moscou 1362. † 1389.

44. WASILY II. DIMITRIEWITSCH, Gr. D. de Moscou 1389. † 1425.

45. WASILY III. WASILIEWITSCH TEMNOI, Gr. D. de Moscou 1425. † 1462.

46. IWAN (III.) WASILIEWITSCH I. Grand-Duc de Moscou 1462.

TAB. XXXVI.
DUCS ET ROIS DE POLOGNE DE LA MAISON DES PIASTS.

1. MIECZYSLAW ou MIESZKO I. D. vers 962. se fait chrétien 966. † 992.

2. BOLESLAW I. dit CHROBRY ou le VAILLANT, D. 992. prend la dignité royale 1025. † 1025.

3. MIECZYSLAW ou MIESZKO II. R. 1025. dépose la dignité royale 1032. † 1034.

4. KAZIMIERZ ou CASIMIR I. D. 1041. ou 1047. après un grand Interregne, † 1058.

5. BOLESLAW II. dit le HARDI, D. 1058. reprend la dignité royale 1077. déposé par le Pape 1079. † 1081.   6. WLADYSLAW I. HERMAN D. 1081. † 1102.

7. BOLESLAW III. dit KRZYWOUSTY ou Bouche de travers, D. 1102. † 1138.

8. WLADYSLAW II. D. 1138. chassé 1146. † 1159. Tige des D. de Silésie.   9. BOLESLAW IV. dit le CRÉPU, D. 1146. † 1173. Otton † avant le pere.   10. MIECZYSLAW ou MIESZKO III. dit le VIEUX, D. 1173. chassé 1177. rét. 1199. 1201. † 1202.   12. WLADYSLAW III. dit LASKONOGI, D. 1202. déposé 1207. † 1231.   13. LESZKO ou LESZEK, dit le BLANC, D. 1194. 1207. tué 1227.   11. KASIMIERCZ ou CASIMIR II. dit le JUSTE, D. 1177. † 1194.   Conrad, D. de Cujavie & de Masovie. † 1247.

Wladyslaw Odonicz, D. de Kalisch & de Posnanie, † 1235.   14. BOLESLAW V. dit WSTYDLIWY ou le CHASTE, D. 1227. † 1279.   Casimir, D. de Cujavie, † 1268.   Ziemovit † 1262. Tige des D. de Masovie.

Przemyslaw I. D. de Gnesne & de Posnanie, † 1257.   15. LESZKO ou LESZEK, dit le NOIR, D. 1279. † 1289.   Ziemomysl † 1287. Tige des D. de Cujavie.   18 WLADYSLAW IV. dit LOKIETEK ou le Nain, cour. R. de Pologne 1320. † 1333.

16. PRZEMYSLAW II. POGROBEK Roi de Pologne 1295. tué 1296.   Elisabeth † 1381. E. Charles Robert, R. de Hongrie.   19. KASIMIERCZ ou CASIMIR III. dit le GRAND, R. de Pologne 1333. † 1370.

Elisabeth Richsa † 1336. E. 17. WENCESLAW R. de Boheme, cour. R. de Pologne 1300. † 1305.   20. LOUIS, dit le GRAND, R. de Hongrie 1342. de Pologne 1370. † 1382.

21. HEDWIGE élue & cour. R. de Pologne 1384. E. Wladyslaw Jagellon Grand-D. de Lithuanie 1386.

Tab. XXXVII.

TAB. XXXVII.
GRAND-DUCS DE LITHUANIE ANTÉRIEURS A JAGELLON.

1. RINGOLD s'érige en Grand-Duc ou Grand-Prince de Lithuanie vers 1230. — Uten, Pr. de l'ancienne Lithuanie & de la Samogitie.

2. MENDOG Gr. D. 1238. R. de Lithuanie 1254. tué en 1263. — N... une fille. — 5. SUINTOROG Gr. D. vers 1268. † 1270.

6. GJERMOND Gr. D. 1270. † 1275.

4. WOLSTINIK Gr. D. 1264. tué 1267. N... — 3. TROYNAT Gr. D. 1263. assassiné 1264. — 7. GILIGIN Gr. D. 1275. † 1278. — 9. TRAB Gr. D. vers 1280.

12. WITEN Gr. D. 1282. † 1315. — 8. ROMUND Gr. D. 1278. † vers 1279.

10. NARIMUND Gr. D. vers 1280. — 11. TROYDEN Gr. D. vers 1281. — 13. GEDIMIN (selon quelques-uns f. de Witen) Gr. D. 1315. † 1328.

15. OLGJERD Gr. D. vers 1330. † 1381. — Kjeystut, associé au gouvernement par son frere Olgjerd 1330. s'érige contre Jagjel 1381. tué 1382. — 14. JAWNUT Gr. D. vers 1328. dépouillé par ses freres vers 1330. † après 1366.

16. JAGJEL OU JAGELLON Gr. D. 1381. élu R. de Pologne 1386. — 17. SKIRGELL CASIMIR I. Gr. D. sous la souv. de la Pologne; 1387. dépouillé 1392. † 1394. — 19. SUIDRIGEL BOLESLAV I. Gr. D. sous la Pologne 1430. dépouil. 1432. † 1452. — 18. WITOLD ALEXANDRE I. Gr. D. sous la Pologne 1392. † 1430. — 20. SIGISMOND I. KORYBUT Gr. D. sous la Pologne 1432. † 1440.

TAB. XXXVIII.
ROIS DE POLOGNE ET GRAND-DUCS DE LITHUANIE DE LA MAISON JAGELLONNE.

22. WLADYSLAW V. dit JAGJEL ou JAGELLON, f. d'Olgjerd, Gr. D. de Lithuanie, est élu R. de Pologne, baptisé & couronné 1386. † 1434. E. Hedwige, f. de Louis le Grand, (Tab. XXXVI.)

23. WLADYSLAW VI. R. de Pologne 1434. de Hongrie 1440. tué à la bataille de Varna 1444. — 24. (21.) CASIMIR IV. (II.) Gr. D. 1440. R. 1445. † 1492.

Wladyslaw R. de Hongrie & de Boheme. Tab. XLI. & XLV. — 25. JEAN I. ALBERT R. 1492. † 1501. — 26. (22.) ALEXANDRE (II.) Gr. D. 1492. R. 1501. † 1506. — 27. (23.) SIGISMOND I. (II.) R. & Gr. D. 1506. † 1548.

28. (24.) SIGISMOND II. (III.) AUGUSTE R. & Gr. D. 1548. † 1572.

Aaa

TAB. XXXIX.
DUCS ESCLAVONS DE BOHEME DEPUIS BORZIWOY I. JUSQU'A WLADISLAW II.

1. BORZIWOY, D. se fait chrétien vers 890. † vers 895.

2. SPITIGNEW I. D. 895. † vers 921.   3. WRATISLAW I. D. 921. † 925.

4. WENCESLAW I. dit le   5. BOLESLAW I. surnommé le CRUEL,
SAINT, D. 925. assassiné 936.   D. 936. † 967.

6. BOLESLAW II. dit le PIEUX, D. 967. † 999.   Dambrowka. E. Miefzko, D. de Pologne.

7. BOLESLAW III. dit le   9. JAROMIR D.   10. UDALRIC ou   8. WLADIBOY D. 1002.
ROUX, D. 999. dépouillé   1003. dépouillé   ULRIC I. D. 1012.   † 1003.
1002. † 1037.   1012. † 1038.   † 1037.

11. BRZÉTISLAW I. D. 1037. † 1055.

12. SPITIGNEW II.   13. WRATISLAW II. D. 1061. décoré   14. CONRAD I.   Otton I. D. de Brunn & d'Olmutz, † 1086.
D. 1055. † 1061.   de la dignité royale 1086. † 1093.   D. 1093. † 1093.
                                                                        17. SUATOPLUK D. 1107. † 1109.

15. BRZÉTISLAW II.   16. BORZIWOY II. D. 1100.   18. WLADISLAW I.   19. SOBIESLAW I. D. 1125. † 1140.
D. 1093. † 1100.   chassé 1107. † 1124.   D. 1109. † 1125.

20. WLADISLAW II. D.   Henri, Duc de Zaaym, † après 1169.   22. SOBIESLAW II. D. 1174.   24. WENCESLAW II.
                                                             dépouillé 1178. † 1180.   D. 1191. dép. 1192.
Tab. XL.   25. HENRI BRZÉTISLAW   23. CONRAD II. OTTON
           D. 1193. † 1197.   D. 1189. † 1191.

TAB. XL.

DUCS ET ROIS ESCLAVONS DE BOHEME DEPUIS WLADISLAW II. JUSQU'A LEUR EXTINCTION.

20. WLADISLAW II. f. de Wladislaw I. (Tab. XXXIX.) D. 1140. décoré de la dignité royale 1158. résigne 1173. † 1174.

| 21. FRÉDÉRIC D. 1173. dépofé 1174. rétabli 1178. † 1189. | 27. (1) PRZÉMYSL OTTOKAR I. D. 1092. dépouillé 1193. rétabli 1197. R. 1198. † 1230. | 26. WLADISLAW III. D. 1197. résigne 1197. † 1222. |

28. (2) WENCESLAW III. (I.) R. 1230. † 1253.

29. (3) PRZEMYSL OTTOKAR II. R. 1253. † 1278.

30. (4) WENCESLAW IV. (II.) R. de Boheme 1278. de Pologne 1300. † 1305. E. 1) Judith, f. de l'Emp. Rodolphe I. † 1297. 2) Elifabeth, f. de Przemyslaw R. de Pologne, † 1336.

| 31. (5) WENCESLAW V. (III.) R. de Hongrie 1301. de Boheme & de Pologne 1305. affaffiné 1306. | Anne † 1313. E. 33. (7) HENRI, D. de Carinthie, R. de Boheme 1307. chaffé 1310. † 1331. | Elifabeth † 1330. E. Jean I. de Luxembourg. Tab. XLI. | 32. (6) RODOLPHE D'AUTRICHE, f. de l'Emp. Albert I. Roi de Boheme 1306. † 1307. E. Elifabeth, veuve du R. Wenceslas IV. mar. 1306. |

Bb b

TAB. XLI.

ROIS DE BOHEME DES MAISONS DE LUXEMBOURG ET DE LITHUANIE.

34. (8) JEAN I. dit l'AVEUGLE, C. de Luxembourg, f. de l'Emp. Henri VII. (Tab. VII.) R. de Boheme 1309. 1310. † 1346. E. ELISABETH, f. du R. Wenceslaw IV. (Tab. XL.)

35. (9) CHARLES I. (IV.) R. de Boheme 1346. R. d'Allem. & Emp. 1346. 1349. 1355. réunit la Siléfie & la Luface 1355. 1370. † 1378.

36. (10) WENCESLAW VI. (IV.) R. de Boheme & d'Allem. 1378. † 1419.

37. (11) SIGISMOND R. de Boheme 1419. R. d'Allem. & Emp. 1410. 1411. 1433. † 1437.

Elifabeth, héritiere des R. de Hongrie & de Boheme, † 1442. E. 38. (12) ALBERT I. (II.) D'AUTRICHE R. de Boheme, de Hongrie & d'Allemagne 1438. † 1439.

Elifabeth † 1505. E. Cafimir IV. R. de Pologne, † 1492.

39. (13) WLADISLAW IV. (I.) ou LADISLAS, dit le POSTHUME, R. de Boheme 1440. cour. 1453. † 1457.

40. (14) GEORGE PODIEBRAD, R. de Boheme, élu & cour. 1458. † 1471.

41. (15) WLADISLAW V. (II.) R. de Boheme, élu & cour. 1471. R. de Hongrie 1490. † 1516.
Anne hérit. des R. de Hong. & de Boheme 1526. † 1547. E. Ferdinand Archi-Duc d'Autriche 1521.

42. (16) LOUIS R. de Boheme & de Hongrie 1516. tué à la bataille de Mohacz 1526.

TAB. XLII.
ROIS DE HONGRIE DEPUIS ÉTIENNE I. JUSQU'A ÉTIENNE II.

Arpad, D. ou Pr. des Hongrois, les mene sur le Danube vers 889. † 907.

Zoltan D. ou Pr. des Hongrois 907. † 961.

Toxun D. ou Pr. des Hongrois 958. † 982.

Geysa D. ou Pr. des Hongrois 982. se fait chrétien 992 † 997. | Michel Pr. des Hongrois.

1. ÉTIENNE I. dit S. ÉTIENNE, Pr. des Hong. 997. R. 1000. † 1038. can. 1083. | Sarolta, E. | Gisele, E. Otton Orseols Doge de Venise. | Ladislas, dit le Chauve. † vers 1031.
3. SAMUEL dit ABA R. 1041. chassé & tué 1044.

St. Eméric † 1031. can. 1083.

2. PIERRE R. 1038. chassé 1041. rétabli 1044. chassé & aveuglé 1046. † 105. . | 4. ANDRÉ I. R. 1046. † 1060. | 5. BELA I. dit LEVENTA, R. 1060. † 1063.

6. SALOMON R. 1063. dép. 1074. † 1087. | 7. GEYSA I. dit le GRAND, R. 1074. † 1077. | 8. S. LADISLAS I. R. 1077. † 1095. can. 1192. | Lampert. † vers 1096.
Tab. XLIII.

9. COLOMAN R. 1095. † 1114.

10. ÉTIENNE II. R. 1114. † 1131.

TAB. XLIII.
ROIS DE HONGRIE DEPUIS BELA II. JUSQU'A OTTON DE BAVIERE.

Lampert, f. du R. Bela I. (Tab. XLII.)

Almus, D. † 1127.

11. BELA II. dit l'AVEUGLE, R. 1131. † 1141.

12. GEYSA II. R. 1141. † 1161.   15. ÉTIENNE IV. R. 1162. † 1163.   14. LADISLAS II. R. 1161. 1163. † 1173.

13. ÉTIENNE III. R. 1161. détrôné 1161. rétabli 1163. † 1173.   16. BELA III. R. 1173. † 1196.

17. ÉMERIC R. 1196. † 1204.   19. ANDRÉ II. surnommé DE JÉRUSALEM, R. 1205. † 1235.

18. LADISLAS III. dit l'ENFANT, R. 1204. † 1205.

20. BELA IV. R. 1235. † 1270.   Étienne, dit le Posthume. E. Catherine Morofini, f. d'un noble Vénitien.

21. ÉTIENNE V. R. 1270. † 1272.   Anne, E. Rostislaw Pr. de Halicz.   Elisabeth, R. Henri D. de Baviere,   23. ANDRÉ III. dit le VÉNITIEN, R. 1290. † 1301.

22. LADISLAS IV. dit le CUMAN, R. 1272. assassiné 1290.   Marie † 1323. E. Charles II. R. de Naples.   Cunegonde, E. Przemysl Ottokar II. R. de Boheme.   25. OTTON DE BAVIERE, R. 1305. se retire en Baviere 1308. † 1312.

Tab. XLIV.   Wenceslas IV. R. de Boheme.

24. WENCESLAS R. de Hongrie 1301. quitte 1304. † 1306.

TAB. XLIV.
ROIS DE HONGRIE DE LA MAISON D'ANJOU.

Marie de Hongrie, f. du R. Etienne V. (Tab XLIII.) † 1323.
E. Charles II. R. de Naples, † 1309. (Tab XVII.)

Charles, dit Martel, oppofé au R. André III. 1290. † 1295. — Jean D. de Duras, † 1334.

26. CHARLES I. ROBERT, R. 1308. † 1342. — Louis C. de Gravine † 1362.

27. LOUIS I. dit le GRAND R. de Hongrie 1342. de Pologne 1370. † 1382. — André, R. de Naples † 1345. — 29. CHARLES II. furnommé le PETIT R. de Naples, cour. R. de Hongrie 1385. affaffiné 1386.

28. MARIE I. R. 1382. † 1395. E. 30. SIGISMOND DE LUXEMBOURG, F. de l'Emp. Charles IV.(Tab.VII.)cour.R.de Hong.& affocié au trône 1388. R. d'Allem. & Emp.1411. R. de Boh. 1419. † 1437. — Hedwige R. de Pologne. E. Jagellon. (T. XXXVI) — Ladislas, dit le Magnanime, Roi de Naples, oppofé au R. Sigismond 1397. † 1414.

TAB. XLV.
ROIS DE HONGRIE DE DIFFÉRENTES MAISONS.

32. ELISABETH, f. de Sigismond de Luxembourg & de Barbe de Cilley, R. avec fon époux 1438. feule 1439. † 1442. E.
31. ALBERT D'AUTRICHE élu R. de Hongrie 1437. R. d'Allem. & de Boheme 1438. † 1439.

33. WLADISLAW ou ULADISLAS I. f. de Wladislaw Jagellon, R. de Pologne, (Tab. XXXVIII.) élu & cour. R. de Hongrie 1440. tué à la bataille de Varna 1444.

Elifabeth † 1505. E. Cafimir IV. R. de Pologne. (Tab. XXXVIII.)

34. LADISLAS V. dit le POSTHUME, R. de Hongrie 1445. cour. 1453. † 1457.

Jean de Hunyad, Gouverneur de Hongrie 1446. † 1456.

36. WLADISLAW ou ULADISLAS II. R. de Hong. 1490. de Boh. 1471. † 1516.

35. MATTHIAS I. CORVIN élu R. de Hongrie 1458. † 1490.

Anne † 1547. E. Ferdinand d'Autriche 1521.

37. LOUIS II. R. de Hongrie & de Boheme 1516. tué à la bataille de Mohacz 1526.

TAB. XLVI.
SUITE CHRONOLOGIQUE DES EMPEREURS D'ORIENT
DEPUIS ARCADIUS, F. DE THÉODOSE LE GRAND, JUSQU'À L'AVÈNEMENT DE LA MAISON DES COMNENES.

1. ARCADE, f. ainé de Théodose le Grand, Emp. d'Orient 395. † 408.
2. THÉODOSE II. dit le JEUNE, fils d'Arcade, Emp. 408. † 450.
3. MARCIEN Emp. 450. † 457. É. Pulquerie, f. d'Arcade.
4. LÉON I. Emp. 457. † 474.
5. LÉON II. dit le JEUNE, Emp. 474. † 474.
6. ZÉNON, pere de Léon II. Emp. 474. † 491.
7. ANASTASE I. DICORE Emp. 491. † 518.
8. JUSTIN I. dit le VIEUX Emp. 518. † 527.
9. JUSTINIEN I. neveu de Juftin, Emp. 527. † 565.
10. JUSTIN II. dit le JEUNE, Emp. 565. † 578.
11. TIBERE II. furnommé CONSTANTIN, Emp. 578. † 582.
12. MAURICE Emp. 582. tué 602.
13. PHOCAS Emp. 602. tué 610.
14. HERACLIUS Emp. 610. † 641.
15. HERACLIUS CONSTANTIN, f. d'Heraclius, Emp. 641. † 641.
16. HERACLEONAS, frere du précédent, Emp. 641. exilé 641.
17. CONSTANT II. f. d'Heraclius Conftantin, Emp. 641. † 668.
18. CONSTANTIN III. dit POGONAT, f. de Conftant, Emp. 668. † 685.
19. JUSTINIEN II. f. de Conftantin-Pogonat, Emp. 685. dépouillé 695. rétabli 705. tué 711.
20. LÉONCE Emp. 695. détrôné 698.
21. ABSIMARE TIBERE Emp. 698. détrôné 705.
22. FILÉPIQUE, furnommé BARDANE, Emp. 711. tué 713.
23. ANASTASE II. ou ARTÉMIUS, Emp. 713. détrôné 716. tué 719.
24. THÉODOSE III. Emp. 716. abdique 717.
25. LÉON III. dit l'ISAURIEN, Emp. 717. † 741.
26. CONSTANTIN IV. dit COPRONYME, fils de Léon, Emp. 741. † 775.
27. LÉON IV. furnommé CHAZARE, Emp. 775. † 780.
28. CONSTANTIN V. f. de Léon, Emp. avec fa mere IRENE 780. tué par fa mere 797.
29. IRENE feule 797. dépofée 802. † 803.
30. NICEPHORE Emp. 802. † 811.
31. STAURACE, fils de Nicephore, Emp. 811. abdique 811. † 812.
32. MICHEL I. CUROPALATE Emp. 811. détrôné 813.
33. LÉON V. dit l'ARMÉNIEN, Emp. 813. tué 820.
34. MICHEL II. dit le BEGUE, Emp. 820. † 829.
35. THÉOPHILE, f. de Michel II. En p. 829. † 842.
36. MICHEL III. dit L'IVROGNE, f. de Théophile, Emp. 842. tué 867.
37. BASILE, dit le MACÉDONIEN, Emp 867. † 886.
38. LÉON VI. dit le PHILOSOPHE, f. de Bafile, Emp. 886. † 911.
39. ALEXANDRE, frere de Léon VI. Emp. 911. avec fon neveu, † 912.
40. CONSTANTIN VI. dit PORPHYROGÉNÈTE, f. de Léon VI. Emp. 911. dép. par fon beau-pere vers 919. rétabli 945. † 959.
41. 42. 43. 44. ROMAIN I. LÉCAPENE & fes trois fils CHRISTOPHE, ÉTIENNE, CONSTANTIN VII. Empp. 919. 920. 928. dépouillés 944. 945.
45. ROMAIN II. dit le JEUNE, f. de Conftantin VI. Emp. 959. † 963.
46. NICÉPHORE PHOCAS Emp. 963. affaffiné 969.
47. JEAN ZIMISCÈS Emp. 9 . † 976.
48. 49. BASILE II. & CONSTANTIN VIII. f. de Romain II. Empp. 976. † 1025. 1028.
50. ROMAIN III. dit ARGYRE, Emp. 1028. † 1034.
51. MICHEL IV. dit PAPHLAGONIEN, Emp. 1034. † 1041.
52. MICHEL V. dit CALIFATE, Emp. 1041. dépofé 1042.
53. 54. ZOÉ IMP. & CONSTANTIN IX. dit MONOMAQUE, Emp. 1042. † 1054.
55. THÉODORA, fœur de Zoé Imp. 1054. † 1056.
56. MICHEL VI. dit STRATIOTIQUE, Emp. 1056. abdique 1057.
57. ISAAC COMNENE Emp. 1057 abdique 1059.
58. CONSTANTIN X. DUCAS Emp. 1059. † 1067.
59. 60. EUDOCIE Imp. 1067. & ROMAIN IV. DIOGENE Emp. affocié par elle 1068. † 1071.
61. MICHEL VII. furnommé PARAPINACE, f. de Conftantin Ducas, Emp. 1071. abdique 1078.
62. NICÉPHORE BOTONIATE Emp. 1078. détrôné 1081.

TAB. XLVII.

EMPEREURS GRECS DE LA MAISON DES COMNENES.

Manuel Comnene, Gouverneur de Nicée.

57. ISAAC I. COMNENE, proclamé Emp. 1057. résigne en 1059. en faveur de Constantin Ducas, † 1061.	Jean Comnene. Curopalate, † 1067

63. ALEXIS I. COMNENE, proclamé Empereur contre Nicephore Botoniate 1081. † 1118.

64. JEAN COMNENE, dit CALO-JEAN, Emp. 1118. † 1143.	Anne Comnene, connue par ses écrits.	Isaac Comnene, Sebastocrator.

65. MANUEL COMNENE Emp. 1143. † 1180.	67. ANDRONIC I. COMNENE, dit le VIEUX, Emp. 1183. tué 1185.

66. ALEXIS II. COMNENE Emp. 1180. dépouillé & tué par Andronic 1183.	Manuel Comnene aveuglé 1186.

	Alexis I. Comnene. Tige des Emp. de Trébisonde, éteints 1461.	David Comnene.

TAB. XLVIII.

EMPEREURS GRECS DE LA MAISON DES ANGES.

Ange.

Constantin l'Ange, Gouverneur de Sirmium vers 1173. E. Théodore Comnene, f. de l'Emp. Alexis I. Comnene.

Andronic l'Ange exilé 1183. Jean l'Ange Sébastocrator 1185.

68. ISAAC II. L'ANGE Emp. 1185. détrôné 1195. rétabli 1203. † 1204.	69. ALEXIS III. L'ANGE, dit COMNENE, Emp. 1195. par la déposition de son frere, détrôné 1203. enfermé 1205.	Isaac l'Ange.	Michel l'Ange Comnene, fils naturel. Tige des Despotes d'Epire.
70. ALEXIS IV. L'ANGE Emp. avec son pere 1203. tué 1204.	Anne Comnene, E. Théodore Lascaris I. Tab. L.	71. ALEXIS V. DUCAS, dit MURZUPHLE, Emp. 1204. tué 1204.	

TAB. XLIX.

LES EMPEREURS LATINS DE CONSTANTINOPLE.

Baudouin, C. de Flandre, † 1195.

1. BAUDOUIN I. élu & cour. Emp. à Conſtantinople 1204. † 1206.	2. HENRI Emp. 1206. † 1216.	Yolande † 1219. E. 3. PIERRE DE COURTENAY élu Emp. 1216. † vers 1219.
4. ROBERT I. Emp. 1219. † 1228. * * 5. JEAN DE BRIENNE, R. tit. de Jéruſalem, tuteur de Baudouin II. 1229. obtient le titre d'Emp. 1231. † 1237.	5. BAUDOUIN II. Emp. 1228. chaſſé par Michel Paléologue 1261. † 1272. E. Marie, f. de Jean de Brienne, R. tit. de Jéruſ. & Emp. de Conſtant. Philippe, Emp. tit. de Conſtantinople, † 1285.	

TAB. L.

LES EMPEREURS GRECS DE NICÉE.

1. THÉODORE LASCARIS I. proclamé Emp. à Nicée 1206. † 1222.
E. Anne, f. de l'Emp. Alexis III. 1198.

Irene Laſcaris † 1241. E. 2. JEAN DUCAS VATACE Emp. 1222. † 1255.

3. THÉODORE DUCAS LASCARIS II. Empereur 1255. † 1259.

4. JEAN LASCARIS Emp. 1259. à l'âge de ſix ans, dépouillé & aveuglé par Michel Paléologue, ſon tuteur, 1261. † après 1284.

TAB. LI.

EMPEREURS GRECS DE LA MAISON DES PALÉOLOGUES.

1. MICHEL PALÉOLOGUE proclamé Emp. à Nicée 1260, reprend Constantinople 1261. † 1282.

2. ANDRONIC II. PALÉOLOGUE Emp. 1282. dépouillé par son petit-fils 1328. † 1332.

Michel Paléologue associé à l'empire par son pere 1295. † 1320.

Theodore Paléologue, tige des Marq. de Montferrat éteints 1533.

3. ANDRONIC III. PALÉOLOGUE, dit le JEUNE, Emp. 1328. 1332. † 1341.

4. JEAN I. PALÉOLOGUE Emp. 1341. chassé par Jean Cantacuzene 1347. rétabli 1355. † 1391. E. Helene, f. de l'Emp. Jean Cantacuzene, 1347.

5. JEAN CANTACUZENE, tuteur de Jean I. Paléologue, s'érige en Emp. 1341. 1347. abdique 1355. † . . . .

Andronic exclu du trône pour avoir conspiré contre son pere.

7. MANUEL PALÉOLOGUE Emp. 1391. † 1425.

6. MATTHIEU CANTACUZENE proclamé Emp. par son pere 1354. abdique 1356. † 1380.

Théodora, E. Orkhan Sultan Turc 1347.

8. JEAN II. PALÉOLOGUE associé à l'empire par son oncle Manuel 1399. regne seul vers 1400. abdique vers 1402.

9. JEAN III. PALÉOLOGUE Emp. 1425. † 1448.

Andronic Paléologue, Prince de Thessalonique, dépouillé 1425.

10. CONSTANTIN PALÉOLOGUE DRAGASÈS, dernier Emp. 1448. tué au sac de Constant. 1453.

Demetrius Paléologue, Despote du Péloponnese, dépouillé 1460. † 1471.

Thomas Paléologue, Prince d'Achaïe & du Pélopon. dépouillé 1460. † à Rome 1465.

André Paléologue cede en 1494 ses droits à Charles VIII. R. de France.

TAB. LII.

SULTANS TURCS OTTOMANS DEPUIS OTTOMAN I. JUSQU'A MAHOMET II.

Soliman Schah.

Ertogrul ou Orthogrul † 1289.

1. OSMAN ou OTTOMAN I. jette les fondemens de la nouvelle domination des Turcs vers 1300. † 1328.

2. ORKHAN, prend le titre de *Sultan* & de *Padifchah*, † 1359.

Soliman s'empare de Gallipoli 1358. † 1359.   3. AMURAT ou MORAD I. dit GAZI, ou le CONQUÉRANT, Sultan 1359. prend Andrinople 1360. † 1389.

4. BAJAZET I. furnommé ILDRIM ou le FOUDRE, Sultan 1389. est défait & pris par Timour le 16. Juin 1402. † le 8. Mars 1403.

5. SOLIMAN I. investi par Timour de la Turquie d'Europe 1403. tué 1410.   6. MUSA investi par Timour de la Turquie Asiatique 1403. tué 1413.   7. MAHOMET I. seul Sultan après un Interregne de dix ans 1413. † 1421.

8. AMURAT ou MORAD II. Sultan 1421. † 1451.   Mustapha tué en 1424.

9. MAHOMET II. Sultan 1451. prend Constantinople 1453. † 1481.

L'Élide et l
Essai sur l
La Messén
La Laconie
Essai sur la
environs
L'Arcadie.
L'Argolide,
miomide,
Platon sur l
disciples.
Ancien Th
Les Cyclade
Médailles tir

TABLE DES PERIODES.

I. Période, depuis l'irruption des barbares dans l'Empire Romain jusqu'à Charlemagne, 406 — 800. . . . . . . page 1.

II. Période, depuis Charlemagne jusqu'à Otton le Grand, 800 — 962. . . . . 10.

III. Période, depuis Otton le Grand jusqu'à Henri IV. 962 — 1074. . . . . . 42.

IV. Période, depuis Henri IV. jusqu'à Rodolphe d'Habsbourg, 1074 — 1273. . 96.

V. Période, depuis Rodolphe d'Habsbourg jusqu'à la prife de Conftantinople par les Turcs, 1273 — 1453. . . . . 300.

TABLE DES GÉNÉALOGIES

d'après l'ordre où elles font placées.

	Tables
Empereurs des Francs	I.
Rois & Empereurs d'Allemagne,	
Rois de la maifon Carlovingienne, . . .	II.
Rois & Empereurs de la maifon de Saxe, . .	III.
Rois & Empereurs de la maifon Salique, . .	IV.
Rois & Empereurs de la maifon de Hohenftaufen, .	V.
Rois & Empereurs de différentes maifons, . .	VI.
Rois & Empereurs de la maifon de Luxembourg. .	VII.
Rois de France,	
Rois Carlovingiens, ...	VIII.
Rois Capétiens, ...	IX.
Rois de la branche de Valois. . . .	X.
Rois d'Efpagne,	
Rois de Navarre, ...	XI.
Rois de Caftille & de Léon, . . .	XII.
Rois d'Aragon.	XIII.
Rois de Portugal	XIV.
Rois des deux Siciles,	
Rois de la race des Normands, . . .	XV.
Rois de la maifon de Hohenftaufen, . .	XVI.
Rois de Naples de la maifon d'Anjou, . .	XVII.
Rois de Naples de la maifon d'Aragon, . .	XVIII.
Rois titulaires de Naples. . . .	XIX.
Les anciens Comtes de Savoye & leur origine. .	XX.
Rois d'Angleterre,	
Rois Anglo-Saxons & Danois, . . .	XXI.
Rois de la maifon des Ducs de Normandie, .	XXII.
Rois de la maifon d'Anjou, dits Plantagenets.	XXIII.
Rois d'Ecoffe, depuis le XII. fiecle. . .	XXIV.
Rois de Dancmarc, depuis le X. jufqu'au XV. fiecle.	XXV.
Rois de Norwege	XXVI.

TABLE DES GÉNÉALOGIES.

	Tables
Rois de Suede,	
Rois Lodbrokiens,	XXVII.
Rois de la race de Stenkill,	XXVIII.
Rois de la race de Suerker,	XXIX.
Rois de la race de St. Eric,	XXX.
Rois Folkungiens.	XXXI.
Rois de l'Union des trois Royaumes du Nord.	XXXII.
Rois & Administrateurs de Suede pendant l'Union	XXXIII.
Grand-Ducs de Russie,	
Grand-Ducs depuis Ruric jufqu'à Wfewolod Jurjewitfch,	XXXIV.
Grand-Ducs depuis Wfewolod jufqu'à Iwan Wafiljewitfch I.	XXXV.
Ducs & Rois de Pologne & de Lithuanie,	
Ducs & Rois de la maifon des Piafts,	XXXVI.
Grand-Ducs de Lithuanie antérieurs à Jagellon,	XXXVII.
Rois & Grand-Ducs de la maifon Jagellonne.	XXXVIII.
Ducs & Rois de Boheme,	
Ducs Efclavons depuis Borziwoy I. jufqu'à Wladislaw II,	XXXIX.
Ducs & Rois Efclavons depuis Wladislaw II. jufqu'à leur extinction,	XL.
Rois des maifons de Luxembourg & de Lithuanie.	XLI.
Rois de Hongrie,	
Rois depuis St. Etienne I. jufqu'à Etienne II,	XLII.
Rois depuis Bela II. jufqu'à Otton de Baviere,	XLIII.
Rois de la maifon d'Anjou,	XLIV.
Rois de différentes maifons.	XLV.
Empereurs d'Orient,	
Suite chronologique des Empereurs d'Orient depuis Arcadius, fils de Théodofe le Grand, jufqu'à l'avénement des Comnenes,	XLVI.
Empereurs Grecs de la maifon des Comnenes,	XLVII.
Empereurs Grecs de la maifon des Anges,	XLVIII.
Empereurs Latins de Conftantinople,	XLIX.
Empereurs Grecs de Nicée,	L.
Empereurs Grecs de la maifon des Paléologues.	LI.
Sultans Turcs Ottomans.	LII.

ABBRÉVIATIONS
employées dans les Tables généalogiques.

Bav. — Baviere.	hérit. — héritier ou héritiere.
C. — Comte.	mar. — mariée.
Conc. — Concubine.	M. — Marquis.
cour. — couronné.	Marq. — Marquis.
D. — Duc.	N — Anonyme.
E. — Epoux ou Epouse.	nat. — naturel.
El. — Electeur.	Pal. — Palatin.
Emp. — Empereur.	R. — Roi ou Reine.
Ev. — Evêque.	S. — Seigneur, Sire, Saint.
F. — Fils ou Fille.	† mort ou morte.
Gr.D. — Grand-Duc.	

Corrections à faire dans le Tableau.

Pag. 2, ligne 6, Tatares, lisez, Mongols.
40, note b, ligne 5, 64, lisez, 53.
——— ligne 7, Tatares, lisez, Mongols.
58, ligne 5, des, lisez, de.
64, ligne 27, 1016, lisez, 1014.
89, ligne 18, Lyaconie, lisez, Lycaonie.
132, ligne 27, 1288, lisez, 1289.
144, ligne 6, onzieme, lisez, douzieme.
146, note x, ligne 1, 1301, lisez, 1302.
150, ligne 8, l'université, lisez, l'académie.
164, ligne 18, 457, lisez, 452.
184, ligne 9, Nafer, lisez, Naser.
187, note o, ligne 11. en, lisez, de.
205, ligne 14, Danois, lisez, anciens Danois.
207, ligne 6, on, lisez, ou.
209, note t, ligne 3. Waldemar III, lisez, Waldemar IV.
——— 1346, lisez, 1347.
225, ligne 17, 1200, lisez, 1201.
245, ligne 18, Itaque, lisez, Iraque.
319, note e, ligne 9, 1473, lisez, 1437.
360, ligne 6, 1363, lisez, 1362.
    En 1363 on vit la premiere piece de canon à **Strasbourg**.
362, note a, ligne 2, Plutarque, lisez, Petrarque.
369, ligne 5, 1445, lisez, 1455.
401, ligne 20, 1352, lisez, 1452.
456, ligne 24, Cnut, lisez, Cnut.
508, ligne 1, ses, lisez, leurs.

TABLE DES MATIERES.

AVERTISSEMENT.

Les Chiffres Arabes indiquent les pages; les caractères Italiques, dont ils sont accompagnés, renvoyent aux notes & les lettres Grecques, qu'on ne trouvera que rarement à la suite des chiffres, désignent quelques pages qui, par mégarde, ont été répétées.

A.

ABBAS, oncle de Mahomet, 35. *r.*

Abbassides, seconde dynastie des Califes, détruisent les Ommiades 35.

Abouhaffiens, dynastie Arabe, regnant à Tunis & dans l'Afrique proprement dite 185. *h.* voyez *Tunis.*

Abu Abdalla Ebn Alkhathib, auteur Arabe du treizieme siecle, fait la premiere mention du canon en Espagne 354. *e.*

Abulgafi, Khan du Kharisme, son histoire généalogique des Tatars 262. *i.* sa descendance de Scheibani, fils de Touchi, 292. *y.*

Académies, usitées en Europe avant l'origine des Universités 323. sciences qu'on y professoit ibid.

Ac-chisar, ou *Eski-hissar*, château construit par Bajazet I. sur la côte de l'Asie, à l'entrée du Bosphore 520. 535. *p.*

Acciaïoli, Regnier ou Nério, D. d'Athenes & de Thebes, fléchit sous le joug Ottoman 531. François, est dépouillé d'Athenes & de Thebes par Mahomet II. 539.

Ac-coinlu, dynastie Turcomanne de l'Arménie, appellée du *mouton blanc*, dépouillée de Siwas par Bajazet I. 522. rétablie par Timour 526. Uzun Hassan, Prince de cette dynastie, se ligue contre Mahomet II. 541. est défait dans plusieurs actions 545.

Achaïe & la Morée, principauté, possédée par les Villehardouins 242.

Affranchissement des serfs,

Ggg 3

commence en Italie 147. *a.* s'étend en France & en Allemagne 148 *a.* en Suede 452.

Afrique Romaine, subjuguée par les Vandales 2. par les Grecs 4. par les Arabes 31. partagée entre les Edrillites & les Aglabites 35. envahie par les Fathimites 36. par les Zeirides 182. par les Almoravides & les Normands 183. *y.* par les Almohades 184. *c. d.* par les Mérinides & les Abouhaffiens 184. 185. *g. h.*

Afrique, proprement dite, comprend Tripoli, Tunis, Alger 182. *t.*

Aglabites, dynastie Arabe en Afrique 35.

Agnès de Castro, épouse de Don Pedre I. R. de Portugal, son assassinat 435. ses fils exclus du trône 436.

Aidin-ogli, dynastie Turque de l'Asie mineure 511. *z.* dépouillée par Bajazet I. 521. & par Amurat II. 530.

Aiguille aimantée, v. *boussole.*

Ailly, v. *Pierre d'Ailly.*

Aimant, sa vertu directrice, inconnue aux anciens 335.*u.*

Alaëddoulat, nom du pays possédé par la famille Turcomanne, appellée *Dulgadir-ogli* 522. *h.* voyez *Dulgadir-ogli.*

Alascheher, v. *Philadelphie.*

Albanie, dévastée par Bajazet I. 519. sa conquête, entreprise par Amurat II. 533.

achevée par Mahomet II. à la mort de Scanderbeg 545. voyez *Scanderbeg.*

Albert le Grand, fameux scolastique du treizieme siecle 327.

Albigeois, leur origine & leur doctrine 193. *n.* protégés par les Comtes de Toulouse & de Carcassonne 194. attaqués par une croisade 194. 195.

Allemagne, érigée en Royaume particulier sous Louis le Germanique 16. devient état électif 17. est tributaire des Hongrois 29. origine de sa grandeur 43. devient Empire 44. voyez *Empire d'Allemagne.*

Allemands, peuple Germanique, leur entrée dans la Gaule 2. subjugués par Clovis, 11.

Almohades, dynastie Arabe, s'empare du Mogreb & de l'Espagne Mahométane sur les Almoravides 184. est anéantie par les Mérinides & les Abouhaffiens ibid.

Almoravides, dynastie Arabe, fait la conquête du Mogreb & des états Mahométans de l'Espagne 183. est détruite par les Almohades 183. 184.

Amalfi, Code de Pandectes, y trouvé dans le douzieme siecle, ne cause point la renaissance du droit Romain en Italie 149. *b.* cette ville peut-elle s'attribuer la gloire de l'invention de la boussole 339.

Amasie, ville du Pont conquise par Bajazet I. 522.

Amastris, ville de Paphlagonie, enlevée aux Génois par Mahomet II. 542.

Amsterdam, naissance de son commerce, due principalement au nouveau passage du Texel 347. son port fréquenté par les bâtimens hanséatiques, ibid.

Anastase le Bibliothécaire, son précis de la donation de l'Exarquat, 9. *h*.

Andrinople, conquise par Amurat I. 514. se déclare pour le faux Mustapha 529.

Angers, son académie, connue avant le douzieme siecle, 323.

Anghiera, Comté, titre conféré aux Viscontis de Milan 407.

Angles ou *Anglois*, leur premiere demeure, 2. *b*.

Angleterre, ses révolutions 2. 15. 60. 197. 437. *Rois Anglo-Saxons*, leur généalogie 573. EGBERT LE GRAND, premier Roi de toute l'Angleterre, 15. 60. ÉDOUARD LE CONFESSEUR, dernier de ces Rois, 61. *Rois Danois* 60 & 65. leur généalogie 573. *Rois Normands*, leur généalogie 573. GUILLAUME LE CONQUÉRANT, Duc de Normandie, fait la conquête de l'Angleterre 61. introduit la loi féodale ibid. HENRI I. enleve la Normandie à son frere 189. *u.* sa fille Mathilde épouse Geofroy Plantagenet, C. d'Anjou, 197. *Rois Plantagenets*, leur avénement 197. leur généalogie 574. HENRI II. tige des Rois de cette maison, son mariage avec Eléonore de Poitou 190. sa puissance ibid. 197. réunit l'Irlande & la Bretagne 197. 201. accorde une entiere liberté d'appel en Cour de Rome 199. RICHARD, CŒUR DE LION, s'engage dans la troisieme croisade 134. enleve l'isle de Chypre aux Grecs 133. la cede à Gui de Lusignan ibid. JEAN SANS TERRE, dépouillé de la plupart de ses possessions en France 198. se reconnoît vassal du Pape 114. 199. 309. accorde la *charte ecclésiastique* 198. & la *grande charte*, ibid. HENRI III. confirme la grande charte 199. *c.* est déclaré majeur par le Pape 200. admet les communes au Parlement 146. *u.* ses griefs contre la Cour de Rome au Concile de Lyon 308. ÉDOUARD I. fait la conquête du pays de Galles 437. ÉDOUARD III, sa prétention au trône de France 436 α. prend le titre & les armes de ce Royaume

436 β. fa guerre de France ibid. fes grandes qualités 438. attire des fabriquans de drap Flamands en Angleterre 347. RICHARD II. fon portrait, un des plus anciens tableaux, peints à l'huile, en Angleterre 334. t. fa dépofition par acte du parlement 439. HENRI IV. premier Roi de la branche de Lancaftre 439. fait valoir fes droits à la couronne contre les Mortimer & les York 439. 440. 441. HENRI V, fes qualités fupérieures 441. fait reconnoitre fes droits au trône de France 436 δ. 441. HENRI VI. proclamé Roi de France & d'Angleterre, fiege à Paris 436 δ. eft chaffé de France 436 ε. dépouillé du trône d'Angleterre 442.

Anglo-Saxons, leur entrée dans la Grande-Bretagne 2.

Anhalt, Princes, branche de la maifon Afcanienne, leur tige 158 a. 390. r. voyez Afcanienne.

Anjou, Comté, conquis fur l'Angleterre par Philippe Augufte 191. affigné à Charles, frere de St. Louis, 180. donné en dot à Charles de Valois, frere de Philippe le Bel. 426. n. conféré à Louis, frere du Roi Charles V, & érigé en Duché ibid.

Anjou, Comtes anciens, élevés au trône d'Angleterre 197. dépouillés par Philippe Augufte 191.

Anjou, Comtes, iffus de Charles, frere de St. Louis, 180. 421. leur extinction avec la Reine Jeanne II. de Naples 428. voyez *Naples Rois*.

Anjou, Ducs, LOUIS I. frere de Charles V. Roi de France, leur tige 426. fon adoption par la Reine Jeanne I. de Naples ibid. obtient le Comté de Provence 427. LOUIS III. adopté par la Reine Jeanne II. 428.

Annates, leur introduction par Boniface IX. 302. h. leur fuppreffion au Concile de Bâle 319. en France par les ordonnances de Charles VI. 436 n. par la Pragmatique fanction de Bourges ibid. font rendues au Pape en France dans le tems du Concordat de François I. 321. 436 θ. g. & en vertu du Concordat Allemand 380. en les fupprimant de rechef, les François contreviennent-ils au Concordat? 436 θ. g.

Antioche, principauté, fa fondation par les croifés 132. fa deftruction par les Mamelucs 132. 254.

Antioche, ville, prife par les croifés 130. g. par les Mamelucs 254.

Anvers, ville des Pays-bas célebre par fes manufactures & fon commerce 345. paffe aux D. de Bourgogne

386. prend la supériorité sur la ville de Bruges 346. sa chûte est l'ouvrage des Espagnols 346. *l.*

Aoste, érigé en Duché par l'Emp. Frédéric II. en faveur du C. Amédée IV. de Savoye 178.

Appels, *omisso medio*, autorisés par le Pape Grégoire VII. 105. leur suppression au concile de Bâle 319. en Allemagne & en France 320. 379. 436 *s.*

Appels comme d'abus, leur origine 323. *s.*

Aquilée, patriarche, dépouillé du Frioul par les Vénitiens 419.

Arabes, origine de leur domination 29. leurs vastes conquêtes 30. invasion en Europe 31. leur décadence 33. invention de leurs caracteres 33. *n.* connoissent le salpêtre dès le huitieme siecle 352. font usage de la poudre contre S. Louis en Egypte 352. *b.* l'employent au canon & aux sieges en Espagne 354. *e.* voyez *Califes* & *Califat.*

Aragon, Royaume, son origine 59. ses révolutions 185. 432.

Aragon, Rois, leur généalogie 568. RAMIRE I, fils de Sanche le Grand, & tige de tous les Rois d'Aragon 59. RAMIRE II, sa fille porte la couronne d'Aragon dans la maison des C. de Barcelonne 185. JAYME I, dit le Batailleur, fait la conquête des isles Baléares & du Royaume de Valence 186. partage ses états entre ses fils 432. PIERRE III. enleve la Sicile à Charles d'Anjou, R. de Naples, 423. est excommunié par le Pape 425. se maintient sur le trône malgré la croisade publiée contre lui 433. JAYME II. s'empare de la Sardaigne 433. FERDINAND DE CASTILLE, déclaré R. d'Aragon par les états du Royaume 434. ALFONSE V. adopté par la Reine Jeanne II. de Naples 427. devient maître de Naples 428. confere ce Royaume à son fils naturel 434. JEAN II. pere de Ferdinand le Catholique ib.

Arau, ville de Suisse, conquise par les Bernois 385.

Archipel, isles, partagées entre plusieurs seigneurs Vénitiens 242.

Are Frode, historien Islandois du douzieme siecle, 67. *x.*

Aristocratie, son origine dans les principaux états de l'Europe 20. destructive de la liberté nationale 21. vraie source de l'anarchie ibid. 25. son introduction en Allemagne 53. 375. en France 60. 188. ses désordres en Irlande 200. en Danemarc 204. 447. en Suede 215. 451. en Russie 218. en Italie 398. son commencement à Venise 420. ses effets en Castille 430. en Ecosse 445. sa naissance en Pologne 484.

Arles, Royaume, 20. son démembrement 380. voyez *Bourgogne*.

Armes à feu, leur invention 348. celle de leurs ressorts 362. z. lenteur de leurs progrès en Europe 363. voyez *Canon, bombes, bombardes, bombardelles, fusils, fusiliers, mines, mortiers, mousquets, mousquétaires, poudre à canon*.

Armoiries, leur origine 136.

Arnold de Melchthal 383.

Arpad, premier chef ou Prince des Hongrois, les mene sur le Danube 29. est la tige des anciens Rois de Hongrie 588. 589.

Artillerie, celle des Chinois est la plus ancienne 351. elle reste chez eux dans son enfance ibid. celle des Arabes & des Espagnols 352. sa naissance en France 354. son introduction dans les autres états de l'Europe 359. voyez *Armes à feu*.

Artois, Comté, sa réunion par Philippe Auguste 191. est érigé en Comté par St. Louis 191. z. passe aux D. de Bourgogne 386.

Arts, v. *Inventions*.

Arts libéraux, sciences qu'on y comprenoit dans les écoles 323.

Arzendgian ou Arzingan, ville du Royaume de Roum 92. t. conquise par Bajazet I. 522. ses Princes rétablis par Timour 527.

Ascanienne, maison, investie du Marggraviat du Nord 391. obtient le D. de Saxe 159. ses différentes branches 390. 391.

Aschersleben, Comtes, auteurs des Princes d'Anhalt, 390. r.

Assassins, terme Arabe, appliqué à la dynastie des Ismaëliens d'Asie, 41. c. voyez *Ismaëliens*.

Astracan, Royaume Tatar, démembré de l'Empire du Kaptchak 299. subjugué par les Russes ibid.

Atabeks, dynastes ou souverains Turcs de l'Empire d'Iran 93. origine de ce titre ibid. x.

Atabeks de l'Iraque, leur commencement & leur fin 93. & suiv.

Atabeks de la Médie 94. ceux de Fars & de Laristan ibid.

Athenes, Duché, possédée par les maisons de la Roche & de Brienne 242. par celle des Acciaïoli 531. voyez *Acciaïoli*.

Athenes, Duc titulaire, Gautier, de la maison de Brienne, exerce la souveraineté de Florence 412.

Athenes, ville, sa prise par les Turcs 539. c.

Augsbourg, ville, son grand

commerce dans le moyen âge 344.

Autriche, démembrée de la Baviere & érigée en Duché 157. *x*. envahie par le Roi de Boheme 395. conférée à la maison de Habsbourg ibid. revêtue de la dignité archiducale 396.

Autriche, Ducs, de la maison de *Bamberg*, leur extinction 394. de la maison *de Habsbourg* 395. dépouillés de leurs possessions dans la Suisse 385. leur prétention à la succession de Straubingen 390. *q*. leurs possessions avant Rodolphe de Habsbourg 395. *l*. leurs nouvelles acquisitions 395. 396.

Avares, peuple Turc, fixé dans la Panonie & dans les pays circonvoisins, est subjugué par Charlemagne 12. 83. *m*.

Averse, Comté, fondé par les Normands 62.

Avignon, ville, vendue au Pape par la Reine Jeanne I. de Naples 195. *r*. 381. devient le siege de la Cour de Rome 313. ce siege pourquoi appellé *captivité de Babylone?* 314.

Avoyers impériaux en Suisse 383. sont chassés 384.

Ayoubites, leurs différentes dynasties, sorties de l'Empire de Saladin 37. 251. leur destruction ibid.

Azow, port du Pont Euxin, possédé par les Génois 168.

B.

BACHELIER, degré académique, son origine 325. *a*.

Bacon, Roger, moine Franciscain Anglois, s'illustre par ses découvertes dans la chymie & la méchanique 328. connoit la poudre & son emploi à des feux artificiels 355. *g*. a puisé cette connoissance dans les auteurs Arabes 356.

Bade, maison, son origine 159.

Bade, Marggraves, HERMAN I, fils de Bertold I. D. de Carinthie en est la tige 159. *f.* HERMAN II. se sert le premier du titre de Marggrave de Bade ibid.

Baden, Comté en Suisse, conquis par les Cantons 385.

Bagdad, résidence des Califes 32. siege d'une célebre académie Arabe, fondée par le Calife Rashid 33.

Baharites, v. *Mameluks*.

Bâle, Concile, sa convocation 318. ses décrets sur la supériorité & l'indissolubilité du Concile ibid. & 307. *x*. ses démélés avec le Pape Eugene IV. 319. sa double dissolution prononcée par le Pape ib. dépose Eugene IV. & lui substitue Felix V. 320. ses décrets adoptés à Bourges & à Mayence par les François & les Allemands 320.

379. ces mêmes décrets confirmés par le concordat de Vienne 380.

Baliol, famille d'Ecosse, élevée au trône à la fin du treizieme siecle 444.

Ballenstett, château de la maison Ascanienne 391.

Baptême par aspersion, employé en Lithuanie 492.

Barbiano, Comte Albéric, Général du D. de Milan 408.

Barcellonne, Comté, démembré du Royaume de France 59. *f.* ses Comtes élevés au trône d'Aragon 185.

Barletius, Marinus, de Scutari, auteur de la vie de Scanderbeg, 533. *g.*

Barthelémi de Néocastro, écrivain Sicilien du treizieme siecle, témoin oculaire des vêpres Siciliennes 424. *m.*

Baskake, v. *Grand-Baskake.*

Baskirie, sa situation 28. les Hongrois y demeurent ibid.

Bassano, ville du Vicentin, passe sous la domination des Vénitiens 419.

Batailles, Aljubarota 437. Ancyre ou Angora 526. Andrinople 515. Ascherode 477. *p.* Auken 471. *z.* Azincourt 436 *y.* 441. Bénévent 180. Bornhoved 208. Bouvines 192. Cossova 517. 535. Crecy 436 *y.* s'y servit-on de canon ? 357. Cyzique 85. *x.* Fahlköping 452. Fontenay 15. Hastings 61. Hittin 249. Ifrenc-ova 517. Kalka 219. Karkus 477. *p.* Kolomna 220. Kowno 471. *z.* Liegnitz 228. Maupertuis 436 *y.* y employa-t-on le canon ? 358. *n.* Merseburg 44. Montiel 431. Morgarten 384. Narbonne 32. Navarette 431. Neuermühlen 479. *t.* Newa 221. Nicopolis 493. 520. Ourique 188. Perna 461. Plowcze 470. Poitiers 12. 436 *y.* Rudau 471. *z.* Sajo 235. Sanstliet 360. Schidlow 228. Sita 220. Soissons 10. Strebe 471. *z.* Tagliacozzo 181. Tanais 463. Tannenberg 474. Tariffe 430. Testry 11. Thoraïda 479. *t.* Tibériade 249. Tolbiac 11. Ubéda 184. Varna 503. 535. Vouglé 11. Wladimir 460. Wosha 463. Zhara 89.

Batou-chan, fils de Touschi, fait la conquête de la Russie 219. pousse jusques dans la Podolie & la Volhinie 221. voyez *Kaptschak.*

Bavarois, tombent dans la dépendance des Rois des Francs 11.

Baviere, Duché, passe de la maison des Guelphes dans celle de Wittelspach 157.

Baviere, Ducs de la maison de Wittelspach, OTTON V. premier Duc de cette maison, 157. *y.* OTTON L'ILLUSTRE, D. de Baviere

& C. Palatin du Rhin, 158. z. LOUIS l'Emp. tige des différentes branches de Baviere 390. JEAN, tige de la branche de Munic, ibid.

Becket, Thomas, Archevêque de Cantorbery, son meurtre 199.

Belgrad, acquise par Sigismond, R. de Hongrie, 501. assiégée par Amurat II. 534. *k.* par Mahomet II. 505. 538. prise par Soliman le Grand 538. *h.*

Bélisaire, général de Justinien, 4.

Belluno. ville de Lombardie, conquise par les Vénitiens 419.

Bénéfice, terme usité avant celui des fiefs, 21. *p.*

Bénévent, ville, cédée au Pape par les Normands 63.

Berg, Comté, érigé en Duché 398.

Bergame, ville de Lombardie, cédée aux Vénitiens par le D. de Milan 420.

Bergen, ville, comptoir des villes hanséatiques pour la Norwege, 344.

Berne, ville de Suisse, fondée par les D. de Zaringue, 48. *k.* entre dans la confédération helvétique 385. s'aggrandit par des conquêtes, faites sur les Autrichiens, ibid.

Bertold Schwarz, n'est pas l'inventeur de la poudre à canon 364.

Bertrand du Guesclin, fait la guerre en Castille 431.

Beukelszoon, Guillaume, inventeur d'une nouvelle maniere de saler les harengs, 347. *n.*

Bible Guyot, v. *Hugues de Bercy.*

Bibliotheques, leur rareté avant l'invention du papier & de l'imprimerie 328 *n.* celle d'Alexandrie brûlée par le Calife Omar 32.

Bielsk, pays connu aussi sous le nom de Podlachie, 489. *r.*

Blason, son origine 136.

Boccace, génie du quatorzieme siecle, 328.

Boëmiens, leur apparition en Europe 524. *s.*

Bogdo-Lama, espece de Dieu vivant, indépendant du Talaï-Lama, dans le Thibet méridional, 260. z.

Bohadin, historiographe de Saladin, 250. *x.*

Boheme, ses révolutions 72. 387. est érigée en Royaume par l'Emp. Philippe de Suabe 387. *f.* passe dans la maison de Luxembourg 387. son aggrandissement ibid. sa cour féodale 388.

Boheme, Ducs, leur généalogie 585. sont vassaux & tributaires des Francs & des Allemands 72. BORZIWOY, premier Duc chrétien, ibid. BOLESLAV I, surnommé le Cruel, retourne au paganisme, ibid.

Boheme, Rois, leur généalogie 586. 587. PRÉMISLAS OU PRZÉMYSL OTTOKAR I. 387. *f.* PRZÉMYSL OTTOKAR II. 394. WENCESLAS V, dernier de la race Esclavonne, 387. JEAN DE LUXEMBOURG 387. CHARLES IV. 388. WENCESLAS VI. ibid. SIGISMOND 389. ALBERT D'AUTRICHE ib. LADISLAS LE POSTHUME ibid. 502. 504.

Bolgari, nom des ruines de la capitale des anciens Bolgars ou Bulgars sur le Wolga 220 *t.*

Bolgars, v. *Bulgares*.

Bologne, son académie, illustrée par Irnerius 150. formée en université dès le treizieme siecle 327. *f.*

Bombardelles ou couleuvrines à main, employées par les Vénitiens, en 1376, 361. *z.*

Bombardes, chargées à feu, par les Anglois, à la bataille de Crécy 357. voyez *Villani*. description de celle du siege d'Oudenarde par les Gandois 360. *y.*

Bombes, connues des Chinois dès le treizieme siecle 351. *y.* inventées en Europe par Malatesta, Prince de Rimini, dans le quinzieme siecle 362. *z.*

Bons hommes, magistrature de Florence, 411. *g.*

Bordgites, v. *Mameluks*.

Bosnie, dévastée par Bajazet I. 519. conquise par Mahomet II. 542. reprise en partie par Matthias Corvin, Roi de Hongrie, 543. *y.* reconquise par Soliman le Grand ibid.

Bosnie, Princes, dépendants de la couronne de Hongrie 494. voyez *Rama*.

Bosnie, Rois, étendue de leur domination 542. Etienne Thomassewitz, dernier de ces Rois, fait prisonnier & tué par les Turcs 543.

Bourguignons, leur entrée dans la Gaule 2. 549. destruction de leur Royaume 11.

Bourgogne, Royaume en-deçà du Jura, sa fondation 18. sa réunion à la Bourgogne transjurane 20.

Bourgogne, Royaume transjuran, s'étend en-deçà du Jura 19. acquiert le Royaume cis-juran 20. sa révolution sous Rodolphe le Fainéant 47. *g.* sa réunion à l'Empire d'Allemagne 47. ses révolutions postérieures 480. voyez *Arles*, *Royaume*.

Bourgogne, Rois, BOSON, beau-frere de Charles le Chauve, se fait couronner à Mantaille 18. RODOLPHE I. son réglement de limites avec le fils de Boson 19. *l.* RODOLPHE II. réunit les deux Bourgognes 20. CONRAD & RODOLPHE III. leur foiblesse 47. terminent la suite des Rois de Bourgogne ibid.

Bourgogne, Ducs, premiere maison, son extinction avec Philippe de Rouvre 381. PHILIPPE LE HARDI, tige de la seconde maison, 386. son mariage avec Marguerite de Flandres & ses acquisitions 381. 386. fait usage du canon 360. JEAN, se trouve, comme Comte de Nevers, à la bataille de Nicopolis 499. fait assassiner le D. d'Orléans 436 *y*. est assassiné au pont de Montereau 436 *δ*. PHILIPPE LE BON, ses acquisitions dans les Pays-bas 386. sa puissance & ses richesses 387. 345.

Bourse, lieu d'assemblée des négocians, origine de ce terme 345. *k*.

Boussole, inconnue aux anciens 335. n'a pas été inventée par les Normands ibid. premieres traces qu'on en trouve dans le douzieme siecle 336. *y*. les marins François ou Provençaux ont été les premiers à en tirer parti pour la navigation 336. étoit-elle connue aux Arabes ou aux Chinois? 337. *z. a.* les Italiens ou les Néapolitains peuvent-ils s'en attribuer l'invention? 339. sa perfection due en partie aux Italiens & principalement aux Anglois 340. son importance ibid.

Brabant, Duché, son origine 43. entre dans la maison des D. de Bourgogne 386.

Brandenbourg, Marggraviat, connu sous le nom de Marggraviat du Nord 391. prend sa consistence sous les Princes de la maison Ascanienne ib. droits de ces Princes sur la Poméranie orientale 468.

Brandenbourg, Marggraves, *Maison d'Anhalt* ou *Ascanienne*, ALBERT L'OURS, leur tige, 392. ses conquêtes ibid. prend le titre de Marggrave de Brandenbourg ibid. rend la dignité de grand-chambellan héréditaire dans sa maison 393. JEAN I. ibid. OTTON III. ibid. WALDEMAR & HENRI LE JEUNE, derniers Marggraves de cette maison; ibid. *Maison de Wittelspach* 393. *de Luxembourg* ibid. *de Hohenzollern*, FRÉDERIC, Bourggrave de Nuremberg, en est la tige 394.

Brandenbourg, Marggraves en Franconie, issus de la maison de Hohenzollern, 394. *h.*

Brandenbourg, ville, conquise par Albert l'Ours, 392.

Baumgarten, ville de Suisse, conquise par les Cantons 385.

Bresse en Lombardie, cédée aux Vénitiens par le Duc de Milan 419.

Brjachimof, capitale de l'ancienne Bulgarie, 220. *t.*

Brienne, maison Françoise, tient le D. d'Athenes 242.

Brisgau, pays, dévolu aux D. d'Autriche 396.

Bruce, famille d'Ecosse, maintient le trône contre les Baliols 444.

Bruck, ville de Suisse, conquise par les Bernois, 385.

Bruges, ville, comptoir des villes hanséatiques pour la Flandre, 344. est l'entrepôt principal des marchandises du Nord & du Midi 345. maintient la supériorité du commerce dans les Pays-bas jusqu'à la fin du quinzieme siecle 346. sa révolte contre Maximilien I. principale cause de sa décadence 346. *l*.

Brunet Latin de Florence, auteur du treizieme siecle, son passage de la boussole 338. *y*.

Brunsvic, Duché, érigé en faveur de la maison des Guelphes 159.

Brunsvic, maison, v. *Guelphes*.

Brunsvic, ville, chef-lieu du quartier Saxon des villes hanséatiques, 343.

Buides, dynastie Arabe 38. origine de son nom ibid. *z*. pays de sa domination 39. *a*. elle s'empare de la dignité d'Emir Al Omra 40. sa destruction ibid.

Bukharie, *grande*, ses Khans issus de Togaï-Timour, fils de Touchi, 292. *y*. *petite*, ses Khans issus de Zagataï, second fils de Tschinghischan, ibid.

Bulgares, *Bolgars*, peuple originaire des environs du Wolga, 84. *n*. 219. *t*. ils infestent l'Empire Grec sur le Danube 237. sont subjugués par les Empereurs 84. *n*.

Bulgarie ancienne, située sur le Wolga 84. *n*. 220. *t*. est nommée Kaptschak par les Tatars ibid.

Bulgarie nouvelle, Royaume sur le Danube, dans l'ancienne Mésie, 84. *n*. sa conversion au Christianisme 81. le Roi Eméric de Hongrie en prend le titre 234. *y*. est partagé en trois parties 514. *q*. sa conquête par Amurat I. 518. par Bajazet I. 519.

Bulgarie, Rois: JEAN ALEXANDRE, son Royaume partagé entre ses fils 514. *q*. STRASCIMIR, R. de Widdin, feudataire des R. de Hongrie, 494. 514. *q*. SISMAN, R. de Ternova, subjugué par les Turcs 518. ASAN, R. de Dobrudsche, 515.

Bulle d'or, de l'Emp. Charles IV, son précis 378.

Bulles palatines & de Saxe 378. *i*.

Burgau, Marggraviat, passe aux D. d'Autriche 396.

Butow, district de la Poméranie orientale, occupé par les

DES MATIERES. 611

les Ducs de la Poméranie occidentale 469. *n.* par l'Ordre Teutonique 469.

C.

CAGE DE FER, où Timour fit enfermer Bajazet I, examen de cette anecdote 527. *e.*
Caire, ville d'Egypte, sa fondation 36.
Calais, assiégée & prise par Edouard III, Roi d'Angleterre, 436 *y.*
Califat de Bagdad, son démembrement 37. sa destruction par les Mongols 42. 285.
Califat de Cordoue, ou d'Espagne, son origine 34. sa destruction 35. 58.
Califat d'Afrique, son origine & sa durée 35. 36.
Califes, Vicaires de Mahomet, 31. leurs vastes conquêtes ibid. résidences 32. penchant pour les lettres ibid. leur décadence 33. sont réduits à la simple dignité de Pontifes 37. 39. 40. subjugués par les Turcs Selgiucides 42. 88. secouent leur joug 42. 95. tombent sous la puissance des Mongols 42. 285.
Calmar, union, v. *Union.*
Calmucs, nommés proprement *Elutes*, branche de Mongols, en-deçà de la montagne d'Altaï, 258.
Cambalu ou Khan-baligh, v. *Peking.*

Candie, isle, passe au Marquis Boniface de Montferrat 175. 241. est vendue par lui à la république de Venise 175. 242.
Canon, terme, employé à la guerre avant l'invention de la poudre 357.
Canons, chargés à poudre, employés par les Chinois dès le treizieme siecle 351. *y.* par les Arabes en Espagne au commencement du quatorzieme 354. *e.* leur premiere mention en France en 1338, 356. examen du passage qui en traite 357. autre mention de 1345, 359. *r.* leur introduction à Nuremberg 359. dans les villes hanséatiques 360 dans les Pays-bas ibid. en Italie 361. leur description par Petrarque 362. *b.* sont construits en bois, en fer, & en plomb 359. *r.* 363. *c.* canons de cuir 363. *c.*
Cantacuzene, v. *Jean Cantacuzene.*
Cantons Suisses, formation des huit anciens 385.
Capha, port de la Tauride, sert aux Génois d'entrepôt pour leur commerce des Indes 168. leur est enlevé par Mahomet II. 545.
Capitaines du peuple, leur origine dans les villes d'Italie 164. à Genes 168. à Florence 411.
Cara-chisar, ou *Geni-chisar*,

H h h

château construit par Mahomet II. à l'extrêmité occidentale du Bosphore 535. *p.*
Cara-coinlu, dynastie Turcomanne de la haute Arménie, chassée par Timour 525.
Cara-ilough Othman, Prince Turcoman du mouton blanc, rétabli par Timour 522. *g.* 526.
Cara-Khataï, v. *Kara-Khataï.*
Cara-Youſouf, Prince Turcoman du mouton noir, chassé par Timour 525.
Caracoram, principale résidence de Tschinghis-khan & de ses successeurs 278. sa vraie position 279. *g.*
Caractères à écrire, leur invention chez les Arabes 33. *n.* chez les Mongols 261.
Caractères mobiles à imprimer, v. *Imprimerie.*
Caraman-ogli, dynastie Turque de l'Asie mineure, s'érige contre Amurat I. 516. est dépossédée par Bajazet I. 521. rétablie par Timour 527. dépouillée par Mahomet II. & Bajazet II. 545.
Caraman-ogli, Emirs Turcs, ALADIN, défait par Amurat I. à Ifrenc-ova 517. CASUMBEG, dernier de ces Emirs, 545. *e.*
Caraſi-ogli, dynastie Turque de l'Asie mineure, 511. *z.* détruite par Orkhan 513. *e.*
Carcaſſonne, Comtes, leur extinction 193. *m.*
Carélie, conquise par les Suédois & convertie au christianisme 450.
Carinthie, passe aux Ducs d'Autriche 395.
Carmagnolé, général du D. de Milan, débauché par les Vénitiens 409.
Carrares, seigneurs puissants en Italie dans le quatorzieme siecle, 402. *l.* sont dépouillés de la Marche Trévisane 418. de Padoue 419.
Cartes à jouer, leur origine orientale 370. *q.* leur variation chez les différentes nations ibid. sont apportées de l'Italie 371. *r.* sont d'abord peintes 371. *t.* ensuite imprimées par les Allemands 371. leur impression donne naissance à la gravure en bois ibid.
Cartiers, forment un métier en Allemagne vers le milieu du quatorzieme siecle 371.
Caſiri, Michel, rédacteur du catalogue des manuscrits Arabes de l'Escurial 352. *b.*
Caſtille, origine du Comté 59. *e.* origine du Royaume 59. ses révolutions 181. 429.
Caſtille, Rois, leur généalogie 567. FERDINAND I. leur tige 59. ALFONSE VI. (I.) réduit Madrid & Tolede 182. DONNA URRAQUE, épouse Raymond de Bourg. 183. ALFONSE VII. (II.) couronné Emp. d'Espagne ibid. ALFONSE VIII. (III.) gagne la bataille d'Ubeda sur les

Mahométans 184. FERDINAND III. prend Cordoue, Murcie, Séville 185. ALFONSE X. publie le Code des Partidas 153. *i*. est élu Empereur 429. déposé par les états 430. SANCHE IV. fait la guerre aux Princes de la Cerda ibid. ALFONSE XI. ses victoires & conquêtes sur les Mahometans 430. DOM PEDRE, dit le CRUEL, est tué par son frere 431. HENRI IV. détrôné par les grands 432.

Casumbeg, dernier Prince de Caramanie, v. *Caraman-ogli*.

Causes majeures, définies par le droit canon 105. *q*. reservées au St. siege par le Pape Grég. VII. ibid.

Céphalonie, Comtes, v. *Tocco*.

Cerda, Infants de la, prétendans au trône de Castille 430.

Chablais, érigé en Duché par l'Emp. Fréderic II. en faveur du C. Amédée IV. de Savoye 178.

Chan, v. *Khan*.

Chapitres, des églises cathédrales, quand sont-ils devenus seuls maîtres des élections ? 120.

Charlemagne, v. *Francs, Rois Carlovingiens*.

Charles de Lorraine, dernier rejetton de la race de Charlemagne en France, 60.

Chartuitius, auteur de la vie de St. Etienne, 74. *o*.

Chatillon, v. *Raynaud de Chatillon*.

Chavannes, frontiere des deux Royaumes de Bourgogne, 19. *l*.

Chazares, peuple Turc, v. *Khazares*.

Cherefeddin Ali, historien Persan, auteur d'une vie de Timour, 524. *r*. suit Timour dans son expédition contre Bajazet I. 527. *e*.

Chevalerie, son origine & ses progrès 141. elle s'oppose à l'introduction des armes à feu 364.

Chine, subjuguée en partie par les Khitans ou Khitayens 269. par les Tatars Niutché ibid. conquise toute entiere par les Mongols 271. 281. 285. secoue le joug des Mongols & se donne des Emp. Chinois de la dynastie des Ming 289. est conquise par les Tatars Mantcheoux ibid. sa conquête projettée par Timour 527. *f*.

Chinois, sont inventeurs du papier de soie 330. *o*. ont-ils inventé la boussole ? 337. *a*. se servent de poudre pour des feux d'artifice dès le dixieme, & pour canons & mortiers dès le treizieme siecle 351. *y*. peut-on leur attribuer l'invention de l'imprimerie ? 366.

Chiny, Comté, passe aux D. de Bourgogne 386.

Chiozza, guerre de, fatale aux Génois, 414.

Christianisme, son introduction dans les pays du Nord 64. & fuiv. chez les peuples Efclavons 69. & fuiv. chez les Bulgares 81. en Hongrie 74. en Irlande 201 *l.* en Finlande 217 en Livonie 225. en Courlande 226. *r.* en Pruffe 465. en Lithuanie 492. en Samogitie ibid.

Chypre, Royaume, donné à Guy de Lufignan, 133. paffe aux Vénitiens, ibid.

Clémange, ou *Claminge*, Nicolas, auteur François, connu par fes écrits fur le grand fchisme d'Occident, 322.

Clergé, obtient des droits haut-régaliens déja fous les Carliens 56. *z.* fon pouvoir en Danemarc 204. 446. en Norwege 211. en Suede 215. 450.

Clergé d'Allemagne, origine de fa puiffance féculiere 56. obtient le gouvernement des villes épifcopales 57.

Cleves, Comté, érigé en Duché 398.

Code de Juftinien, fon ufage en Italie, antérieur à la renaiffance du droit Romain dans le douzieme fiecle, 149. *b.* eft mis en vogue à l'académie de Bologne 150. voyez *Droit Romain*.

Code de Pandectes, trouvé à Amalfi, n'eft pas la caufe de la renaiffance du droit Romain en Italie 149. *b.*

Code de las Partidas, publié par le R. Alfonfe X. de Caftille 153. *i*

Code de Théodofe, fon ufage en Italie dans le moyen âge 149. *b.*

Cogni, v. *Iconium*.

Cologne, l'Archevêque, obtient une partie de la Weftphalie à titre de Duché 158.

Cologne, ville, origine de fon Univerfité 327. *f.* devient chef-lieu du fecond quartier des villes hanféatiques 343.

Columbacz, place fur le Danube, rendue au Prince de Servie par Bajazet I. 519. *u.*

Combat judiciaire, fon ufage dans les tribunaux 152. 497. *t.* voyez *Jugemens de Dieu.*

Commerce, fes progrès, encouragés par les croifades 143. par l'invention de la bouffole 341. celui du Levant exercé par les Génois 167.

Commerce, des villes d'Italie 143. 341. des Vénitiens 166. 417. des Génois 168. des Pifans 170. des villes des Pays-bas 345. des Florentins 413. des villes hanféatiques, v. *Ligue hanféatique.*

Communes, leur origine & leurs progrès en Italie, en France & en Allemagne 144. *r. s. t.* leur admiffion aux affemblées nationales 146. fervent à balancer le pouvoir du clergé & de la nobleffe 147.

Comnenes de Trébisonde, ceux de Corse en dérivent leur origine 541. *q.*

Comtat Venaissin, est cédé au Pape par le Comte de Toulouse 195. cette cession annullée par l'Emp. Fréderic II. ibid. *r.* le Pape y est introduit par la France ibid.

Comtes, v. Ducs.

Conciles, relatifs *au schisme grec* 78. *t.* 79. 81. *au culte des images* 77. *aux brouilleries entre l'empire & le sacerdoce* 98. 102. 107. 155. *o* 308. *aux croisades*, celui de Clermont de 1095, 127. de Latran de 1215, 134. de Mantoue de 1459, 542. *au grand schisme d'Occident & à la réformation de l'église*, celui de Pise de 1409, 316. de Constance de 1414, ibid. de Bâle de 1431,318. *à l'union entre les Grecs & les Latins*, celui de Lyon de 1274, 507. de Florence de 1439, 320. 532.

Conciles généraux, leur supériorité sur les Papes, définie aux conciles de Constance & de Bâle, 307. *x.* 318.

Concile de Bourges la pragmatique y est arrêtée 436 *n.*

Concordat, celui de *Worms* entre Henri V. & Calixte II. 117. de *Constance* entre Martin V. & la nation Germanique 318. *z.* entre le même & la nation Angloise ibid. de *Rome* entre le Pape Eugene IV. & la nation Germanique 379. de *Vienne* entre l'Emp. Frédéric III. & le Pape Nicolas V. 321. 379. celui de François I. avec Léon X. 321. 437. *h.*

Confirmation des Prélats, attribuée aux supérieurs immédiats par le droit canon 120. reservée à la Cour de Rome par les Papes 124. ôtée aux Papes par le concile de Bâle 319. par la pragmatique de Bourges 436 *n.* rendue aux mêmes par le concordat Germanique 380.

Conradin, dernier rejetton de la maison de Hohenstaufen, est décapité à Naples 116.

Conseil des dix à Venise, son institution 421.

Constance, concile, établit la supériorité du Pape sur le concile 307. *x.* extirpe le grand schisme 316. condamne la doctrine de Huss 317. échoue dans ses projets de réforme ibid.

Constantinople, assiégée par les Avares & les Bulgares 83. *m.* par les Russes 84. *o.* par les Arabes 85. prise par les croisés 239. 240. reprise par les Grecs 244. est bloqué, pendant dix ans, par Bajazet I. 519. assiégée inutilement par Amurat II. 529. prise enfin par Mahomet II. 535. ses habitans sont emmenés en esclavage 536. la ville est peuplée de nouveaux habitans 537.

Cordoue, siege du Califat d'Espagne, 35.

Corfou, isle, conquise par Robert Guiscard 237. *i.* tombe au pouvoir des Vénitiens 167.

Corsaire, étymologie de ce mot 226. *r.*

Corse, isle, ses révolutions 170. *p.* passe au pouvoir des Arabes 32. ceux-ci en sont expulsés par les Génois & les Pisans 171. *p.* les Pisans cedent leurs droits sur l'isle aux Génois 172. *q.* ses évêchés partagés entre les deux métropoles de Pise & de Genes 171. *p.* les Génois s'y maintiennent contre le Roi d'Aragon 433.

Cosmas de Prague, un des plus anciens historiens de Boheme, 72. *k.*

Coster, Laurentius, fut-il l'inventeur de l'imprimerie ? 365. produisit-il des livres par le moyen de la gravure en bois ? 365. *h.*

Courlande, sa premiere mention 226. *r.* sa conquête par les Chevaliers de Livonie ibid. sa conversion au christianisme ibid.

Couronne angélique, des Hongrois, a été fabriquée à Constantinople 74. *p.*

Coutloubeg, surnommé Fakhreddin, Prince Turcoman du mouton blanc, dépouillé de Siwas par Bajazet I. 522. *g.*

Coutumes, en France, rédigées depuis le regne de St. Louis 153. *i.*

Cracovie, ville destinée au sacre des Rois de Pologne, 480.

Cratova, ville de Servie, conquise par Bajazet I. 519.

Creme, ville de Lombardie, cédée aux Vénitiens par le D. de Milan 420.

Crimée, possédée par les Khazars 29. envahie par les Mongols 219. siege d'une horde particuliere de Tatars 298. V. *Tatars de la Crimée.*

Croatie, son origine 230. *i.* gouvernée par des Ducs & ensuite par des Rois ibid. elle passe sous la domination des R. de Hongrie 231. 232. les Turcs en obtiennent une partie 542.

Croisades en Orient, leur occasion 125. arrêtées au concile de Clermont 127. encouragées par des privileges 133. les sept principales 128. 134. celle du Roi Sigurd I. de Norwege 210. *x.* leur fin 135. changemens qu'elles produisent dans l'ordre moral & politique 136. & suiv. leurs effets sur les mœurs & le gouvernement 142. sur le commerce & la navigation 143.

Croisades, especes différentes, 135. *x.* missions armées

contre les payens du Nord 206. 207 216. 450. contre ceux de Prusse 222. 465. de Livonie 224. de Lithuanie 470. contre les Albigeois 193. contre les Huſſites 388. contre Pierre III, R. d'Aragon, 433.

Croiſade contre les Turcs, arrêtée au concile de Mantoue 542. indiquée par le Pape Pie II. 544. eſt ſans effet ibid.

Croiſés, leur cruauté 128. 238. états fondés par eux en Orient 131. ſuiv. cauſes du peu de durée de ces états 133. ils envahiſſent l'Empire Grec 238. prennent Conſtantinople 239. fondent l'Empire Latin 240. voyez *Empire latin*.

Cugnieres, Pierre, Avocat du Roi au Parlement de Paris, défend les droits de la couronne contre le clergé 323. s.

Culm, ville & territoire, cédés à l'Ordre Teutonique par le D. de Maſovie 223. les Polonois y renoncent par la paix de Kaliſch 470.

Cumanie ou *Comanie ancienne*, ſon étendu 293. *a*.

Cumanie nouvelle, ſon ſiege dans la Moldavie 232. *n. grande & petite*, contrées de la Hongrie habitées par des Cumans 232. *o*.

Cumans, leur origine 232. *n*. ſont les mêmes avec les Polowziens, les Kaptſchaks & les Turcs 252. *e*. occupent la Moldavie 232. *n*. leurs colonies dans la Hongrie 232. *o*. infeſtent l'Empire Grec 237.

Cutajah, métropole de la grande Phrygie, paſſe au pouvoir d'Amurat I. 516. ſiege du Beglerbeg ou gouverneur général de la Natolie ibid.

Cyrillus, apôtre des Moraves, 73.

D.

DALAI-LAMA, voyez *Talaï-Lama*.

Dalmatie, proprement dite, démembrée de l'Empire Grec par les Vénitiens 166. 238. leur eſt enlevée par le Roi Colomann de Hongrie 232. ſource de guerres entre les Hongrois & les Vénitiens 233. *r*. ſa conquête par Louis le Grand, R. de Hongrie, 494. eſt reconquiſe par les Vénitiens 419. 500. 501.

Dandolo, André, Doge & hiſtorien de Veniſe du quatorzieme ſiecle, 164. *a*.

Danebrog, fameuſe banniere des Danois, 207. *n*.

Danemarc, ſes révolutions 26. 64. 202. 446 reçoit le Chriſtianiſme 64. conquêtes de ſes Rois 65. 205. ſa grandeur ſous Waldemar II. 208. ſa décadence ibid. ſon trône électif dans la maison regnante 204. obtient une métropole 205. *a.* ses états généraux 447. son anarchie ibid. extinction de ses anciens Rois 448.

Danemarc. Rois, leur généalogie 576. Rois, *issus de Skiold, f. d'Odin* : HARALD II. surnommé Blaatand, se fait baptiser 64. subjugue la Norwege & la perd derechef 65. *p.* SUENON I. retourne au paganisme 64. tente de nouveau la conquête de la Norwege 65. *p.* CANUT LE GRAND, subjugue la Norwege, l'Angleterre & une partie de l'Ecosse & de la Suede 65. HORDACNUT, R. de Danemarc & d'Angleterre, ibid. MAGNUS, R. de Norwege & de Danemarc, 66. *Rois Estrithides:* SUENON II, tige de ces Rois, 203. CANUT IV. (St. Canut) est assassiné 204. *u y.* sa munificence envers le clergé ibid. WALDEMAR I. ses conquêtes sur les Esclavons 205. rend les Princes de Rügen tributaires 206. CANUT VI. assujettit les Princes de Poméranie & de Mecklenbourg, les C. de Suérin & de Holstein 206. 207. WALDEMAR II. subjugue le Lauenbourg avec une partie de la Prusse, l'Estonie & l'isle d'Oesel 207. perd toutes ses nouvelles conquêtes, à l'exception de l'isle de Rügen, de Revel & de l'Estonie, 208. 209. donne à Abel, son fils puisné, le Duché de Slesvic 209. ERIC GLIPPING, signe la premiere capitulation 447. CHRISTOPHE II. les malheurs de son regne ibid. WALDEMAR IV. releve l'autorité royale 448. vend l'Estonie à l'Ordre Teutonique 477. termine la race mâle des Rois Estrithides 448. OLOF, investit les Comtes de Holstein du D. de Slesvic 449. MARGUERITE, Reine de Danemarc & de Norwege, 448. 450. réunit la Suede 452. voyez *Union de Calmar*, &c.

Danois, férocité de cette nation 65. 204. V. *Normands*.

Dante Alighieri, défend Louis de Baviere contre la Cour de Rome 322. forme le premier la langue Italienne pour la poésie 328.

Dantzic, ville, sa fondation attribuée aux Danois 206. *f.* à Sobieslas I. Duc de la Poméranie orientale, 467. *g.* tombe au pouvoir de l'Ordre Teutonique 469. s'agrandit sous la domination de l'Ordre ibid. chef-lieu du quartier Prussien des villes hanséatiques 343. passe sous la domination de la Pologne par la paix de Thorn 476.

DES MATIERES. 619

Dardanelles, châteaux construits à l'entrée de l'Hellespont par Mahomet II. 537.

Dauphiné, province du Royaume de Bourgogne, 18. passe à la France 382.

Dauphins, HUMBERT II, dernier des anciens Dauphins, 382. CHARLES, premier Dauphin de France, prête foi & hommage à l'Empereur 382. *r.*

Décret de Gratien, autorisé par le Pape Eugene III. 151.

Décret de Léon VIII. sa critique 45. *e.*

Décrétales, fausses, forgées par un imposteur 101. *k.* nouvelles maximes de ces décrétales 101. *l.* sont adoptées & mises en vigueur par le Pape Grégoire VII. 102. & suiv.

Décrétales de Grégoire IX. rédigées par Raimond de Pennafort 152. publiées comme un code de loix ibid. hâtent les progrès du pouvoir pontifical. 302.

Défis, sont autorisés par la bulle d'or 379.

Degrés Académiques, leur invention 325. sont ambitieusement recherchés 326.

Dermod, R. de Leinster en Irlande, ménage l'occasion aux Anglois, à faire la conquête de l'Irlande 202.

Dervorghal, Princesse Irlandoise, son rapt par le Roi de Leinster 202. *m.*

Deylamites, dynastie Arabe, voyez *Buides*.

Dictatus du Pape Grégoire VII. 103. sa critique 104. *p.*

Dispenses, leur introduction par le Pape Innocent III. 302.

Dixmes, leur introduction vivement contestée dans le Nord 216. *d.* font souffrir le martyr à St. Canut ibid.

Dobrutz, ou *Dobrudsche*, Royaume particulier de Bulgarie, conquis par Amurat I. 515.

Docteurs en droit civil, leur institution due à Irnerius 325.

Docteurs en droit canon, institués par le Pape Eugene III. 325.

Dogat de Venise, premier domaine des Vénitiens en Italie 417.

Doges, leur introduction à Venise 165. à Genes 415.

Dons gratuits, leur usage chez les Francs 23.

Donation, de Constantin le Grand 10. celle de l'Exarquat par Pepin le Bref 9. de la Comtesse Mathilde 119. *e.*

Doria, Pierre, pénetre dans les lagunes de Venise 414.

Douglas, famille puissante d'Écosse, sa chûte 446.

Drizehn, André, associé de Gutenberg pour l'imprimerie à Strasbourg, 367. est suivi de la premiere presse ibid.

Droit canon, son introduction 151. voyez *Décret* & *Décrétales*.

Droit féodal Lombard, sa rédaction 153. *h*.

Droit du plus fort, parvient à son comble en Empire dans le XIII. siecle 156. est limité par la bulle d'or 379.

Droit de prévention, son origine 121. est confirmé au Pape par la pragmatique de Bourges 436 &.

Droits provinciaux d'Allemagne, recueillis dans le treizieme siecle 153. *i*.

Droit de régale, les Empereurs d'Allemagne y renoncent 118. les Rois de France le maintiennent contre les Papes 316.

Droit Romain, tombe en désuétude dans les provinces qui avoient été de la dépendance de l'ancien Empire Romain en Occident 149. conserve quelque vigueur en Italie ibid. *b*. sa renaissance dans le douzieme siecle 150. circonstances qui en favorisent l'introduction dans les principaux états de l'Europe 150. 151. voyez *Code de Justinien*.

Drontheim, érection de son archevêché 205. *a*. fameux pélerinage du Nord 211. *b*.

Drouette, nom du François qui occasionna les vêpres Siciliennes 422. *k*.

Ducas, historien Byzantin, attaché à la Cour des derniers Princes de Lesbus 539. *f*.

Ducs & Comtes, leur pouvoir chez les Francs 24. deviennent héréditaires en France 25. *u*. sont simples officiers royaux en Allemagne 53. nature de leurs fonctions 53. *s*. se rendent également héréditaires 54.

Duel, employé comme preuve dans les tribunaux 497. *t*. voyez *Combat judiciaire*.

Dulgadir-ogli, dynastie Turcomanne, liguée contre Amurat I. 517. dépouillée de Melatia par Bajazet I. 522. *h*. rétablie par Timour 526.

Durer, Albert, 374.

Dynastes, en Allemagne, leur définition 55. *u*.

Dziewaltow, premiere résidence des Princes Lithuaniens 490. *z*.

E.

EBN MOKLAH, inventeur des caracteres Arabes modernes, 33. *n*.

Echert le Grand, premier Roi d'Angleterre, 15.

Ecosse, ses révolutions 442. soumise au lien vassalitique de l'Angleterre 443. extinction de ses anciens Rois ibid. succession contestée entre les Baliols & les

Bruces 444. avénement des Stuarts 445. limitation du pouvoir féodal & aristocratique des nobles 445. 446.

Ecoſſe, Rois, leur généalogie 575. KENNETH II. réunit toute l'Ecoſſe 442 GUILLAUME, reconnoit la ſupériorité féodale de l'Angleterre 443. ALEXANDRE III. termine l'ancienne race de ces Rois ibid. JEAN BALIOL, obtient la couronne, par arbitrage d'Edouard I, Roi d'Angleterre, 444. ROBERT BRUCE, maintient le trône contre l'Angleterre ibid. ROBERT II. premier Roi de la maiſon de Stuart 445. JAQUES I. reprime le pouvoir abuſif des nobles 446. JAQUES II. porte des loix deſtructives de l'ariſtocratie ibid.

Edeſſe, ville de l'ancienne Méſopotamie, priſe par Baudouin, frere de Godefroi de Bouillon, 131. *m*. repriſe ſur les Francs par l'Atabek Sanguin 93. *y*. voyez *Omado'ddin Zenghi*.

Edeſſe, Comté, ſon origine & ſa fin 131. & ſuiv.

Edriſſites, dynaſtie Arabe en Afrique, 35.

Egliſes Grecque & Latine, leur ſchiſme 78. leur union momentanée 240. voyez *Schiſme des Grecs, Union des Grecs & des Latins*.

Electeurs, en Empire, leur origine 156. *r*. quand réuſſirent-ils à exclure les autres Princes des élections? 575. *d*.

Elections des Egliſes, leur liberté réclamée par le Pape Grégoire VII. 98. accordée par les Empereurs 117. anéantie par les réſerves des Papes 124. renouvellée par les décrets du concile de Bâle 319. par les pragmatiques de Bourges & de Mayence 320. 379. 436 *9*. maintenue en Allemagne par le concordat de Vienne 380.

Elections partagées, droit des Empereurs d'en décider 118.

Electorats d'Empire, leur ſucceſſion 378. leurs droits & prérogatives 379.

Elutes, appellés vulgairement Calmucs, voyez *Calmucs*.

Emico, Comte du Rhin, mene une des premieres armées de croiſés 128. *a*.

Emir, titre des ſouverains Arabes, ſubordonnés au Calife, 87. *f*.

Emir-Al-Mouménin, dignité créée par le Calife en faveur de Melickſchah 90.

Emir-Al-Omra, dignité ſupréme du Califat de Bagdad, ſa création 39. elle paſſe aux Buides 40. aux Seigiucides 42. 88. eſt comparable au Maire du Palais des Francs 87.

Emirs Turcs, de l'Aſie mineure, envahiſſent l'Empire

Grec avec Ottoman 511. reconnoiſſent la ſupériorité d'Amurat I. 517. marchent aux ordres de ce Prince dans les expéditions militaires 518. *p.* ſont dépouillés par Bajazet I. 521. rétablis par Timour 527. dépouillés de nouveau par Amurat II. 530.

Empereurs d'Allemagne, ſont enviſagés comme chefs de la Chrétienté 49. leur droit de créer ſeuls des Rois 50. leur préſéance ſur les autres ſouverains 51. droit de nommer les Papes 51. 97. 110. renoncent à leurs droits ſur Rome & ſur les Papes 119. *g.* & au droit de régale 118. *a.* leur droit d'envoyer des Commiſſaires aux élections 117. & d'en décider en cas de partage 118. chûte de leur autorité en Allemagne 154. ſont confirmés & dépoſés par les Papes 155. *n. o.* perdent leur pouvoir en Italie 160. & ſuiv. leur dignité eſt relevée par Rodolphe de Habsbourg 376 par la loi de Francfort de 1338, 312. 377. leurs généalogies 562. 563.

Empire d'Allemagne, ſes révolutions 44. 154. 374. ſon origine remonte à Otton le Grand 44. parvient au plus haut point de ſa grandeur 49. cauſes de ſa décadence 52. & ſuiv. prétendu fief du Pape 111. 155. déclaré indépendant de la Cour de Rome 312. changemens arrivés dans ſa conſtitution 53. 156. 377. & dans ſes provinces 380.

Empire d'Allemagne, ſes Rois & Empereurs: *Maiſon Carlovingienne* 16. 17. généal. 562. *Maiſon de Saxe* 44. ſa généal. 562. HENRI I. reprime les Hongrois 29. 44. jette les fondemens de la grandeur des Allemands 29. 43. réunit le Royaume de Lorraine 43. OTTON LE GRAND, réunit l'Italie & la dignité Imp. 44. HENRI II. ſes traités avec Raoul le Fainéant, R. de Bourgogne, 44. *h. Maiſon Salique*, ſa généalogie 562. CONRAD II. réunit le Royaume de Bourgogne 47. HENRI III. réunit une partie de la Hongrie 49. nomme & dépoſe pluſieurs Papes 51. 52. maintient la qualité de chef de la Chrétienté 50. HENRI IV. ſes différends avec le Pape Grégoire VII. 107. eſt dépoſé par lui 108. HENRI V. tranſige avec le Pape par le Concordat de 1122, 117. ſuites de cette transaction 118. il protege les villes épiſcopales contre les Evêques 145. *t* LOTHAIRE LE SAXON, nomme les Ducs de Zaringue Régens de Bourgogne 48. demande au Pape la confirmation 155. *n. Mai-*

son de *Hohenstauffen*, sa généalogie 563. CONRAD III. chef de la deuxieme croisade 134 FRÉDERIC I. transige avec la maison de Zaringue sur la régence de Bourgogne 48. se fait couronner Roi d'Arles ibid. réclame contre la supériorité féodale des Papes 156. *p*. dépouille la maison des Guelphes 157. fait des efforts inutiles pour réduire les villes d'Italie 161. s'allie aux Génois contre le Roi de Sicile 169. *m*. érige la Sardaigne en Royaume & couronne Barason à Pavie 171. *q*. accorde une jurisdiction privilégiée aux universités 326. conduit la troisieme croisade 134. HENRI VI. acquiert le Royaume des deux Siciles 179. sollicite l'assistence des Génois contre l'usurpateur Tancrede 169. *m*. perd le droit de décider du partage dans les élections 118. *a*. PHILIPPE DE SUABE, élu en litige avec Otton de Brunsvic, 154. *l*. 155. *n*. ménage à Alexis l'Ange, son beaufrere, les secours des croisés 239. érige la Boheme en Royaume 387. *f*. OTTON IV. renonce au droit de régale 118. FRÉDERIC II. entreprend la sixieme croisade 134. est déposé par le Pape Grég. IX. 155. *o*. s'allie aux Pisans contre les Génois & le Pape 169. *m*. fait la guerre aux confédérés de Lombardie 162. est déposé au concile de Lyon 308. annulle la cession du Comtat faite en faveur du Pape 195. *r*. confirme aux Chevaliers Teutoniques la donation de la Prusse 223. CONRAD IV. dernier Emp. de la maison de Hohenstauffen, 154. *Différentes Maisons* 374. 563. GUILLAUME D'HOLLANDE 354. RICHARD DE CORNOUAILLES & ALFONSE DE CASTILLE, soumettent leur élection au jugement du Pape 155. *n*. RODOLPHE DE HABSBOURG est élu par les sept Electeurs privatifs 375. *d*. tableau de son regne 375. ADOLPHE DE NASSAU ibid. ALBERT I. D'AUTRICHE ibid. ses projets sur la Suisse 383. est assassiné 384. *Maison de Luxembourg* 376. sa généalogie 563. HENRI VII. appelle les villes à la diete 146. *y*. fixe la couronne de Boheme dans sa maison 376. 387. confirme aux Suisses leurs privileges 384. cherche à relever l'autorité impériale en Italie 399. LOUIS DE BAVIERE, ses démêlés avec les Papes 311. son décret passé à la diete de Francfort 312. malheurs de son regne 376. confere le Marggraviat de Brandenbourg à son fils 393. son expédition peu glorieuse en Italie 399. fait à l'Ordre Teutonique la donation de la Lithuanie 471. CHARLES IV. son caractere 376. renonce à la haute souveraineté sur Avignon 196. r. 381. rédige la bulle d'or 378. Duchés érigés par lui 397. fait l'acquisition du Marggr. de Brandenbourg 393. joue un pauvre rôle en Italie 399. 406. WENCESLAS, érige le D. de Berg 398. celui de Milan 407. protège Jean Huss 383. est déposé 376. ROBERT LE PALATIN, son élection 376. échoue dans son entreprise contre les Viscontis de Milan 408. SIGISMOND 376. fait convoquer le concile de Constance 316. Duchés érigés par lui 398. se signale peu en Italie 399. s'y sert le premier de mousquétaires ou fusiliers 361. z. confere l'Electorat de Saxe à la maison de Misnie 390. & celui de Brandenbourg à la maison de Hohenzollern 393. voyez *Boheme, Hongrie*. *Maison de Habsbourg-Autriche*, son avénement 377. ALBERT II. ibid.

Empire des Arabes, son origine & ses progrès 30. sa chûte 33. voyez *Arabes, Califes, Califat*.

Empire des Francs, son étendue 14. sa décadence 15. son démembrement 16. causes de sa chûte 20. voyez *Francs*.

Empire Grec, ses révolutions 75. 236. 505. est envahi par les barbares 83. démembré par les Lombards, les Normands & les Arabes 84. par les Turcs Selgiucides 85. 89. assailli par d'autres barbares 237. attaqué & démembré par les Latins ou les croisés 238. & suiv. ses limites sous les Paléologues 505. k. causes de sa ruine 506. ses provinces de l'Orient envahies par les Turcs ibid. foiblesse des derniers Empereurs 507. sa chûte 510.

Empire Grec, Empereurs, leur suite chronologique 591. JUSTINIEN, ses conquêtes 4. son code de loix introduit dans l'Occident depuis le douzieme siecle 150. LÉON III. L'ISAURIEN, proscrit le culte des images 76. arrête les progrès des Arabes 85. le Pape & les Romains se révoltent contre lui 6. 77 CONSTANTIN COPRONYME, LÉON IV. dit CHAZAR ou *Porphyrogennete*, tous les deux iconoclastes, 76. IRENE, rétablit les images au concile de Nicée 77. LÉON V. L'ARMÉNIEN, MICHEL

II. LE BEGUE & THÉOPHILE iconoclastes, leur politique ibid. ROMAIN IV. DIOGENE, dépouillé par les Turcs de plusieurs provinces de l'Asie mineure 89. *Maisons des Comnenes & des Anges*, leur généalogie 592. ALEXIS I. JEAN & MANUEL COMNENE, soutiennent l'Empire contre les barbares 238. ALEXIS II. le voit pencher vers sa ruine ibid. ANDRONIC I. est détrôné & tué par Isaac II. l'Ange 239. ISAAC II. L'ANGE, détrôné lui-même, par son frere, implore le secours des croisés ibid. est rétabli par eux 240. tué par Alexis Murzuphle ibid. *Maison des Paléologues*, sa généalogie 594. MICHEL PALÉOLOGUE reprend Constantinople sur les Latins 244. néglige la défense de l'Orient 506. donne les mains à l'union avec l'église latine 507. ANDRONIC II. foiblesse de ce Prince 507. dépouillé de ses provinces Asiatiques par les Turcs 508. détrôné par son petit-fils ibid. ANDRONIC III. précis de son regne 509. JEAN I. sa guerre contre Jean Cantacuzene qui lui dispute le trône ibid. est attaqué par les Turcs en Europe 510. se rend tributaire des Turcs ibid. fait profession de foi à Rome 515. MANUEL II. bloqué par Bajazet I. à Constantinople, excite les puissances chrétiennes contre lui 520. son voyage en Occident pour y solliciter des secours 521. d. JEAN II. sa paix honteuse avec Bajazet I. ibid. JEAN III. son traité avec Amurat II. 530. signe à Florence l'union avec l'église latine 532. CONSTANTIN, surnommé *Dragases*, dernier Emp. Grec, périt au sac de Constantinople 536.

Empire de Kara-Khataï, voyez *Kara-Khataï*.

Empire des Khitans, ou *Khatayens*, voyez *Khitans*.

Empire de Kin, ou des Tatars Niutché, voyez *Tatars Niutché*.

Empire des Latins, sa fondation par Baudouin I. C. de Flandre 240. sa fin sous Baudouin II. 244. généalogie de ses Empereurs 593.

Empire des Mongols, voyez *Mongols* & *Tschinghischan*.

Empire de Nicée, sa fondation par Théodore Lascaris 243. s'agrandit sur les Latins 244. sa translation à Constantinople par la prise de cette ville ibid. généalogie de ses Empereurs 593.

Empire de Roum, voyez *Roum* & *Selgiucides de Roum*.

Empire de Saladin, sa fondation 246. & suiv. son démembrement après la mort de ce conquérant 251. voyez *Saladin*.

Empire des Song, ou *Sum*, à la Chine, 286. *l*. sa destruction par les Mongols 287.

Empire de Trébizonde, ALEXIS & DAVID COMNENE, les fondateurs, 243. JEAN COMNENE, arriere-petit-fils d'Alexis, premier Empereur, 244. DAVID COMNENE est dépouillé par Mahomet II. 541. sa famille est anéantie 541. *q*.

Empire des Turcs Ottomans, voyez *Turcs Ottomans*.

Empire des Turcs Selgiucides, son origine & ses progrès 87. son étendue 90. son démembrement 91. & suiv. voyez *Selgiucides*.

Epire, souveraineté Grecque, fondée par Michel l'Ange Comnene, 244.

Epreuve par le feu, voyez *Jugemens de Dieu*.

Ere de l'Hégyre, son origine 30. *e*.

Ertogrul, pere d'Ottoman, établit son siege à Ancyre 512. *h*.

Escales, maison puissante en Italie dans le quatorzieme siecle 402. *l*. perd la Marche Trévisane 418. & Vérone ibid.

Esclavage, aboli en Suede 452. voyez *Affranchissemens des serfs*.

Esclavonie, origine de ce nom 230. *f*. elle passe aux Rois de Hongrie 230. les Turcs y font impression 519.

Esclavons, leur prodigieuse extension 69. leurs différentes branches 69. 2.

Eski-hissar, voyez *Ac-chisar*.

Espagne, ses révolutions 2. 58. 181. 428. est envahie par les Visigoths 2. par les Arabes 31. époque de cette invasion 32. *l*. est partagée en plusieurs états Chrétiens & Mahometans 58. 59. voyez *Aragon*, *Castille*, *Navarre* &c.

Est, Marquis, leur politique 173. leur généalogie ibid. *s*. OTBERT I. contemporain d'Otton le Grand, tige de cette maison, ibid. AZZON II. contemporain de l'Emp. Henri IV, fondateur des deux branches de Modene & de Brunsvic, ibid. AZZON VI. devient maître de Ferrare 173. *u*. OBIZON II. acquiert la souveraineté de Modene & de Reggio 173. 174. *x. y* AZZON VIII. est dépouillé de ces deux villes 401 *f*. OBIZON III. rentre dans Modene ibid. NICOLAS III. reprend Reggio 401. *g*. BORSO, créé D. de Modene par l'Emp. Fréderic III. 401.

Estonie, étendue que lui donnoient

noient les anciens 222. *b*. est attaquée par les Suédois croisés 217. *l*. conquife par le Roi Waldemar II. de Danemarc 207. *n*. vendue à l'Ordre Teutonique par le R. Waldemar IV. 209. *t*. 477. fes privileges confirmés par l'Ordre Teutonique 478.

Etabliſſemens, de St. Louis, v. *Coutumes*.

Etat eccléſiaſtique, fon origine 9. 10. fa fouveraineté 118. voyez *Papes*.

Exarquat, gouvernement Grec en Italie, 5. double fens qu'on lui prête ibid.

Exarquat de Ravenne, fa conquête par les Lombards 5. places qu'il renferme 9. *h*. eſt donné au Pape par Pepin le Bref 9.

Excommunication, fa nouvelle forme inventée par le Pape Grégoire VII. 108. fuiv.

Eyck, voyez *van Eyck*.

Eydgenoſſen, origine de ce terme 384. *y*.

F.

FABRIQUES, voyez *Manufactures*.

Fathimites, Califes d'Afrique & d'Egypte, 36.

Feltre, ville & diſtrict occupés par les Vénitiens, 419.

Ferrette, Comté, dévolu aux D. d'Autriche 396.

Feu Grégeois, fon invention & deſcription 85. *x*. les Arabes s'en ſervent contre St. Louis en Egypte 353. fa vertu augmentée par la poudre ibid.

Fiefs, leur origine 20. 21. deviennent héréditaires en France 25. *u*. en Allemagne 55.

Fiefs eccléſiaſtiques, leur commencement en Allemagne 56.

Finiguerra, Mafo, orfevre de Florence, enviſagé comme l'inventeur de la gravure en cuivre, 373.

Finlande, eſt conquiſe par les Suédois & convertie au Chriſtianiſme 217.

Flandre, Comté, paſſe aux D. de Bourgogne 386.

Flave Gioja, voyez *Gioja*.

Florence, Concile, indiqué par le Pape Eugene IV. 320. arrête, fans effet, l'union entre les Grecs & les Latins, 320. *f*. voyez *Union des Grecs & des Latins*.

Florence, ville, origine de fon état républicain 410. variations dans fon gouvernement 411. 412. progrès de fon commerce & de fa puiſſance 413.

Fo, divinité des Indes, fa naiſſance 259. *x*. nommée *La* chez les Mongols 259. *y*.

Folke Filbyter, fondateur d'une race particuliere de Rois de Suede, appelés Folkungiens, 450.

Fournier, graveur & fondeur

J j j

de caracteres, son opinion, sur la presse de Gutenberg, réfutée 368. *l.*

France, Royaume, son origine 16. ses révolutions 59. 188. 436 α. son sisteme féodal 188. causes qui y maintiennent le pouvoir royal 189. guerres Angloises 189. 436 α. réunions des Rois 190. croisades 192. son état malheureux sous Charles VI. 436 γ. introduction du pouvoir absolu des Rois 436 ε. changemens dans l'église 436 n.

France, Rois Carlovingiens; leur généalogie 564. CHARLES LE CHAUVE, premier Roi de France, 16. accorde l'hérédité des gouvernemens 25. *u.* acquiert la moitié du Royaume de Lorraine 17. LOUIS LE BEGUE 18. CHARLES LE GROS, déposé par les François 17. CHARLES LE SIMPLE, réunit le Royaume de Lorraine 18. cede aux Normands une partie de la Neustrie 27. perd le Royaume de Lorraine 43. ROBERT I. 43. RODOLPHE ibid. LOUIS LE FAINÉANT 60. Rois anciens Capétiens, leur généalogie 564. HUGUES CAPET, son avénement 60. HENRI I. époufe Anne Jaroslawowna de Russie 71. PHILIPPE I, grande faute qu'on lui reproche 189. sa premiere guerre avec l'Anglet. 190. *x.* LOUIS VI. dit LE GROS, commence à accorder les droits de commune 144. *s.* laisse conquérir la Normandie aux Anglois 189. LOUIS VII. est de la seconde croisade 134. 192. se sert des fleurs de lys 136. 2. son divorce avec Eléonore de Poitou 190. PHILIPPE AUGUSTE fait la troisieme croisade 134. 192. gagne la supériorité sur l'Angleterre 190. ses nombreuses réunions 191. victoire de Bouvines 192. LOUIS VIII. s'arroge exclusivement le droit de commune 144. *s.* se croise contre les Albigeois 194. S. LOUIS ou LOUIS IX. chef de la septieme croisade, est fait prisonnier au combat de Massoure 135. 192. son aventure en Egypte 253. *i.* ses réunions 192. 193. sa paix avec le C. de Toulouse 194. avec l'Angleterre 198. sa croisade de Tunis 185. *h.* 195. *q.* PHILIPPE III, dit le Hardi, réunit le Toulousain 195. rétablit le Pape dans le Comtat ibid. *r.* entreprend une croisade contre le Roi d'Aragon 433. PHILIPPE LE BEL, convoque pour la premiere fois le tiers-état 148. *x.* son différend avec le Pape Boniface VIII. 309. fait l'acquisition de la ville de Lyon

380. LOUIS X, dit le Hutin, PHILIPPE V, dit le Long, CHARLES IV, dit le Bel, derniers Rois des anciens Capétiens, 436 α, k. *Rois de la maison Valois*, leur généalogie 565. PHILIPPE DE VALOIS, fa guerre contre Edouard III, Roi d'Angleterre, 436 β. réunit la Champagne, le Dauphiné & le Comté de Montpellier 436 ς. 382. 432 JEAN II. eft fait prifonnier à la bataille de Maupertuis 436 γ. confere le D. de Bourgogne à fon fils puisné Philippe le Hardi 386. CHARLES V, dit le Sage, reftaurateur de la France, 436 γ. CHARLES VI, malheurs de fon regne ibid. paix de Troyes 436 δ. CHARLES VII, embarras de fa pofition, ibid. chaffe les Anglois de toute la France 436 ε. caufe une révolution dans le gouvernement, ibid. limite le pouvoir de la cour de Rome 436 η. introduit la pragmatique fanction, ibid.

Franche-Comté, fait partie du Royaume de Bourgogne 19. quand entra-t-elle pour la premiere fois dans la maifon de France? 381. paffe aux Ducs de Bourgogne, ibid. 386.

Francs, leur entrée dans la Gaule 2. *a*. fondent une puiffante monarchie 11. grandeur de cette monarchie fous Charlemagne 14. fon démembrement 17. caufes de fa chûte 20. n'a point de marine 28.

Francs, *Rois Mérovingiens*: CLODION, CLOVIS 10. THIERRY III. 11. CHILDÉRIC III. 12. *Rois Carlovingiens*: PEPIN LE BREF, fon élévation & fon facre 8. 12. fes conventions avec le Pape Etienne III. 8. il lui donne l'Exarquat 9. *Empereurs*, leur généalogie 561. ils commencent à Charlemagne 14. finiffent à Berenger I. 45. CHARLEMAGNE, fes conquêtes 12. eft couronné Empereur à Rome 13. LOUIS LE DÉBONNAIRE, fa foibleffe 15. CHARLES LE GROS 44. eft dépofé 17. ARNOULD 44.

Frauenftadt, ville du D. de Glogau, démembrée par le R. Cafimir le Grand, 481. *e*.

Freya, *Frigga*, divinité du Nord, 67. fon temple abattu 213.

Fribourg, ville de Suiffe, bâtie par les D. de Zaringue, 48. *k*.

Frioul, paffe fous la domination des Vénitiens 419.

Frife occidentale, acquife par les D. de Bourgogne 386.

Fürft, v. *Walter Fürft*.

Fürftenberg, Comtes. vendent aux Autrichiens leurs poffeffions dans le Brisgau 396. *p*.

Fufiliers Allemands, les premiers qu'on en trouve 361. z.

Fufils, employés pour la premiere fois à la guerre par l'Emp. Sigismond 361. z. leur description ibid. étoient fans refforts 362. z. invention des refforts à Nuremberg ibid.

Fuft, Jean, associé de Gutenberg pour l'imprimerie, 369. dépouille ce dernier de la presse ibid. commence à imprimer des livres sous son nom 370.

G.

GALITIE, Royaume, voyez *Halicz*.

Galles, principauté souveraine, conquise par les Rois d'Angleterre 437. le fils ainé du Roi en obtient le titre 438.

Gallipoli, premiere ville d'Europe, occupée par les Turcs Ottomans 513.

Gand, ville de Flandre, riche & puissante par l'étendue de son commerce & de ses manufactures, 345.

Garnier, éditeur du livre Diurnus, 5. e.

Gattilufio, famille Génoise, est dépouillée de ses isles dans l'Archipel par Mahomet II. 539.

Gau, division politique des provinces, usitée en Allemagne, cesse depuis la fin du onzieme siecle 54. t.

Gaubil, Pere Jésuite, écrit l'histoire des Mongols 289. p.

Gaurides, dynastie Persane, 40. b. détruite par les Sultans Khovarezmiens 95.

Gautier sans aveir, détaché par Pierre l'hermite, conduit une troupe de croisés 128. a.

Gaznevides, dynastie Turque, son origine & sa durée 40. b.

Geber Ben Hajan, chymiste Arabe du huitieme siecle, connoît le salpêtre 352. a.

Généalogie, en Allemagne, reçoit une lumiere des noms distinctifs de famille, introduits dans l'onzieme siecle 54. t.

Généalogies, tables, des maisons souveraines de l'Europe dans le moyen âge 561. & s.

Genes, ses révolutions 167. 415. variations de son gouvernement 167. 415. extension de son commerce au Levant, en Asie & en Afrique 168. tient Capha, Azow, Smyrne, ibid. puissance de sa marine 169. m. n. ses conquêtes en Italie 170. o. est alliée des Emp. Frédéric I. & Henri VI. contre les R. de Sicile 169. m. sa rivalité avec Pise ibid. lui dispute l'empire de la méditerranée 172. maintient contre elle la Sardaigne & la Corse 172. q. affecte l'empire du Pont Euxin 341. sa rivalité avec Venise ibid. & 414. sa décadence 414. se donne à la France 416. aux Ducs de Milan 417.

Genes, *Archevêché*, érigé par le Pape Innocent II. 171. *p.*

Genghizkhan, conquérant des Mongols, voyez *Tschinghis-chan*.

Geni-chisar, voyez *Carachisar*.

Geofroy, Evêque de Smogra, apôtre des Siléfiens, 72.

Gérard d'Alsace, tige de la Maison de Lorraine, 43.

Germéan-ogli, dynastie Turque, de l'Asie mineure, 511. z. dépouillée par Bajazet I. 521. rétablie par Timour 527. elle institue Amurat II. héritier de ses états 530.

Gerson, Jean, Ambassadeur de France au Concile de Constance, se distingue par son zele pour l'extirpation du schisme & pour la réforme 322.

Gioja, Flave, Amalfitain, n'est point l'inventeur de la boussole 339. peut avoir contribué à sa perfection 340.

Giourgewo, forteresse Turque, sur la rive gauche du Danube, construite par Mahomet I. 529.

Glanville, Jurisconsulte Anglois du douzieme siecle, auteur d'un traité sur les loix 153. *i.*

Glaris, entre dans la confédération helvétique 385.

Godefroy de Bouillon, D. de la basse-Lorraine, chef de la premiere croisade, 129. prend Jérusalem 130. fond le Royaume de ce nom 131.

Godefroy, C. *de Louvain*, tige des D. de Brabant, 44.

Gonfalonier de justice, premier magistrat de Florence, 412.

Gonzague, maison d'Italie, maîtresse de Mantoue, 401. est élevée à la dignité ducale 402.

Gonzague, Galéace, général du D. de Milan, 409.

Gouvernemens, des provinces, donnés sous le lien vassalitique, 21. *r.*

Gouvernement féodal, son origine 3. 20. ses vices dans l'administration intérieure 21. son incompatibilité avec un plan de conquêtes 22. sa foiblesse 52. reprimé en Ecosse 445. ses désordres en Danemarc 447. causes qui en amenerent la destruction en France 436 *s.*

Gouverneurs, chez les Francs; leur grand pouvoir 24. deviennent héréditaires en France 25. *u.* 60. dans le Royaume de Bourgogne 47. en Allemagne 53.

Graces expectatives, leur origine 122. leur suppression au Concile de Bâle 319. en Allemagne & en France 320.

Grand Jaskake, titre du Commandant en chef des troupes Tatares, réparties en Russie 459. *g.*

I i i

Grand-Conseil, de Venise, son origine 420. devient perpétuel ibid.

Grand-Interregne, sa nullité en Empire 156. *q*.

Gratien, son décret 46. *e*.

Graveurs en bois, les noms des premiers inconnus 372. Luprecht Rüst est un être imaginaire ibid.

Graveurs en cuivre, les plus anciens qu'on connoisse 374.

Gravure en bois, prépare l'invention de l'imprimerie 370. est due à l'usage d'imprimer des cartes ibid. premieres gravures en bois sans date 371. premieres datées, de 1384 & 1423, 372. *u*. les plus anciens livres exécutés par ce genre de gravure 372. *x*.

Gravure en cuivre, son invention est due à des orfevres 373. est-elle due à Finiguerra de Florence? ib. les plus anciennes qu'on trouve avec datte 373. *a*.

Grecs, voyez *Empire Grec*.

Grégoire VII. voyez *Papes Romains*.

Grégoire IX. voyez ibid.

Grœnlande, *l'orientale*, sa découverte 68. *y*. perdue derechef ibid. ravagée par la grande peste 449.

Grœnlande, *l'occidentale*, sa découverte 68. *y*.

Grœnlandois, tributaires des Rois de Norwege, 68. rentrent sous la domination du R. Haquin V. 212.

Gueldre, Comté, érigé en Duché 397.

Guelphes, maison puissante dans le douzieme siecle, possede à la fois les Duchés de Baviere & de Saxe, sa chûte 157. conserve ses allodiaux de la basse Saxe 159.

Guelphes & Gibellins, factions qui partagent toute l'Italie dans le moyen âge 163. 398. troubles qu'elles excitent à Genes 168. 415. à Florence 411.

Gueraï, nom de la famille des Khans de la Crimée, issus de Touchi, 298. ils deviennent indépendans de la Porte ibid. ils resignent la souveraineté de la Crimée à la Russie ibid.

Guerre entre l'Empire & le Sacerdoce, son origine 116.

Guillaume le Conquérant, D. de Normandie, fait la conquête de l'Angleterre 61. rejette les prétentions du Pape Grégoire VII. 113. voyez *Angleterre*.

Guillaume Ockam, défenseur de Louis de Baviere contre la Cour de Rome 322.

Gutenberg, Jean, inventeur de l'imprimerie, sa patrie Mayence 366. établit sa premiere presse à Strasbourg 367. y imprime avec des caracteres mobiles, mais sculptés, ibid. preuves de cette assertion 367. *l*. retourne à Mayence 368. contracte société avec Jean Fust

369. est dépouillé de la presse ibid.

H.

HABSBOURG, château en Suisse, conquis par les Bernois 385. est le berceau de la maison de ce nom ibid.

Hainault, Comté, entre dans la maison des D. de Bourgogne 386.

Halicz, Royaume ou principauté Russe, appellé aujourd'hui Galitie & Lodomérie, passe à Colomann, fils du R. André II. de Hongrie 233. est repris par les Russes 234. conquis par les Polonois 461. 481. les Hongrois y rentrent 495. ils en sont débusqués derechef ibid. voyez *Russie rouge*.

Halicz, métropole, fondée par le Roi Louis le Grand, 495. *r.* évêchés qui en dépendent ibid.

Hambourg, subjuguée par les Danois 207. leur expulsion 208.

Hamid-ogli, Emirs Turcs de l'ancienne Pisidie, dépouillés par Amurat I. 516. *c.*

Han, voyez *Khan*.

Harald Blaatand, premier Roi Chrétien du Danemarc, 64.

Harald Haarfäger, premier monarque de la Norwege, 28.

Harengs, nouvelle maniere de les saler, inventée par Beukelszoon, 347. *n.*

Harlem, ville, peut-elle s'attribuer la gloire de l'invention de l'imprimerie 365. opinion de M. Meermann réfutée 365. *h.*

Hébrides, isles, subjuguées par le Roi Magnus III. de Norwege 213. *k.* cédées aux Rois d'Ecosse ibid.

Hégyre, voyez *Ere de l'hégyre*.

Heidelberg, ville, origine de son université, 327. *f.*

Heptarchie, en Angleterre, 2. est détruite par Egbert le Grand 15.

Herules, leur conquête de l'Italie 3. en sont chassés par les Ostrogoths ibid.

Herzegovine, ou D. de Saba, partie de la Bosnie, subjuguée par Mahomet II. 543. Wladislaw & Wlatko, ses derniers Princes, dépouillés par Bajazet II. 544. *z.*

Hesse, seigneurie, érigée en principauté d'empire 397.

Hesse, maison, issue des Ducs de Brabant, 44. *d.* Henri l'Enfant, cadet de Brabant, tige de cette maison, 160.

Hohenstauffen, maison puissante d'Empire, son avénement au Royaume d'Allemagne 154. au Royaume des deux Siciles 179. son extinction 159.

Hollande, Comté, cédé au D. de Bourgogne, par Jaqueline de Baviere, 386.

Hollandois, accroissement de

leur commerce, au commencement du quinzieme siecle, par la pêche & la maniere de saler les harengs 347.

Holstein, Comté, soumis par le R. Canut VI. de Danemarc 207. conquis sur les Danois par le Comte de Schauembourg 208. ses Comtes, maîtres de la Jutie septentrionale & de la Fionie 447. investis du D. de Slesvic 449. leurs guerres avec le R. Eric le Poméranien 455. ce comté est dévolu, avec le Slesvic, à la maison d'Oldenbourg 457.

Holstenius, son édition du livre Diurnus supprimée 5. e.

Hongrie ; ses révolutions 28. 73. 229. 493. est démembrée par les Empereurs d'Allemagne 49. érigée en Royaume par St. Etienne 74. divisée en Comtés 75. q. ses Rois absolus 230. d. Duchés érigés en faveur des fi s cadets des Rois 234. limitation du pouvoir royal 234. invasion des Mongols 235. leur retraite 236. extinction des Rois de la descendance d'Arpad 493. avénement des Angevins 494. celui des Rois de différentes maisons 498. commencement des guerres avec les Turcs 499. & suiv.

Hongrie, Rois, Maison d'Arpad, sa généalogie 588. 589. S. ÉTIENNE reçoit la couronne angélique 74. son caractere 75. S. LADISLAS obtient l'Esclavonie & une partie de la Croatie & de la Dalmatie 230. 231. COLOMAN acheve la conquête de la Croatie & de la Dalmatie 232. BELA II. crée son fils cadet D. de Bosnie 233. s. GEYSA II. introduit des colonies Saxonnes ou Allemandes dans la Transilvanie 233. EMERIC, prend les titres de Servie & de Bulgarie 234. y. ANDRÉ II. met son fils Coloman en possession du Royaume de Halicz 233. sa croisade 134. cause une révolution dans le gouvernement 234. BELA IV, sa défaite par les Mongols sur les bords du Sajo 235. ANDRÉ III, dernier mâle de la maison d'Arpad, 493. Maison d'Anjou, sa généalogie 590. CHARLES I. d'Anjou emporte la couronne sur ses compétiteurs 494. LOUIS I. dit le Grand, ses exploits 494. 495. son caractere 496. MARIE I. se perd par le crédit qu'elle accorde à Nicolas de Gara 497. CHARLES LE PETIT, R. de Naples, opposé à Marie I. ibid. est assassiné 498. Rois de différentes Maisons, leur généalogie 590. SIGISMOND DE LUXEMBOURG, associé à la Reine Marie son épouse 498. perd la bataille de Nicopolis 499. est arrêté par les Hongrois 500. dépouillé de la Dalmatie par les Vénitiens 501. fait l'acquisition de Belgrad ibid. ALBERT D'AUTRICHE, héritier des états de Sigismond de Luxembourg, son beau-pere, 502. ELISABETH DE LUXEMBOURG ibid. ULADISLAS DE POLOGNE 503. est tué à la bataille de Varna 504. LADISLAS, dit LE POSTHUME, repousse les Turcs devant Belgrad ibid.

Hongrois, leur patrie originaire 28. *a.* 273. *p.* leur arrivée sur le Danube 29. envahissent la Panonie & infestent toute l'Europe ibid. sont défaits par Henri l'Oiseleur 44. partagés entre plusieurs Princes 73. convertis au christianisme 74. leur barbarie dans le douzieme siecle 229. *b. c.* démembrent l'Empire Grec 238. progrès de leur culture sous le regne de Louis le Grand 496.

Horde, explication de ce terme 294. *c.*

Horde d'or, nom donné à la dynastie des Mongols du Kaptschak 297. voyez *Mongols du Kaptschak.*

Hospitaliers, voyez *Ordres militaires & religieux.*

Houtouéteous, espece de Fo vivans, subordonnés au Talaï-Lama 260. *z.* celui des Mongols ibid.

Hugue de Bercy, poëte Provençal du commencement du treizieme siecle, auteur de la Bible Guyot, 336. *y.* parle le premier de l'aiguille aimantée & de son usage dans la navigation ibid.

Huns, leur origine 2. envahissent la Panonie 3. leur domination détruite par les Goths & les Gépides 84. *m.*

Hunyad, Jean, se signale contre les Turcs 503. 533. 534. est nommé gouverneur de la Hongrie 504. sa mort 505. 538.

Huss, Jean, s'érige en réformateur 388. est brûlé à Constance 317.

Hussites, sectateurs de Huss, prennent les armes en Boheme 388.

I.

JACQUES DE VITRI, Evêque de Ptolémaïde, au commencement du treizieme siecle, parle de l'u... de la boussole dans la navigation 337. *y.*

Jaik, fleuve, aujourd'hui Ural, 28.

Janissaires, leur origine 513.

Janna, ville de Thessalie, prise par Bajazet I. 519. reprise par Amurat II. 531.

Japon, sa conquête entreprise inutilement par les Mongols 287.

Jaqueline de Baviere, cede fes états au D. de Bourgogne 386.
Jarl, premiere dignité en Suede, fon origine 214. *o.*
Jaroslaw I, premier légiſlateur de Ruſſie, 71.
Jatwingiens, anciens habitants de la Podlachie, extirpés par les Polonois 489. *r.*
Iconium, ou *Cogni*, ſiege d'une branche de Turcs Selgiucides, 92. capitale des Princes ou Emirs Turcs de Caramanie, 517. eſt conquiſe par Bajazet I. 521. *c.* voyez *Selgiucides d'Iconium*.
Jean, voyez *Prêtre Jean*.
Jean Cantacuzene, s'érige en Empereur contre Jean I. Paléologue 509. eſt l'auteur d'une hiſtoire Byzantine de ſon tems ibid. *s.* donne ſa fille en mariage au Sultan Orkhan 510. attire les armes des Turcs en Europe ibid.
Jean de Gand, défend l'Emp. Louis de Baviere contre le Pape Jean XXII. 322.
Jean de Luxembourg, créé R. de Boheme, 387. agrandit ce Royaume ibid. échoue dans ſes projets ſur l'Italie 400.
Jean de Paris, Dominicain, défend Philippe le Bel contre le Pape Boniface VIII. 322.
Jean du Plan Carpin, Cordelier & Ambaſſadeur du Pape Innocent IV. auprès du Grand-Khan des Mongols 284.
Jean de Procida, gentilhomme Salernitain, n'eſt point la cauſe immédiate du maſſacre des François aux vêpres Siciliennes 422. eſt créé chancelier de Sicile immédiatement après la révolution 425. *m.*
Jean de Trocznova, voyez *Ziska*.
Jeanne Bertrancja, fille du R. Henri IV. de Caſtille, eſt exclue du trône 431.
Jérome de Prague, ſectateur de Huſs, eſt brûlé à Conſtance 317.
Jéruſalem, ville, priſe par les Arabes 31. 125. *t.* par les Califes Fatimites 36. *t.* 125. *t.* par les Turcs Selgiucides 90. *o.* 126. *o.* 245. *d.* cédée aux Turcs Ortokides 246. *d.* conquiſe par les Califes Egyptiens ibid. par Godefroy de Bouillon 130. repriſe par Saladin 131. cédée à l'Emp. Fréderic II. par le Sultan d'Egypte 135. ſaccagée par les Khovareſmiens 135. conquiſe par les Mameluks 254.
Jéruſalem, Royaume, fondé par Godefroy de Bouillon 131. détruit par Saladin ibid. 248. & ſuiv.
Ilitſchoutſai, principal miniſtre de Tſchinghis-khan, 281.
Images, leur culte, proſcrit

par les Empereurs Grecs 76. rétabli par le Concile de Nicée 787, 77.

Imprimerie, son invention 364. consiste dans la *mobilité* & dans la *fonte* des caracteres ibid. celle de la mobilité est due à Jean de Gutenberg 366. celle de la fonte à Pierre Schœffer 369. voyez *Coster*, *Fust*, *Gutenberg*, *Harlem*, *Mayence*, *Meermann*, *Schæffer*, *Schœpflin*, *Strasbourg*.

Indoustan, conquis par les Arabes 31. par Timour 524. voyez *Mongols des Indes*.

Innocent III. voyez *Papes Romains*.

Inquisition, son origine 196. s. érigée en tribunal ordinaire & confiée aux Dominicains ibid.

Inventions nouvelles: du papier de linge 329. de la peinture à l'huile 333. de la boussole 335. de la poudre & du canon 348. de l'imprimerie 364. de la gravure en bois 370. de la gravure en cuivre 373. voyez chacun de ces articles.

Investiture, voyez *Lettres d'investiture*.

Investiture de l'anneau & de la crosse, droits qu'elle renfermoit 98. interdite aux souverains par Grégoire VII. ibid. argumens du Pape ib. d. but qu'il se propose 99. e. importance de cette investiture pour les Empereurs 100. est abdiquée par eux 117. suites de cette abdication 118.

Investiture par le sceptre, son origine 117.

Irlande, ses révolutions 200. & suiv. sa conversion au christianisme 201. l. reconnoit la suprématie du Pape dans le XII. siecle 202. l. son invasion par les Normands 200. i. est conquise par Henri II. R. d'Angleterre 201. occasion de cette conquête 202. sa réduction entiere 203.

Irlandois, missionnaires, dans plusieurs contrées de l'Europe 201. l.

Irnerius, Jurisconsulte de Bologne, enseigne le droit Romain avec succès 150. ses disciples ibid.

Irruption des barbares, dans l'Empire Romain 1.

Isabelle de Castille, épouse de Ferdinand le Catholique, déclarée héritiere du trône de Castille 432.

Isfendiar-ogli, ou *Omer-ogli*, dynastie Turque de l'Asie mineure 511. z. dépossédée par Bajazet I. 522. rétablie par Timour 527. dépouillée de ses états par Mahomet II. 541.

Islande, république, 28. z. sa conversion au christianisme par les Norwegois 67. x. devient tributaire des

Rois de Norwege 68. cultive les lettres 67. x. rentre fous la domination du R. Haquin V. 212. ravagée par la grande pefte 449.

Ismaëliens d'Afie, dynaftie Arabe, connue auffi fous le nom de *Bathéniens* (illuminés) & d'*Affaffins* (tueurs) 41. c. leur deftruction par les Mongols 285.

Ismyr-ogli, branche des Aidin-ogli, dépouillée par Amurat II. 530. voyez *Aidin-ogli*

Ifpahan, ville de Perfe, capitale de l'Empire des Turcs Selgiucides, 90.

Ifraël de Mecheln, voyez *Mecheln*.

Iftrie, prefqu'isle d'Italie, conquife par les Vénitiens 166.

Italie, fes révolutions 3. & fuiv. 12. 44. 160. 398. eft conquife par les Hérules 3. par les Oftro-Goths ibid. par les Grecs 4. par les Lombards 5. 6. par les Francs 12. démembrée de la Monarchie des Francs & érigée en un Royaume particulier 17. réunie à l'Allemagne par Otton le Grand 45. formée en républiques dans le douzieme fiecle 160. décadence de ces républiques 162. leur deftruction 400. naiffance de plufieurs nouvelles fouverainetés 401.

Italie, Rois & Empereurs particuliers 44. Berenger II.

fe rend vaffal d'Otton le Grand 45. eft dépouillé de fon Royaume ibid.

Italie, baffe, fon état au commencement de l'onzieme fiecle 61. arrivée des Normands françois ibid. arrivée des fils de Tancrede 62. eft conquife par Robert Guifcard & érigée en Duché de la Pouille & de la Calabre 62. 63. convertie en Royaume des deux Siciles par Roger II. 178.

Italiens, voyez *Lombards*.

Jugemens de Dieu, réprimés par les Papes 152. traces de leur ufage dans le treizieme fiecle ibid. *g*. épreuve par le feu, ufitée en Norwege pour conftater la defcendance royale 210. *y*. fon abolition 212. abolition de ces jugemens en Hongrie 497.

Juifs, origine des privileges, dont ils jouiffent en Pologne, 482. chaffés de la Hongrie par Louis le Grand 497.

Juliers, comté, érigé en marggraviat 397. en duché 398.

Jurisprudence, fon état antérieurement au douzieme fiecle 149. n'eft point enfeignée dans les académies 324. s'introduit dans celle de Bologne 150. 325. fa réforme depuis ce tems là 152.

Juftinien, l'Empereur, enleve l'Afrique aux Vandales &

l'Italie aux Ostrogoths 4. son code de loix 150. voyez *Code de Justinien.*

K.

KANGLI, ou Petschenegues, peuple Turc, 29. voyez *Petschenegues.*

Kaptschak, peuple, son identité avec les Cumans, Polowziens & Turcs 252. *c.* avec les Bulgares 293. *a.*

Kaptschak, Kiptschak, pays, situé sur la Kama, le Wolga & le Jaik 220. *t.* envahi & conquis par les Mongols 278. 283. subjugué par Timour 524. voyez *Mongols du Kaptschak* & l'article suivant.

Kaptschak, Khans, TOUCHI, fils de Tschinghis-khan, en est le fondateur 292. BATOU, fait la conquête de la Russie 219. 294. bâtit Saraï sur le Wolga 294. *f.* BEREKÉ ou BURGA-chan, embrasse le mahométisme 295. fait faire la levée des tributs en Russie par ses propres officiers 459. USBEK, donne son nom à une horde de Tatars ibid. DGIANIBEK, fait de grands dégats dans la Perse ibid. TEMNIC-MAMAI, est battu par les Russes aux environs du Tanaïs 463. TOKTAMISCH, saccage Moscou 464. est chassé par le fameux Timour ibid.

296. 524. ACHMET, dernier Khan, est arrêté par les Lithuaniens 297. *m.*

Kara, voyez *Cara.*

Kara-Khataï, Empire, sorti de celui des Khitans ou Khatayens 270. son siege à Kaschgar ibid. est anéanti par Tschinghis-khan 273.

Karakum, voyez *Caracorum.*

Kasan, Royaume Tatar, démembré de l'Empire du Kaptschak 298. est subjugué par les Russes 299.

Ketzer, hétérodoxe, étymologie de ce terme 29. *b.*

Khan, dignité usitée chez les peuples Mongols & Tatars, son origine & sa signification 269. *y.*

Khan-baligh, voyez *Peking.*

Kharisme ou *Khovarezme*, pays à l'orient de la mer Caspienne, est conquis par les Arabes 31. 86. par les Selgiucides 88. devient le siege d'un état puissant 274. est subjugué par les Mongols 276. tombe en partage à Zagataï, second fils de Tschinghis, 291. obtient des Khans particuliers issus de Scheibani, fils de Touchi, 292. *y.* voyez *Sultans Khovarezmiens.*

Khazars, peuple Turc, étendue de sa domination 29. son syncrétisme ibid. not. *b.*

Khitaï Khataya, nom donné à la Chine par les Russes, les Tatars & les Turcs 270. *b.*

Khitans, *Khataïens*, leur empire à la Chine 269. détruit par les Tatars Niutché 270.

Khoraſſan, province située au nord de la Perſe, ſubjuguée par les Arabes 31. devient le domaine de la dynaſtie des Tahériens 37. celui des Soffarides & des Samanides 38. les Gaznevides en dépouillent le Samanides 40. & en ſont dépouillés à leur tour par les Selgiucides 88. elle tombe ſous le pouvoir des Sultans Khovarezmiens 274. ſous celui des Mongols de Tſchinghis-khan 276. eſt conquiſe par Timour 524.

Khovarezme, v. *Khariſme*.

Khovarezmiens, voyez *Sultans Khovarezmiens*.

Kiew ou *Kiovie*, ville, ſiege d'un Grand-Duché Ruſſe, priſe & ſaccagée par les Mongols 221. conquiſe par les Lithuaniens 460. 489.

Kin, Empire, voyez *Tatars Niutché*.

Kjernow, nouveau ſiege des Princes Lithuaniens 488. 490. *z*.

Kiptſchak, voyez *Kaptſchak*.

Kojalowicz, Albert Wijuk, Jéſuite & Prof. de Wilna, publie une hiſtoire de Lithuanie 488. *o*. ſon opinion ſur l'origine de Gedimin 460. *k*.

Koutouctous, v. *Houtouctous*.

Krak, forteresse de l'Arabie Pétrée, occupée par les Chrétiens 248. *o*.

L.

LA, nom donné à Fo, chez les Mongols, 259. *y*.

Laine Angloiſe, exportée crue dans les Pays-bas avant Edouard III. 345. voyez *Manufactures*.

Lamas, prêtres de Fo ou La, 259. *y*.

Lancaſtre, branche des Plantagenets, nommée auſſi *roſe rouge*, ſon avénement 439. ſes droits à la couronne d'Angleterre ibid.

Latins, voyez *Croiſés* & *Empire latin*.

Lauenbourg, pays au-delà de l'Elbe, conquis par le Roi Waldemar II. de Danemarc 207. paſſe au pouvoir du D. Albert de Saxe 208. *r*.

Lauenbourg, diſtrict de la Poméranie orientale, occupé par les Ducs de la Poméranie occidentale 469. *n*. par l'Ordre Teutonique 469.

Légats à latere, leur multiplication depuis Grégoire VII. 106. 303. les Evêques obligés de les entretenir 106.

Le Maine, voyez *Maine*.

Lenzbourg, Comté en Suiſſe, conquis par les Bernois 385.

Léon, Royaume, ſon origine 14. 58. *c*. voyez *Caſtille*.

Léopol ou *Lemberg*, ville de

la Ruſſie rouge, ſubjuguée par les Polonois 461. 481. paſſe au pouvoir des Hongrois 495. *p.* eſt repriſe par les Polonois 496. *s.*

Lettons, ſont un mélange de Goths, de Finnois & d'Eſclavons 486. *l.*

Lettres & Arts, leur dépériſſement dans le cinquieme ſiecle 3. encouragées par les Califes 32. cultivées en Islande 67. *x.* reprennent vigueur en Europe lors des croiſades 142. nouvelle lumiere qu'elles procurent 321. relevées par les univerſités & les degrés académiques 325. leur état dans le treizieme ſiecle 327.

Lettres de change, connues dès la fin du treizieme ſiecle 342. *e.* premier exemple certain qu'on en trouve ibid.

Lettres d'inveſtiture, expédiées, pour la premiere fois, par l'Emp. Henri IV. 55. *y.*

Licencié, degré académique, uſité avant celui de Docteur 325. *a.*

Ligue hanſéatique, ſon origine 143. *q.* 157. *t.* ſa conſtitution, ſes quartiers & aſſemblées 342. villes de Pruſſe qui en font partie 473. *f.* ſa puiſſance 343. état floriſſant de ſon commerce ibid. ſa décadence 344. eſt réduite aux trois villes de Lubeck, Breme & Hambourg 345. *h.*

Ligue du Rhin, ſon origine 157. *s.*

Limbourg, Duché, entre dans la maiſon des D. de Bourgogne 386.

Linge, ſa multiplication en Europe occaſionne les fabriques de papier 332.

Lisbonne, ville, priſe par le R. Sigurd I. de Norwege 210. *x.* par le R. Alfonſe I. de Portugal 188. aſſiégée par les Caſtillans 436.

Lithuanie, ſes anciennes limites 486. *m.* diſtinction entre la Lithuanie proprement dite & la Lithuanie Ruſſe 487. *m.* ſa donation à l'Ordre Teutonique par l'Emp. Louis de Baviere 471. ſa converſion au chriſtianisme 492. ſon union avec la Pologne 491. *e.*

Lithuanie, Grand-Ducs, leur généalogie 584. RINGOLD, prend le premier ce titre 489. établit ſon ſiege à Novgorodek 490. *z.* MENDOG, déclaré par le Pape Roi de Lithuanie 489. donne à l'Ordre Teutonique le pays de Schalauen ibid. *u.* GEDIMIN, fait la conquête de la Volhynie & de la principauté de Kiovie 460. 489. eſt la tige de pluſieurs familles Ruſſes & Polonoiſes 460. *k.* établit ſon ſiege à Troki 490. OLGERD, ſes conquêtes ibid. perd la Volhynie & la Podolie 491.

JAGELLON, divisions de sa famille, profitables aux Teutoniques 472. son élection par les Polonois 491. promesses qu'il leur fait 474. g. 491. introduit le christianisme dans la Lithuanie 492. WITOLD, frere de Jagellon, 472.

Lithuaniens, leur origine 486. manquent de monumens littéraires antérieurs au christianisme 487. o. sont tributaires des Russes 486. leurs conquêtes sur les Russes depuis l'onzieme siecle 488. leurs Princes décorés du titre de Grand-Ducs 489. résidence de ces Princes 490. z. leur puissance 490. causes de leur décadence ibid. ils perdent la Volhynie & la Podolie 491. sont ennemis jurés du christianisme 470. leurs guerres avec les Teutoniques 471. embrassent le christianisme 492. perdent la Samogitie 472. la recouvrent 474.

Livonie, sa découverte par des marchands de Bremen 224. ses premiers Evéques 225. est conquise par les chevaliers de l'ordre de la milice de Christ 226. voyez Ordre de la milice de Christ.

Livonie, chevaliers, voyez Ordre de la milice de Christ.

Loi Salique, opposée à Edouard III. Roi d'Angleterre 436 α. son interprétation par les Etats-généraux de France 436 β.

Lombard, Pierre, voyez Pierre Lombard.

Lombardie, Duc, titre conféré aux Viscontis de Milan 407.

Lombards, peuple Germanique, envahit l'Italie 5. pousse ses conquêtes contre les Grecs 6. est dépouillé de l'Exarquat de Ravenne par Pepin le Bref 9. destruction de son Royaume 12.

Lombards, ou Italiens, s'emparent du commerce dans les différens états de l'Europe 341. mettent en usage les lettres de change 342.

Londres, ville, comptoir des villes hanséatiques pour l'Angleterre, 344.

Lorraine, Royaume, son origine 17. il passe à la France 18. est réuni à l'Allemagne 43. divisé en deux Duchés ibid. ses révolutions 385.

Lorraine, haute, ses Ducs héréditaires, leur tige Gérard d'Alsace 43.

Lorraine, basse, ses Ducs héréditaires, leur tige Godefroy, C. de Louvain, 44. voyez Brabant.

Louis de Baviere, voyez Empereurs.

Louis le Germanique, premier Roi d'Allemagne, 16.

Louvain, ville de Brabant, affluence de ses manufactures au quatorzieme siecle,

345.

345. *l.* causes de sa décadence 347. est une des premieres villes des Pays-bas qui employa le canon 360.
Lubeck, déclarée ville immédiate 158. *d.* subjuguée par les Danois 207. affranchie de leur joug 208. devient capitale du premier quartier des villes hanséatiques 342. & siege des assemblées générales de la ligue 343. est encore aujourd'hui du nombre des villes hanséatiques 345. *h.* on y vit une des premieres fabriques de poudre à canon 360.
Lucerne, ville de la Suisse, entre dans la confédération helvétique 385.
Lucques, ses révolutions 402. *l.*
Lunden, en Scanie, érigée en archevêché 205. *a.* son archevêque donne de l'ombrage aux Rois de Dannemarc ibid.
Lupold de Babenberg, défenseur de Louis de Baviere contre la Cour de Rome 322.
Luxembourg, Comtes, élevés à la dignité impériale 376. obtiennent le trône de Boheme 387. acquierent la Silésie & la Lusace 388. & le Marggraviat de Brandenbourg 393. voyez *Jean de Luxembourg, Bohême, Empire d'Allemagne.*
Luxembourg, Duché, son érection 398. passe aux Ducs de Bourgogne 386.
Luziciens, peuple Esclavon, 69. *z.*
Lyon, ville, passe sous la souveraineté de la France 380.

M.

MACÉDOINE, attaquée par Amurat I. 515. subjuguée par Bajazet I. 519.
Madrid, prise sur les Maures par le R. Alfonse I. de Castille 182.
Mahomet, prophete & conquérant, 30.
Mahométisme, origine de ce culte 30. ses différentes sectes 34. *o.*
Maine, Comté, enlevé aux Anglois par Philippe Auguste 191. passe des Angevins de Naples à Charles de Valois 426. *n.* est conféré avec l'Anjou à Louis, fils puisné du Roi Jean de France, ibid.
Maires du palais, chez les Francs, leur élévation 11. PEPIN D'HERISTAL, devient maître de la monarchie ibid. CHARLES MARTEL, s'illustre par ses victoires sur les Sarrazins 11. 32. PEPIN LE BREF, dépouille les Mérovingiens 12.
Maisons d'Empire, cause de la multiplication de leurs branches 396.
Maître ès arts, degré académique, usité avant le douzieme siecle 329. *a.*

K k k

Malatefta, Charles, général du D. de Milan, 408.
Malatefta, Sigismond Pandolphe, Prince de Rimini, inventeur des bombes & mortiers en Europe, 362. z.
Malines, ville des Pays-bas, passe aux Ducs de Bourgogne 386.
Mameluk, mot Arabe, sa signification 251. d.
Mameluks, garde prétorienne des Sultans d'Egypte, surnommés *Baharites*, 252. s'emparent du gouvernement en Egypte ibid. élifent un Sultan de leur corps 253. repouffent les Mongols de Tfchinghis-chan 254. font des conquêtes en Syrie ibid.
Mameluks, furnommés *Bordgites*, branche particuliere de Mamelucs, dépouillent les Baharites 255. attaqués vigoureufement par les Mongols de Timour ibid. 526. leur domination est anéantie par les Turcs Ottomans 256.
Man, isle, conquife par le R. Magnus III. de Norwege 213. k. cédée au R. d'Ecoffe ibid.
Mandats de provifion, leur origine 122.
Mantaille, affemblée ou concile, qui déféra la Royauté à Bofon 18.
Mantoue, ville de Lombardie, dévolue à la maifon de Gonzague 401. eft érigée en Duché 402.

Manufactures de foie, paffent de la Grece en Sicile & de là en Italie 341.
Manufactures de toile, établies en Allemagne dès le 12. fiecle 332. r. *Manufactures de laine*, leur fiege dans les Pays-bas 345. paffent en Angleterre depuis le regne d'Edouard III. 347.
Marc Paul de Venife, célebre voyageur du treizieme fiecle, employé à la Cour de Kublaï-Khan à la Chine, 286.
Marche, *nouvelle*, achetée par l'Ordre Teutonique 473. revendue à Frédéric II. Electeur de Brandenbourg 473. c. une partie en eft démembrée par les Polonois ibid.
Marcus, auteur Grec du moyen âge, donne la compofition de la poudre 356. h. incertitude du tems où il vécut ibid.
Marggraves du Nord, de la maifon de Walbeck, 572. de la maifon d'Anhalt 391. voyez *Brandenbourg*.
Marggraviat oriental ou *de Mifnie* 391.
Marienbourg, en Pruffe, devient chef-lieu de l'Ordre Teutonique 466. fauvée par Henri de Plauen, vice-grandmaitre, 475.
Maroc, ville d'Afrique, fondée par Youfouf, fils de Tafchefin, fouverain des Almoravides, 183.
Maroc, Rois de la dynaftie

des Almoravides, 183. de celle des Almohades 184. des Mérinides ibid. g. des Schérifs 185 g.

Marseille, ville, possédée par les Génois 170. *o.*

Marsile de Padoue, défenseur de Louis de Baviere contre la Cour de Rome, 322.

Martinus Gallus, le plus ancien historien de Pologne, 71. *f.*

Martin Schœn, voyez *Schœn.*

Masovie, branche de Pologne, de la maison des Piasts, issue de Conrad, petit-fils de Boleslav III. 227. 583. son extinction 227. *u.* elle donne le territoire de Culm à l'Ordre Teutonique 223.

Mayence, patrie de Jean de Gutenberg 366. les poinçons & la fonte des caracteres y sont inventés par Schœffer 369. les premiers livres y sont imprimés sans datte, *ib.* son Pseautier de 1457. 370. l'imprimerie quand en sortit-elle? ibid.

Mecheln, Israel, un des plus anciens graveurs en cuivre 374.

Mecklenbourg, seigneurie immédiate de l'Empire 158. *c.* érigée en Duché 398

Médecine, ses premieres écoles, celles de Salerne & de Montpellier 324. *y.*

Meermann, Gérard, Conseiller pensionnaire de Roterdam, propose un prix sur l'introduction du papier de linge 331. *p.* prétend revendiquer à Laurentius Coster l'invention de l'imprimerie 365. *h.* sa réfutation, ibid.

Melatia, ville de l'Asie mineure, enlevée, par Bajazet, à la famille Turcomanne, nommée *Dulgadir-ogli* 522. *h.* rendue à la même par Timour 526.

Melchthal, voyez *Arnold Melchthal.*

Mellingen, ville de Suisse, conquise par les cantons 385.

Mentes ogli, dynastie Turque de l'Asie mineure, 511. *z.* dépouillée par Bajazet I. 521. rétablie par Timour 527. anéantie par Amurat II. 530.

Mérinides, dynastie Arabe, enleve aux Almohades le Mogreb 185. *g.* est dépouillée par celle des Schérifs ib.

Methodius, Grec, administre le baptême au Duc Borziwoy de Boheme 72.

Michalow, terre vendue à l'Ordre Teutonique par le D. de Cujavie 470. *t.*

Miecislas, premier D. de Pologne chrétien, 71. se reconnoît vassal & tributaire de l'Empereur 49. *ll.*

Milan, s'érige en république 160. est rasée par Frédéric I. 161. rebâtie ibid. tombe en partage aux Viscontis 402. devient Duché 407. voyez *Visconti.*

Milan, Duché, son origine 407. sa décadence 409.

Milan, Ducs, de la maison de Visconti : JEAN GA-LÉACE, créé Duc par l'Emp. Wenceslas 407. attaqué par l'Emp. Robert 408. donne à son fils naturel la seigneurie de Pise 413. PHILIPPE MARIE, ses exploits 409. dernier D. de Milan de la maison de Visconti 410. voyez *Visconti*.

Missions armées, voyez *Croisades*.

Modene, passe à la maison d'Est 173. x. 401. est érigée en Duché 401. voyez *Est*.

Mogreb, partie occidentale de l'Afrique, composée des Etats de Fez & de Maroc, 132. u.

Moines, leur grand pouvoir dans l'Empire Grec 75. & suiv. leurs disputes frivoles 76. leur multiplication dans l'église latine 303. deviennent le principal appui du pouvoir pontifical 304. V. *Ordres religieux & monastiques*.

Moldavie, appellée Cumanie dans le moyen âge 232. n. ses Princes dépendent des Rois de Hongrie 494.

Monaco, principauté, possédée par les Génois 170. o.

Mongols, *Mogols*, *Moungales*, leur origine 256. distingués des Tatars 257. s. t. pourquoi appellés Tatars en Russie 218. n. 292. 2. leurs différentes branches 258. leurs mœurs & religion 259. invention de leurs lettres 261. leur gouvernement 262. invasion en Russie sous Toutchi 218. 278. sous Batou-chan 219. 283. invasion en Pologne & en Silésie 228. 283. en Hongrie 235. 283. en Esclavonie, Croatie, Dalmatie, Bosnie, Servie & Bulgarie 236. ils abandonnent la Hongrie ibid. motif de leur retraite ibid. e. employent des canons & mortiers, chargés à poudre, dans leur guerre de Chine 391. y.

Mongols, Empire, fondé par Tschinghis 262. suiv. sa vaste étendue 287. sa destruction 288. ses dynasties particulieres 290. suiv. voyez *Tschinghis-Khan*.

Mongols, Empire, fondé par Timour, voyez *Timour*.

Mongols, Grands-Khans : TSCHINGHIS-KHAN, sa naissance & ses exploits 262. & suiv. OCTAI-KHAN, anéantit l'Empire des Niutchés 281. envahit l'Europe 282. GAIOUK-KHAN, son inauguration 284. x. sa mort prématurée ibid. MANGOU-KHAN détruit l'Empire des Califes de Bagdad 284. KOUBLAI-KHAN subjugue l'Empire des Song & toute la Chine 285. CHUNTI-KHAN eût chassé par les Chinois 289. ses descendans subsistent dans la Mongolie 289. *p.*

Mongols du Kaptschak, dynastie particuliere, fondée par Touchi, fils ainé de Tschinghis, 292. pourquoi prirent-ils le nom de Tatars? 292. 2. étendue de leurs états 293. & suiv. leur siege sur le Wolga 294. leurs principaux Khans 295. & suiv. démembrement de cette dynastie 297. 465. incertitude de son histoire 297. *o.* voyez *Kaptschak.*

Mongols de Perse, dynastie particuliere, fondée par Houlagou, frere de Kublaï-Khan, 290. son extinction 291.

Mongols du Zagataï, dynastie particuliere, fondée par Zagataï, second fils de Tschinghis, 291. leurs états ibid. leur démembrement 292. leur conquête par le fameux Timour 292. leurs Khans dépouillés de tout leur pouvoir 523. Mahmoud Khan figure comme général dans l'armée de Timour 526. *b.*

Mongols des Indes, leur tige Babour, un des descendans du fameux Timour, 528. *f.*

Monténégro, partie de la Bosnie, subjuguée par Mahomet II. 543.

Montferrat, Marquis, leur généalogie remonte aux tems d'Otton le Grand 174. *z.* leurs alliances contractées en Orient & leurs exploits dans les croisades 174. BONIFACE, chef de la quatrieme croisade, obtient le Royaume de Salonique & l'isle de Candie 175. 241. vend Candie aux Vénitiens 175. 242. DEMETRIUS, son fils, est dépouillé du Royaume de Salonique par les Grecs 175. GUILLAUME V. grand guerrier en Italie 176. JEAN I. dernier des anciens Marquis de Montferrat, ibid.

Montferrat, Marquisat, tenu par les Génois 170. *o.* entre dans la maison des Paléologues par la Princesse Jolande, sœur du Marquis Jean I. & mere du Marquis Théodore I. Paléologue 594.

Montfort, Comtes, SIMON, général de l'armée des croisés contre les Albigeois 194. AMAURI cede les états des C. de Toulouse au R. de France ibid.

Morabethin, voyez *Almoravides.*

Moravie, siege d'un état puissant dans les 8. & 9. siecle 29. 73. passe aux Ducs de Boheme 73. sa conversion au christianisme ibid. est ravagée par les Mongols 283.

Morée, principauté, voyez *Achaïe, Péloponnese.*

Mortiers, employés à la Chine dès le treizieme siecle 351. *y.*

Kkk 3

leur invention en Europe 362. z.
Moscou, capitale de la Russie, prise par les Mongols 220. devient le siege d'un Grand-Duché 462. ravagée par le Khan Mamaï du Kaptschak 464. n'a point été saccagée par Timour 524. *q.*
Mostasem, nom du dernier Calife siégeant à Bagdad, 42.
Mousquetaires Allemands, employés en 1432 par l'Empereur Sigismond en Italie 361. z.
Mousquets, leur premiere mention en Italie 361. z. sont inventés par les Allemands ibid.
Mouton blanc, dynastie Turcomanne de l'Arménie, v. *Ac-coinlu*.
Mouton noir, dynastie Turcomanne de la haute Arménie, voyez *Cara-coinlu*.
Murbach, Abbés, cedent Lucerne aux Autrichiens 383.
Musulman, origine de ce mot 87. *d.*

N.

NAMUR, Comté, passe aux Ducs de Bourgogne 386.
Naples, Duché, enlevé aux Grecs par le R. Roger 63. *l.*
Naples, Royaume, fondé par les Normands françois 61. 178. démembré de la Sicile, lors des vêpres Siciliennes, 421. ses révolutions particulieres 425. voyez *Siciles, les deux*.

Naples Rois particuliers, *Maison d'Anjou*, leur généalogie 571. CHARLES I. perd la Sicile par les vêpres Siciliennes 421. leve le siege de Messine 423. provoque en duel le R. d'Aragon 425. CHARLES II. épouse une Princesse de Hongrie 493. donne sa fille en mariage à Charles de Valois 426. *n.* ROBERT, joue un grand rôle en Italie 425. 399. 401. la souveraineté de Florence lui est déférée 412. est nommé Vicaire général en Italie par le Pape 426. JEANNE I. chassée de Naples par le R. de Hongrie, & rétablie 426. vend Avignon au Pape 381. CHARLES III. fait mourir la Reine Jeanne I. 427. est assassiné à Bude 498. LADISLAS, vend la Dalmatie aux Vénitiens 500. JEANNE II. adopte successivement le R. d'Aragon & le D. d'Anjou 427. *Maison d'Aragon*, leur généalogie 571. ALFONSE V. adopté par la Reine Jeanne II. 427. investi par le Pape 428. FERDINAND I. fils naturel d'Alfonse V. 434. reprend Otrante sur les Turcs 546.

Naples, Rois titulaires, leur généalogie 571. LOUIS I. D. d'Anjou, fils de Jean, R. de France, adopté par la

Reine Jeanne I. de Naples 426. LOUIS III. adopté par la Reine Jeanne II. 428. RENÉ, son frere, dépouillé par le R. d'Aragon ibid.

Naples, ville, origine de son université 327. *f.*

Narses, général de Justinien, 4.

Narva, vendue à l'Ordre Teutonique par le R. Waldemar III. 209. *t.*

Natolie, gouvernement général Turc en Asie mineure 516 est saccagée par Timour 526. son investiture, accordée, par Timour, à Bajazet & à son fils Musa 527. *e.*

Navarre, Royaume, son origine 58. *d.* ses révolutions 181. 428. passe à la maison des Comtes de Champagne 181. à la maison Capétienne des Rois de France 428. à la maison d'Evreux 429. à celle d'Aragon ibid.

Navarre, Rois, leur généalogie 566. Dom GARCIE, prend le titre de Roi vers 858, 58. *d.* SANCHE LE GRAND, réunit les Etats chrétiens d'Espagne 59. Dom GARCIE, f. de Sanche le Grand, tige de tous les Rois de Navarre 59. PHILIPPE LE BEL & ses trois fils, Rois de France, 428. CHARLES LE MAUVAIS, des Comtes d'Evreux 429.

Navigation, des Européens, ses progrès, lors des croisades 143. depuis l'invention de la boussole. 341.

Négrépont, isle de l'Archipel, enlevée aux Vénitiens par Mahomet II. 544.

Nestor, moine de Kiovie de l'onzieme siecle, pere de l'histoire de Russie, 70. *d.*

Nevers, Comte, fils du D. de Bourgogne, se trouve à la bataille de Nicopolis 499. fait prisonnier & racheté 499. *a.*

Nevers, Comté, passe aux Ducs de Bourgogne 386.

Nice, Comté, possédé par les Génois 170. *o.*

Nicée, premiere capitale de l'Empire de Roum, 130. *e.* est conquise par les croisés sur les Turcs Selgiucides 130. rendue aux Grecs 237. *h.* devient le siege d'un Empire Grec particulier 243. est reprise sur les Grecs par les Turcs Ottomans 513.

Nicée, Empire, voyez *Empire de Nicée*.

Nicolaus Specialis, auteur Sicilien du quatorzieme siecle, 424. *m.*

Nicopolis, ville de Bulgarie, conquise par Bajazet I. 519.

Nissa, ville de Servie, prise par Amurat I. 515.

Nobles, leur pouvoir, voyez *Aristocratie*.

Nogaïs, restes des Mongols du Kaptschak, 299. *t.*

Noms de famille, introduits

en Allemagne à la fin du onzieme siecle 54. *t.*

Normandie, partie de la Neustrie, cédée aux Normans 27. conquise par Philippe Auguste 191. les Anglois y renoncent 198. en font de nouveau la conquéte 436 *y.* en font chassés derechef 436 *s.*

Normands, commencent leurs courses 26. leurs invasions en France 27. obtiennent une partie de la Neustrie ibid. leurs mœurs adoucies par le christianisme 64. leurs excursions en Irlande & les villes qu'ils y fondent 200. *i.* sont connus sous le nom d'*Ostmann* ibid.

Normands François, Royaumes fondés par eux 27. font la conquête de l'Angleterre 61. de la basse Italie 61. & suiv. 238. de Tripoli & de Tunis 183. *y.* sont dépouillés de Tripoli & de Tunis par les Almohades 184. *d.* s'emparent de Corfou & de plusieurs places de la Macédoine & de la Grece 237. *i.*

Norwege, Royaume, son origine 28. *y.* ses révolutions 67. 209. 448. reçoit le christianisme 67. 68. obtient une métropole 205. *a.* les batards admis à la couronne 209. singulier usage de l'épreuve par le feu 210. exclusion des batards 213. *i.* introduction du sacre & de l'élection des Rois 211. celle du droit héréditaire 212. son union avec le Danemarc 457.

Norwege, Rois, leur généalogie 577. HARALD HAARFAGER, premier Roi, 28. *y.* OLOF TRIGGWESON, introduit le christianisme 67. envoie des missionnaires en Islande & en Grœnlande ibid. *x. y.* OLOF II. dit le GROS & le SAINT, affermit la monarchie & le christianisme 68. MAGNUS III. subjugue les isles Hébrides, Orcades & Schetland 213. *k.* SIGURD I. entreprend une croisade en terre sainte; prend sur les Maures plusieurs places de la Gallice & du Portugal 210. *x.* MAGNUS VI. dit Erlingson, se déclare vassal & tributaire de St. Olof 211. SUERRER, ses qualités éminentes, est excommunié & déposé par les Papes 211. *c.* HAQUIN V. conclut le premier traité d'amitié & de commerce avec l'Angleterre 212. *d.* MAGNUS VII. dit LAGABATER, réforme les anciennes loix 212. cede au R. d'Ecosse l'isle de Man & toutes les Hébrides 213. *k.* HAQUIN VI. dernier des Rois de la descendance de Harald Haarfäger, 448. MAGNUS SMÆK, Roi de Suede, parvient au trône par les femmes 449. HAQUIN VII.

épouse la Princesse Marguerite de Danemarc ibid.
OLOF V. termine la suite des Rois, sa mort 450. voyez *Union de Calmar, Rois de l'Union.*
Noureddin, fils de Zenghi, fait, par Saladin, la conquête de l'Egypte 94.
Nowgorod, ville & république Russe, très-puissante 218. n'est point ravagée par les Mongols & Tatars 221. *y*. est le comptoir des villes hanséatiques pour la Russie 344.
Nuremberg, Bourggraves, leurs possessions dans la Franconie 394. *h*.
Nuremberg, ville, son grand commerce dans le moyen âge 344. invente les ressorts des armes à feu 362. *z*.

O.

OATAZES, branche des Rois de Maroc, de la dynastie des Mérinides, 185. *g*.
Obotrites, peuple Esclavon, 69. *z*.
Ockam, voyez *Guillaume Ockam.*
Oden, divinité du Nord, 67.
Oesel, isle, subjuguée par le Roi Waldemar II. 207. vendue par le R. Abel à l'Evêque de l'isle 209. *t*.
Oldenbourg, Comtes, CHRÉTIEN, élevé au trône de Danemarc 457. hérite des Ducs de Slesvic & de Holstein ibid. ses descendants regnent partout le Nord 458. voyez *Union, Rois de l'union.*
Oliva, abbaye, fondée par Sobieslav I. Duc de la Poméranie orientale, 467. *g*.
Olof Skötkonung, premier Roi chrétien de Suede, 66.
Olof Triggwesön, premier Roi chrétien de la Norwege, 67.
Omado'ddin Zenghi, appellé vulgairement Sanguin, conquérant de la Syrie, 93. prend la ville d'Edesse sur les Francs 94. *y*.
Omar, Calife des Arabes, fait brûler la bibliotheque d'Alexandrie 32. introduit l'ére de l'hégyre 30. *i*.
Omer-ogli, voyez *Isfendiar-ogli.*
Ommiades, premiere dynastie des Califes, 34. sa destruction 35.
Ommiades d'Espagne 35. leur destruction ibid. 58.
Orcades, isles, subjuguées par le R. Magnus III. de Norwege 213. *k*.
Ordres religieux & militaires, leur origine 137. sont une production des croisades 303. *k*.
Ordre de St. Jean de Jérusalem, son institution 137. son premier Grand-Maitre 138. dédié à St. Jean Baptiste ibid. *d*. transféré dans

l'isle de Rhodes 138. dans celle de Malte 139

Ordre des Templiers, sa fondation 139. sa suppression ibid.

Ordre Teutonique, son institution en terre sainte 139. son premier Grand-Maitre 140. entreprend la conquête de la Prusse ibid. 465. établit son siege à Marienbourg 466. fait la conquête de la Poméranie de Dantzic 467. ses guerres avec les Polonois & les Lithuaniens 470. se ménage la Samogitie & la nouvelle Marche 472. obtient de l'Emp. Louis de Baviere la donation de la Lithuanie 471. grandeur de cet ordre 473. ses revenus 473. *e* son grand-maitre, protecteur de la ligue hanséatique 343. échoue à la conquête de la Lithuanie 471. & suiv. sa décadence 474. perd la Samogitie ibid. & la Poméranie de Dantzic avec une partie de la Prusse 475. *

Ordre de St. Lazare, fondé dans la terre sainte 140. son siege transféré en France 141.

Ordre de la milice de Christ, ou *porte-épée*, fondé par l'Archevêque de Riga 225. son union avec l'Ordre Teutonique 226. nature de cette union 476. conquête de la Livonie & de la Courlande par les Chevaliers 226. acquisition de la Sémigalle & de l'Estonie 477. dissensions des Chevaliers avec les Evéques 478. voyez *Livonie*.

Ordres religieux & monastiques, leur multiplication dans l'église latine depuis la fin de l'onzieme siecle 303. *k*.

Ordre des Dominicains, fondé contre les Albigeois 197. *t*. est chargé de l'inquisition 196. *s*.

Ordres mendians, leur naissance dans le douzieme siecle 303. *k*. leur réduction au concile de Lyon 1274, ibid.

Ordre de St. Alexandre Newsky, fondé par l'Impératrice Cathérine I. 222.

Ort, cantons, 383. *u*.

Ostrogoths, maitres de la Rhétie, de la Vindélicie & du Noricum 3. font la conquête de l'Italie ibid.

Oswiecim, Duché de Silésie, acheté par la couronne de Pologne 481. *e*.

Otrante, ville de la Pouille, prise par les Turcs 546. recouvrée par le Roi de Naples ibid.

Otrar, ville du Turquestan, assiégée & prise par Tschinghis-khan & ses fils 275. *u*. Timour y meurt 528. *f*.

Ottoman, voyez *Turcs. Ottomans*.

Oxford, son académie, connue avant le douzieme siecle

323. devient université dans le treizieme 327. f.

P.

PADISCHAH, titre, qui équivaut à la dignité impériale, adopté par les Ottomans 513.

Padoue, érigée en république 160. obtient une université 327. f. est conquise par les Vénitiens 419.

Palatinat du Rhin, entre dans la maison de Wittelspach 158. z. est déclaré Electorat 378. i.

Palatins, Electeurs, RODOLPHE, leur tige 389. ROBERT l'Emp. souche des différentes branches Palatines ibid. FRÉDERIC LE VICTORIEUX 390.

Paléologues,* leur avénement au trône de Nicée 244. à celui de Constantinople 245. leur fin tragique 536. 540. André Paléologue cede à Charles VIII, R. de France, ses droits à l'Empire Grec 540. i. voyez *Empire Grec*.

Palestine, conquise par les Arabes 31. 125. t. par les Fathimites 36. t. 125. t. par les Turcs Selgiucides 90. o. 126. o. 245. o. à quelle époque? 126. o. abandonnée aux Turcs Ortokides 246. d. occupée par les Califes Egyptiens ibid. par les croisés 129. conquise par le fameux Saladin 248. suiv. enlevée à ses descendans par les Mamelucs 253.

Pandectes, voyez *Code des Pandectes*.

Panonie, subjuguée par les Huns 3. par les Lombards & les Avares 83. m. par les Francs 12. par les Hongrois 29.

Papes Romains, soumis aux Empereurs Grecs & aux Exarques 5. c. secouent le joug des Grecs 6. 77. implorent la protection des Francs contre les Lombards 7 soumis à Charlemagne & aux Francs 13. soumis aux Empereurs d'Allemagne 46. c. 96. font des efforts pour secouer ce joug 96. y réussissent 118. leur élévation depuis Grégoire VII. 96. nouveau pouvoir sur le clergé 101 suiv. 301. suiv. pouvoir sur les souverains 107. 304. droit de les déposer 211. c. 305. supériorité féodale prétendue sur tous 114. 305. droit de confirmer & de déposer les Empereurs 110. 155. n.o. droits usurpés dans la collation des bénéfices 120. 302. grand pouvoir en Angleterre 199. se qualifient maitres du monde entier 300. taxes & trésoriers qu'ils établissent par-tout 302. leurs légats 106. 303. jugent les causes de tous les souverains 304.

défendent aux souverains d'imposer le clergé 305. *o*. 310. disposent des souverainetés à leur gré 306. décadence de leur puissance ibid. causes de cette décadence 308. suiv. imprudence de leur conduite ibid. translation de leur siege à Avignon 313. grand schisme 315. nouvelle lumiere qui nuit à leur grandeur 321.

Papes Romains, leur suite: FELIX, protège le Patriarche d'Alexandrie contre celui de Constantinople 78. *t*. HORMISDAS, son formulaire d'union avec l'église Grecque ibid. GRÉGOIRE LE GRAND, traite de blaspheme le titre d'*œcuménique* accordé au Patriarche de Constantinople 79. *t*. BONIFACE III. reçoit le titre d'Evêque universel ibid. GRÉGOIRE II. enveloppé dans la révolte des Romains contre les Grecs 6. ETIENNE III. demande à Pepin le Bref des secours contre les Lombards 7. renouvelle à St. Denis la cérémonie du sacre du Roi 8. confere le Patriciat à Pepin ibid. obtient la donation de l'Exarquat 9. LÉON III. défere à Charlemagne la dignité impériale 13. NICOLAS I. excommunie le Patriarche Photius de Constantinople 79. menace l'Emper. Grec 79. 80. *y*. JEAN VIII. se brouille tout-à-fait avec l'église Grecque 82. JEAN XII. couronne Otton le Grand Empereur 45. est déposé par lui ibid. LÉON VIII, critique de son traité avec Otton le Grand 45. *r*. SILVESTRE II. envoie en Hongrie la couronne angélique 74. CLÉMENT II. élevé à la papauté par l'Emp. Henri III. 51. LÉON IX. forme des prétentions sur Bénévent 64. VICTOR II. défend au Roi de Castille de se servir du titre d'Empereur 50. NICOLAS II. accorde à Robert Guiscard l'investiture de la Pouille 63. GRÉGOIRE VII. son plan pour la monarchie universelle 96. suiv. entreprend de soustraire lui & le clergé à l'autorité des Princes ibid. établit son empire sur le clergé 101. & sur les Princes 107. prescrit un serment d'hommage lige aux Evêques 102. son dictatus 103. se réserve les causes majeures 104. introduit les appels *omisso medio* 105. s'arroge le pouvoir de juger & de déposer les souverains 107. extension qu'il donne au pouvoir des clefs 108. veut que tous les souverains soient ses vassaux 111. suiv. exige l'hommage lige de l'Anti-Empereur Hermarin de Luxembourg 155. *p.* fa politique 112. circonſtances qui la favoriſent 114. conçoit le premier l'idée d'une croiſade en terre ſainte 127. *x.* prétend le vicariat de l'Empire 111. *g.* 404. *t.* multiplie les ordres religieux 303. *k.* URBAIN II. indique la premiere croiſade au concile de Clermont 127. érige Piſe en métropole 171. *p.* VICTOR III. renouvelle la dépoſition de l'Emp. Henri IV. 155. *o.* PASCAL II. approuve l'ordre de St. Jean 138. CALIXTE II. tranſige avec l'Empereur Henri V. ſur les inveſtitures 119. confirme la regle des Chevaliers de St. Jean 138. HONORE II. approuve la regle des Templiers 139. INNOCENT II. érige Genes en Archevêché & partage les Evêchés de Corſe entre ce nouvel Archevêque & celui de Piſe 171. *p.* ANACLET II. Anti-Pape, conſent à l'érection du Royaume des deux Sicilies 178. EUGENE III. donne la croix rouge aux Templiers 139. autoriſe le décret de Gratien 191. introduit les docteurs en droit canon 325. ANASTASE IV. obtient le denier de St. Pierre en Suede 215. *y.* ADRIEN IV. prétend la ſupériorité féodale ſur l'Emp. Frédéric I. 196. *p.* autoriſe le Roi Henri II. d'Angleterre à faire la conquête de l'Irlande 201. fondement ſur lequel il appuye cette conceſſion 306. *m.* ſoutient que toutes les isles, converties au chriſtianiſme, ſont du domaine de St. Pierre 305. *p.* ALEXANDRE III. ſe rend maître de la préfecture de Rome 119. *d.* dépoſe l'Emp. Frédéric I. 155. *o.* engage les ſouverains du Nord à des miſſions armées 216. *g.* CELESTIN III. confirme l'Ordre Teutonique 140. défend les jugemens de Dieu 152. dépoſe l'Emp. Henri VI. & le R. Suerrer de Norwege 155. *o.* 211. *c.* INNOCENT III. ſes conquêtes 119. *f.* jette les fondemens du pouvoir des Papes dans la collation des bénéfices 120. introduit le droit de prévention 121. eſt l'auteur de la quatrieme croiſade 134. réclame le droit de juger l'élection des Empereurs Philippe & Otton, comme auſſi celui d'inveſtir l'Empereur 155. *n.* 156. *p.* dépoſe l'Emp. Otton IV. 155. *o.* introduit l'inquiſition 196. *s.* dépoſe le Roi Suerrer de Norwege 211. *c.* emploie le premier la fameuſe comparaiſon du ſoleil & de la lune 303. s'attribue la faculté de diſpenſer du droit même 302. prétexte dont il se sert pour s'arroger la connoissance des différends entre les souverains 304. *l.* légitime les enfans des Rois 305. confère à son gré la dignité royale ibid. dispose des états des Princes excommuniés & fauteurs d'hérétiques 306. *s.* HONORÉ III. confirme l'ordre des Dominicains 197. *t.* défend les jugemens de Dieu 152. accorde sa protection au Roi de Danemarc 304 *l.* GRÉGOIRE IX. exclue le clergé & le peuple des élections 120. *h.* s'arroge le droit d'envoyer une fois un mandat à chaque ordinaire 122. acquiert le comtat Venaissin 195. confie l'inquisition aux Dominicains 196. *s.* dépose l'Emp. Fréderic II. 155. *o.* confirme l'union de l'Ordre Teutonique avec celui de Livonie 226. *q.* INNOCENT IV. somme les prélats d'Angleterre de lui amener leurs troupes 308. sa procédure contre l'Emp. Fréderic II. au concile de Lyon ibid. dépose le Roi Sanche II. de Portugal 435. URBAIN IV. prétend juger l'élection des Empereurs Richard & Alfonse 155. *n.* défend aux souverains d'imposer le clergé 305. *o.* adjuge au R. de Boheme tout ce qu'il pourroit conquérir sur les payens de Lithuanie & les Russes schismatiques 306. *t.* CLÉMENT IV. introduit la premiere réserve générale 123. investit Charles d'Anjou du Royaume des deux Siciles 180. GRÉGOIRE X. ordonne exclusivement aux sept Electeurs de procéder à l'élection impériale 375. *d.* NICOLAS III. obtient de l'Emp. Rodolphe de Habsbourg une déclaration d'indépendance 120. *g.* MARTIN IV. excommunie le Roi d'Aragon & dispose de ses états 433. BONIFACE VIII, prouve par l'écriture le double pouvoir du Pape 301. défend à Philippe le Bel d'imposer le clergé 305. *o.* 310. histoire de son différend avec ce Prince 309. suiv. CLÉMENT V. annulle la procédure de l'Emp. Henri VII. contre le Roi de Naples 304. *m.* transfere son siege à Avignon 313. anéantit l'Ordre des Templiers 139. réclame le vicariat de l'Empire 304. *m.* 404 *t.* JEAN XXII. s'arroge le vicariat de l'Empire 404. envoie une armée en Italie 405. est déposé par l'Emp. Louis de Baviere 399. CLÉMENT VI. sa bulle foudroyante contre Louis de Baviere 312. URBAIN V. forme une ligue contre les Visconti de Milan 406. GRÉGOIRE XI. quitte Avignon

pour retourner à Rome 313. 315.
Papes du grand schisme : Papes Romains, URBAIN VI. son élection 315. dépose la Reine Jeanne I. 426. BONIFACE IX. introduit l'annate comme un impôt fixe 302. *h.* INNOCENT VII. ibid. GRÉGOIRE XII. sa déposition par le concile de Pise ibid. résigne au concile de Constance ibid. Papes d'Avignon, CLÉMENT VII. son élection 315. introduit l'annate 302. *h.* BENOIT XIII. est déposé au concile de Pise 316. à celui de Constance ibid. Papes Pisans, ALEXANDRE V. & JEAN XXIII. 316.
Papes depuis le schisme : MARTIN V. son élection au concile de Constance 318. son projet de réforme improuvé par les nations ibid. son concordat avec la nation Germanique 318. *z.* donne aux Portugais les terres qu'ils découvriroient depuis les Canaries jusqu'aux Indes 306. *t.* convoque le concile de Bâle 318. EUGENE IV. dissout deux fois le concile de Bâle 319. convoque celui de Florence 320. est déposé par le concile de Bâle ibid. investit Réné d'Anjou du Royaume de Naples 428. NICOLAS V. son concordat avec l'Empereur Frédéric III. 379. CALIXTE III. sa concession faite aux Portugais des terres nouvellement découvertes 306. *t.* PIE II. publie une croisade contre Mahomet II. 542. se rend à Ancone pour s'embarquer en personne & y meurt 544. ALEXANDRE VI. sa ligne de démarcation pour le partage des deux Indes entre les Espagnols & les Portugais 306. *t.* LÉON X. son concordat avec François I. 321. GRÉGOIRE XIII. unit l'ordre de St. Lazare à celui de St. Maurice 141.

Papier de coton, apporté de l'Orient en Europe par les Arabes 329. *o.* sentimens différents sur son invention 330. *o.*

Papier de linge, son usage en Europe ne remonte que vers la fin du treizieme siecle 330. premieres traces qu'on en trouve 330. *p.* l'époque de son invention & le nom de l'inventeur sont incertains 331. on a tort de l'attribuer aux freres Cortuses de Padoue 331. *q.* la fabrique de ce papier n'est pas d'une invention nouvelle 332. elle commença plutôt en Allemagne & dans les pays septentrionaux que dans les méridionaux 332. *s.*

Papier de soie, son invention chez les Chinois 330. *o.*

Paris, ville, trois fois pillée ou brûlée par les Normands 27. *x.* son académie, connue avant le douzieme siecle 323. *u.* son université 326. *t.*

Parme, ses révolutions 402. *l.*

Partages, usités sous les Rois Francs des deux premieres races 23. en Espagne 59. en Russie 71. 217. chez les Turcs Seljucides 91. en Pologne 227. en Empire 397. en Lithuanie 490.

Partage dans les élections, droit d'en connoître, usurpé par les Papes 118. *b.* voyez *Elections partagées*.

Pasepa, seigneur Thibétan, inventeur des caracteres Mongols, 261.

Patriarche, de Constantinople, son rang fixé à différens conciles 78. & 79. *t.* obtient le titre de Patriarche œcuménique ibid. ses priviléges confirmés par Mahomet II. 537.

Patrice, origine de ce titre 3. *c.*

Patriciat, des Rois barbares 3. de Pepin le Bref 8. 9. de Charlemagne 12.

Patzinaces, voyez *Petschenegues*.

Pavie, Comte, titre conféré aux Visconti de Milan 407.

Peines, limitées en Hongrie aux seules personnes des coupables 496.

Peintres, les plus anciens connus, qui ont employé l'huile dans les tableaux 333. *t.*

Peinture à l'huile, connue dès le douzieme siecle, non le vernis à l'huile 333. *t.* les plus anciens tableaux en ce genre de peinture ibid. son utilité 334. voyez *van Eyck*.

Péking, ville de la Chine, bâtie par Kublai-Khan 286. *i.* appellée *Ta-tou* & *Khanbaligh*, ibid.

Pélégrin, Evêque de Passau, porte les premieres semences de christianisme dans la Hongrie 74.

Péloponnese, dévasté par Bajazet I. 519. par Amurat II. 532. subjugué par Mahomet II. 539. sort de ses derniers despotes de la maison des Paléologues 540.

Perse, ses anciens Rois, détruits par les Arabes 31. 84. *p.* est subjuguée par les Seljucides 88 démembrée par les Atabeks 94. conquise par les Sultans Khovarezmiens 95. 274. par les Mongols de Tschinghis-Khan 276. devient le siege d'une dynastie Mongole particuliere 290. envahie par les Timourides & les Turcomans 291.

Peste, terrible, ravage le Nord 449.

Petrarque, génie du quatorzieme siecle, 328. donne une des premieres description du canon 362. *b.*

Petschenegues, ou *Patzinaces*, peuple

peuple Turc, 29. infestent l'Empire Grec du côté du Danube 237.

Philadelphie, ville de Lydie, aujourd'hui *Alafcheher*, cédée à Amurat I. par Jean Paléologue 516. *b.*

Photius, Patriarche de Constantinople, contribue au schisme entre les Latins & les Grecs 79.

Phranza, historien Grec, se trouve au sac de Constantinople 536. *s.* est attaché à la personne de Thomas Paléologue, dernier despote du Péloponnese, 540. *h.*

Piémont, entre dans la maison de Savoie 177.

Pierre d'Ailly, Cardinal François, signale son zele pour l'extinction du grand schisme 322.

Pierre l'hermite, prêche la croisade 127. conduit la premiere armée de croisés dans l'Orient 128. *o.*

Pierre Lombard, pere de la scolastique, pourquoi appellé maitre des sentences 327. *g.*

Pinsson, François, commentateur de la pragmatique sanction des François, 437. *h.*

Pise, république puissante dans le douzieme siecle, 170. prétend à l'empire de la méditerranée 172. alliée de l'Emp. Fréderic II. contre les Génois & le Pape Grégoire IX. 169. *m.* sa rivalité avec Genes 170. sa chûte 172. conquise par les Florentins 413.

Pise, érigée en métropole, par le Pape Urbain II. 171. *p.*

Plefcow, ou *Pskow*, république Russe, 218.

Podeftà, premiere magistrature des républiques d'Italie, leur origine 163. celui de Gênes 167. celui de Florence 411.

Podlachie, voyez *Bielsk*.

Podolie, conquise sur les Russes & les Tatars par les Lithuaniens 490. enlevée aux Lithuaniens par les Polonois 481. 491. fait partie de la Russie rouge 495. *p.*

Pologne, ses révolutions 71. 227. 479. ses partages 227. origine des branches Piastes de Silésie & de Masovie ibid. invasion des Mongols 228. succession héréditaire de ses Ducs ibid. *z.* des Ducs tributaires des Emp. d'Allemagne 49. *ll.* 229. *a.* ses droits sur la Pomérellie 468. elle devient Royaume 479. premiere origine de son aristocratie 483. 484. fin de l'ancienne maison royale 485. introduction de la succession mixte 493.

Pologne, Ducs, Piasts, leur généalogie 583. MIECISLAW I. se fait chrétien 71. BOLESLAW I. prend la dignité royale 72. MIECISLAW II. abdique cette dignité ibid. BOLESLAW II. uſurpe de nouveau la Royauté 51. 229. BOLESLAW III. partage ſes états entre ſes fils 227.

Pologne, Rois Piaſts, leur généalogie 583. PRZEMYSLAW, rétablit la dignité royale 479. WLADYSLAW, dit LOKIETEK, dépoſé ibid. WENCESLAW IV, Roi de Boheme, ſon ſucceſſeur 480. Wladyslaw remonte au trône & ſe fait couronner ibid. eſt dépouillé de la Poméranie de Dantzic 469. 480. CASIMIR LE GRAND, fait l'acquiſition de la Ruſſie rouge, de la Volhynie & de la Podolie 461. 481. 482. ſa légiſlation & ſes débauches 482. fait élire ſon neveu Louis héritier du trône, à l'excluſion des Princes Piaſts 483. LOUIS LE GRAND, ſon élection 483. acte par lequel il jette les fondemens de la liberté Polonoiſe, ou de l'ariſtocratie 484. précis de ſon adminiſtration 485. *Maiſon Jagellonne*, ſa généalogie 584. JAGELLON, ſon élection 486. 491. confirme aux Polonois leurs privileges 492. appelle les Nonces à la diete 493.

Polonois, peuple Eſclavon, leur premiere mention dans l'hiſtoire 71. *e*. leur converſion au chriſtianiſme 71. leurs premiers Ducs ibid.

Polowziens, peuple, ſon identité avec les Cumans, Kaptſchaks & Turcs 252. *e*. ravagent la Ruſſie 218.

Poméranie, déclarée duché & principauté d'Empire par l'Emp. Fréderic I. 158. *b*. partagée en orientale & occidentale 467. *e*. ſes Ducs arriere-vaſſaux de l'Empire 468. *l*.

Poméranie occidentale, ſes Ducs, leur tige 467. *e*. prétendent à la Poméranie orientale 468. s'emparent du diſtrict entre la Leba & la Graba 469. *n*. leurs droits revendiqués par le feu Roi de Pruſſe 468. *k*.

Poméranie de Dantzic, ou orientale, ſes limites 467. ſes Ducs réſident à Dantzic ibid. leur extinction avec Meſtwyn II. 468. différends ſur ſa ſucceſſion ibid. prétention des Marggraves de Brandenbourg ibid. les Teutoniques s'en emparent 469. les Polonois y renoncent en faveur de l'ordre 470.

Pomérellie, nom donné à la Poméranie orientale dans le ſeizieme ſiecle 467. *f*.

Porcellet, Guillaume, gentilhomme provençal, ſauvé du maſſacre des vêpres Siciliennes par les Palermitains 422. *l*.

Portugal, Royaume, ſon origine 186. ſes révolutions

ibid. 434. devient tributaire du Pape 188. abolition de ce tribut 434. brouilleries entre les Rois & le clergé 435.

Portugal, Comte HENRI, tige de tous les Rois de Portugal, sa généalogie 186. *l.* Donna Thérese, son épouse, fut-elle Princesse légitime ou illégitime de Castille? ibid. *m.* fut-il Comte souverain ou relevant de la couronne de Castille? *n.* à quelle époque reçut-il le Portugal? 187. *o.*

Portugal, Rois, leur généalogie 569. ALFONSE I. sa vision 187. *p.* sa victoire d'Ourique & ses conquêtes sur les Maures 188. se reconnoît vassal & tributaire du Pape 188. *r.* SANCHE I. commence la conquête de l'Algarve 188. SANCHE II. déposé par le Pape 433. ALFONSE III. défend les appels en cour de Rome ib. DENYS, excommunié par le Pape ibid. DOM PEDRE I. venge cruellement l'assassinat de son épouse ibid. FERDINAND, dernier de la race mâle & légitime des Rois, 436. JEAN LE BATARD, son avénement 436.

Poudre, employée à la guerre, autre que poudre à canon 357. *k.*

Poudre à canon, importance de cette invention 348. elle a différentes époques ibid. son usage chez les Indiens & les Chinois 349. est apportée par les Arabes en Espagne 352. passe de l'Espagne en France 354. & de là dans les autres états de l'Europe 359. causes qui en retarderent l'usage dans la guerre 363. son premier emploi aux mines 349. *q.* v. *Armes à feu*, *Artillerie*, *Canon*.

Pouille, Duché, fondé par Robert Guiscard 62. devient fief du Pape 63. est réuni à la Sicile par Roger II. 178.

Pragmatique sanction, des François, arrêtée à Bourges 320. 436 *n.* supprimée par Louis XI. & François I. 437. *h.*

Pragmatique des Allemands, arrêtée à Mayence 320. 379. publiée par M Horix ibid. *k.* confirmée par le concordat de Vienne 380.

Prague, origine de son université 327. *f.* celle de sa métropole 387. *g.*

Przemisl, ville conquise sur les Russes par les Polonois 461. reprise par ces derniers sur les Hongrois 496. *s.*

Préfecture, de la ville de Rome, dépend des Empereurs 97. les Empereurs y renoncent 119. *d.*

Preslaw ou *Presthlava*, ville située sur l'Urana proche Varna, siege d'un Royaume

particulier de Bulgarie, 515. *q.*
Prêtre Jean, le même que le Khan des Khéraïtes, défait par Tſchinghis-khan 264. *p.* ſon nom Tayrell, ſa dignité celle de Vam ou Ouang 264. *n. o.* différens ſentimens des ſavans ſur ce fameux perſonnage 265. *q.* leur réfutation 266. *r.*
Procida, voyez *Jean de Procida.*
Provence, Royaume, 20.
Provence, Comté, fait partie du Royaume de Bourgogne 18. entre dans la premiere maiſon d'Anjou par la Princeſſe Béatrix, héritiere de ce Comté, 568. eſt transféré ſur la ſeconde maiſon d'Anjou en vertu de l'adoption de la Reine Jeanne I. 426. 427. paſſe à la France 382.
Pruſa, *Burſa*, ville principale de la Bithynie, conquiſe par Ottoman 511.
Pruſſe, ſon état ancien 222. ſes limites 467. eſt donnée à l'Ordre Teutonique 223. ſa conquête par l'Ordre 223. 465. moyens qu'il emploie pour y réuſſir 465. anciennes familles nobles du pays 466. *b.* eſt agrandie par les conquêtes de l'Ordre 467. ſuiv. ſa population 473. *d.* ſon démembrement 474. les nobles & les villes forment une confédération contre l'ordre 475. voyez *Ordre Teutonique.*
Pruſſiens, compris par les anciens ſous le nom d'Eſtoniens 222. *b.* étymologie de leur nom ibid. leur premiere mention dans l'hiſtoire 222. 223. leur férocité ibid.
Pſeautier de Mayence, ſa date 370. *o.*
Ptolémaïde, ville de Syrie, priſe par les croiſés 251. *z.* enlevée aux Francs par les Mamelucs d'Egypte 135. 255.
Pucelle d'Orléans, ſon apparition en France 436 *s.*

Q.

QUADRIVIUM, terme ſcolaſtique, ſon explication 324. *u.*

R.

RAMA, ou *Bosnie*, Royaume, les Rois de Hongrie en prennent le titre, 233. *s.*
Ratisbonne, ville, démembrée du Duché de Baviere 157.
Raynaud de Chatillon, infeſte les Muſulmans dans l'Arabie 248. *o.* eſt tué par Saladin 249. *u.*
Reggio, ville de Lombardie, paſſe à la maiſon d'Eſt 174. *y.* 401. *g.* voyez *Eſt.*
Regles de chancellerie, publiées par les Papes 124. *s.*

Rensé, union générale des Electeurs, 377.
Républiques d'Italie, leur origine 144. 160. efforts inutiles des Empereurs pour les réduire 161. & suiv. leurs conquêtes 162. 163. leur décadence ibid. succombent sous le pouvoir des Podestats & des Capitaines 162. 163. voyez *Villes d'Italie*.
Républiques de Toscane, leur origine 410.
Réserves pontificales, leur origine 123. réserves générales 123. 124. leur abolition au concile de Bâle 318. par la pragmatique sanction des Allemands 320. 379. par celle des François 320. 436 9.
Ressorts des armes à feu, leur invention à Nuremberg 362. 2.
Rethel, passe aux Ducs de Bourgogne 386.
Revel, sa fondation par le R. Waldemar II. 207. *p*. vendue à l'Ordre Teutonique par le R. Waldemar IV. 209. *t*.
Rhodes, isle, assiégée inutilement par Mahomet II. 546. belle défense du grand-maître Pierre d'Aubusson ibid.
Rienzi, sa conjuration 314.
Riga, ville, sa fondation par le troisieme Evêque de Livonie 225. est érigée en archevêché & métropole de toute la Prusse & de la Livonie ibid.

Riga, Archevêques, leurs brouilleries avec les Chevaliers de Livonie 478. entreprennent une guerre sanglante contre l'Ordre 479.
Robe, gens de robe, leur origine 154.
Robert Guiscard, conquérant de la basse Italie, premier Duc de la Pouille, 62. se rend vassal & tributaire du Pape 63.
Rodolphe de Habsbourg, v. *Empire d'Allemagne*.
Roger, le Normand, fait la conquête de la Sicile 63.
Rollon, (Robert I.) chef des Normands, premier Duc de Normandie, 27.
Rome, prise par les Hérules 3. par les Grecs 4. érigée en république dans le huitieme siecle 6. soumise à Charlemagne & aux Francs 13. soumise aux Allemands 45. nature de cette dépendance 97. secoue le joug des Empereurs 118. se révolte contre les Papes 314. est réduite par eux 315. son académie antérieure au douzieme siecle 323. voyez *Préfecture de la ville de Rome*.
Romélie, vice-royauté ou gouvernement général Turc en Europe, son institution par Amurat I. 514.
Roses rouges & blanches, d'Angleterre, se font une

guerre cruelle 442. voyez *Lancaſtre* & *York.*

Roum, Royaume de l'Aſie mineure, fondé par les Turcs Selgiucides 92. ſes principales villes ibid. *t.* ſa deſtruction ibid. *tt.*

Rubruquis, voyageur du treizieme ſiecle, 28. *h.* député vers Mangou-chan par St. Louis 285.

Rügen, Princes, vaſſaux de la couronne de Danemarc, 206. ce lien vaſſalitique eſt anéanti 209. *t.*

Rüſt, Luprecht, enviſagé comme premier graveur en bois, eſt un être imaginaire 372.

Ruric, le Normand, fondateur de la monarchie des Ruſſes, 28. 69. voyez *Ruſſie.*

Ruſſes, peuple Eſclavon, origine de leur monarchie 69. embraſſent le rit Grec ſous Wladimir le Grand 70. leurs expéditions contre la ville de Conſtantinople 84. *o.* deviennent tributaires des Mongols 222.

Ruſſie, ſes révolutions 28. 69. 217. 458. ſes partages après la mort de Wladimir le Grand 71. partagée en deux Grand-Duchés & en pluſieurs principautés 217. multiplication de ſa dignité grand-ducale 459. eſt ſubjuguée par les Mongols & les Tatars 218. invaſion de Touſchi-Khan ibid. invaſion de Batou-Khan 219. nature de cette dépendance 458. ſon démembrement par les Lithuaniens 460. par les Polonois 461. ſon Grand-Duché eſt transféré à Moſcou 462. commence à s'ériger contre les Tatars ibid.

Ruſſie, Grand-Ducs, de la maiſon de Ruric, leur généalogie 581. 582. RURIC, fondateur de la monarchie des Ruſſes 69. WLADIMIR LE GRAND, fait le conquérant, introduit le rit Grec en Ruſſie 70. JAROSLAW I. premier légiſlateur, 71. GEORGE II. WSEWOLODOWITSCH, tué à la bataille de Sita contre les Mongols 220. ALEXANDRE NEWSKI, ſes grandes qualités, ſa victoire ſur la Newa 221. ſuiv. JAROSLAW JAROSLAWITSCH, fait ſes ſoumiſſions au Grand-Khan des Mongols 458. *e.* WASILY I. JAROSLAWITSCH, marche ſous les drapeaux Mongols 459. *h.* MICHEL II. JAROSLAWITSCH, eſt condamné à mort dans la horde 458. *f.* IWAN I. DANILOWITSCH, premier des Grand-Ducs de Moſcou, 462. DIMITRY III. IWANOWITSCH DONSKOI, gagne ſur les Tatars les victoires du Woſha & du Tanaïs 463.

Ruſſie rouge, envahie par les

Polonois 481. prétexte dont se sert Casimir le Grand pour en faire la conquête 482. prétentions des Hongrois sur cette province 233. elle passe sous la domination Hongroise 495. retombe au pouvoir des Lithuaniens & des Polonois 496. s. son étendue 495. p.

S.

SABA, Duché, voyez *Herzegovine.*

Sachsenspiegel, voyez *Droits provinciaux d'Allemagne.*

Sagorninus, Jean, écrit une chronique de Venise dans le douzieme siecle 165. *a.*

Saint Adelbert, premier Archevêque de Magdebourg, prêche l'évangile en Russie 70. c.

Saint Adelbert, Evêque de Prague, baptise St. Etienne, premier Roi de Hongrie, 74. est martyrisé en Prusse 223.

Saint Ansgaire, prêche l'évangile aux peuples du Nord 15. 67. *t.*

Saint Boniface, premier Archevêque de Mayence, administre le sacre à Pepin le Bref 12.

Saint Canut, souffre le martyr en Danemarc pour la dixme 216. *d.*

Saint Eric, Roi de Suede, principal patron du Royaume, 215. *a.*

Saint Etienne, premier Roi & Apôtre de Hongrie, 74.

Sainte Ludmille, martyre de Boheme, 73. *l.*

Saint Olof, Roi de Norwege, extirpe le paganisme dans ce Royaume 68. son culte fixé à Drontheim & étendu par tout le Nord 211. *b.*

Saint Patrice, premier apôtre de l'Irlande, 201. *l.*

Saint Stanislas, Evêque de Cracovie, tué par le Duc Boleslaw II. 228.

Saint Wenceslaw, martyr de Boheme, 73. *l.*

Saladin, ou *Selaheddin*, son extraction 246. est général de Noureddin en Egypte ibid. se rend maitre de l'Egypte à la mort du dernier Calife Fathimite 94. 247. fait la conquête de la Syrie, de l'Assyrie, de la Mésopotamie & de l'Arabie ibid. attaque la Palestine 248. détruit le Royaume de Jérusalem 249. repousse les efforts des puissances croisées 250. sa mort & son caractere 251.

Salamanque, son académie, connue avant le douzieme siecle, 322.

Salonique, est érigée en Royaume en faveur de Boniface, Marquis de Montferrat, 241. son fils en est dépouillé par les Grecs 175. est conquise par Bajazet I. 531. reprise par les Grecs ibid. cédée aux Vénitiens ibid. reconquife par Amurat II. ibid.

Salpêtre, & fa détonnation inconnus aux anciens 349. fa découverte due aux Indiens & aux Chinois 350. connu aux Arabes dès le huitieme fiecle 352. fupériorité du falpêtre de la Chine 351.

Samanides, dynaftie Arabe, 38.

Samogitie, pays du Nord, cédé à l'Ordre Teutonique 472. retrocédé à la Lithuanie 474. converti au chriftianisme 492.

Sanche le Grand, R. de Navarre, réunit différens états chrétiens en Efpagne 59. voyez *Navarre*, *Rois*.

Sanguin, voyez *Omado'ddin Zenghi*.

Saraï, fur le Wolga, principale réfidence des Khans du Kaptfchak, fa fondation 294. *f.* fa pofition ibid.

Sardaigne, isle, fes révolutions 171. *q.* eft envahie par les Arabes 32. conquife par les Fathimites 36. *t.* enlevée aux Arabes par les Génois & les Pifans 171. *q.* érigée en Royaume en faveur de Barafon, juge d'Arboréa, ibid. cédée par les Pifans aux Génois 172. *q.* elle paffe au R. d'Aragon 433.

Sarrazins, origine de ce terme 29. *a.* voyez *Arabes*.

Saruchan-ogli, dynaftie Turque de l'Afie mineure, 511. *z.* dépouillée par Bajazet I. 521. fes états incorporés à l'empire Ottoman par Amurat II. 530.

Savolaxie, province, conquife par les Suédois & convertie au chriftianisme 450.

Savoye, fes révolutions 176.

Savoye, Comtes, leur généalogie 572. BEROLD OU BERAUD de Saxe, des C. de Walbeck, tige de cette maifon, 177. *h.* OTTON, fon mariage avec Adélaïde de Suze, riche héritiere, 177. HUMBERT III. partifan du Pape Alexandre III. contre l'Emp. Fréderic I. ibid. THOMAS & AMÉDÉE IV. créés Vicaires de l'Empire en Piémont & en Lombardie ibid. BONIFACE, fuccombe dans fa guerre contre la ville de Turin 178. AMÉDÉE VIII. créé Duc de Savoye 398. élu Pape fous le nom de Felix V. 320.

Saxe, Duché, & Electorat, poffédé par la maifon des Guelphes 157. fon démembrement dans le douzieme fiecle 158. eft conféré à la maifon Afcanienne ib. paffe à la maifon de Misnie 390. fa dignité électorale incorporée au cercle de Wittenberg 378.

Saxe, Ducs & Electeurs, Maifon d'*Anhalt* ou *Afca-*

nienne: BERNARD, fils d'Albert l'Ours, en est la tige 158. *a.* branches issues de ce Prince 390 *r.* extinction de la branche électorale 390. *Maison de Misnie* 390. FREDERIC LE BELLIQUEUX, est investi de cet Electorat 391. branches principales issues de lui ibid.

Saxe-Lauenbourg, branche de la maison Ascanienne, 390. *r.* sa prétention à l'Electorat de Saxe 391.

Saxon le Grammairien, historien Danois du commencement du treizieme siecle, 67. *x.*

Saxons, leur premiere demeure 2. *b.*

Scanderbeg, fils de Jean Castriota, Prince d'Albanie, s'érige contre Amurat II. 533. maintient ses états jusqu'à sa mort 545. voyez *Albanie.*

Schalauen, pays cédé à l'Ordre Teutonique par le Grand-Duc Mendog de Lithuanie 489. *u.*

Scharra-Malachaï, bonnets jaunes, qualification donnée aux sectateurs du Bogdo-Lama dans le Thibet 260. *x.*

Scheikh-Al-Gebal, c. à d. seigneur de la montagne, titre du souverain des Assassins, 41. *c.*

Schetland, isles, subjuguées par le R. Magnus III. de Norwege 213. *k.*

Schisme, grand schisme d'Occident, son origine & sa durée 315.

Schisme de Bâle, son histoire 320.

Schisme des Grecs, son origine & ses causes 78. & suiv. *t.*

Schæffer, Pierre, gendre de Fust, invente les poinçons, les matrices & la fonte des caracteres 369. imprime en 1457 avec Fust le fameux Pseautier 370. *o.*

Schæn, Martin, un des plus anciens graveurs en cuivre 374.

Schæpflin, Jean Daniel, fait des découvertes sur l'invention de l'imprimerie à Strasbourg 366. régistres de l'an 1439 qu'il trouve à la vieille tour aux Pfennings 367. est attaqué par Fournier & défendu par M. Baer 368. *l.*

Schwabenspiegel, v. *Droits provinciaux d'Allemagne.*

Schwartz, voyez *Bertold Schwartz.*

Sciences & arts, leur destruction dans le cinquieme siecle 3. leurs progrès dans le moyen âge 142. 148. 152. 321. 323. 327. & suiv.

Scilly, château sur les côtes de la Bithynie, enlevé aux Grecs par Bajazet I. 520.

Scutari, ville d'Albanie, assiégée inutilement par les Turcs 545. cédée à Mahomet II. par les Vénitiens ib.

Sébaste, voyez *Siwas*.

Ségelmesse, ville d'Afrique, située sur les confins du Mogreb 182. *x*.

Seigneur de la montagne, voyez *Scheikh-Al-Gebal*.

Sélande, province des Pays-bas, cédée aux Ducs de Bourgogne 386.

Selgiucides, famille Turque, entrent dans le Khorassan 87. s'érigent en conquérans 88. leur grandeur 90. leurs partages & leur décadence 90. & suiv. leur généalogie 91. *r*. voyez *Empire des Turcs Selgiucides*.

Selgiucides, Sultans : TOGRULBEG, ses vastes conquêtes dans l'enceinte du Califat 88. ALP-ARSLAN, ses conquêtes sur les Grecs dans l'Asie mineure 89. MALEK-SCHAH, subjugue la Syrie & la Palestine 90. grandeur de sa monarchie 90.

Selgiucides de l'Iran, vaste étendue de leurs états 91. leur démembrement 92. 93. *u*. leur destruction 95.

Selgiucides de Kerman, leurs possessions 91. leur destruction 92.

Selgiucides de Roum, limites de leurs possessions 92. *t*. sont subjugués par les Mongols 92. 283. leur chûte donne lieu à l'élévation des Ottomans 511.

Selgiuk, chef de la famille des Selgiucides, 87. 91. *r*.

Semendria ou *Senderow*, ville sur le Danube, rendue au Prince de Servie par Bajazet I. 519. *u*. recupérée par Mahomet II. 538.

Semigalle, conquise par les Chevaliers de Livonie & ajoutée à la Courlande 477.

Sérail, étymologie de ce mot, 294. *f*.

Serfs, voyez *Affranchissemens*.

Serment des Evêques, introduit par le Pape Grégoire VII. 102. comparé avec celui qu'ils prêtent aux Empereurs ibid. *o*.

Servie, le Roi Emeric de Hongrie en prend le titre 234. *y*. elle est attaquée par Amurat I. 515. 517. par Bajazet I. 519. par Amurat II. 534. est subjuguée par Mahomet II. 537.

Servie, Despotes : BULKO ELEAZAR BRANKOWICH, rendu tributaire par Amurat I. 515. envoie un corps d'auxiliaires contre le Pr. de Caramanie 517. *i*. s'érige contre le Sultan, est défait & tué à Cossova 518. sa fille épouse Bajazet I. 519. *u*. GEORGE I. cedé Belgrad aux Hongrois 501. est rétabli par Amurat II. 534. GEORGE II. & LAZARUS II. derniers Despotes, dépouillés par Mahomet II. 538.

Sévérie, duché de Silésie,

acheté par l'Evêque de Cracovie 481. *e.*

Shiites, secte de Mahometans, 34. *o.*

Sibirie, Royaume Tatar, démembré de l'Empire du Kaptschak 299. subjugué par les Russes *ibid.*

Sicile, isle, passe au pouvoir des Arabes 32. est conquise par les Fathimites 36. *t.* par les Zeirides 182. *s.* par les Normands François & le C. Roger 63. est érigée en Royaume par le C. Roger II. 178. passe au pouvoir du R. d'Aragon 425.

Sicile, Comtes, ROGER I, frere de Robert Guiscard & conquérant de la Sicile, 63. 183. *y.* ROGER II. y réunit les Duchés de la Pouille & de la Calabre 178.

Siciles, *les deux*, Rois, *Maison des Normands*, leur généalogie 570. ROGER II. couronné Roi à Palerme par l'intervention du Pape 179. *o.* porte la désolation jusques dans l'intérieur de la Grece 237. *i.* GUILLAUME II. principal appui du Pape Alexandre III. 179. *Maison de Hohenstaufen*, leur généalogie 570. HENRI (VI) Emp. époux de Constance de Sicile, 179. FRÉDERIC (III.) Emp. ses guerres avec les Papes *ibid.* CONRADIN, son malheureux sort 181. MAINFROY, dépouillé par le Pape & tué 180. *Maison d'Anjou*, leur généalogie 571. CHARLES I. D'ANJOU, frere de St. Louis, est investi du Royaume par le Pape 180. ses victoires 180. 181. perd la Sicile par les vêpres Siciliennes 421. voyez *Naples.*

Sicile, Rois particuliers, issus de la maison d'Aragon, 245. leur généalogie 568.

Sigefroy d'York, apôtre des Suédois, 67.

Silésie, province de Pologne, convertie au christianisme dans le dixieme siecle 72. cédée à Wladislaw, fils ainé de Boleslaw III. 227. démembrée de la Pologne en faveur des Rois de Boheme, 387. 481. portions de cette province démembrées par les Polonois 481. *e.*

Silésie, Ducs & Princes de la maison des Piasts, leur tige Wladislaw, fils ainé de Boleslaw III. 227. *t.* 583. passent sous la haute souveraineté des Rois de Boheme 388.

Silistrie, ville de Bulgarie, conquise par Bajazet I. 519.

Siwas, ou *Sébaste*, ville de l'ancienne Cappadoce, conquise par Bajazet I. 522. par Timour 526. rendue à ses Princes *ibid.*

Slesvic, Duché, donné à Abel, fils puiné du R. Waldemar II. 209. conféré aux C. de

Holstein de la maison de Schauembourg 449. dévolu avec le Holstein à la maison d'Oldenbourg 457.

Smyrne, prise sur les Chevaliers de Rhodes par Timour 526. c.

Snorro Sturleson, auteur Islandois, pere de l'histoire du Nord, 67. x.

Soffarides, dynastie Arabe, 38.

Soliman, grand pere d'Ottoman, amene les Turcs Khuvarezmiens en Asie mineure 512. b.

Soliman, fils aîné d'Orkhan, prend Gallipoli & fixe les Turcs en Europe 513.

Soltwedel, Marggraviat du Nord, 391. y.

Song, ou Sum, famille impériale Chinoise, anéantie par les Mongols 286. voyez Empire des Song.

Sorabes, peuple Esclavon, 69. z.

Spire, ville, reçoit ses premiers privileges de l'Emp. Henri V. 145. t.

Stauffach, voyez Werner Stauffach.

Stralsund, sa fondation par Waldemar II. 207. o

Strasbourg, ville, ses premiers privileges remontent à l'Emp. Henri V. 145. t. est le berceau de l'imprimerie 366. & suiv. la mobilité des caracteres y est inventée par Gutenberg 367. preuves de cette assertion 367. l. premiers livres imprimés sans date 369.

Straubingen, branche de Baviere, son extinction 390.

Stryikowsky, Matthias, secrétaire de Sigismond Auguste, R. de Pologne, rédige les premieres annales de Lithuanie 488. o.

Stuart, famille d'Ecosse, élevée au trône dans le quatorzieme siecle 445. voyez Ecosse, Rois.

Suabe, devient province immédiate de l'Empire lors de l'extinction de ses Ducs 159. sa préfecture, devolue aux Ducs d'Autriche, à titre d'hypotheque 396 r.

Sudavie, province de la Prusse, conquise par l'Ordre Teutonique 465. cédée aux Lithuaniens 475.

Suede, ses révolutions 66. 213. 450. a plusieurs Rois à la fois 66. r. est convertie au christianisme & partagée entre l'ancien & le nouveau culte 67. gouvernée successivement par les dynasties de Stenkil, de Blot-Suen & de St. Eric 213. son schisme dans le gouvernement 214. pouvoir du clergé 215. conquêtes des Rois 216. avénement des Folkungiens 450. combat entre la royauté & l'aristocratie 451.

Suede, Rois Lodbrokiens, leur généalogie 578. OLOF SKÖTKONUNG prend le titre de Roi de Suede 66. embrasse le christianisme 67.

ANUND JACQUES obtient le titre de Roi Très-Chrétien 67. *u.* EMUND, dernier Roi de cette race, ibid. *Race de Stenkil*, sa généalogie 578. STENKIL en est la tige 213. HAQUIN, dit LE ROUX, 213. INGE I. détruit le temple d'Upsal 214. INGE II. 215. *u. Races de Suerker & de St. Eric*, leurs généalogies 578 BLOT-SUEN ou SUERKER, tige de la race de ce nom, 214. accorde le dernier de St. Pierre au Pape 215. SAINT ERIC, permet de donner librement son bien au clergé ibid. fait la conquête de la Finlande 216. CHARLES, fils de Suerker, réunit le Royaume de Gothie 215. *b.* est proprement Charles I. ib. SUERKER II. dit LE JEUNE, affranchit les biens du clergé de toute imposition 216. ERIC, dit LASPE ou LE GRASSAYANT, conquit la Bothnie orientale & le Tavastland 217. *Maison Folkungienne*, sa généalogie 578. WALDEMAR I. reprime la vengeance privée 452. MAGNUS LADULAS, grand partisan du clergé, subjugue la Carélie & la Savolaxie 450. MAGNUS SMÆK, sa minorité préjudiciable à l'autorité royale 451. devient Roi de Norwege 449. abolit l'esclavage 452. ALBERT DE MECKLENBOURG défait & détrôné par la Reine Marguerite 452. voyez *Union, Rois de l'union.*

Suédois, leur caractere avant l'onzieme siecle 66. leur conversion au christianisme ibid. leur esprit conquérant 216. leur état malheureux 451.

Suend Aggeson, premier historien des Danois, 68. *x.*

Suisse, passe sous la domination des Francs avec le Royaume des Bourguignons 11. fait partie du Royaume de Bourgogne Transjurane 19. réunie à l'Empire d'Allemagne avec le Royaume de Bourgogne 47. soumise au gouvernement de la maison de Zaringue 48. devient province immédiate de l'Empire 49. origine de sa confédération 382. ligue de Brunnen 384. formation des huit anciens cantons 385. expulsion des Autrichiens ibid. origine des baillages libres ibid.

Sultan, titre usurpé, pour la premiere fois, par les souverains de la dynastie des Gaznevides 87. *f.* sa signification 88. *f.* origine de ce titre chez les Ottomans 513.

Sultan de Cogni ou *d'Iconium*, voyez *Selgiucides de Roum.*

Sultans Khovarezmiens, écrafent les Selgiucides d'Iran 95. vafte étendue de leurs états 274. font attaqués & détruits par Tfchinghis-Khan 274. fin tragique des derniers Sultans 276. voyez *Turcs Khovarezmiens*.

Sunnites, fecte de Mahométans, 34. *o*.

Supériorité territoriale, des Princes d'Empire, fon origine 118. fon accroiffement dans le treizieme fiecle 156. & fuiv.

Surfée, ville de Suiffe, conquife fur les Autrichiens par les Lucernois 385.

Syrie, conquife par les Arabes 31. par les Califes Fathimites 36. par les Selgiucides 90. partagée entre plufieurs Princes Turcs 93. *u*. 245. envahie par les croifés 130. fubjuguée par Saladin 247. 251. par les Sultans Mameluks 254. tentée par les Mongols de Tfchinghis-khan 285. par Timour 526. 255.

Syftême féodal, voyez *Gouvernement féodal*.

T.

TABLES GÉNÉALOGIQUES, voyez *Généalogies*.

Taharten ou *Tachretin*, Prince Turcoman, dépouillé d'Arzendgian par Bajazet I. 522. *i*. rétabli par Timour 527.

Talaï-Lama, Fo vivant, naiffance de cette dignité dans le Thibet 259. *z*. réunit l'autorité temporelle à la fpirituelle 260. *z*. fa réfidence ibid. *a*.

Tamerlan, mieux *Timourlenk* ou *Timour le Boiteux* 523. *m*. voyez *Timour*.

Tangout, Royaume Tatar, conquis par Tfchinghis-khan 280.

Tatars, origine de ce nom 257. *s*. a-t-il jamais exifté une nation qui fe foit donné le nom de Tatar? ib. grande différence des Tatars & des Mongols 257. *t*.

Tatars de la Crimée, fondation de cette horde par Hadgi-Guerai 298. elle fe foumet à la Porte ibid. 545. eft déclarée indépendante 298. fubit la domination de la Ruffie ibid.

Tatars Mantchcoux, font la conquête de la Chine 289.

Tatars Niutché, étendue de leur domination, connus fous le nom d'Empire de Kin 269. leur deftruction par les Mongols 271. 281.

Tatars Uzbeks, voyez *Uzbeks*.

Tavernier, fon opinion fur l'invention de la poudre à canon 350. *u*.

Tauride, voyez *Crimée*.

Teké-ogli, dynaftie Turque de la Phrygie, dépouillée par Bajazet I. 521. rétablie par Timour 527. anéantie par Amurat II. 530.

Ternova, ville de Bulgarie, siege du Roi Sisman 514. *q.* conquife par Amurat I. 518.

Teutoniques, voyez *Ordre Teutonique*.

Texel, port de Hollande, formé par la mer vers la fin du quatorzieme fiecle, 347. fait profpérer la ville d'Amfterdam ibid.

Thahériens, dynaftie Arabe, 37.

Thémoudgin, voyez *Tfchinghis-khan*.

Théodoric le Moine, le plus ancien annalifte de la Norwege, 67. *x.*

Théologie, a des maîtres particuliers avant le douzieme fiecle 323.

Théophile Presbyter, écrivain de l'onzieme ou douzieme fiecle, fait la premiere mention de la peinture à l'huile 333. *t.* ignore le vernis à l'huile 334. *t.*

Theffalie, attaquée par Bajazet I. 519.

Thibet, conquis par les Mongols 284.

Thiépolo, Bajamont, fa conjuration 421.

Thomas d'Aquin, fameux docteur du treizieme fiecle, 327.

Thomas de Mutina, ou de Muttersdorf en Boheme, le plus ancien peintre connu en huile 333. *t.*

Thrace, attaquée par Orkhan 513. fubjuguée par Amurat I. 514.

Thuringe, Landgraves, leur extinction 159. fuiv. leurs états partagés entre les Marggraves de Mifnie & les Ducs de Brabant 160.

Thuringiens, leur Royaume détruit par les Francs 11.

Timour, héros Mongol, fa naiffance & fa généalogie 523. fes inftituts, écrits par lui-même 524. *r.* fa cruauté 524. *s.* fon épithete de *Saheb-Kéran* 524. *p.* fes conquêtes 528. fon invafion en Ruffie 464. 524. *q.* fa guerre contre Bajazet I. 525. gagne la bataille d'Ancyre 526. traite Bajazet avec générofité 527. *e.* fa mort 528. *f.* foumiffion qu'il exigea des fils de Bajazet I 527. *e.*

Tirol, eft démembré du Duché de Baviere 157. paffe aux Ducs d'Autriche 396.

Tocco, Charles, Comte de Céphalonie & Souverain de l'Etolie, fe reconnoît vaffal d'Amurat II. 531. Léonard, perd fes états de terre ferme & les isles de Céphalonie & de Zante 539.

Togrulbeg, petit-fils de Selgiuk, fameux conquérant Turc, fe fait proclamer Sultan dans le Khorafan 88. eft déclaré Emir-al-Omra par le Calife ibid. voyez *Selgiucides*, *Sultans*.

Torre ou *Torriani*, famille Milanoife émule des Visconti 403. chaffe ces der-

niers & en eſt chaſſée à ſon tour 404.
Tortoſe, ville de la Catalogne, priſe ſur les Maures 169. *n.*
Touloufe, Comtes, leur extinction 195. *q.*
Tournois, jeux militaires, leur origine 137.
Toufchi-Khan, fils aîné de Tſchinghis-Khan, envahit la Ruſſie 218. eſt le fondateur de la dynaſtie Mongole du Kaptſchak 292. les Khans du Kharisme & ceux de la grande Bukharie dérivent de lui leur origine 292. *y.* époque de ſa mort 293. *c.*
Traités de paix, Arras, 436 *e.* Conſtance 162. Conſtantinople 520. Ferrare 420. Kaliſch 470. 481. Raciunz 472. Thorn 475. 476. Troyes 436 δ. 442. Veniſe 162. 419. Verdun 16.
Tranſilvanie, connue ſous ce nom depuis le treizieme ſiecle 235. *b.* conquife par le R. St. Etienne de Hongrie ibid. des colonies Saxonnes & Allemandes s'y introduifent 235. *e.*
Trébizonde, voyez *Empire de Trébizonde*.
Trévife, Marche d'Italie, conquife par les Vénitiens 418.
Tripoli, Comté en Syrie, fondé par un Comte de Toulouſe 132. détruit par les Mamelucs ibid. 254.
Trivium, terme ſcolaſtique, ſon explication 323. *d.*

Troki, nouvelle réſidence du Grand-Duc Gédimin de Lithuanie 490.
Tſchinghis, ſignification de ce terme 268. *y.*
Tſchinghis-Khan, conquérant des Mongols, ſon vrai nom Thémoudgin 262. *h.* époque de ſa naiſſance 262. *i.* lieu de ſa naiſſance 263. *l.* ſes premiers exploits 264. défait le Khan des Kéraïtes, dit le Prêtre Jean 264. & ſuiv. s'érige formellement en conquérant 267. attaque l'Empire des Niutché à la Chine 269. anéantit l'Empire de Karakhataï 273. & celui des Sultans de Kharisme ou Khovaresmiens 274. ſon invaſion dans le Kaptſchak 278. Caracoram, ſa principale réſidence 278. conquête du Royaume de Tangout 280. ſon caractere ibid. ſa politique 288. voyez *Mongols*.
Tunis, Rois de la dynaſtie des Abouhaffiens : ABDOLOUAHED, fondateur de cette dynaſtie, 185. *h.* ABOU-ABDALLAH, aſſiégé par St. Louis ibid.
Turcomans, Princes, voyez *Ac-coinlu*, *Cara-coinlu*, *Dulgadir-ogli*, *Taharten*.
Turcs, nom générique de tous les peuples Tatars, 85. 257. *s.* diſtingués des Mongols 86. 257. *t.* leur vrai ſiege 86. ſubjugués par les Arabes

Arabes *ibid.* connus aussi sous les noms de *Polowziens, Cumans, Kaptschaks* 252. *e.* voyez ces articles.

Turcs, milice prétorienne des Califes 37. leur pouvoir 86. tiennent la charge d'Emir-al-Omra 87.

Turcs Gaznevides, voyez *Gaznevides*.

Turcs Khovarezmiens, fondent une monarchie puissante en Asie 274. leur destruction 277. donnent naissance à la dynastie des Turcs Ottomans 512. *b.* voyez *Sultans Khovarezmiens*.

Turcs Ortokides, font des conquêtes en Palestine 246. *d.*

Turcs Ottomans, leur origine 512. *b.* commencement de leur puissance 507. 511. leur passage en Europe 513. leurs conquêtes sous Amurat I. & sous Bajazet I. 514. 519. leur anarchie après la mort de Bajazet I. 528. leurs troubles intestins après la mort de Mahomet I. 529. leurs progrès en Europe donnent lieu à une croisade 542.

Turcs Ottomans, Sultans, leur généalogie 595. OTTOMAN jette les fondemens de leur puissance 511. ORKHAN prend le titre de *Sultan* & de *Padischah* 513. épouse la fille de Jean Cantacuzene, Empereur Grec, 510. s'ouvre l'entrée de l'Europe par la prise de Gallipoli 513. AMU-RAT I. s'empare d'Andrinople & de plusieurs places de la Thrace & de la Macédoine 514. prend Nissa 515. rend l'Empereur Grec tributaire 516. prend Cutajah en Phrygie *ibid.* gagne la bataille d'Ifrenc-ova en Caramanie 517. & celle de Cossova, où il est tué 498. *z.* 518. BAJAZET I. son caractere 522. ses progrès en Europe 519. échoue au siege de Constantinople 520. gagne la bataille de Nicopolis 498. 520. ses conquêtes en Asie 521. sa défaite par Timour 526. sa fin tragique 527. *e.* MAHOMET I. pacifie l'Empire 528. rend tributaire le Prince de Wallachie 529. AMURAT II. ses efforts pour prendre Constantinople rendus inutiles 529. met fin à plusieurs dynasties Turques en Asie mineure 530. affermit sa domination en Europe 530. 531. échoue contre Scanderbeg 533. gagne les batailles de Varna & de Cossova 504. 534. 535. MAHOMET II. son caractere 535. entreprend le siege de Constantinople *ibid.* transporte par terre une flotte dans le port 536. prend cette ville & la livre au pillage *ibid.* réduit la Servie 537. ses conquêtes dans la Grece 539. son expédition en Asie mineure 540. anéantit la dynastie des Isfendiar-ogli 541. & celle des Empereurs de Trébisonde ibid. fait la conquête de la Bosnie 542. & celle de l'Herzégovine & du Monténegro 543. croisade publiée contre lui 544. enleve Négrepont aux Vénitiens ib. dépouille le Prince de Caramanie 545. acheve la réduction de l'Albanie ibid. assiege l'isle de Rhodes 546. prend Otrante dans la Pouille ibid.

Turcs Seljucides, voyez *Seljucides*.

Turin, ville, se révolte contre les Comtes de Savoye dans le douzieme siecle 177. est réduite à la fin du treizieme 178.

Turkestan, sa double signification 86. z.

Twer, Princes Russes, disputent à ceux de Moscou la dignité grand-ducale 462.

Tyr, ville de Syrie, prise sur les Francs par les Mamelucs 135. 255.

U.

UCRIENS, peuple Esclavon, 69. z.

Ulan-Salata, toupes rouges, nom des sectateurs du Talaï-Lama 260. x.

Union de Calmar; les trois Royaumes du Nord réunis par la Reine Marguerite 453. clauses de cette union ibid. sa foiblesse & les causes de sa peu de durée 454.

Union du Nord, Rois de l'union, leur suite 579. MARGUERITE forme le plan de cette union 453. reproches que lui font les Suédois 454. u. ERIC LE POMÉRANIEN, associé à la Reine Marguerite 453. fait des guerres ruineuses aux Comtes de Holstein 455. est dépouillé des trois couronnes 456. CHRISTOPHE LE BAVAROIS, fixe sa résidence à Coppenhague ibid. CHRÉTIEN I. d'Oldenbourg, élu par les Danois, est reconnu dans les trois Royaumes 457. fait l'acquisition du D. de Slesvic & du comté de Holstein ibid.

Union générale des Electeurs 377 confirmée dans les capitulations 378. g.

Union des Grecs & des Latins, promise par l'Emp. Isaac l'Ange & son fils Alexis 239. consentie par Michel Paléologue au concile de Lyon 1274, 507. par Jean I. Paléologue à Rome en 1369, 515. par l'Emp. Jean III. à Florence 1439, 532.

Universités, leur origine due à l'invention des degrés académiques 325. encouragées par une jurisdiction privilégiée 326. celle de Paris est la premiere qui réunit toutes les facultés 326. c. liste des plus anciennes 327. f.

Upsal, ses anciens Rois 66. r. son temple payen détruit par le Roi Ingo 214. érection de son archevêché 205. a.

Uzbeks, Tatars, origine de leur nom 295.

Uzun Hassan, Prince Turcoman du mouton blanc, ses états 541. m. est défait par Mahomet II. 545. voyez Ac-coinlu.

V.

VALOIS, Charles de, fils puisné de Philippe III. dit le Hardi, R. de France, tige de la maison de Valois, 436 a. acquiert par son mariage les comtés d'Anjou & du Maine 426. n. le royaume d'Aragon lui est adjugé par le Pape 433.

Van Eyck, Hubert & Jean, freres, ne sont pas les inventeurs de la peinture à l'huile 333. t. paroissent avoir inventé le vernis à l'huile 334. t.

Vaudois, voyez Albigeois.

Venaissin, voyez Comtat.

Venise, sa fondation dans le cinquieme siecle 164. différentes opinions des auteurs discutées ibid. a. élection d'un Doge 165. accroissement de son commerce dans le dixieme siecle 166. ses premieres conquêtes ibid. obtient du Pape la seigneurie de la mer adriatique ibid. cette concession révoquée en doute ibid. c. s'agrandit lors du démembrement de l'Empire Grec par les croisés 167. états qui lui sont adjugés 241. vise au commerce exclusif de l'Orient & des Indes 341. devient le siege principal des manufactures de soie ibid. s'approprie le principal commerce des Indes 417. ses conquêtes sur le continent de l'Italie 417. & suivans. introduction de son aristocratie 420. origine du conseil des dix 421. renonce à la Dalmatie 494. reprend cette province sur les Hongrois 500.

Vénitiens, n'ont point été les premiers à se servir du canon 364. leurs possessions dans le Péloponnese 540. l. forment une ligue contre Mahomet II. 544. perdent l'isle de Négrepont ibid. cedent Scutari à Mahomet II. 545.

Vêpres Siciliennes, n'ont point été l'effet d'un complot formé par Jean de Procida 421. n'ont point été concertées avec le Roi d'Aragon 423. examen critique de cet événement 424. m.

Vérone, ville de Lombardie,

enlevée aux Efcales par les Vénitiens 418.

Verfak, province Turque de l'Afie mineure, ou l'Ifaurie des anciens 517. *h.*

Vicariat de l'Empire, réclamé par le Pape Grégoire VII. 111. *g.* par Clément V. 304. *m.* 404. *t.* par Jean XXII. 404. *t.*

Vicariat des deux Electeurs, Palatin & de Saxe 379. celui de la maifon de Savoie en Piémont & en Lombardie 177.

Vicence, ville de Lombardie, paffe fous la domination des Vénitiens 418.

Vienne, Royaume, 20.

Vienne, ville d'Autriche, origine de fon univerfité 327. *f.*

Vieux de la Montagne, voyez *Scheikh-Al-Gebal.*

Villani, Jean, hiftorien Florentin du quatorzieme fiecle, fait mention de balles, jettées par des bombardes, chargées à feu, à la bataille de Crécy 357. ces bombardes étoient-elles chargées à poudre? 358. *p.* critique du paffage de Villani par M. Gram 358. *q.*

Villes, leur accroiffement dû aux progrès de l'induftrie & du commerce 143. 341.

Villes d'Empire, leur diftinction en villes *royales* & *préfectoriales* 57. origine de leurs libertés & de leurs privileges 144. *t.* leur admiffion à la diete 146. *y.*

Villes hanféatiques, celles qui en portent aujourd'hui le nom 345. *h.* leur protection eft recommandée à l'Empereur dans les capitulations ibid. font dépouillées par les Anglois & les Hollandois de la meilleure partie de leur commerce 344. voyez *Ligue hanféatique.*

Villes d'Italie, s'érigent en républiques 144. 160. leur commerce 143. 341. voyez *Républiques d'Italie* & *Commerce.*

Villes des Pays-bas, état floriffant de leur commerce dans les quatorzieme & quinzieme fiecles 345. font faifies des manufactures de laine ibid. leur immenfe population ibid.

Villes de Tofcane, fe forment en républiques 410.

Vincent Kadlubek, ancien hiftorien Polonois du commencement du treizieme fiecle 71. *f.*

Visconti, maifon puiffante à Milan, OTTON, archevêque de Milan, s'empare de la feigneurie de cette ville 403. MATTHIEU, déclaré capitaine 403. vicaire impérial en Lombardie ibid. s'affocie fon fils Galéace à la feigneurie 404. eft chaffé par les Torriani, & rétabli par l'Emp. Henri VII. 399. 404. fes conquêtes fur le parti Guelphe 404. GALÉACE, ses revers 405. AZZON, est rétabli dans le vicariat 406. ses conquêtes ibid. grandeur des Visconti 407. leur décadence & leur extinction 409.

Visconti, Gabriel, fils nat. du D. Jean Galéace de Milan, obtient la seigneurie de Pise 413.

Visigoths, s'établissent en Espagne 2. sont dépouillés par les Francs de la meilleure partie de leurs possessions dans la Gaule 11. leur monarchie est détruite par les Arabes 14. 31.

Volhynie, enlevée aux Russes par les Lithuaniens 460. 489. conquise par les Polonois 481. fait partie de la Russie rouge 495. *p.*

W.

WALBECK, comtes de la Thuringe, souche de la maison de Savoye, 177. 572.

Wallachie, dévastée par Bajazet I. 519. soumise par Mahomet I. 529.

Wallachie, Prince, dépend de la couronne de Hongrie 494. est rétabli par Sigismond 498. z.

Walter Fürst, vengeur de la liberté des Suisses 383.

Werner de Stauffach, confédéré de Walter Fürst, 383.

Wibourg, ville de Carélie, fortifiée par le R. Birger de Suede 450.

Wiclef, Jean, s'éleve contre l'Eglise Romaine 438. progrès de sa doctrine 439. *n.* elle est reprouvée au concile de Constance 317.

Widdin, ville de Bulgarie, siege d'un Royaume particulier 514. *q.* conquise par Bajazet I. 519.

Wilna, sa fondation par le Grand-Duc Gedimin de Lithuanie 490.

Wilziens, peuple Esclavon, 69. z.

Wirtemberg, maison, son origine & premiere élévation 159.

Wisby en Gothland, port très-fréquenté dans le douzieme siecle, 224.

Wittelspach, maison, acquiere le Duché de Baviere 157. & le Palatinat du Rhin 158. z. se partage en deux branches principales 389.

Wladimir le Grand, premier souverain de Russie qui embrasse le christianisme 70.

Wladimir, ville de la grande Russie, siege d'un Grand-Duché particulier, 217. ce siege est transféré à Moscou 462.

Wladimir ou *Wlodzimirsz*, ville de Volhynie, prise par les Mongols 221. conquise par les Lithuaniens 460. 489. par les Polonois 461. 481.

Wolgemuth, Michel, un des

plus anciens graveurs en cuivre, précepteur d'Albert Durer, 374.

Wurmſer, Nicolas, de Strasbourg, peint à l'huile vers le milieu du quatorzieme siecle 333. *t.*

Y.

YEZDEGIRD, dernier Roi de Perse, tué par les Arabes 31. *h.*

York, branche de la maison des Plantagenets, ses droits à la couronne d'Angleterre 440. parvient au trône 442.

Youſouf, fils de Taschefin & fondateur de Maroc, 183.

Yuens du Nord, dynastie des Mongols, issue de Bisourdar-Khan, fils du dernier Empereur Mongol de la Chine, 289. *p.*

Z.

ZAGATAI, second fils de Tschinghis-Khan & fondateur de la dynastie du Zagataï 291. Princes Tatars qui en dérivent leur origine 292. *y.* voyez *Mongols du Zagataï.*

Zagora, district de la Thrace, enlevé au R. de Bulgarie par Amurat I. 514.

Zaringue, Ducs, créés Régens du Royaume de Bourgogne 48. ont une origine commune avec les Marggraves de Bade 159. *f.* sont fondateurs de Fribourg & de Berne en Suisse 48. leur extinction 49.

Zator, Duché de Silésie, acheté par la couronne de Pologne 481. *e.*

Zeirides, dynastie Arabe, dépouillent les Califes Fathimites de l'Afrique, du Mogreb & de la Sicile 182. *s.* sont détruits par les Almoravides 183.

Zéménic, l'ancien *Seſtus*, premier château d'Europe pris par les Turcs Ottomans 513.

Zenetes, nom donné à la dynastie des Mérinides, 185. *g.*

Zenghi, voyez *Omado'ddin Zenghi*.

Zingari, voyez *Boëmiens.*

Zips, comté hongrois, hypothéqué à la Pologne par le Roi Sigismond 501.

Ziska, général des Hussites, 388. perd un œil à la bataille de Tannenberg 474. *h.*

Zoffingen, ville de Suisse, conquise par les Bernois 385.

Zuentibold, Roi de Lorraine, 18.

Zug, canton, entre dans la confédération helvétique 385.

Zuric, ville, est reçue parmi les cantons 385.

De l'imprimerie de J. Henri Heitz, Imprimeur de l'Univers.

www.ingramcontent.com/pod-product-compliance
Lightning Source LLC
Chambersburg PA
CBHW060052190426
43201CB00034B/713